사람이
아름
답다.

사람이 아름 답다.(큰글자도서)

초판인쇄 2023년 8월 31일
초판발행 2023년 8월 31일

지은이 이동용
발행인 채종준
발행처 한국학술정보(주)

주소 경기도 파주시 회동길 230(문발동)
문의 ksibook13@kstudy.com
출판신고 2003년 9월 25일 제406-2003-000012호
인쇄 북토리

ISBN 979-11-6983-632-6 03160

니체의 《선악의 저편》이 들려주는 생의 예찬

○ 이동용 지음

사람이 아름 답다。

이담 Books

◆ 머리말

모든 사랑은 선악의 저편에서 일어나는 기적이다

사람은 사랑하는 존재다. 어쩔 수 없이 혼자라서 그런 거다. 사랑은 신의 다른 이름이기도 하다. 사랑할 짝을 찾아 방황하는 게 인생이라면 말이 너무 거창한가? 아직 가보지 못한 인생 막바지, 그 순간에 우리 모두는 어쩌면 아름다웠던 추억을 생각하며 눈을 감지 않을까. 사랑 때문에 사는 맛이 났다고 말하지 않을까. 삶을 삶답게 하는 데는 누가 뭐래도 사랑이 최고다. 혼자가 싫어서 그런 거다. 운명을 알게 하거나 극복하게 하는 순간에는 모두 사랑이 있다.

사랑은 쉽게 말로 형용할 수 없지만 그 자체로 모든 것을 말할 수도 있다. 무엇을 하든 사랑 하나면 다 된다. 사랑만 있으면 세상을 다 가진 듯한 착각에 빠지기도 한다. 집착 없이는 떨어질 수 없고 생각 없이도 매달릴 수 있다. 사랑은 기적이다. 한 사람만 있으면 일어나는 기적이다. 세상 사람 모두가 필요한 게 아니다. 욕심부린다고 되는 것도 아니며 마음먹는다고 되는 것도 아니다. 이토록 어려운 게 사랑이지만 그것만 있으면 삶의 의미를 깨달을 수도 있다.

사랑이 춤출 때 우리는 모두 선악의 저편에 있다. 춤을 추지 않은 날은 잃어버린 날이다. 웃지 않은 날은 추억이 되지 못한다. 살면서 웃고 춤추지 못하는 인생에 들려주는 니체Friedrich Nietzsche(1844~1900)의 훈계다. '선악의 저편'은 니체가 꿈꾸는 이상향이다. 유토피아다. 그런데 생각하는 존재는 그곳을 동경하며 평생을 살아야 한다. 사랑이 이루어지는 곳이기 때문이다. 두 사람이 손을 맞잡고 걷는 그 길은 이미 선악의 저편에 있다. 옳고 그름, 좋고 싫음, 모든 극단적인 것이 함께 어울린다.

전혀 다른 두 존재가 만나 사랑을 하는 곳, 빛과 어둠이 사랑의 결실을 맺는 곳에서 그들을 위한 결혼 행진곡이 울려 퍼진다. 니체 사상이 들려주는 구원의 소리다. 옳고 그름의 판단을 넘어설 때 사랑이라는 기적이 일어난다. 온갖 선입견과 편견 그리고 벽들이 무너질 때 한계를 넘어서는, 가슴 설레는 첫걸음이 실현된다. 가장 은밀한 곳까지 보여주면서도 행복해질 수 있는 순간이다. 그 사랑을 알려주는 것은 철학의 영역이지만 그 사랑을 실천하는 것은 생각하는 자의 몫이다. 니체의《선악의 저편》을 함께 읽으며 사랑의 의미와 그 실전 방법을 음미해보자.

철학자 니체는 늘《차라투스트라는 이렇게 말했다》와 함께 거론된다. 정상이 아름답게 보이려면 주변의 경치가 한몫을 해주어야 한다. 니체가 《차라투스트라는 이렇게 말했다》와 함께 정점을 찍었다면 그 이후의 작품들은 내리막길에서 만나게 되는 절경인 셈이다. 오를 때의 긴장감 따위는 없다. 이제는 그저 아래로 내려가기만 하면 된다. 새롭게 등장하는 이념도 없다. 낯선 돌멩이 하나 존재하지 않는다. 모든 게 밟히고 밟혀 반듯한 길이 되어 있다. 그래도 재밌다. 아니 그래서 재밌다. 그것이 산에서 내려갈 때의 기분이다.

1886년, 42살에 도달하는 니체는 정점을 찍고 이제 하산하는 길목에 들어선다. 누구는 이때부터를 후기後期라고도 한다. 이 시기 그의 문체는 깔끔하다. 마치 유언장처럼 분명하고 단호하다. 선 긋기가 확실하다. 독자가 헷갈리지 않도록 정확한 지도를 그려놓은 듯하다. 때로는 너무 세심하고 꼼꼼해서 부담이 될 정도다. 이제 니체의 정신력도 넉넉잡아 2년 정도밖에 남지 않았다. 1889년 1월 초 추운 겨울날 니체가 이탈리아 토리노 광장에서 정신 줄을 놓게 된다는 사실을 알고 독서에 임하면 또 다른 긴장감이 들기도 한다.

《옌자이츠 폰 굿 운트 뵈제Jenseits von Gut und Böse》, '선악의 저편'으로 번역된 원제목이다. 여기서 눈에 띄는 것은 저편으로 번역된 옌자이츠로 다른 뜻으로는 내세來世가 되기도 한다. 일반적으로 내세관은 모든 종교의 기본이 되는 사상이다. 죽어야 할 운명으로 태어난 인간이 그 한계에 도전하는 의미로 선택한 개념이다. 그런데 바로 이런 생각이 니체의 글 속에서는 의미가 달라진다. 지금까지의 사고방식을 중세적 발상으로 간주하면서, 그는 이 지상으로 넘어오기를 원한다. 이 대지가 꿈에 그리던 낙원이라는 얘기다.

이 세상의 이야기를 어떻게 철학적으로 구성할 것인가? 그것도 사람이 살아가는 이야기를. 그것이 니체의 고민이다. 누구나 다 아는 것을 재밌게 꾸며내야 한다. 봄 여름 가을 겨울, 수억만 번 반복된 그 현상을 매혹적인 언어로 설명해내야 한다. 그것이 생철학적 과제다. 아무도 가보지 못한, 아무도 모르는 천국에 대해서 이야기하는 것은 어쩌면 식은 죽 먹기보다 쉬운지도 모른다. 무슨 말을 해도 확인할 길이 없기 때문이다. 하지만 아무리 재밌는 이야기여도 어느 순간 우리는 어디까지가 진실이고 어디서부터가 거짓인지 눈치를 챘다.

니체는《선악의 저편》에 〈미래철학의 서곡 Vorspiel einer Philosophie der Zukunft〉이라는 부제목을 붙여놓았다. 미래철학이라는 음악이 들려주는 첫 부분이라는 뜻이다. 무엇이 미래철학인가? 지금 현재를 위한 철학이 아니라는 것은 분명하다. 미래, 이것은 어쩌면 그때 당시의 유행이었던 듯싶다. 니체가 부모처럼 따랐고 동료이자 스승이었던 바그너 Richard Wagner(1813~1883)의 책 제목 중에도《미래의 예술작품 Das Kunstwerk der Zukunft》(1850)이란 것이 있다. 요즈음 세계화란 말을 즐겨 쓰듯이 그때 당시 미래라는 말을 학문적 개념으로 자주 썼나 보다.

미래! 이 말을 하는 순간 드는 감정은 묘하다. 비장함이 느껴진다. 과거의 것은 이제 종식을 선언하고 '자! 이제부터다!' 하며 파이팅을 외치는 전의戰意가 전해지기도 한다. 희망차다. 이제 눈은 앞만 바라본다. 그동안 과거를 바라보며 소음으로 가득 찬 밤을 견디고 중세의 빙하를 녹이려고 무진 애를 썼던 철학자의 모습을 알고 있는 자는 새로워진 분위기를 감지할 것이다. 바로 이전에 완성한 책《차라투스트라는 이렇게 말했나》의 마지막 부분에서 그는 "나의 아침이다. 나의 낮의 시작이다"(차라, 538쪽)라고 말하지 않았던가. 언제나 끝은 또 다른 시작과 맞물린다. 태양처럼 몰락하는 그의 발걸음은 이제 희망이 실리면서 가볍기만 하다. 시각만 달라지면 해넘이도 해돋이로 바뀔 수 있다.

2017년 7월 수유리에서

이동용

◆ 일러두기

1. 이 책은 《선악의 저편 · 도덕의 계보》(니체전집 14, 책세상, 2005)를 주 텍스트로 집필했다. 따라서 본문 속 인용문에 제목 없이 기술된 쪽수는 위 책의 쪽수를 가리킨다.

2. 본문에 나오는 다음 약어는 책세상에서 펴낸 다음 책들을 가리킴을 밝혀둔다.

    권력 → 《권력에의 의지》

    니체 → 《니체 대 바그너》

    도덕 → 《도덕의 계보》

    디오 → 《디오니소스 송가》

    바그너 → 《바그너의 경우》

    반시대 I , II , III, IV → 《반시대적 고찰》I 권, II 권, III권, IV권

    비극 → 《비극의 탄생》

    아침 → 《아침놀》

    안티 → 《안티크리스트》

    우상 → 《우상의 황혼》

    이 사람 → 《이 사람을 보라》

    인간적 I , II → 《인간적인 너무나 인간적인》I 권, II 권

    즐거운 → 《즐거운 학문》

    차라 → 《차라투스트라는 이렇게 말했다》

01

미래를 위한 철학의 서곡

\-

너는 너의 주인이며 동시에 네 자신의 미덕의 주인이 되어라.

독단주의자와 독단론에
맞서는 관점주의

　대화하기 힘든 사람이 있다. 입만 열면 불평불만을 쏟아내는 사람이 있다. 말만 꺼내면 싸우려 드는 사람이 있다. 논쟁을 일삼는 사람의 본능은 이기려고 안달하고 달려든다는 것이다. 그런 사람은 쉽게 상처를 받기도 한다. 말 한마디에 흥분을 감추지 못하고 폭력적으로 반응을 해댄다. 말을 할 줄 아는 인간의 한계가 여기에 있다. 함께 즐거운 시간을 보낼 수도 있지만 함께 있기만 해도 짜증이 나는 사람이 있다는 게 문제다.

　독단獨斷! 말을 할 줄 아는 존재의 문제다. 말을 하며 살아야 하는 인간의 문제라는 얘기다. 혼자서 결단함. 주관적 편견으로 결단을 내림. 독단의 사전적 의미다. 이런 말은 다 이해한다. 그런데도 불구하고 스스로가 독단적으로 말을 하고 있는지는 알아차리지 못한다. 시선이 오로지 타인을 향하고 있기 때문이다. 상대방이 한 말에만 집중을 한다. 아니 몰두? 아니 집착이 더 어울릴 것 같다. 남의 말에 의존적이라고 하면 너무 심한가? 그래도 어쩔 수 없다. 생각의 출발점이 타인에게 있다면 말이다. 또 결론이 오로지 자기 자신에게만 쏠려 있다면 말이다. 자신이 가시와 같은 존재임을 자랑스럽게 여긴다. 상대방은 풍선인데도 그것을 인식하지 못한다. 그러고선 대화가 안 된다고 상대를 폄하한다. 독단의 현상은 이런 것이다. 이제《선악의 저편》서문을 읽어보자. 처음부터.

진리가 여성이라고 가정한다면, 어떠한가? 모든 철학자가 독단주의자였을 경우, 그들이 여성을 제대로 이해하지 못했다는 혐의는 근거 있는 것은 아닐까? 지금까지 그들이 진리에 접근할 때 가졌던 소름 끼칠 정도의 진지함과 서툴고 주제넘은 자신감이 바로 여성의 마음을 사로잡기에는 졸렬하고 부적당했다는 혐의는 근거 있는 것이 아닐까? 여성들의 호감을 사지 못했던 것은 당연하다. ― 그래서 모든 종류의 독단론은 오늘날에도 울적하고 힘없는 모습으로 서 있는 것이다. 이 독단론이 여전히 있다면 말이다! 왜냐하면 이 독단론은 무너졌고, 모든 독단론은 땅에 쓰러져 있으며, 더욱이 빈사 상태라고 주장하며 조소하는 사람이 있기 때문이다. 진지하게 말하자면, 철학에서의 모든 독단화는 아주 화려하고 결정적이며 최종적인 것처럼 태도를 취해왔다 해도, 여전히 고상한 어린아이 장난이거나 신출내기의 미숙함에 불과하다고 단언할 이유는 충분하다. 또한 지금까지 독단주의자들이 세워왔던 고상하고 절대적인 철학자들의 건축물에 초석을 놓기 위해서는, 도대체 무엇이 있어야만 충분한 것이었는지 우리가 다시 이해하게 될 때가 아마 가까워진 것 같다. ― 그것은 바로 먼 태곳적부터 있었던 통속적 미신(마치 주체의 미신과 자아의 미신으로서 오늘날에도 역시 끊임없이 피해를 주는 영혼의 미신 같은 것), 아마도 말장난 같은 것, 문법의 측면에서의 유혹

또는 매우 협소하고 개인적이며 대단히 인간적인 너무나 인간적인 사실을 터무니없이 일반화하는 것이다. (9쪽 이후)

니체의 허무주의 철학은 독단론과 맞선다. 스스로 옳다고 믿는 그 신앙에 저항한다. 모든 성급한 결정과 모든 근거 없는 자신감에 반기를 든다. "결정적이며 최종적인 것처럼 태도를 취해왔"던 모든 것에 불쾌한 감정을 쏟아낸다. 사실 독단론에 저항하는 이런 경향은 계몽주의 철학 이후 수많은 사상가가 시도해왔다.[1] 그럼에도 여전히 문제가 되고 있다. 어쩌면 인류가 존재하는 한 인류의 문제로 남을 것만 같다. 영원한 인간의 문제로 말이다.

또 진리를 여성과 비교하는 설명은 니체가 스승으로 간주했던 쇼펜하우어Arthur Schopenhauer(1788~1860)에게서도 발견되는 것이다. "하지만 진리란 자신을 갈망하지 않는 자에게 치근대는 창녀가 아니라, 오히려 자신의 모든 것을 다 바친다 해도 그녀의 호의를 확신할 수 없는 쌀쌀맞은 미인과 같다."[2] 진리는 아무한테나 자신을 허락하지 않는다. 진리는 다 알았다고 말할 수 있는 상황에서조차도 확신할 수 없는 그런 것이다.

그런데 독단론자들은 함부로 말을 한다. 진리를 안다고. 그 속성이 여성과 같은데도 말이다. 그래서 니체는 질문을 던진다. "그들이 여성을 제대로 이해하지 못했다는 혐의는 근거 있는 것은 아닐까?" 안다고 자부하는 온갖 남성성은 의도적이든 의도적이지 않든 자신의 판단으로 이미 폭력을 행사하고 있을 뿐이다. 그들의 모든 진지함과 자신감은 칸트식으로 말하면 월권행위에 지나지 않을 뿐이다. 그래서 니체는 또다시 질문을 던진다. "지금까지 그들이 진리에 접근할 때 가졌던 소름 끼칠 정도의 진지함과 서툴고 주제넘은 자신감이 바로 여성의 마음을 사로잡기에는 졸렬하고 부적당했다는 혐의는 근거 있는 것이 아닐까?"

스스로 안다고 말하는 자들은 스스로 칭찬하는 자들과 마찬가지로 대부분의 경우 타인으로부터 호감을 사기가 어렵다. 아무도 알아주지 않는 그 같은 독단론자들의 모습은 우울하기 짝이 없다. 사랑받지 못하는 자들은 대개가 이런 모습이다. "모든 종류의 독단론은 오늘날에도 울적하고 힘없는 모습으로 서 있는 것이다." 사랑을 받아본 자는 안다. 그 받은 사랑으로 인해 얼마나 활력이 넘치게 되는지를.

니체의 허무주의 철학은 관점주의에 뿌리를 두고 있다. '관점주의'는 이미 《인간적인 너무나 인간적인》에서부터 등장하는 개념이다. 잠시 복습하는 의미에서 그때의 문장을 반복해보자. 오랜 질병으로 고생을 하다가 마침내 건강을 회복하는 정신이 듣는 소리다. 위대한 해방의 수수께끼가 풀리는 소리다. 오랫동안 듣지 못했던 힘찬 소리다. 신神적인 것에 짓눌려 있던 자유정신은 인간적인 것을 외쳐대고 있다.

"너는 너의 주인이며 동시에 네 자신의 미덕의 주인이 되어야만 했다. 과거에는 미덕이 너의 주인이었다: 그러나 그 미덕은 다른 도구들과 마찬가지로, 오로지 너의 도구여야 한다. 너는 너의 찬성과 반대에 대한 지배력을 터득하여 너의 더 높은 목적에, 필요할 때마다 그 미덕을 붙이거나 떼내 버리는 것을 배워야만 했던 것이다. 너는 모든 가치 평가에서 관점주의적인 것을 터득해야만 했다 — 지평의 이동, 왜곡 그리고 표면상의 목적론과 관점주의적인 것에 속하는 모든 것 그리고 대립된 가치들과 관계하는 약간의 우둔함, 찬성과 반대와 함께 항상 지불되는 지적 희생도 터득해야만 했다. 모든 찬성과 반대 속에 포함된 필연적인 불공평을 이해하는 것을 배우고 그 불공평은 삶에서 분리할 수 없는 것이며, 그 삶 자체를 관점주의적인 것과 그 불공평에 의해 제약되는 것으로 터득해야 했던 것이다. 무엇보다도 너는 불공평이 가장 심한 곳을 바라보아야 했다: 그곳에서 삶은 가장 보잘것없고 빠듯하며 가장 미천하고 원시적으로 전개되지만, 삶은 그 자체를 사물의 목적이자 규범으로 명명하고, 스스로 생존하기 위하여 더 높고 크고 풍부한 것을 남몰래 조금씩 그리고 끊임없이 부수어가면서 의문을 제기하는 그런 곳이다. 너는 위계의 문제를 눈으로 보아야 했고, 힘과 권리 그리고 관점주의적인 것의 범위가 어떻게 서로 상승해가는지를 보아야 했다. 너는 그렇게 해야 했다."— 이제 자유정신은 어떤 '너는 해야 한다'에 자신이 복종해왔는지, 그리고 이제 무엇을 할 수 있는지, 비로소 무엇을 해도 좋은지를 알고 있다. (인간적 I, 17쪽 이후)

이래야 한다 서래야 한다는 식으로 말하는 정신은 그것밖에 모르는 문외한일 때가 많다. 한마디로 답답한 사람이다. 꽁꽁 막힌 사람이다. 도道가 트인 사람과는 거리가 먼 사람이다. 삶은 이념으로 규정될 수가 없다. 허무주의는 어느 하나의 이념에 얽매이기를 거부하는 철학이다. 그런 것에 허무함을 느끼고자 하는 철학이다. 그에 반해 다양한 가치 평가에 정통하기를 지향한다. 이건 이래서 좋고 저건 저래서 좋다는 인식만 가질 수 있다면 이 세상의 모든 것이 쓸모 있게 변해준다. 맹독조차도 약으로 써먹을 수 있는 지혜가 있다면 말이다. 신과 천사들로만 이루어져 있는 천국에서는 깨끗한 것만 있겠지만 먼지투성이로 이루어져 있는 이 세상에서 삶을 유지하고자 한다면 더러운 것을 감당할 수 있는 지혜와 힘이 있어야 한다.

이 세상에서 어떻게 살 것인가? 그것이 삶의 문제다. 다양한 가치에서 다양한 시각을 발견해낼 줄 알아야 한다. 그것을 니체는 관점주의라고 말한다. 허무주의는 관점주의를 지향한다. 관점은 보는 시각에 따라 다르게 형성될 수밖에 없다. 시간과 공간의 원리 속에서 진행되는 삶의 현장은, 따라서 다양한 관점이 생겨날 수밖에 없다. 살고자 한다면 그 다양함을 관찰할 수 있어야 한다. 그런 것에 눈을 뜰 수 있어야 한다. 다양한 소리를 듣고서 구별해낼 수 있는 귀를 가져야 한다.

삶은 명명하고 정淨하기도 하지만 그것을 또다시 조금씩 부수어가면서 의문을 제기하는 그런 곳이다. 왜냐하면 삶은 그 자체로서 이미 불공평을 전제하기 때문이다. 내가 이러면 너는 저렇고 그는 또 다른 모습으로 살아갈 수밖에 없다. 이 세상에 똑같은 인생은 존재하지 않는다. 모두가 저마다의 삶을 살아갈 뿐이다. 누구는 산 위에 있고 누구는 산 아래 있다. 시간이 다르고 공간이 다르다. 태어나면서부터 출발선은 형성되지만 그 출발선이 똑같을 수는 없다는 얘기다. 불공평은 삶과 함께 공존하는 개념일 뿐이다.

문제는 이러한 불공평을 받아들일 수 있는가 하는 점이다. 이게 싫어서 모두가 구원받은 모습으로 존재한다는 천국을 꿈꿀 수는 없다. 허무주의 철학은 그런 것에 가차 없이 허무함을 느끼고자 한다. 허무주의 철학은 오로지 지금과 여기만을 주목하고자 한다. 이 세상에서 버텨내야 하는 삶만을 주시하고자 한다. 생철학의 문제는 오로지 사는 것에 집중할 뿐이다. 같은 인생을 수십 년 살고도 매일 아침 새로운 의문에 직면하는 것은 피할 수 없는 운명이다. 늘 새로운 삶을 살아야 하기 때문이다. 하루하루가 그날의 과제요 숙제일 뿐이다. 살아야 하는 존재에게 무겁지 않은 삶은 하나도 없다.

자유정신은 무엇을 할 수 있는지 또 무엇을 해도 좋은지를 아는 정신이다. 바꿔 말하면 무엇을 할 수 없는지 또 무엇을 해서는 안 되는지를 아는 정신이다. 어떤 돌은 밟아도 되는지 어떤 돌은 밟아서는 안 되는지를 알면 돌다리도 건널 수 있다. 가야 할 길만 안다면 아무리 복잡한 미궁 속에 빠져도 길을 찾아갈 수 있을 것이다. 아는 자에게 미궁은 하나의 놀이터쯤으로만 여겨질 뿐이다. 놀이동산의 롤러코스터쯤으로 불행과 행복을 넘나들 것이다. 왜냐하면 살면서 불행은 피할 수 없고 또 행복은 늘 찾아오기 때문이다.

독단적 철학, 예를 들면 아시아의 베단타^{Vedānta} 이론과 유럽의 플라톤주의가 이런 흉한 얼굴이었다. 우리는 이러한 철학의 은혜를 저버려서는 안 된다. 온갖 오류 가운데 가장 나쁘고 지루하며 위험한 것은 독단론자들이 저지를 오류, 즉 플라톤의 순수 정신과 선 자체의 고안이었다는 사실을 인정한다고 해도 말이다. 그러나 이 오류를 극복하고, 유럽이 이러한 악몽에서 벗어나 안도의 긴 숨을 내쉬며 적어도 좀 더 건강한 숙면을 즐길 수 있게 된 지금부터 우리의 과제는 깨어 있음 그 자체이며, 우리는 이러한 오류와 투쟁함으로써 엄청나게 단련된 힘을 모두 상속받은 것이다. 플라톤이 그랬던 것처럼, 정신과 선에 대해 말한다는 것은 확실히 진리를 전복하고 모든 생명의 근본 조건인 관점주의적인 것을 스스로 부인함을 의미했다. 우리는 의사로서 다음과 같이 물을 수 있을 것이다. "그 병은 어디에서 고대에 가장 아름답게 자라난 존재인 플라톤에게로 옮겨왔는가? 사악한 소크라테스가 그마저도 타락시켰던 것일까? 소크라테스야말로 청년들을 타락시킨 자가 아닐까? 그 스스로 독배를 받을 만했던 것은 아닐까?"— 그러나 플라톤에 대한 투쟁, 또는 대중을 위해 좀 더 이해하기 쉽게 말한다면, 수천 년에 걸쳐 지속되어온 그리스도교 교회의 억압에 맞서 한 투쟁은 — 왜냐하면 그리스도교는 '대중'을 위한 플라톤주의이기 때문이다 — 유럽 내에서 아직까지 없었던 화려한 정신적 긴장을 만들어냈다. (10쪽 이후)

소크라테스Sokrates(B.C.469~B.C.399)에 대한 반감은 이미 처녀작 《비극의 탄생》에서부터 등장했었다. 어떻게 보면 그에 대한 이러한 불편한 감정이야말로 니체 철학의 뿌리가 아닐까 싶다. 물론 소크라테스는 글 속의 인물일 뿐이다. 그가 남겨놓은 글이 하나도 없기 때문이다. 그에 대해 알고 있는 것 전부는, 예를 들어 그의 제자 플라톤Platon(B.C.427~B.C.347)이 집필한 대화편에 의존하고 있을 뿐이다. 전설을 통해 신화처럼 변해버린 소크라테스의 이야기들. 이런 인물에 대해 철학적으로 접근해가는 니체는 오히려 상상력을 동원하기도 한다.

니체는 비극이 사라진 이유를 소크라테스의 등장으로 설명하고 있다. 그의 "말하는 악마적 힘"(비극, 97쪽)이 비극이 주축이었던 공연문화를 파괴했다고 단정한다. 그가 발견해낸 "미학적 소크라테스주의"의 최고 법칙은 "아름답기 위해서는 모든 것이 이성적이어야 한다"(같은 책, 100쪽)라는 것이었다. 또 소크라테스의 명제는 다름 아닌 "아는 자만이 덕성을 가지고 있다"(같은 곳)는 것이었고. 요약하면 아름답기 위해 이성적이어야 하고 덕스럽기 위해 알아야 한다는 것이다. 하지만 이성적으로 아는 것은 한계가 있었다. 왜냐하면 "소크라테스에게 나타나는 논리적 충동은 결코 자기 자신을 향하지 못했"(같은 책, 107쪽)기 때문이다.

이성으로 아는 것으로 자기 자신을 안다고 말할 수 없다. 아무리 사랑한다고 말을 해도 믿음이 안 가는 상황이 이런 경우다. 왜냐하면 말이 곧 이성이 활동하는 최대의 영역이기 때문이다. 이성의 최대의 무기라고 할까. 말은 이성의 최대 걸작품이다. 말로 못할 것이 없다. 말로는 다 할 수 있다. 달나라도 가고 지옥과 천국을 오갈 수도 있다. 말이 가지 못하는 곳이 있을까? 시간 여행? 말로는 식은 죽 먹기다. 그런데 그 말로 자기 자신을 향하지는 못한다. 이것이 문제다. 아무리 말을 공부하고 논리적 충동을 강화해도 자기 자신을 향해서는 단 한 발자국도 다가서지 못한다.

자기에게로 가는 길은 다르게 접근해야 한다. 어떻게? 그것을 말하려고 니체는 철학을 하고 있는 것이다. 《비극의 탄생》,《반시대적 고찰》,《인간적인 너무나 인간적인》,《아침놀》,《즐거운 학문》 그리고 《차라투스트라는 이렇게 말했다》까지, 온통 자기에게로 향하는 길을 가르쳐주고자 했다. 그 외에는 모든 것이 허무하다고 말하기까지 했다. 신조차도 내가 없으면 허무하다고. 내가 있기에 신도 의미가 있는 것이라고. 나를 발견하기 위해 위험한 모험여행도 감행해야 했다. 자기 "오두막"(인간적II, 415쪽)도 불 질러가며 떠나야 했다. 돌아갈 다리도 끊어놓으며 미련 없이 떠나야 했다. 진정한 출항을 위해 "육지와의 관계"(즐거운, 199쪽)조차 단절해야 했다.

물론 떠남은 돌아옴을 위한 것이었다. 대지로 돌아오기 위한 것이었다. 이 땅 위에 살고 있는 자기 자신에게로 돌아오기 위해 위험한 떠남의 길을 선택해야 했던 것이다. 환상 속에서 꿈꾸듯이 생을 보낼 수는 없다. 깨어 있기 위해 투쟁해야 한다. "지금부터 우리의 과제는 깨어 있음 그 자체"이다. 이 과제조차 기독교의 냄새가 풍기기도 한다. "시험에 들지 않게 깨어 기도하라 마음에는 원이로되 육신이 약하도다."(마태복음 26:41) 성경에서 말하는 깨어 있음은 믿음의 상황이다. 그러니까 니체가 말하는 깨어 있음과는 정반대의 경우라고 말해도 무방하다. 하늘을 향한 신앙을 버리고 대지로 돌아오라고 외쳐대는 게 니체의 철학이다. "다시 이 대지로 돌아오도록 하라. 그렇다, 이 신체와 이 생으로 돌아오도록 하라. 돌아와 이 대지에 의미를, 하나의 인간적인 의미를 부여하도록 하라!"(차라, 128쪽) 이것이 니체의 음성이다. 그가 전하는 메시지는 오로지 자기 자신의 몸, 자기 자신의 생 그리고 자기 자신이 살아가야 할 이 대지뿐이다.

플라톤이 말하는 '순수 정신과 선 자체'는 그저 고안에 불과하다. 그것은 이성이 만들어내는 오류에 불과할 뿐이다. 그것에 얽매여 현실 세계에서의 의미를 폄하하는 것은 커다란 실수에 해당한다. 위대한 이상형을 떠올리다가 그에 훨씬 미치지 못하는 자기 자신을 바라보며 실망하는 것도 위험하기 그지없는 실수다. 이데아? 이상향? 천국? 구원? 영생? 이런 것만 생각하다가 현실적인 삶을 외면한다면 그것은 최대의 실수다. 니체 철학은 천사처럼 비상하기보다는 태양처럼 몰락하기를 원한다. 몰락의 비결을 배워야 한다는 것이다. 대지를 향한 몰락! 그것만이 허무주의 철학이 바라는 바다.

니체는 선포한다. "오류와 투쟁함으로써 엄청나게 단련된 힘을 모두 상속받은 것"이라고. 플라톤적인 이론과 싸우면서 우리의 힘은 더욱 커졌다고. 형이상학을 공부하면서 키워진 투쟁의식은 현실적인 삶의 터전에서 새로운 힘으로 나타나고 있다고. 하나밖에 없는 신적인 뜻에 집착하기보다는 다양한 사람들의 의견에 귀를 기울이라고. 귀를 닫고 새로운 귀를 열라고 말한다. 관점주의의 진정한 뜻을 헤아리라고 역설한다. 미래는 관점주의의 시대라고. 신의 뜻이 중심에 선 신앙이 아닌 다양한 관점이 모두 건강하게 살아 있는 그런 인간적인 시대가 니체가 꿈꾸는 미래상이다. 모두가 함께 벌이는 축제가 그의 꿈이다. 그 축제의 마당에서 각자 자기 몫과 역할을 감당해내는 것이 가장 이상적인 사회를 위한 조건이다.

진리와 유행을 지향하는 이성과 그 한계로서의 편견

편견이 없을 수는 없다. 이성을 가지고 생각하며 살아야 하는 인간은 편견이라는 족쇄를 벗을 수가 없다. 하지만 스스로 그 족쇄를 인식하고 있다면 편견으로 인해 발생하는 사고의 범위를 제한할 수는 있다. 그래서 편견에 대해서 깊은 고민을 해야 한다. 편견으로 번역된 원어는 '포우어타일Vorurteil'이다. 접두어 포Vor는 앞 혹은 미리, 우어타일Urteil은 판단을 의미한다. 말 그대로 앞서 미리 판단에 이른다는 뜻이다. 종합적인 판단이 아니라 하나의 생각을 일반화하는 오류가 이에 속한다.

자기 생각을 진리로 간주하는 것이 대표적인 편견의 예다. 물론 영원히 절대적인 진리 자체도 존재하지 않는다. "절대적 진리가 없는 것과 마찬가지로 영원한 사실도 없다."(인간적Ⅰ, 25쪽) 시대마다 나라마다 진리의 내용은 다르다. 같은 나라 안에서도 세대마다 진리의 모습은 다르다. 그때는 저랬는데 지금은 이렇다. 세상은 변화 속에 있다. 그런데 그 변화 또한 돌고 돌아 다시 원점으로 되돌아온다. 소크라테스 시대나 현대나 똑같은 인간이 사는 세상이다. 고대, 중세, 근대 그리고 현대. 이름을 달리하며 변곡점을 찍어왔지만 그래도 인간이 사는 모습이다. 때로는 상상력이 우세했다가 때로는 실사구시實事求是가 전면에 나서기도 한다. 군사독재에 항거하며 진리와 자유를 구가하던 세대가 있는가 하면, 아이돌 스타가 되어 돈 잘 버는 사람이 되고 싶다고 꿈꾸는 세대도 있다. 철학과 문학이 대세였던 시대가 있는가 하면, 인문학의 위기를 운운하는 세대도 있다. 하나의 유행으로 영원히 살 수는 없다는 게 문제일 뿐이다. 아무리 비싼 옷이라 해도 스타일 자체가 유행에 뒤처진 것이라면 입기가 꺼려지는 것과 같은 이치다.

하지만 유행은 존재한다. 모든 시대에는 그 나름의 현상이 있다. 세기 전환기 유럽인들의 모습이 담긴 사진을 보고 있노라면 신기하기 짝이 없다. 모두가 똑같은 복장이다. 그렇게 입지 않으면 사람이 아니라고 생각했기 때문일까. 유행의 힘은 대단하다. 중세 시절에는 성직자, 즉 클레루스Klerus라고 불리는 종교인들이 제1계급이었다. 입신출세를 하려면 수도

1914년 베를린에서 제1차 세계대전을 선포하고 있는 장면. 모두가 하나같이 중절모를 쓰고 있다. 유행이 무엇인지를 보여주는 대표적인 사례.

원에 들어가 그곳에서 권력을 꿰차야 했던 것이다. 중세를 넘어 고대로 거슬러 올라가면 신들이 기득권인 세상이 펼쳐진다. 모두 각자의 분야에서 최고가 되어야 하는 세상이었을 것이다. 그때는 전지전능한 신에 대한 생각이 아직 여물지 못했던 시대다. 제우스Zeus는 하늘의 신이고 포세이돈Poseidon은 바다의 신이고 아폴론Apollon은 태양의 신이고….

중세를 극복하고자 했던 근대는 르네상스 운동과 함께 시작되었다. 르네상스Renaissance, 즉 인간의 재탄생을 목적으로 했던 시대다. 과거의 인간상을 거부하고 새로운 인간상을 부각한 세대다. 인문학이 대세였던 시대다. 신학이 주인공이었던 중세를 지양하고자 했던 것이다. 신 중심 사상에서 인간 중심 사상으로 전이가 이루어졌던 것이다. 돈맛을 알게 된 시민들의 등장이 르네상스를 가능하게 했다. 그때까지는 그래도 돈은 인간의 가치를 드높이기 위한 도구에 불과했다. 그런데 시대는 변해 현대가 들어서게 된다. 이제 돈, 즉 자본이 모든 기준에 서 있다. 돈의 가치는 인간성을 규정하기도 한다. 자본주의가 대세가 된 것이다. 돈이 되지 않는 것은 구조조정의 대상인 시대가 된 것이다. 니체의 허무주의는 현대 이후를 고민한다. 현대인의 한계를 인식한 철학이다. 그 한계지점에서 이성이 문제점으로 드러난다.

이성과 편견은 동전의 양면과 같다. 가장 이성적인 것이 가장 확실한 편견일 때가 많다. 앞서 실린 과거의 사진 한 장이 그런 생각을 저버릴 수 없게 해준다. 자기 시대의 경향을 진리로 간주하는 것이 편견이다. 새로운 시대의 변화를 도전으로 받아들이고 기분 나빠하면 늙은 세대가 된 것이다. 신세대들이 따라부르는 새로운 노래들이 노래로 들리지 않으면 늙은 것이다. 살고 싶다면 변화에 익숙해야 한다. 아니 변화의 주역이 될 때

위인이 탄생하는 것이다. 늘 이성의 문제는 진리의 문제와 맞물린다.

진리에의 의지, 이는 우리로 하여금 여전히 많은 모험을 하도록 유혹할 것이다. 저 유명한 진실에 대해 지금까지 모든 철학자는 경의를 표하며 말해왔다. 이러한 진리에의 의지가 우리에게 이미 어떤 문제들을 제기하지 않았던가! 그 얼마나 기묘하고 고약하고 의심스러운 문제들이었던가! 이것은 이미 오래된 이야기다. 그럼에도 불구하고 그 이야기는 이제 막 시작한 것처럼 보이는 것이 아닌가? 우리가 마침내 불신을 품고 인내심을 잃어 참을성 없이 등을 돌린다고 해서 무엇이 놀라운가? 우리가 이러한 스핑크스^{Sphinx}에 대해 또한 우리 나름대로 질문하는 법을 배운다고 해서 놀랄 만한 일인가? 여기에서 우리에게 질문을 던지는 사람은 도대체 누구인가? 우리 안에서 무엇이 도대체 '진리를 향해' 의욕하고 있는 것일까? — 사실, 우리는 이러한 의지의 원인을 찾으려는 물음 앞에서 오랫동안 멈추어 서 있었다 — 그리하여 우리는 마침내 좀 더 근원적인 물음에 직면하여 완전히 발걸음을 멈추게 되었다. 우리는 이 의지가 가지는 가치에 관해 묻게 되었다. 우리는 진리를 원한다고 가정했는데, 왜 오히려 진리가 아닌 것을 원하지 않는가? 왜 불확실성을 원하지 않는가? 왜 심지어 무지를 원하지 않는가? — 진리의 가치 문제가 우리 앞에 다가왔다. — 아니, 이 문제 앞에 다가선 것은 우리가 아니었던가? 우리 가운데 누가 여기에서 오이디푸스^{Oedipus}인가? 누가 스핑크스인가? 그것은 겉으로는 물음과 물음표의 밀회처럼 보인다. — 결국 우리는 이 문제를, 아직까지 단 한 번도 제기된 적이 없고 또 우리가 처음으로 제시하고 주목했으며 감히 문제로 제기한 것으로 생각하는데, 사람들은 그렇게 믿어야 할까? 그것은 여기에는 모험이 있는데, 아마 이보다 더 큰 모험은 없기

때문이다. (15쪽 이후)

《선악의 저편》 본론의 첫 번째 글이다. 꼼꼼히 읽어보자는 의미로 전문을 인용했다. 우리 인간은 왜 진리를 갈망할까? 진리를 갈망하게 하는 원동력은 어디에 있는 것일까? 그리고 결국 그 진리를 만들어가는 주체는 또 누구인가? 시대마다 진리가 있었다. 모세Moses 시대에도 진리가 있었다. 십계명이 대표적인 예다. 신이 주었다고 말하면 아무도 거역할 수가 없었다. 말이 획득한 권력이었다. 돌판에 새겨진 열 가지 계명을 읽고 있는 사람들은 어떤 생각을 했을까? 비판의 의지 따위는 꿈도 못 꿨을 것이다. 그저 복종하고 따르면 되는 말로 간주했을 게 분명하다. 남이 쓰니까 따라 쓰는 중절모처럼 그렇게 계명을 자기 머리 위에 올려놓았을 것이다. "여자는 교회에서 잠잠하라."(고린도전서 14:34) 이런 말도 진리로 간주하며 받아들였을 것이다. 말을 잘하면 마녀라고 몰아붙이기에 딱 좋은 구절이다. 요즈음 이런 소리를 했다가는 큰코다칠 것이 분명하다. 시내가 변했기 때문이다.

진리! 참 좋은 말이다. 그런 것이 있으면 얼마나 좋을까. 그렇다고 진리가 없다고 말하기도 좀 그렇다. 이성은 늘 정답을 추구하기 때문이다. 마치 신이 없다고 말하면 마음이 불편해지는 것과 같은 논리다. 이성을 가지고 생각을 하는 한 신은 존재해야 한다. 그래야 이성에 의미가 있는 것이 되기 때문이다. 자신이 좋아하는 좋은 것들의 총합, 그것이 신의 형상이다. 돈 잘 벌고 성공하고 싶어서 신을 믿는다. 현대인의 모습이다. 중세인들은 기독교 조직 안에서 권력자가 되기 위해 신을 믿었다. 신을 믿는다 혹은 진리를 믿는다는 것은 하나의 경향을 따르는 의지의 목소리가 아닐까? 그 하나를 따르면서 다른 것은 무시하는 태도가 아닐까?

"진리의 가치 문제가 우리 앞에 다가왔다." 니체가 《선악의 저편》과 함께 내세운 현실 인식이다. 시대가 변해 우리가 이제 이 문제 앞에 다가선 것이다. 진리를 문제 삼는 것은 우리들 자신이다. 진리는 늘 다른 사물들처럼 그저 저 먼 곳에 있을 뿐이다. 무엇을 진리로 삼아 다가서느냐가 문제일 뿐이다. 스핑크스가 다가왔나? 아니면 오이디푸스가 다가갔나? 언제나 문제와 직면하는 데는 모험과 용기가 요구된다.

개구리의 관점을 극복한
새로운 철학자의 도래를 기다리는 마음

'우물 안 개구리'란 말이 있다. 견문이 좁은 사람을 일컫는 말이다. 사물을 넓게 보지 못하는 문제의식에서 나온 말이다. 그런데 사물을 정말 납득하고 인정할 만큼 넓게 보는 사람이 있을까? 그건 이상적이다. '우물 안 개구리'는 누구나 가질 법한 양심의 소리에 해당한다. 누구에게나 이 말을 가지고 흠집을 낼 수 있다. 경험에는 한계가 있기 때문이다. "위대한 정신들조차 오직 그들의 다섯 손가락 넓이만큼의 경험을 가질 뿐이다. 바로 그 옆에서 그들의 생각은 멈춘다. 그다음에는 그들의 무한히 텅 빈 공간과 어리석음이 시작된다."(아침, 418쪽 이후) 경험해보지 못한 것들 앞에서 우리의 생각은 멈추고 만다.

이성은 눈에 보이는 것에 만족하지 않고 형이상학적인 영역으로 넘어간다. 진리의 추구가 바로 대표적인 예가 될 것이다. 모든 시대에는 추구하는 대상이 달라진다. 무엇을 추구하느냐에 따라 사회상도 달라진다. 어떤 하나의 판단 방식이 대세를 이루면서 모든 것이 그것에 따라 짜 맞춰지기 때문이다. 역사를 공부하는 의미는 여기에 있다. 모든 시대의 문제는 추구하는 대상에 의해 발생하기도 하고 해결되기도 한다.

이러한 방식의 판단이 전형적인 편견을 낳는데, 이러한 편견은 모든 시대의 형이상학자들의 정체를 다시금 알 수 있게 만든다. 그들의 모든 논리적인 추론 과정의 배후에는 이러한 방식의 가치 평가가 있다. 그들은 이러한 자신들의 '믿음'에서 그들의 '지식'을, 격식을 갖추어 마침내 '진리'라고 명명하게 되는 그 무엇을 얻으려고 노력한다. 형이상학자들의 근본적인 믿음은 가치들의 대립에 관한 믿음이다. 그들 가운데 가장 신중한 사람들도, 그들이 "모든 것을 의심한다de omnibus dubitandum"는 것을 긍정적으로 평가해왔다고 할지라도, 의심하는 것이 가장 필요했던 이 경계선에서 이미 의심하는 것은 생각하지도 못했다. 즉 사람들은 다음의 사실을 의심해볼 수 있다. 첫째, 노대체 대립이라는 것이 존재하는가, 둘째, 형이상학자들이 보증했던 저 대중적인 가치 평가와 가치 대립은 아마 단지 표면적인 평가가 아닌지, 단지 일시적인 관점이 아닌지, 아마도 하나의 시각, 아마도 아래에서 위로 본—화가들에게 잘 알려진 표현을 빌리자면—개구리의 관점Frosch-Perspektiven 같은 것은 아닌지? 참된 것, 진실한 것, 무아無我적인 것에 귀속될 수 있는 모든 가치에도 불구하고, 모든 생명을 위한 더 높은 근본적인 가치는 가상에, 기만에의 의지에, 이기심에, 욕망에 있다고 생각해야만 한다는 것은 가능할 것이다. 뿐만 아니라 또한 저 훌륭하고 존중할 만한 사물의 가치를 만드는 것이 바로 겉보기에 대립되는 저 나쁜 사물과 위험할 정도로 유사하고, 또 연관되어 있으며, 단단히 연계되어 있고, 어쩌면 본질적으로 동일한 것일 수 있다는 것도 가능할 것이다. 아마도 그럴 것이다! ─ 그러나 이러한 위험스러운 '아마도'에 마음을 쓰는 의지의 주체는 누구란 말인가! 우리는 이에 대해 새로운 종류의 철학자, 지금까지의 철학자와는 무엇인가 다른 반대의 취미와 성향을 지니고 있는 그러한 철학자가 도래하기를 기다려야만 한다. ─ 이는 어떤 의미에서 이해하자면 위험한 가정假定의 철학자이다. ─ 그리고 진지하게 말해서, 나는 그러한 새로운 철학자가 출현하고 있다고 생각한다. (16쪽 이후)

새로운 철학자가 도래해야 한다. "새로운 종류의 철학자, 지금까지의 철학자와는 무엇인가 다른 반대의 취미와 성향을 지니고 있는 그러한 철학자가 도래하기를 기다려야만 한다." 그리고 니체는 그런 새로운 철학자가 도래하고 있다고 확신하고 있다. 그에게 있어 새로운 철학자란 "위험한 가정의 철학자"를 말한다. "대중적인 가치 평가와 가치 대립"을 지양하고 새로운 가치를 발견하고 드러내 보여주는 그런 철학자를 말한다.

모든 이론에 한계가 있듯이 모든 가치 평가에도 한계가 있기 마련이다. "참된 것, 진실한 것, 무아적인 것에 귀속될 수 있는 모든 가치에도 불구하고, 모든 생명을 위한 더 높고 근본적인 가치는 가상에, 기만에의 의지에, 이기심에, 욕망에 있다고 생각해야만 한다는 것은 가능할 것이다." 부드럽게 말했다. 듣기 좋게 말했을 뿐이다. 좀 더 노골적으로 말하자면, 아무리 좋은 가치 평가라 하더라도 그것은 그저 "가상에, 기만에의 의지에, 이기심에, 욕망에 있다"는 것이다. 그래서 영원한 가치도 영원한 사실도 없다는 결론에 도달하게 된다. 새로운 시대는 새로운 가치 평가와 함께 시작한다.

새로운 시대를 열기 위해 과거의 시대와는 결별을 선언할 줄 알아야 한다. 그러기 위해 싸워야 한다는 것을 가르치고자 하는 게 허무주의 철학이다. "준비하는 사람. ─ 용기를 다시 영예로 존중하게 될 더 남성적이고, 더 전사戰±적인 시대가 다가오는 것을 알려주는 모든 징후를 나는 환영한다! ─ 왜냐하면 이러한 시대는 영웅주의를 인식하고, 이 사상과 그 결과를 위해 전쟁을 벌일, 보다 고귀한 시대로 나아가는 길을 열어줄 것이며, 그러한 시대가 필요로 하게 될 힘을 결집시킬 것이기 때문이다. 이를 위해서는 지금 용기를 지니고 준비하는 사람들이 많이 필요하다."(즐거운, 261쪽) 이것이 니체로 하여금 철학을 하게 하는 이유다. 전쟁을 준비하라. 전쟁에 걸맞은 철학은 등장해야 한다. 이것이 허무주의 철학의 메시지다.

과거와의 결별은 쉬운 게 아니다. 그때까지의 삶을 포기하는 것이기 때문이다. 그때까지 안정을 보장해주던 알을 깨는 것이기 때문이다. 자기 세상을 깰 수 있는가? 자기를 보호해주고 있던 껍데기를 깰 수 있는가? 획득한 것을 버릴 수 있는가? 대부분 아까워서 버리지 못한다. 미련 때문에 돌아서지 못한다. 아쉬움 때문에 정을 떼지 못한다. 하지만 그런 삶은 살 가치가 없다는 것을 가르치고자 한다. 허무주의 철학은 이런 점에 있어서는 가혹하기까지 하다.

> 잘못된 판단을 포기하는 것은 삶을 포기하는 것이며, 삶을 부정하는 것이리라. 삶의 조건으로 비진리를 용인하는 것, 이것이야말로 위험한 방식으로 습관화된 가치 감정에 저항하는 것을 의미한다. 이 일을 감행하는 철학은 그것만으로도 이미 선과 악의 저편에 서 있게 된다. (19쪽)

하나의 판단, 그것도 과거에는 옳은 것이라고 간주했던 판단을 급기야 잘못된 것이라고 생각할 수 있는 것, 그것이 그 판단과 결별할 수 있는 계기를 마련해준다. 여기서 조심해서 읽어야 할 부분이 있다. '삶을 포기하는 것'이라는 대목이다. 정말 목숨을 끊는 것을 의미하는 게 결코 아니다. 지금까지의 삶의 조건과 방식을 포기하는 것을 의미할 뿐이다. 껍데기 안의 삶을 포기하고 껍데기를 깬다. 껍데기 밖의 삶은 이전 삶을 포기한 결과로 주어지는 것이다.

선과 악의 저편에 서 있기! 그것이 껍데기를 깬 삶이다. "삶의 조건으로 비진리를 용인하는 것, 이것이야말로 위험한 방식으로 습관화된 가치 감정에 저항하는 것을 의미한다." 이것이 "위험한 가정의 철학자"(17쪽)가 해야 하는 일이다. 비진리가 새로운 삶의 조건이 되도록 용인하는 것, 그것은 새로운 가정을 받아들이는 것이다. 물론 그것은 위험한 일이다. 그 어떤 보장도 없기 때문이다. 그것이 어떤 결과를 낳을지 아무도 장담을 못 한다. 그래도 해야 한다. 새로운 시대는 그런 용기를 지닌 자에 의해 펼쳐진다. 그런 자가 새 시대의 주역으로 등장하는 것이다.

극복의 대상으로서의
칸트 철학

칸트 철학은 독일 관념론의 효시로 알려져 있다. 《순수이성비판》(1781)과 함께 그 시작을 알린 철학이라고 한다. 관념론! 말 그대로 '말로만 설명이 가능한 그런 것'을 연구의 대상으로 삼았다. "오히려 존재의 모태 속에, 불변하는 것 속에, 숨어 있는 신 안에, '물자체物自體' 속에 — 바로 그곳에 그 근원이 있어야만 하지, 그 외의 다른 곳에 있는 것이 아니다!"(16쪽) 이것이 관념론적인 주장이다. 니체의 표현은, 말하자면 그것은 편견일 뿐이다. "우리 자신에 대해서는 침묵한다"[3]라는 말로 시작하는 철학은 보이지 않는 것을 보여주고자 애를 쓴다. 니체의 눈에는 이 또한 늙어버린 철학에 지나지 않아 보인다.

늙은 칸트는 경직되고 점잖은 위선으로 우리를 변증법의 샛길로 유인했는데, 이 샛길이 우리를 그의 '정언명법定言命法'으로 이끌고 있다. 아니, 더 정확하게 말해 유혹하고 있다. — 이러한 연극은 우리처럼 버릇없는 사람들을 웃게 만든다. 우리는 고리타분한 도덕가나 도덕 설교자들의 노회한 간계를 파헤치는 것에서 적지 않은 즐거움을 발견하기 때문이다. 또는 스피노자가 자신의 철학에 — 이 용어를 바르고 적합하게 해석하면, 결국 "그 자신의 지혜에 대한 사랑"이다 — 마치 청동 갑옷을 입히고 가면을 씌우는 저 수학 형식의 기괴한 술책도 그렇다. 그는 그렇게 함으로써 처음부터 이 정복하기 어려운 처녀신 팔라스 아테네Pallas Athene에게 감히 시선을 던지고자 하는 공격자의 용기를 위축시키려고 했던 것이다. 은둔하는 병자가 쓰고 있는 이 가면은 얼마나 많은 특이한 수줍음과 허약성을 드러내고 있는가! (20쪽)

'변증법의 샛길', 이것은 칸트 철학이 가르쳐준 길이다. 그 길을 바른길로 간주하면서 등장하는 기득권은 변증법의 대가들이다. 소위 말 잘하는 사람들이다. 좀 더 폄하적으로 표현하면 소위 공부 잘하는 사람들이다. 공부는 잘하는데 실생활에서는 무능하기 짝이 없는 그런 사람이다. "경직

되고 점잖은 위선"으로 자신의 기득권을 과시한다. 하지만 실속은 없다. 그 철학은 그저 "그 자신의 지혜에 대한 사랑"으로 충만해 있을 뿐이다. 보편적인 지혜가 아니다. 자기 자신에 대해서는 침묵하는 철학이다. 아니 자기 자신에 대해서는 침묵할 수밖에 없는, 즉 자기 자신에 대해서는 무능하기 짝이 없는 병든 철학이다. "수학 형식의 기괴한 술책"으로 만들어진 가면을 쓰고 있을 뿐이다. "은둔하는 병자가 쓰고 있는 이 가면은 얼마나 많은 특이한 수줍음과 허약성을 드러내고 있는가!" 칸트 철학을 향한 니체의 공격은 가차 없다.

물론 칸트 철학을 문제 삼은 것은 니체가 처음은 아니다. 그가 스승으로 간주했던 쇼펜하우어는 스스로를 칸트 철학의 후계자라고 평가하면서도 그 철학에 반기를 들기 시작한 대표적인 철학자이다. 그에 의해 생철학의 씨앗이 뿌려진 것이다. 선배들이 침묵했던 그 지점에서 철학을 하고자 하는 것이다. 새로운 문제가 인식된다. 아무것도 모른다고 말할 수밖에 없는 그런 상황에 처하고 만 것이다. 쇼펜하우어가 남겨놓은 시 한 편을 읽어보자.

칸트에게

나는 눈으로 당신을 따라 창공 속으로 들어갔습니다
그곳에서 당신은 나의 시야로부터 사라졌습니다
나는 지상의 많은 무리 속에서 홀로입니다
당신의 말과 당신의 책만이 나의 유일한 위안입니다
당신의 고무적인 말들의 가락을 통해 나는 황량한 고독을 추방하려 했습니다

사방에서 이방인들이 나를 둘러싸고 있습니다

세상은 황량하며 인생은 지루하게 깁니다 (미완성)**4**

칸트 철학의 한계다. 아무리 칸트 철학을 공부해도 자기 자신은 어떻게 살아야 하는지에 대한 답이 없다. 국가를 위해 자신의 책임을 다하라? 의무감으로 살라? 그것은 국가를 위한 삶이지 자기 자신의 삶을 위한 것은 아니지 않은가. 아무리 정언명법으로 무장을 해놓아도 현실 세계로 돌아오면 오리무중이다. 어디로 가야 할지를 몰라 방황을 일삼는다. 칸트의 정언명법은 고독을 해결해주지 못한다. 현실 속에서는 온갖 것이 낯설게 다가올 뿐이다. 너무나도 순수를 지향하며 하늘만 바라본 결과다.

세상은 황량하기 짝이 없고 인생은 지루할 정도로 길기만 하다. 이를 어쩌랴! 이 길고 긴 삶을 어떻게 살아야 할까? 이 사막처럼 황량한 세상을 어떻게 살아야 할까? 칸트 철학은 이 대목에서 침묵만 하고 있다. 공부에 대한 허무함이 덮쳐온다. 열정에 대한 회의가 엄습해온다. 스승의 길을 따라간다고 믿었건만 어느 순간 스승은 온데간데없다. 부모를 따라간다고 생각했는데 어느 순간 홀로 남겨진 그런 기분이다. 황당하다. 시장 바닥에서, 사람들이 들끓고 있는 그 한가운데서 두려움을 느끼는 꼴이다. 아무도 돌봐주지 않는 상황, 혼자서 길을 찾아가야 하는 상황, 스스로 삶을 책임져야 하는 상황, 이것이 생철학적 현실 인식이다. 믿음이 인생을 구원해주지는 못한다. 삶은 살아야 실현될 뿐이다. 정언명법을 안다고 해결되는 것이 아니다.

하지만 쇼펜하우어도 위의 시를 완성하지는 못했다고 고백하고 있다. 스스로도 대안을 아직은 찾지 못하고 있는 실정임을 고백하는 것이다. 도대체 어떻게 해야 하나? 이제는 니체의 말에 귀를 기울여보자. 그는 지혜의 여신 아테네를 주목한다. 창과 방패로 무장한 그녀 앞에서 우리는 어떤 자세를 취해야 할까? 투구까지 쓰고 있는 것이 그녀다. 그녀 앞에 무릎을 꿇고 항복해야 할까? 제우스에게처럼 만족할 만한 음식으로 제사라도 지내야 할까? 그녀는 우리에게 무엇을 원하는 것일까? 어쩌면 용기를 내서 덤비라고 하는 게 아닐까? 용기 있으면 정복하여 가져보라는 것이 아닐까? "이 정복하기 어려운 처녀신 팔라스 아테네에게 감히 시선을 던지고자 하는 공격자의 용기"를 부추기고 있는 것이 아닐까? 그런데 칸트 철학은 그 반대의 성향을 요구하고 있다. 그런 용기를 위축시키려고 했던 것이다. 순수한 이성을 얘기하고 또 그것을 따르라고! 그것이 너 자신의 의지이자 입법의 원리가 되도록 생각하고 행동하라고.

니체의 입장에서 보면 칸트식으로 생각하는 것은 병든 자의 증상일 뿐이다. 인생은 수학공식처럼 해결되지 않기 때문이다. 칸트의 철학은 마치 "태엽을 감아놓기만 하면 작동하는 작고 독립적인 시계장치 같은 것"(21쪽)처럼 보일 뿐이다. 일 더하기 일은 이다. 이 더하기 이는 사다. 그것이 정답들이다. 공부를 하면 할수록 왠지 모르게 "그 자신의 지혜에 대한 사랑"으로 일관하고 있는 듯한 느낌이 들 뿐이다. 도대체 뭐가 순수하단 말인가? 무엇이 정언명법이란 말인가? 그가 하는 말? 착각이다. 너무도 큰 착각이다. 순수를 입에 담는 순간 이미 순수하지 않은 것에 대한 배격과 배타가 자행된다. 옳고 그름에 대한 잣대가 형성되기 시작한다. 선과 악에 얽매인 정신이 고개를 든다. 무엇에든 얽매인 정신이라면 그것은 노예의 그것일 뿐이다. 니체가 바라는 바는 이런 것이 아니다.

칸트는 "인간에게 존재하는 새로운 능력, 선험적 종합 판단의 능력을 발견했다는 사실에 긍지를 가지고 있다."(27쪽) 하지만 니체는 시대가 변했음을 감지한다. "지금 곳곳에서 사람들이 칸트가 독일 철학에 끼쳐왔던 진정한 영향에서 벗어나고자 하며 특히 칸트가 자기 자신에게 승인했던 가치에 대해 신중하게 빠져나가 보려고 노력하는 것처럼 보인다."(같은 곳) 새로운 변화의 조짐은, 칸트식으로 생각하는 것은 늙은 것으로 판단하는 것으로 드러날 뿐이다. "사람들은 꿈을 꾸고 있었던 것이다. 맨 먼저 — 꿈을 꾼 사람은 늙은 칸트였다."(28쪽) 칸트의 관념론적 계몽주의 철학은 낭만주의를 낳았다. 현실을 부정하고 비현실을 동경하는 것으로 나타났다.

> 이제 마침내 "어떻게 선험적 종합 판단이 가능한가?"라는 칸트의 물음을 "왜 그러한 판단에 대한 믿음이 필요한가?"라는 다른 물음으로 바꿔야만 할 시기가 왔다. 즉 우리 같은 종種의 존재를 보존하기 위해 그러한 판단을 참이라고 믿어야만 한다는 사실, 그리고 왜 그 판단이 당연히 잘못된 판단이 될 수 있는지를 파악해야 하는 시기가 왔다! 또는 더 분명하고 근본적으로 말해, 선험적 종합 판단은 전혀 "가능한 것"이 될 수 없다. 우리에게는 그러한 판단을 주장할 권리가 없다. 우리의 입으로 말하자면 그것은 단지 잘못된 판단일 뿐이다. (28쪽 이후)

선험적 종합 판단, 그런 것은 없다. 영원한 진실, 영원한 사실, 그런 것은 없다. 경험과 연관하지 않은 채 존재하는 그런 판단은 존재하지 않는다. 신적인 영역으로 간주되는 "물자체"(16쪽) 따위는 존재하지 않는다. 그런 판단이 있다면 그것은 그저 잘못된 판단에 해당할 뿐이다. 니체는 이제 때가 되었음을 선언한다. 그런 생각 따위에는 이제 '다른 물음'으로 대처해야 할 때가 되었다고 보는 것이다. '어떻게 선험적 종합 판단이 가능한가?'라는 칸트의 물음에 반하여 '왜 그러한 판단에 대한 믿음이 필요한가?'라는 물음으로 저항하라는 것이다. 왜 그런 게 필요한가? 중요한 질문이다. 허무주의적 질문이다.

허무주의 철학이
되살리고자 하는 행복철학

행복. 이 말이 전하는 감정은 좋기만 하다. 얼마나 행복해야 정말 행복하다고 말할 수 있을까? 이런 게 문제될 뿐이다. 강도의 차이는 있을지 몰라도 행복 자체는 그저 좋기만 하다. 그런데 그 과정을 생각하면 논쟁이 되고 만다. 누구는 이념계를 운운하며 하늘나라를 들먹거린다. 그곳에서의 삶이 진짜라고 주장한다. 누구는 현실계를 주목하며 지금과 여기에서의 삶만이 진짜라고 주장한다. 누구의 말을 들을까? 이것이 문제다. 지금과 여기를 선택할까? 아니면 과거와 미래까지 주관하는 신적인 힘에 귀의할까? 그 선택의 결과는 누구에게 책임을 물을 수 있을까?

철학자들이란 얼마나 심술궂을 수 있는가! 나는 에피쿠로스^{Epikur}가 플라톤과 플라톤주의에 대해 허용했던 농담보다 더 독설적인 농담을 알지 못한다. 그는 이들을 디오니시오콜라케스^{Dionysiokolakes}라고 불렀다. 이는 원문 표현에 따라 표면적으로는 '디오니소스의 아첨꾼', 즉 참주의 추종자와 아첨꾼을 의미한다. 그러나 다시 덧붙여 "그들은 모두 배우이다. 이 점에서 전혀 순진하지 않다"라고 말하려고 하는 것이기도 하다. (왜냐하면 디오니소콜락스Dionysokolax는 배우의 통속적인 명칭이었기 때문이다.) 후자의 의미는 본래 에피쿠로스가 플라톤에게 던졌던 악의적인 말이다. 플라톤이 자신의 제자들과 더불어 친숙했던 웅대한 몸짓과 연출이 그를 불쾌하게 했던 것이다. 이러한 것에 에피쿠로스는 친숙하지 못했다! 사모스의 늙은 교사이며, 아테네에 있는 자신의 정원에 은둔해 300권의 책을 썼던 그는—누가 알겠는가?—아마 분노와 야심에서 플라톤에 반대하는 글을 쓰지 않았을까?—이 정원의 신 에피쿠로스가 어떤 사람인지 그리스가 알아차리기까지 100년이 필요했다.—그리스 사람들은 알아차렸던가?— (22쪽 이후)

세상에서 가장 심한 독설은 누가 했을까? 니체는 그가 바로 에피쿠로스라고 단언한다. 에피쿠로스는 플라톤과 그의 추종자들을 향해 '디오니시오콜라케스'라고 불렀다. '디오니소스Dionysos의 아첨꾼'들이라는 말이다. 또 '디오니소콜락스'는 배우에 대한 통속적인 명칭이다. 이는 "본래 에피쿠로스가 플라톤에게 던졌던 악의적인 말"이다. 바꿔 말하면 플라톤과 그의 추종자들은 배우에 지나지 않는다는 얘기다. 그 배우들이 쏟아내고 있는 대사는 모두가 소크라테스가 마련해놓은 시나리오일 뿐이라는 것이다.

스스로 철학자라고, 즉 지혜를 사랑하는 자라고 말했던 최초의 철학자 소크라테스는 무대 위에 스스로 등장하지 않는 디오니소스의 정령처럼 존재한다. 하지만 니체가 《비극의 탄생》에서 추궁했던 고대 그리스의 디오니소스 축제와는 전혀 다른 의미의 무대가 형성되고 있을 뿐이다. 논리에 의한 접근법이 소크라테스의 방법론이기 때문이다. 하지만 "소크라테스에게 나타나는 논리적 충동은 결코 자기 자신을 향하지 못했다."(비극, 107쪽) 이것이 문제다. 논리 속에 담기는 모든 내용에는 자기 자신이 빠져 있다. 논리는 형식에 대한 문제일 뿐 그 논리 속에 담기는 내용에는 관여하지 못한다는 게 진짜 문제인 것이다. 일 더하기 일은 이가 된다는 것은 정답을 인식하게 해주지만, 그 첫 번째 일과 뒤따르는 또 다른 일 그리고 결론으로 도출되는 이에 해당하는 내용은 고민의 대상이 아니다.

관념만으로는 실제상황을 통제할 수 없다. "미학을 연구하여 예술가가 된 사람이 아직 없고, 윤리학을 연구하여 고상한 성품을 얻은 사람이 아직 없다."[5] '생각 따로 몸 따로'라는 말이 있다. 몸을 생각대로 다룰 수 있는 것도 기술이다. 대부분의 사람은 자신이 원하는 대로 움직이고 있다고 생각하지만 그저 먹고 사는 데 지장이 없을 정도일 뿐 그 이상의 움직임을 제대로 해내지는 못한다. 바로 그 이상의 것을 해내기 위해 수많은 도전과 훈련이 요구된다. 얼음판 위에서 벌어지는 3분의 무대를 위해 피겨 선수는 수년을 피땀 흘리며 보내야 한다. 모든 장인의 솜씨는 하루아침에 생겨나는 것이 아니다.

니체는 상상력을 동원한다. 아마도 에피쿠로스는 플라톤에 반대하는 의미에서 글쓰기에 매진했을지도 모른다고. 그것도 "자신의 정원에 은둔해 300권의 책을 썼던" 게 아닐까 하고 말이다. 이데아idea에 집중했던 플라톤 사상에 반대하여 현실 세계에서의 행복을 추구했던 그의 이론은 하지만 상당 부분 소실되고 말았다. 남아 있는 것이라고는 바티칸 도서관에 보관되어 있다는 경구警句 몇 개와 폼페이를 몰락시킨 화산 베수비오 산 근처의 헤르쿨라네움에서 발견된 《자연에 관하여》의 파피루스 일부분이 전부라고 한다.[6] 이제 우리가 상상력을 동원할 때가 되었다. 도대체 그 이유는 무엇인가 하고 말이다.

　신의 죽음을 입에 담는 허무주의 철학도 타락하여 천벌을 받아 몰락했다고 믿어지는 폼페이에서나 읽히는 그런 것일까? 그렇게 세상을 바라보는 시각은 어떻게 어떤 경로로 형성되는가? 현실을 불결한 것으로 바라보는 그 감정은 어떻게 형성되는 것인가? 밤만 되면 본능이 판을 치는데도 불구하고 낮만 되면 지난밤의 경험들은 꿈같은 이야기였을 뿐이라며 애써 외면하려 한다.[7] 굳이 르네상스의 천재 작가 셰익스피어William Shakespeare(1564~1616)의 생각을 끌어들이지 않아도 누구나 다 아는 얘기다. 모든 것이 그저 '한여름 밤의 꿈'에 불과하다고. 이성으로 현실을 버티려는 가련한 인간들. 해피엔딩이 오히려 인생사를 웃음거리로 만들고 있다는 사실조차 감지 못하는 것은 아닐 텐데. "하지만 인간은 얼룩 옷 입은 바보일 뿐이야"[8]라는 대사를 이해하지 못한 것은 아닐 텐데. 에피쿠로스의 이론은 아무리 숨기려 해도 숨겨지지 않는다. 단 한마디가 남아 있어도 그 한마디로 수많은 것을 유추해낼 수 있을 정도다. 왜냐하면 그는 현실적인 이야기를 하고 있기 때문이다.

　스토아 학파는 에피쿠로스 학파의 경쟁자였다. 재밌는 것은 스토아 학파의 글은 상당 부분 온전하게 남아 있다는 사실이다. '우주적 원리'[9]에 입각한 삶을 목적으로 한 철학은 환영을 받았다는 얘기다. 하지만 니체는 다음과 같은 말로 간단하게 평가한다. "스토아주의는 자기에게 가하는 폭행이다"(24쪽)라고. 니체는 인간이 스토아주의자들처럼 자기 자신과 자기 인생에 폭행을 가하지 않기를 원한다. 싸워야 할 상대가 강한 만큼 저항 또한 강할 수밖에 없다. 가끔 니체의 발언은 폭언처럼 들리기도 한다. 아니면 고집불통의 당나귀 모습을 하고 있거나.

모든 철학에는 철학자의 '신념'이 무대에 등장하는 시점이 있다. 또는 이를 고대 신비주의의 언어로 말하자면 다음과 같다.

아름답고 가장 강인한
당나귀가 다가왔다. (23쪽)

물론 허무주의의 입장에서 보면 '신념'은 나쁘다. 신념은 부정적이다. 신념은 지양의 대상이다. 왜냐하면 "진리의 적들 — 신념은 거짓말보다 더 위험한 진리의 적이다."(인간적 I, 391쪽) 믿음은 사물을 있는 그대로 보지 못하게 한다. "'신앙'이란 무엇이 참인지를 알고자 — 하지 — 않는다는 것을 의미한다."(안티, 293쪽) 신앙은 눈에 콩깍지가 씌게 할 뿐이다. 이런 콩깍지는 벗겨내야 한다. 그것이 허무주의 철학이 바라는 바다. 다른 한편으로 니체의 철학 또한 '신념'의 산물이 아닐 수 없다. 그의 철학 또한 고집불통을 연상시킨다. 그는 신에 대해서만큼은 토론과 타협의 여지를 남겨놓지 않는다.

자신이 보이지 않을 때는 불굴의 정신으로 사막 같은 현실을 견뎌내야 한다. 자기 자신이라는 오아시스를 찾을 때까지 포기에 굴복해서는 안 된다. 하지만 자기 자신이 당나귀로 등장하는 시점이 되면 다시 호된 훈련의 장으로 접어들어야 할 때가 된 것이다. 그것이 허무주의 철학이 요구하는 "한없는 웃음의 파도"(즐거운, 68쪽)인 것이다. 인생은 비극과 희극을 오가며 시간과 공간을 채운다. 그 원리를 알고 나면 모든 것이 수월해진다. 모르는 사람에게는 뭐든지 힘들겠지만.

역사가 밝혀낸 진리는 분명하다. 에피쿠로스 학파는 현실적인 행복을 추구했다고. 바로 이전의 선배들이 이데아를 향해 열정을 쏟았다면 이 학파는 '정원'[10]에 머무는 것으로 만족했다. 그 안에서 즐거우면 그만이라고 생각했다. 헤도네hedone, 즉 쾌락만이 진실이며 삶의 목적이라고. 이런 소리를 싫어했던 자들은 과연 누구였을까? 그들이 그 많은 에피쿠로스의 책을 사라지게 했을 게 분명하다.[11] 그런 책은 읽어서는 안 된다고 판단했을 게 분명하다. 그런 책은 금서가 되어야 마땅하다고 주장했을 게 자명하다. 하지만 니체는 에피쿠로스의 입장을 변호한다. 이 세상에서의 삶, 즉 생명력을 선택했기 때문이다. 그것만이 철학의 진정한 과제라고 생각했던 것이다. 사물을 있는 그대로 보기 위해 그는 "'참된 세계와 가상의 세계에 관한' 문제를 논의하도록 재촉"(25쪽)하고 있을 뿐이다.

이에 반해 "고상한"(23쪽) 삶을 지향하는 스토아 학파의 주장은 니체의 심경을 건드렸다. 그들은 "자연에 따라 산다"(24쪽)고 말하면서 스스로에게 폭행을 자행했다. "스토아주의는 자기에게 가하는 폭행이다."(같은 곳) 자연의 뜻은 하나의 철학이 되어 삶을 구속하고자 한다. 언제나 "단 하나의 철학"(같은 곳)이 문제인 것이다. "이 철학은 항상 자신의 모습에 따라 세계를 창조하며, 달리할 수는 없다."(24쪽 이후) '달리할 수는 없다', 이것이 문제다. 하나만 알고 다른 것은 무지몽매한 상태다. 자기 것만 고집한다. 다른 것은 의미가 없다고 감히 말한다. 그래도 된다고 생각한다. 이런 자들이 만들어내는 "철학은 이러한 폭군 같은 충동 자체이며, 힘에 대한 가장 정신적인 의지이고, '세계를 창조하려는', 제1 원인을 지향하는 가장 정신적인 의지"(25쪽)가 된다. 그래도 자연을 높이 평가하는 자들이 있다면 니체의 의혹이 담긴 글을 읽으며 그의 생각을 따라 가보려고 노력해보라.

그대들은 자연에 따라 살기를 원하는가? 오 그대 고상한 스토아 철학자들이여, 이것은 말의 기만이 아닌가! 그대들은 자연이란 존재를 생각해보라. 그것은 한없는 낭비이고, 한없이 냉담하며, 의도와 배려가 없으며, 자비와 공정함도 없고, 풍요로운가 하면 동시에 황량하고 불확실하다. 그대들은 무관심 자체를 힘이라고 생각해보라. 그대들은 어떻게 이 무관심에 따라 살 수 있을 것인가? 삶 — 이것은 바로 이러한 자연과 다르게 존재하려는 것이 아닌가? 삶이란 평가하는 것, 선택하는 것, 부당한 것, 제한되어 있는 것, 다르게 존재하고자 함이 아닌가? (23쪽 이후)

스토아 학파가 지향하는 삶, 즉 무관심으로 번역된 원어는 '게라쎈하이트 Gelassenheit'[12]이다. 말 그대로 직역하면 '그냥 내버려 둠'이 된다. 여기서 니체는 솔직해지자고 말한다. 정말 모든 것을 그대로 내버려 둘 수 있냐고 묻고 있기 때문이다. 눈 내리는 추운 겨울날, 밤하늘을 가득 채우는 나뭇가지 부러지는 소리처럼 그렇게 무심하게 소리칠 수 있나? 로드킬 당한 동물들처럼 그렇게 무심하게 길 위에서 흔적 없이 사라질 수 있나? 무덤 없이 살 수 있나? 양심의 가책 없이? 우리네 동심에서는 청개구리의 개골개골 소리조차 양심의 소리가 아니었던가. 제발 좀 고상한 척하지 말라! 하나를 고집할 때 다른 수많은 것이 상처를 받는다는 것쯤은 이제 깨달아야 하지 않을까.

니체가 말하는 대지의 뜻은 스토아 학파가 말하는 자연의 뜻과는 다른 의미다. 자기 자신과 자기 삶에 횡포를 부리고자 하는 것이 결코 아니다. 허무주의 철학은 정반대의 현상에 주목한다. 자기 자신과 자기 삶에 이로운 길을 찾고자 할 뿐이다. 건강을 위한 철학이 허무주의 철학임을 잊지 말아야 한다. 피골이 상접한 금욕주의자의 모습은 니체가 바라는 인간상이 아니다. 삶은 허약한 것을 지양한다. 삶은 오로지 건강한 상태를 지향한다. 아프면 낫고자 하고, 괴로움은 기쁨으로 승화시키고자 한다. "좀 더 강건하고 생동하는 생명을 여전히 갈망하는 사상가"(25쪽)가 허무주의자인 것이다. 허무주의자는 온갖 허상에 바쳤던 희망을 버리고 허무한 마음과 함께 방향을 틀어 자기 자신에게로 "회귀"(26쪽)하려는 의지로 충만해 있다. 자기 자신에게로 "되돌아오기를 원하지"(같은 곳) 않는 것은 진정한 허무주의가 아니다. 니체를 읽는 독자는 이것을 궁극적인 인식의 목적으로 삼아야 한다.

배움은
인간적인 것이다

니체의 글들을 읽다 보면 곳곳에서 만나게 되는 것이 '배워야 한다'는 말이다. 이것도 배워야 하고 저것도 배워야 한다. 이 세상은 온통 배워야 할 것으로 가득하다고 말하는 듯하다. 웃는 것조차 배워야 한다는 것이 그의 첫 번째 책《비극의 탄생》의 메시지였다. "나는 웃음이 신성하다고 말했다. 그대들 보다 높은 인간들이여, 내게 배워라 — 웃음을!"(비극, 23쪽) 차라투스트라Zarathustra가 "사막의 딸들"(차라, 500쪽)에게서 깨달은 바는 외다리로도 행복한 춤을 춰대는 야자나무의 생존비결이었다. 사막과 같은 현실에서도 삶을 유지할 수 있는 최고의 비결이었다. 두 다리를 갖고도 춤을 추지 못하는 가련한 존재에게 시의 형식으로 선사하는 최고의 가르침이었다.

인간은 배우는 존재다. 그 말은 가르침을 요구하는 존재라는 뜻도 된다. 대개 인간은 어려서 멘토를 찾는다. 이상형을 필요로 하는 존재이기도 하다. '인식한다' 혹은 '깨닫는다' 등의 말도 결국에는 배움의 과정으로 보아도 무방하다. 후손이 배울 수 있게 하기 위해 많은 이가 학문에 매진한다. 문제는 무엇을 배워야 하는가이다. 문제는 어떤 학문을 배워야 하는가이다. 니체는 다양한 학문의 정체를 밝혀낸다. 첫째 '유물론적 원자론'에 대해 한마디 한다.

유물론적 원자론에 관해서 말한다면, 이것은 지금까지 있었던 모든 것 가운데 논박이 가장 잘된 것 중 하나다. 아마 오늘날 유럽의 학자 중 어느 누구도 이 말의 편리하고 일상적인 용법(즉 표현 수단의 약기略記로) 외에 더 이상 이것에 여전히 진지한 의미를 부여할 정도로 무지하지는 않다. 이것은 우선 폴란드인 보스코비치Boscovich 덕분인데, 그는 […] 지상에서 '정지하고 있는' 최후의 것에 대한 믿음, 즉 '질료'와 '물질', 지상의 잔여물이며 작은 덩어리인 원자에 대한 믿음을 단호하게 버릴 것을 가르쳐주었다. 이는 지금까지 지상에서 얻은 감각에 대한 가장 위대한 승리였다. — 그러나 우리는 또한 한 걸음 더 나아가 저 유명한 '형이상학적 욕구'와 마찬가지로 아무도 예감하지 못하는 영역에서 여전히 위험하게 그 여명餘命을 유지하고 있는 '원자론적 요구'에 대해서도 — 선전포고를 하고, 가차 없이 혈전을 치러야 한다. — 우리는 먼저 기독교 세계가 가장 잘 그리고 오랫동안 가르쳐왔던 저 또 다른 운명론적인 원자론, 즉 영혼의 원자론Seelen-Atomistik에도 최후의 일격을 가해야만 한다. 이러한 말로 영혼을 없애버릴 수 없는 그 무엇, 영원한 것, 불가분할자, 하나의 단자單子, 하나의 원자로 여기는 그러한 믿음을 표현할 수 있다. 이러한 믿음을 우리는 학문에서 추방해야만 한다! (29쪽 이후)

'유물론적 원자론'! 참 멋진 말이다. 니체도 "이 말의 편리하고 일상적인 용법(즉 표현 수단의 약기)"의 위력을 인정하고 있다. 하지만 이런 말들이 허상을 만들어낸다. 눈에 보이지도 않는 것, 즉 "아무도 예감하지 못하는 영역에서" 제멋대로 이야기를 만들어낸다. '옛날 옛적 호랑이 담배 피우던 시절'에 하고 말이다. 이런 식으로 "태초에 말씀이 계시니라"(요한복음 1:1) 하고 이야기를 시작하면 아무도 저항할 수 없는 권위를 부여받기도 한다. 실존한다는 유물론적 사고방식이 믿음의 표현에 불과하다면 그것은 지양의 대상이 되어야 한다. 그것에 대해서는 허무주의가 도래하도록 해야 한다. "이러한 믿음을 우리는 학문에서 추방해야만 한다!" 니체의 음성은 단호하다. 느낌표가 전하는 억양이 그렇게 들리게 한다.

또 생리학에 대해서도 한마디 한다.

생리학자들은 자기 보존의 본능을 유기체의 기본적인 본능으로 설정하는 것에 대해 심사숙고해야만 한다. 무엇보다도 생명이 있는 것은 자신의 힘을 발산하고자 한다 — 생명 그 자체는 힘에의 의지이다 — : 자기 보존이란 단지 간접적이고 아주 자주 나타나는 그 결과 중 하나일 뿐이다. — 간단히 말해, 어느 곳에서든 마찬가지로 여기에서도, 불필요한 목적론적인 원리가 끼어들지 않도록 주의하자! — 자기 보존 본능은 (우리는 이것을 스피노자가 논리적으로 철저하지 못함에서 기인하는 것으로 본다 —) 그러한 원리인 것이다. 즉 이것을 요구하는 것은 본질적으로 원리가 부족한 방법이다. (31쪽)

'나도 내가 누군지 모른다'는 말이 있다. 한 아이가 어떻게 성장해갈지 사실 아무도 모른다. 인간은 이성적 동물인지라 자기 삶에 어떤 원리를 적용하느냐에 따라 삶은 천차만별이기 마련이다. 그래서 누구는 '판단은 유보해야 한다'[13]고도 말한다. 생철학적 입장에서 보면 '될성싶은 나무는 떡잎부터 알아본다'는 말처럼 폭력적인 발언이 없다. '넌 안 돼!'라는 말로 기회조차 주지 않는 횡포는 인간 세상에서 추방되어야 할 파렴치함이 아닐 수 없다. "불필요한 목적론적인 원리가 끼어들지 않도록 주의하자!" 여기서도 느낌표를 읽어내야 한다. 그만큼 니체의 목소리는 격앙되어 있음을 직감해야 한다.

초인은 모든 것을 날개 아래 둘 때 마침내 비상하는 알바트로스Albatross와 같다. 모든 바람을 역풍으로 받아들이지 않고 순풍으로 감당해낼 수 있을 때 비상을 하면서도 쉬고 있는 그런 존재가 되는 것이다. 초인은 웃는 존재임을 명심해야 한다. 비극조차 배꼽 잡고 웃을 수 있는 존재다. 막힘이 없는 자를 두고 도가 통한 자라고 말한다. 멀리 돌아감을 마다하지 않는다는 뜻이기도 하다. 등 뒤에 태양이 있다는 것을 앎과 동시에 돌아서면 그림자가 기다리고 있다는 사실도 알면 되는 것이다. 인생에서 문제가 되는 것은 오로지 생명을 위해 힘을 발산할 준비가 되었는가일 뿐이다. 이성적 존재는 배가 고파도 다이어트를 할 수 있는 존재이기 때문에 이런 것이 문제가 되는 것이다. 동맥을 끊거나 숨통을 막으면 아프다는 사실을 알면서도 자기 목숨을 끊을 수 있는 위험한 이성을 가진 존재이기 때문에 하는 소리다.

게다가 니체는 물리학에서도 문제점을 지적한다.

물리학도 단지 하나의 세계 해석이며 세계 정리이지(실례를 무릅쓰고 우리의 견해로 말한다면!), 세계 설명이 아니라는 것이 이제 아마도 다섯, 여섯 명의 두뇌 속에 어렴풋이 떠오르고 있다: 그러나 물리학이 감각에 대한 믿음에 기초해 성립하는 한, 물리학은 해석 이상으로 여겨지며, 오랫동안 여전히 해석 이상, 즉 설명으로 여겨질 것이다. 물리학에는 스스로를 위한 눈과 손가락이 있으며, 자기 자신을 위한 외관과 이해 가능성을 가지고 있다. 이것은 근본적으로 천민의 취향을 지니고 있는 시대에 매력적인 힘으로, 설득력 있게 확신에 찬 힘으로 작용한다. ― 그것은 본능적으로 영원히 대중적인 감각주의의 진리 규정에 따른다. (32쪽)

물리학이 보여주는 것은 세계에 대한 하나의 해석이다. 세계에 대한 나름대로의 정리다. 그것이 진정한 궁극적인 설명이 되는 것은 결코 아니다. 모든 물리학도 자기 논리를 정당화시키기 위한 자기만의 처방들을 요구하기 마련이다. 이를 니체식으로 말하면, "물리학에는 스스로를 위한 눈과 손가락이 있으며, 자기 자신을 위한 외관과 이해 가능성을 가지고 있다"는 것이 된다. 물리학은 감각을 기준으로 삼지만, 그저 "영원히 대중적인 감각주의의 진리 규정"을 준수할 뿐이다. 시대마다 다른 유행이 등장하듯이 시대마다 다른 물리학이 대세를 이룬다. 4차원? 블랙홀? 시간여행? 순간이동? 이 또한 "아무도 예감하지 못하는 영역에서 여전히 위험하게 그 여명을 유지하고 있는"(30쪽) 이론들일 뿐이다. 그 외관은 궁전과 같이 화려하겠지만 그 터전은 황당한 가설일 뿐이다.

또 플라톤 철학에도 한마디 한다.

이와는 반대로, 품위 있는 사유방식이었던 플라톤적인 사유방식의 매력은 바로 감각 충족에 대한 반항에 있었다. — 이것은 아마 우리의 동시대인들이 가진 것보다 한층 강하고 까다로운 감각을 즐겼을 사람들 사이에서 이루어졌는데, 이들은 이러한 감각을 지배하는 것에서 더 높은 승리를 찾을 수 있었다. 이것은 그들이 다채로운 감각의 혼란 — 플라톤이 말한 바와 마찬가지로 감각의 천민 — 위에 던진 창백하고 차디찬 회색빛의 개념망에 의해 이루어졌다. (32쪽 이후)

플라톤은 감각을 신뢰하지 않았다. 눈에 보이는 것을 무시하고자 했다. 스승을 잃고 조국을 떠나야 했던 철학자는 현실을 부정하고자 했을 것이 분명하다.[14] 도저히 받아들일 수 없는 것이 자기 자신과 자기 인생이었을 것이다. 보고서도 믿지 못하는 그런 상황을 충분히 이해할 수 있다. 플라톤 철학은 결국 "감각의 혼란" 혹은 "감각의 천민 — 위에 던진 창백하고 차디찬 회색빛의 개념망에 의해 이루어"지고 말았다. 현실은 부정하고 논리로 만들어내는 이상향을 꿈꾸게 된 것이다. 이데아만이 실존이라고 말하면서. '창백하고 차디찬 회색빛의 개념망'에 걸려든 인식의 세계 또한 "아무도 예감하지 못하는 영역"(30쪽)에서 형성되어졌다. 그 영역에서는 이성적 논리만이 진리로 간주될 뿐이다.

눈앞에 펼쳐진 이 세계를 도대체 무엇이라 말해야 할까? 플라톤은 이것을 두고 현상이라고 말한다. 그리고 이념계를 본질계로 설명한다. 본질이라는 말에서 전해지는 좋은 느낌은 이데아니 이상형이니 하는 말이 전하는 느낌과 같다. 그저 좋기만 하다. 이에 반해 현상은 그저 가볍기만 하다. 그런 것은 믿어서는 안 되는 양 그렇게 평가하는 것이다. 하지만 니체는 이 세계를 변호하고자 한다. "양심적으로 생리학을 연구하기 위해서는, 감각기관이 관념론적 철학이 의미하는 현상은 아니라는 사실을 명심해야만 한다."(33쪽) 플라톤과 같은 관념론자들은 현상을 함부로 폄하한다. 눈에 보이는 것을 그림자라고, 즉 헛것이라고 단언한다. 외부 세계가 정말 그토록 무의미한 것인가? 그렇다면 그토록 확실하게 믿고 있는 자기 자신은 굳건한가?

> '직접적인 확실성', 예를 들면 "나는 생각한다"라든가, 쇼펜하우어의 미신이었던 "나는 의지한다"와 같이 '직접적인 확실성'이 존재한다고 믿는 천진한 자기 관찰자가 아직까지도 존재한다. 마치 여기에서 주체나 객체의 측면에서 왜곡됨 없이, 인식이 순수하게 있는 그대로의 대상을 '물자체Ding an sich'로 파악할 수 있는 것처럼 말이다. 그러나 '직접적인 확실성'은 '절대적 인식'과 '물자체'와 마찬가지로 자기 자신 안에 형용모순eine contradictio in adjecto을 함축하고 있다는 사실을 나는 백 번이고 반복하게 될 것이다. 우리는 마침내 이 용어의 유혹에서 벗어나야만 한다! (33쪽 이후)

도대체 누가 자신을 확실하게 알고 있는가? 이 세상에 확실한 것은 하나도 없다. 영원불변의 진리 따위는 존재하지도 않는다. '나'가 확실한가? 늘 극복의 정신으로 살아야 한다는 허무주의자의 눈에는 자기 자신조차 극복의 대상이 될 뿐이다. 그에게 버리지 못하는 것이란 없다. 그에게 파괴하지 못할 성스러운 것이란 없다. 자기 자신까지 파괴하고 새로운 자기를 원할 수 있는 자에게 신이 문제가 될까? 자신이 믿는 신앙이 문제가 될까? 허무주의자 앞에서 극복될 수 없는 것은 하나도 없다.

확실하다는 것 자체가 믿음이다. 니체는 '직접적 확실성'이니 '절대적 인식'이니 '물자체'니 하는 용어로부터 벗어나기를 권한다. 그는 이런 것을 가르치기 위해 "백 번이고 반복하"겠다고 다짐한다. 사실 니체의 저서를 읽으면 체계적이고 논리적인 주장을 펼치지 않는다는 사실을 쉽게 감지할 수 있다. 매번 했던 소리를 다르게, 다른 방식으로 또다시 반복하고 있음을 알 수 있다. 그것이 니체의 서술 방식이다. 그것이 그의 문체인 것이다. 그것이 좋으면 니체 책도 좋게 읽힐 것이다. 사람을 사귀고 싶으면 그 사람에 대한 편견부터 버려야 하듯이, 니체의 문체에 대한 편견도 버릴 수만 있다면 그의 책은 자신의 인생을 바꿔놓는 명저로 탈바꿈해줄 것이 분명하다.

허무주의 철학자에게 영원불변의 '나'란 존재하지 않는다. 그래서 니체는 "'나는 사유한다'라는 명제 속에 표현된 과정을 분석해가면, 나는 그 명제가 논증하기 어려운, 아마 불가능한 일련의 대담한 주장이라는 것을 알게 된다"(34쪽)고 말하게 될 수밖에 없다. 허무주의자는 자기 자신조차 매일 열 번 이상 극복하고자 할 뿐이다. "낮 동안 너는 열 번 네 자신을 극복해야 한다."(차라, 42쪽) "사람은 극복되어야 할 그 무엇이다."(차라, 57쪽) 극복! 이것이 자연처럼 살 수 없는 이유가 된다.

확실성을 믿는 자들이 도덕을 운운한다. 그들이 진리를 입에 담는다. 영원불변의 것 따위를 언급한다. 하지만 니체는 이런 질문을 던진다. "선생님, 당신이 틀리지 않는다는 것은 있을 수 없습니다. 대체 왜 절대적으로 진리만이 있어야만 합니까?"(35쪽) 왜 신만 믿어야 하는가? 왜 영생을 바라야만 하는가? 그런 것을 믿고 바랄 때 그런 것을 말하거나 가르쳐준 자는 예상치 못한 권력을 꿰찬다는 것을 알아야 할 때가 왔다. 이제 허무주의의 도래를 막을 수 없지 않을까.

또 논리학에도 한마디 던진다.

> 논리학자의 미신에 관해서, 나는 이러한 미신론자들이 기꺼이 인정하려고 하지 않는 사소하고 간단한 사실을 지치지 않고 매번 반복해서 강조하고자 한다. —즉 하나의 사상은 '그 사상'이 원할 때 오는 것이지, '내'가 원할 때 오는 것이 아니다. 그렇기 때문에 주어 '나'는 술어 '생각한다'의 조건이라고 말하는 것은 사실을 왜곡한 것이다. 그 무엇이 생각한다^{Es denkt}. 그러나 이러한 '그 무엇'이 바로 저 오래되고 유명한 '나'라고 한다면, 부드럽게 말한다고 해도, 단지 하나의 가정일 뿐이고, 주장일 뿐, 특히 '직접적인 확실성'은 아닌 것이다. (35쪽)

깨달음은 느닷없이 온다고 한다. 인식은 의지와 상관없다. 내가 원한다고 해서 하나의 사상이 형성되는 것이 결코 아니다. 글을 쓰는 자는 글감을 찾아 헤맨다. 말을 하는 존재가 말을 찾아 헤맨다는 얘기다. 그런데 어느 순간 좋은 생각이 떠오른다. 어느 순간 좋은 말이 생각난다. 때가 무르익으면 생겨나는 현상이다. 나는 생각한다? 내가 생각한다? 주어가 술어의 조건이 된다? 과연 우리는 이렇게 말해도 되는가? 니체의 의심은 여기서부터 시작된다. 아니면 생각하는 힘이 우리를 결정하고 있는지도 모른다. 이런 사고방식이 허무주의적이다. "힘에의 의지"(31쪽)만이 생명을 실현시키고 있을 뿐이라고 믿기 때문이다. 그 힘이 '나'를 만들어갈 뿐이다. 문제는 그 '나'가 얼마나 건강하고 강한 힘을 가지느냐에 달려 있다. 큰 날개를 가질수록 높은 비상을 가능하게 할 뿐이다.

이성적 인간은 논리에 얽매일 수밖에 없다. 그것이 이성적 존재의 운명이다. 하지만 얽매이려 하지 않는 것이 허무주의의 자세다. 스스로 운명을 개척하고자 하는 것이 허무주의적 삶의 방식이다. 더 이상 극복할 수 없다면 절망할 것이 아니라 그때가 되어서야 급기야 사랑을 실천하는 그런 철학이다. 아모르 파티^{Amor fati}! 운명을 사랑하라! 이것이 니체 철학이 전하고자 하는 인간애인 것이다. 하지만 그때가 될 때까지 불굴의 정신으로 살아야 한다는 것이 전제조건이다. 그래서 하나의 이론은 늘 반박의 문을 열어놓아야 한다.

> 어떤 한 이론에 대하여 그것을 반박할 수 있다는 것은 사실 적지 않은 매력이 된다: 바로 이 때문에 이 이론은 치밀한 두뇌 소유자들을 끌어당긴다. 백번이나 반박된 '자유의지'의 이론이 존속하는 것은 오직 이러한 매력에 힘입은 것처럼 보인다 ─: 그 누군가가 항상 다시 나타나 이 이론을 반박함으로써 스스로 충분히 강하다고 느낀다. (36쪽)

자유의지! 이 또한 '나는 생각한다'와 같은 망상이 아닐까. 자유의지! 이 말도 매우 매력적인 말이 아닐 수 없다. 자유의지 또한 "자기 자신 안에 형용모순을 함축"(34쪽)하고 있을 뿐이다. 주체의 의지가 자유롭다는 이론이다. 정말 그럴까? 하고 싶다면 뭐든지 할 수 있는 게 인간일까? 마음만 먹는다고 다 해결될까? 인생이 그런 것일까? 시험장에서 시험을 잘 보자고 마음먹고 의지를 불태운다고 시험을 잘 볼 수 있을까? 호랑이 굴에서 정신을 똑바로 차린다고 아무런 탈 없이 빠져나올 수 있을까? 정신 무장 하나로 거인과의 싸움에서 승리를 거둘 수 있을까? 질문을 거듭할

수록 의지의 자유 이론은 왠지 어설프게만 보인다. 준비되지 않은 자에게 기회란 없다.

의지에서 시작하여
도덕과 심리학으로 넘어가는 철학

니체는 쇼펜하우어에게서 철학적 사유의 씨앗을 얻었다. 철학자로서 쇼펜하우어는 '의지의 형이상학자'[15]라 불린다. 그만큼 의지를 중요시했던 철학자라는 얘기다. 그는 "인간은 원하는 것을 할 수 있지만, 원하는 것을 원하지 않을 수는 없다"는 세네카Lucius Annaeus Seneca(B.C.4~A.D.65)의 주장에 맞서고자 한다. 즉 그는 "원하는 것을 원하지 않을 수 있다"[16]는 입장을 고수한다. 그런데 이런 의지에 대한 고민이 니체에게 와서 더욱 복잡해진다. 니체는 우리가 의지를 너무 함부로 정의하고 있지는 않은가 하고 의혹을 제기한다.

철학자들은 마치 의지가 세상에서 가장 잘 알려진 것처럼 의지에 대해 말하곤 한다. 쇼펜하우어 역시 의지만이 우리에게 본래 알려진 것이며, 완전히 알려진 것, 가감 없이 알려진 것이라고 암시했다. 그러나 나에게는 쇼펜하우어도 이 경우에 철학자들이 하곤 했던 일을 실행했을 뿐이며, 그가 대중의 선입견을 받아들여 이를 과장했다고 생각한다. 의지작용Wollen이란 나에게는 무엇보다도 어떤 복합적인 것이며, 단지 말로 표현했을 때만 통일성이 있는 그 무엇처럼 보인다. ─즉 바로 하나의 용어에는 언제나 철학자들의 사소한 주의만을 제압해온 대중의 선입견이 숨겨져 있다. 그러므로 우리는 한 번 더 주의하여 보고, '비철학적'이 되도록 해보자. (36쪽 이후)

의지는 그렇게 간단한 용어가 아니다. 지금까지 의지에 대해서 해놓은 말들이 철학적이라고 인정되어 왔다면 니체는 기꺼이 "'비철학적'이 되도록 해보자"고 권한다. 이런 자세가 허무주의적 자세다. 지금까지 당연하다고 믿어왔던 것에 의혹을 제기하자는 것이다. '물자체'를 들을 때 그것의 존재에 대해서는 묻지 않고 그것을 알려고만 들었다. 누군가가 '신'을 운운하면 그것이 무엇인지를 알고자 했던 것과 같은 상황이다. 허무주의 철학이 가르쳐주는 길을 따라가고자 한다면 의혹의 대상으로 삼아야 할 게 한둘이 아니다. 지금까지의 모든 당연한 소리가 그 대상이 되어야 하기 때문이다. '직접적 확실성', '절대적 인식', '물자체', '나는 생각한다', '나는 의지한다' 등에 대해 이제는 당연한 소리가 아님을 인식해야 한다. '신은 존재한다'에 대해서도 이제는 당당하게 의심을 해보자.

허무주의적 사고를 실천하고자 할 때 가장 어렵게 다가오는 부분은 '대중의 선입견'에 반발해야 할 때다. 모두가 '그렇다'고 말하고 있을 때 자기 길을 선택하기란 쉽지 않다. 그저 대세를 따르는 것이 현명한 처세라고 말하면서 자신의 선택에 대해 비겁한 변명을 하고 있지나 않은지 스스로를 검증해야 할 때가 되었다. 예를 들어 '너 왜 공부하니?'[17]라는 질문에 당당하게 답할 수 있도록 스스로 대답을 준비하고 있어야 한다. 학생에게 공부가 당연한 본분이었던 것처럼 이제부터는 공부의 내용에 궁금증을 유발시켜보자는 것이다. 1+1=2, 일 더하기 일은 이라는 정답 찾기에 몰두한 것이 지금까지의 공부였다면 이제부터는 그 일과 또 다른 일의 내용은 무엇인지 질문해보자는 것이다. 그 내용에 시선을 돌리게 될 때 의지라는 개념은 매우 복잡한 그 무엇이 되고 만다.

> 의지하는 인간은 ─ 자기 안에 있는 복종하거나 복종한다고 믿는 그 무엇에 명령을 내린다. 그러나 이제 우리는 의지에서 ─ 일반 대중이 그것을 표현하기 위해 단 하나의 단어만을 가지고 있는 이러한 복합적인 것에서 ─ 가장 놀라운 것을 고찰해보자. 여기에서 우리는 주어진 상황에서 명령하는 자이자 동시에 복종하는 자이다. 그리고 우리는 복종하는 자로 의지의 행위에 따라 즉시 작용하기 시작하는 강제, 강요, 억압, 저항, 움직임 등의 감정을 알고 있다. [⋯] 모든 의지작용에서 중요한 문제는 이미 말한 바 있듯이 오로지 많은 영혼의 집합체를 바탕으로 한 명령과 복종이다: 그렇기 때문에 철학자는 의지 그 자체도 이미 도덕의 관점에서 파악하는 권리를 가지게 되었다: 즉 도덕이란 '생명'의 현상이 발생하는 지배 관계에 관한 학설로 이해된다. ─ (38쪽 이후)

니체는 의지를 설명하면서 자연스럽게 도덕철학으로 넘어간다. 그에게 있어 인간은 의지하는 인간일 뿐만 아니라 그 의지에 복종하는 인간이기도 하다. 명령과 복종을 동시에 해낼 수 있는 존재가 인간이라는 것을 인식해낸 것이다. 복종을 잘하는 자가 명령도 잘한다. 복종만 배워서도 안 되고 명령만 배워서도 안 된다. 전자는 노예를 후자는 폭군만을 양산해낼 뿐이다. 진정으로 건강한 사회는 이런 자들이 배제되어 있어야 한다.

허무주의 철학은 도덕을 비판하면서도 결국에는 또다시 도덕을 운운한다. 마치 신을 거부하면서도 신을 찾는 것과 마찬가지다. 예를 들어 차라투스트라는 "나는 춤을 출 줄 아는 신만을 믿으리라"(차라, 65쪽)고 신앙 고백을 하지 않았던가. 하지만 종교와 도덕을 같은 선상에 놓고 고민하는 과거의 태도는 지양된다. 도덕적인 것은 무조건 옳다고 말하는 선입견도 버리고자 한다. 도덕이 삶에 방해가 될 때 비도덕적 혹은 반도덕적이 될 수 있는 양심을 만들고자 하는 것이 허무주의 철학의 대안이다. 결국 명령과 복종의 감정으로 충만한 일종의 복합체인 의지를 통해 니체는 "'생명'의 현상이 발생하는 지배 관계에 관한 학설"로서의 도덕이라는 사상으로 넘어가고 있는 것이다. 니체 철학도 결국에는 그러니까 도덕철학의 한 줄기가 되는 셈이다. 하지만 과거로 되돌아가는 실수를 저지르기보다는 '한 단계 올라선 반복'이라고 보면 된다. 그 한 단계는 하지만 세상을 천지 차이로 다르게 바라볼 수 있게 한다는 사실을 인정해두어야 한다.

실제 삶에서 문제가 되는 것은 의지가 자유로운가, 자유롭지 못한가가 아니다. "실제의 삶에서 중요한 것은 오직 강한 의지와 약한 의지의 문제뿐이다."(42쪽) 의지가 약한 자에게는 모든 것이 어렵고 힘들다. 그는 사는 것조차 짐으로 여겨질 것이다. 아침에 일어날 때마다 죽고 싶은 심정으로 하루를 맞이할 것이다.

심리학 전체가 지금까지 도덕적인 편견과 두려움에 사로잡혀 있었다: 즉 심리학은 감히 심층까지 들어가지 못했다. 내가 파악한 것처럼 심리학을 힘에의 의지의 형태론과 발달이론으로 파악하는 것 — 이 점에 관해서는 그 누구도 아직 자신의 사상을 통해서 언급하지 못했다. 이러한 점에서 다시 말해 지금껏 쓰인 것 가운데 지금까지 비밀로 있었던 것의 징후를 인식할 수도 있었을 것이다. 도덕적인 편견이 가하는 폭력은 가장 정신적인 것으로,

언뜻 보기에 가장 냉담하고 아무런 전제가 없는 세계로 깊숙이 침입했다. ―
그리고 자명한 이치지만, 그 세계를 손상시키고, 방해하고, 현혹시키고, 왜
곡시키고 있다. 진정한 생리심리학Physio-Psychologie은 연구자의 마음속에 존
재하는 무의식적인 저항과 싸워야 한다. […] 우리는 바로 도덕을 넘어간다.
우리가 저쪽을 향해 항해하고 위험을 감행할 때, 아마 이때 우리는 우리 자
신의 도덕의 잔재를 짓누르고 분쇄하게 될 것이다. ― 그러나 그것이 우리와
무슨 상관이 있단 말인가! 대담한 여행자, 모험가에게도 더욱 심층적인 통
찰의 세계가 아직 한 번도 열린 적이 없었다: 그와 같이 '희생자를 만드는'
심리학자는 ― 이것은 지성을 희생하는 것이 아니고, 오히려 그 반대다! ―
적어도 심리학이 여러 학문의 주인으로 다시 인정받게 되고, 그 밖의 학문
이 그것에 봉사하고 준비하기 위해 존재할 것을 요구할 수도 있을 것이다.
왜냐하면 심리학은 이제 다시 근본적인 문제에 이르는 길이 되었기 때문이
다. (44쪽 이후)

이 글을 읽고 있으면 12살 어린, 즉 한 세대 후배로 보이는 심리분석학
자 프로이트 Sigmund Freud(1856~1939)의 어감이 느껴지기도 한다. 하지만 니체
가 선배였다는 사실이 중요하다. 언제나 처음 길을 트는 것이 더 힘들다.
선구자는 그래서 위대한 것이다. 니체 철학의 새로운 점은 심리학을 힘에
의 의지라는 개념으로 바라보고자 했던 것이다. 이런 시도는 자기 자신의
평가로 말하자면 그가 최초라는 것이다. "이 점에 관해서는 그 누구도 아
직 자신의 사상을 통해서 언급하지 못했다." 참으로 당당하다.

니체는 심리학을 비판하면서도 심리학에서 미래를 바라본다. 왜냐하면
그 학문을 통해 "근본적인 문제에 이르는 길"을 발견할 수 있기 때문이

다. 모든 편견은 폭력적이다. 이건 옳고 저건 틀리다라는 폭언을 일삼기 때문이다. 게다가 모든 "도덕적인 편견이 가하는 폭력은 가장 정신적인 것으로, 언뜻 보기에 가장 냉담하고 아무런 전제가 없는 세계로 깊숙이 침입했다." '가장 냉담하고 아무런 전제가 없는 세계'란 어떤 세계일까? 아무도 도움이 되지 못하는 그런 세계다. 둘로 나눌 수 없는 자신이 스스로 견뎌내야 하는 세계다. 가장 어린 동심의 세계가 이런 세계일 것이다. 그 세계가 상처를 입으면 일평생이 힘들어진다. 어린 시절의 트라우마가 이런 종류의 것이다. 약을 바르려면 상처 부위에 발라야 한다. 환부를 도려내려면 그 환부에 칼질을 해야 한다. 가장 정신적인 것이 상처를 입었다면 그 상처 부위와 내용을 정확하게 알고 있어야 한다.

허무주의 철학은 '심층까지' 도달하고자 한다. 편견이라는 폭력에 의해 심각한 상처를 받은 곳까지 들어가고자 한다. 가장 정신적인 폭력! 그것이 심층이라 불리는 "그 세계를 손상시키고, 방해하고, 현혹시키고, 왜곡시키고 있다. 진정한 생리심리학은 연구자의 마음속에 존재하는 무의식적인 저항과 싸워야 한다." '신은 죽었다'는 소리를 들으며 무의식적으로 반응하는 그 감정과 싸워야 한다. 도덕적이기보다는 비도덕적이 되라는 말에 반응하는 그 무의식과 싸워야 한다. 그것이 허무주의 철학이 요구하는 바다. 도덕적인 것은 좋고 비도덕적인 것은 나쁘다는 그 판정에 저항하라는 말이 되기도 한다.

니체는 철학을 통해 도덕을 넘어서고자 한다. 도덕이라 불리는 산을 넘어설 때 우리는 어떤 풍경을 보게 될까? 그 산 정상에서 느끼는 상쾌함은 과연 어떤 것일까? "우리는 도덕 위에도 서 있을 줄 알아야 한다. 매 순간 미끄러져 넘어질 것을 두려워하는 경직된 두려움을 가지고 그 위에 서 있는 것이 아니라, 그 위에서 뛰놀 줄 알아야 한다!"(즐거운, 180쪽) 지금 읽고 있는 《선악의 저편》은 도덕의 저편이기도 하다. 도덕에 휘둘리지 않는 마음이 가져다주는 세상은 어떤 세상일까? 니체가 우리에게 보여주고자 하는 세상이 이런 세상이다.

02

성스럽고 단순한 자유정신

—

오, 성스러운 단순함이여!

인간은 얼마나 기묘한 단순화와 위조 속에서 살고 있는가!

감옥 같은 세상,
틀에 갇힌 존재와 학문

인간만이 자격을 따진다. '넌 자격이 없다'는 말이 얼마나 많은 실망과 절망을 안겨주었던가. '넌 안 돼!' 무슨 자격으로 또 이런 말을 하는 것일까? 또 '하지 말라'는 말로 수많은 가능성을 차단할 때도 있다. '가지 말라!'는 말이 가져다주는 생활의 틀은 지금 여기에 만족하며 살라는 것이다. 하지만 오해는 하지 말자. 여기서 말하는 지금과 여기는 실존주의자들이 말하는 그것과는 상황이 전혀 다른 내용임을.

손발에 쇠사슬을 묶어놓고서도 그 생활에 만족하라고 말한다면 어떻게 받아들여야 할까? 감옥 같은 상황 속에서 살라 해놓고선 "무엇이 네게 모자랄 수 있니, 얘야?"[1] 하고 반문한다면 너무도 잔인한 소리가 아닐 수 없다. 소통이 배제된 관계가 형성될 뿐이다. 어느 하나의 의견만이 권위를 부여받는 그런 일방적인 상황밖에 되지 않는다. 염세주의 철학도 허무주의 철학도 이런 상황을 극복해보고자 애를 쓴다.

고야(Francisco Goya, 1746~1828)의 〈노예〉(1810). 쇼펜하우어는 이 그림을 보면서 인생의 비참함을 깨닫고 이를 위해 무엇인가 해야겠다는 철학의 씨앗을 얻는다.

니체의 처녀작 《비극의 탄생》의 표지 모델 프로메테우스(Prometheus). 대학생 시절 쇼펜하우어의 《의지와 표상으로서의 세계》를 읽으며 어느 정령의 소리를 들었던 니체는 인생을 구속하는 그 무엇과 싸우는 거인의 정신을 얻게 된다.

무엇이 존재를 구속하는 것일까? 무엇이 삶의 무게를 더하는 것일까? 무엇이 우리로 하여금 답답하다고 말하게 하는 것일까? 가슴이 답답하다! 우리는 어떤 상황에서 이런 소리를 하게 되는 것일까? '마음의 상처'라는 소리도 있다. 정말 살점이 떨어져 나가고 뼈가 부러지는 그런 상처를 의미하는 것이 아니다. 왜 인간은 이렇게 마음까지도 상처를 받게 되는 것일까? 이런 종류의 상처를 입는 인간은 도대체 어떤 존재일까? 염세주의도 허무주의도 이런 질문으로 철학의 길을 걷는다. 둘 다 삶의 무게, 답답한 현실 인식, 정신을 구속하는 틀 등을 고민의 대상으로 삼는 철학의 길이다.

특히 허무주의 철학은 허무함을 무기로 잘 다루어야 하는 철학이다. 허무함은 위험한 칼이다. 그 칼은 해를 입힐 수도 있고 도움이 될 수도 있다. 악의 정신이 될 수도 있고 선의 정신이 될 수도 있다. 창조에 앞서 취해야 할 정신은 파괴라 불리는 악의 정신이다. 그리고 파괴 이후에는 모든 것을 새롭게 정립해야 할 창조의 정신이다. 이렇게 허무주의는 두 개의 용도로 쓰일 수 있다는 것을 잘 인식하고 있어야 한다. 허무주의가 도래하고 있는 인식은 어떤 것일까? 다음의 글을 읽으며 답을 찾아보자.

오, 성스러운 단순함이여! 인간은 얼마나 기묘한 단순화와 위조 속에서 살고 있는가! 이러한 경이로움을 한번 보았다면, 우리는 끝없이 놀라움을 금할 수 없을 것이다! 우리는 어떻게 우리 주위에 있는 모든 것을 밝고 자유롭고, 경쾌하고 단순하게 만들었던가! 우리가 어떻게 우리의 감각에 피상적인 모든 것으로 들어가는 무료입장권을 부여하고, 우리의 사고에 경솔하게 비약하고자 하며, 잘못된 추론에 이르고자 하는 신적인 욕망을 부여할 줄 알았는가! ─ 우리는 거의 이해할 수 없는 자유, 무분별, 경솔함, 대담성, 삶의 명랑을 위해, 즉 생명을 즐기기 위해, 우리 자신의 무지를 보존하는 것을 처음부터 이해해왔던가! 이제 이러한 확고하고 단단한 무지의 기반 위에서 비로소 학문은 일어날 수 있었고, 앎知에의 의지는 더욱 폭력적인 의지를, 즉 무지, 몽매, 허위에의 의지를 기반으로 일어날 수 있었을 것이다! 그 무지에의 의지에 대한 대립으로서가 아니라, 오히려 ─ 그것을 세련되게 한 것으로서 말이다! 즉 다른 곳에서와 마찬가지로 여기에서도 언어는 졸렬함을 벗어날 수 없으며, 단지 정도의 차이와 많은 미묘한 단계가 있는 곳에서 줄곧 대립에 관해 말하는 것이다. 이와 똑같이 이제 어쩔 수 없게 우리의 '살과 피'가 된, 육화肉化된 도덕의 위선은 우리 지식인 자체의 말을 왜곡할 수 있다: 여기저기서 우리는 그것을 만나게 되고, 어떻게 바로 최고의 학문마저도 가장 훌륭하게 이렇게 단순화되고, 철저히 인위적이고, 적당히 가공되고, 적당히 위조된 세계에 우리를 매두려고 하는지, 이 최고의 학문이 얼마나 싫어하면서도 즐겨 오류를 사랑하는지에 대해 웃게 된다. 왜냐하면 학문은 살아 있는 것이며, ─ 삶을 사랑하기 때문이다! (49쪽 이후)

니체가 원하는 학문은 신을 사랑하는 게 아니라 삶을 사랑하는 것이다. 그래서 그의 철학을 생철학이라 일컫는 것이다. 니체의 정신은 웃음을 가르치려 한다. 신성함과 거룩함 앞에 무릎을 꿇게 만드는 것이 아니라 웃고 춤을 추게 만들고 싶은 것이다. 경우에 따라서는 물구나무라도 서게 하고 싶은 심정이다. 도대체 그게 왜 안 된다는 것일까? 웃는 것이 왜 이토록 힘든 일일까? 세월이 흘러갈수록 웃을 일이 자꾸만 줄어든다. 도대체 세상은 나에게 무슨 짓을 하고 있는 것일까? 세상이?

여기서 잠시 생각을 검증해야 한다. 정말 세상이 나에게 어떤 영향을 끼치고 있는 것일까? 아니면 우리들 자신이 스스로 가만히 있는 세상에 어떤 짓을 행하고 있는 것은 아닐까? 비가 오고 해가 뜨는 날이 있을 뿐인데, 거기에다 대고 우리는 나쁜 날이니 좋은 날이니 하고 말들을 한다. 거침없이 흘러가는 흙탕물을 바라보며 우리는 성난 파도와 같다고 말들을 한다. 과거를 되돌아보며 세월은 속절없다고 말들을 한다. 어둠 속에 처하면 지옥에 빠졌다고 말들을 한다. 도대체 인간은 지금 무슨 짓을 하고 있는 것일까?

우리말에 '마음씨'란 표현이 있다. 마음의 씨란 뜻이다. 마음이란 밭에 뿌려진 씨앗은 그 마음의 분위기를 결정한다. 은행나무 씨앗을 뿌리느냐 아니면 강아지풀 씨앗을 뿌리느냐가 문제다. 이와 마찬가지로 어떤 마음을 갖느냐에 따라 인생관과 세계관이 달라질 수밖에 없다. 누구는 '마음씨가 곱다' 혹은 '마음씨가 나쁘다'라고 말을 하기도 한다. 그 마음씨가 사람을 곱게도 만들고 나쁘게도 만든다는 얘기다.

학문? 독일어로 학문은 비쎈샤프트Wissenschaft이다. 앎을 체계화한 것을 의미한다. 조직을 갖춘 것을 일컫는다. 체계와 조직을 이루지 못한 것은 학문이라고 말할 수 없다는 뜻이기도 하다. 논리가 서야 학문의 자격이 있는 것이다. 수많은 가능성의 갈림길에서 늘 하나의 길을 선택해 나아가야 한다. 그것이 학자의 자세다. 그리고 그 길의 끝이라고 생각할 만한 곳에 도달해야 한다. 그런 열정이 그의 삶을 보람차게 만들 것이다. 그런데 선택되지 못한 길들이 있다는 사실을 깨닫지 못한다면 편협한 학자가 될 뿐이다.

하나의 학문만이 권위를 부여받게 되면 위험해진다. 르네상스 학자들은 중세 선배들을 가리키며 '아에타스 옵스쿠라Aetas Oscura',[2] 즉 '암흑기'에 살았던 사람들이라고 평가했다. 왜냐하면 그들은 오로지 신학만이 진정한 학문이라고 확신했기 때문이다. '필로조피아 안칠라 테오로기아에 Philosophia ancilla theologiae',[3] '철학은 신학의 시녀'일 뿐이었다. 하나의 학문이 권력을 꿰차면 폭력을 행사하게 마련이다. 자신의 잣대로 세상을 바라보는 것을 정당하다고 말하면서 아무런 양심의 가책도 느끼지 않게 되기 때문이다.

하지만 모든 학문은 그 자체로 이미 한계를 지니고 있을 수밖에 없다. 괴테Johann Wolfgang von Goethe(1749~1832)가 이상형으로 제시해준 파우스트Faust 의 고뇌에 찬 대사를 떠올려보자. "이제는 아! 철학 / 법학 그리고 의학 / 그리고 유감스럽게도 신학까지도 / 두루 공부했다. 그것도 뜨거운 열정으로 말이다. / 여기 지금 내가 서 있노라, 이 가련한 멍청이가! / 그리고 나의 현명함이란 예전과 똑같구나!"**4** 아무리 공부해도 배운 게 없다는 절망감이 파우스트를 벼랑 끝에 서게 한다. 낙천주의자들은 '가르치면 된다'고 믿는다. 그래서 '공부만 열심히 하라'고 말한다. 그런데 정말 공부만 열심히 하면 되는 것일까? 회의적이다. 염세주의 철학자 쇼펜하우어는 이런 말로 맞받아친다. "미학을 연구하여 예술가가 된 사람이 아직 없고, 윤리학을 연구하여 고상한 성품을 얻은 사람이 아직 없다." 공부 열심히 한다고 인생을 잘 살리라는 보장은 절대 할 수 없다는 뜻이다.

위의 인용문에서 첫 두 문장만 다시 읽어보자. "오, 성스러운 단순함이여! 인간은 얼마나 기묘한 단순화와 위조 속에서 살고 있는가!" 어떻게 읽히는가? 니체는 어떤 어조로 이 말을 하고 있는가? 모든 학문은 하나의 이론만을 보여주고자 애를 쓴다. 그것이 진리임을 밝히고자 노력한다. 아무리 그것이 옳은 소리라고 해도 다른 모든 것을 틀리다고 말하고 있다면 폭력적인 학문이 아닐 수 없다. 게다가 그 주장조차 너무 피상적이고 너무 "경솔하게 비약하고자 하며, 잘못된 추론에 이르고자 하는 신적인 욕망을 부여"하고 있다면 문제는 심각해진다.

신적인 욕망! 신만이 원할 수 있을 법한 것. 이는 마치 1095년 11월 27일 우르반 2세^{Urban II}가 외쳤던 '데우스 로 볼트^{Deus lo vult}**5**'를 닮아 있다. 즉 '신이 원한다'는 것이다. 이 주장과 함께 200년 가까이 진행되는 십자군 원정이 시작되었다. 악을 처단하러 떠났던 원정이다. 칼을 들게 하고 사람의 목숨을 앗아가는 그 힘은 도대체 어디서 나오는 것일까? 키르케고르^{Søren Aabye Kierkegaard(1813~1855)}의 질문처럼 아들을 제단 위에 올려놓은 아브라함^{Abraham}의 손에 칼을 쥐게 하는 자는 누구일까? 이성을 가지고 살아가야 하는 인간의 질문이다.

학문적 주장은 그것이 아무리 복잡하게 설명되었다 하더라도 하나의 결론에 도달할 수밖에 없다. 그 결론은 '앎에의 의지'라는 미덕으로 포장되겠지만 그 상자 안에는 하나의 선물만이 담길 뿐이다. 그 밖의 모든 사물은 그저 바깥에 존재할 뿐이다. 학문이라는 이름으로 체계를 이룬 앎의 내용은 사물을 '세련되게' 만들 수 있을지는 모르지만 "여기에서도 언어는 졸렬함을 벗어날 수" 없다. 특히 "우리의 '살과 피'가 된, 육화된 도덕의 위선은 우리 지식인 자체의 말을 왜곡할 수 있다"는 데 심각한 문제가 도사리고 있다.

생철학적 발언들을 위기에 몰리게 하는 것은 '신적인 욕망'을 운운하는 말들이다. 이런 말들이 '신이 그랬다'고 말함으로써 모든 것을 평정해버린다. 신이 그랬다는데 과연 누가 토를 달까? 토론의 여지를 남기지 않는 말들이 "우리 지식인 자체의 말을 왜곡"하게 되는 것이다. 단순하게 해석된 세계 안에서 살 것인가? 아니면 그것을 깨고 나올 것인가? 그 안에서 살고 싶다면 신앙이 필요하고 거기서 벗어나고 싶다면 허무주의가 필요하다. 신까지도 죽일 수 있는 파괴 정신이 필요하다. 대지가 생명을 다하면 갈아엎어야 한다. "악의 쟁기가 언제나 새로이 도래한다."(즐거운, 74쪽) 이때 허무주의의 도래는 가뭄에 단비 같은 것이 된다. 허무주의는 대지의 뜻을 강화하고자 한다. 초인은 "대지의 뜻"(차라, 17쪽)이라 했다. 싸워야 한다면 이 대지를 위해 싸워야 한다. 이것이 니체가 원하는 성전聖戰이다.

진리에 얽매인 황소와
그를 다루는 방법

쇼펜하우어는 칸트를 옹졸하다 평가했다. 왜냐하면 그는 "이성이 지성의 후견을 맡도록"[6] 했기 때문이다. 모든 판단을 이성에 맡긴다! 이 말이 의미하는 바는 무엇인가? 빛은 좋은 것이라 신적인 욕망과 어울리고, 어둠은 싫은 것이라 지하세계와 어울린다? 아침형 인간은 바람직하다? 비가 오면 나쁜 날이다? "나는 세상의 빛"(요한복음 8:12)이다? 신은 어둠일 수 없는가? 사물이 어둠과 함께 자유를 획득하는 것을 인식으로 삼을 수는 없는가? 아무리 수많은 질문을 쏟아내도 이성적 존재는 정답을 갈망할 뿐이다. 이것이 문제다. 이것이 인간의 한계다. 그런데 그 한계 앞에 무너져야 할까? 그것이 새로운 문제다.

이와 같이 즐거운 머리말을 했으니 한마디 진지하게 하는 말을 건성으로 듣지 않기 바란다: 이것은 가장 진지한 사람을 상대로 말하는 것이다. 철학자이자 인식의 친구인 그대들이여, 주의하라, 그대들이여 순교하지 않도록 조심하라! '진리를 위하여' 수난을 당하지 않도록 조심하라! 자기방어를 하는 것조차 조심하라! 이것이 그대들 양심의 모든 순수함과 훌륭한 중립성을 변질시킨다. 이것은 그대들로 하여금 항의와 붉은 천에 대해 고집을 세우게 만든다. 이것은 그대들이 위험, 중상, 혐의, 배척, 그리고 더욱 난폭한 적의의 결과와 싸울 때, 마침내 그대들이 지상에서 진리의 옹호자 역할까지 해야만 할 때, 그대들을 우둔하게 만들고, 짐승처럼 만들고, 황소처럼 만든다: ― 마치 '진리'는 하나의 순진하고 서툰 사람이기 때문에, 옹호자가 필요한 것 같다! (50쪽)

니체가 진지하게 하고 싶었던 말이 무엇일까? 독자가 건성으로 듣지 않기를 바랐던 것은 무엇일까? 그것은 "순교하지 않도록 조심하라! '진리를 위하여' 수난을 당하지 않도록 조심하라! 자기방어를 하는 것조차 조심하라!" 이것이다. 조심하고 또 조심하라고 신신당부한다. 진리를 위하여 목숨을 바친다? 그럴 필요가 있는가? 분명한 것은 이런 행위 자체가 허무주의에 위배된다는 사실이다. 오히려 허무주의는 온갖 진리에 대해 의심의 시선을 던지는 것이다. 니체는 진리를 위한 것이라면 어떤 희생도 원하지 않는다.

진리에 대한 잘못된 열정이 "양심의 모든 순수함과 훌륭한 중립성을 변질시킨다." 진리를 믿는 순간 이미 양심은 순수함과는 거리가 먼 것이 되고 만다. 진리의 편에 서면서부터 이미 중립적인 위치는 물 건너간 것이 되고 만다. 자기방어조차 진리에 대한 방어가 되어버린다면 그것만큼 어리석은 것이 없다. 눈에 보이는 것은 오로지 자기 자신에 대한 삶이어야 하는데, 그런 것이 전혀 보이지 않는다면 그 삶은 위기에 처하고 만다. 마치 붉은 천에 집착하는 투우장 황소의 운명처럼 말이다. 모두 두려워하는 성난 황소이지만 관중들은 그 황소를 데리고 놀뿐이다. 그런 어릿광대의 삶은 살지 말라는 뜻이다.

니체는 진리와 싸우기를 종용한다. 잘못된 진리는 지양하고 새로운 진리를 세우고자 한다. "위험, 중상, 혐의, 배척, 그리고 더욱 난폭한 적의의 결과와" 싸우기를 원할 뿐만 아니라 "지상에서 진리의 옹호자 역할까지" 해내기를 소원한다. 중세인들이 천 년 넘게 매달렸던 '하늘의 진리'가 아니라 '대지의 진리'만이 진정한 진리이다. 대지의 뜻! 그것만이 초인을 의미할 뿐이다. "위버멘쉬는 이 대지의 뜻이다."(차라, 17쪽) 니체가 갈망하는 허무주의적 신성神性이다. 그것이야말로 발로 딛고 서야 할 견고한 대지를 필요로 하는 춤추는 신이다. "나는 춤을 출 줄 아는 신만을 믿으리라."(차라, 65쪽) 붉은 천에 목매는 그런 황소를 원하는 것이 절대 아니다. 하나의 격률格律에 얽매이면 춤을 출 수 없다. 하나의 진리만을 주시할 때 다른 것은 눈에 들어오지 않는다. 세상은 넓고 할 일도 많은데 진리에 대한 고집은 다른 모든 일을 홀대하는 어리석은 실수를 저지르게 한다. 죽을 때까지 그 실수를 제대로 인식하지 못한다. 숨이 끊길 때까지 자신이 무엇을 잘못하고 있는지 모른다.

하나의 진리에 얽매인 정신은 "우둔하게 만들고, 짐승처럼 만들고, 황소처럼 만든다." 드넓은 들판에 누워서 어떤 우울함도 권태도 느끼지 않는, 즉 "순간의 말뚝"(반시대Ⅱ, 290쪽)에 묶여 있는 그런 황소가 아니다. 붉은 천에만 집요함을 보이는 그런 끈기는 오히려 자기 자신의 목숨을 앗아가는 결과를 초래할 수도 있다. 순수함과 균형을 상실하게 하기 때문이다. 선입견과 편견은 순수한 대지의 뜻을 이해하지 못하게 한다. 하나를 정해놓고 그것만을 고집하면 외다리로 서 있는 존재처럼 쉽게 지치고 흔들리다 쓰러지고 말 것이다.

아쉽게도 이성을 가지고 살아가야 하는 존재는 하늘의 진리를 포기하지 못한다. 이성은 늘 그런 것을 바라보게 한다. 최고의 것을 생각하게 한다. 그 최고의 것의 다른 이름이 신神이다. 물론 최악의 것도 생각한다. 지옥이니 악마니 마녀니 귀신이니 하는 것들은 모두가 이성의 걸작품이다. 진리가 정해지면 적도 규정되고 만다. 이것이 내 편이라면 저것은 자동적으로 적이 되기 마련이기 때문이다. "나와 함께하지 아니하는 자는 나를 반대하는 자요 나와 함께 모으지 아니하는 자는 해치는 자니라."(누가복음 11:23)

이런 진리를 목에 걸고 다니는 사람과는 소통이 안 된다. 주변을 살피지 않기 때문이다. 그의 눈에는 오로지 붉은 천만이 있을 뿐이다. 하늘의 진리는 이런 옹호자를 필요로 한다. "마치 '진리'는 하나의 순진하고 서툰 사람이기 때문에, 옹호자가 필요한 것 같다!" 니체는 이런 옹호자가 되기보다는 대지의 뜻을 변호하는 옹호자가 되기를 바란다. "지상에서 진리의 옹호자 역할"을 감당해내기를 원한다.

그런데 이성은 늘 정답을 지향하고 그렇게 살아갈 수밖에 없으며 또 어느 하나의 정답이 정해지는 순간 붉은 천에 집착하는 황소가 되는 위험을 안고 살아가야 한다는 게 문제다. 삶의 문제다. 주변에는 정도의 차이는 있지만 늘 이런 황소들이 존재한다. 인간이기보다는 차라리 우둔한 짐승에 가까운 존재들이 많이 있다. 이런 존재들과 함께 공존해야 하는 게 삶의 문제다.《인간적인 너무나 인간적인》에 등장한 수많은 생활의 지혜는 바로 이런 자들과 어떻게 함께 살아가는지에 대한 답변들이었다. 이들과 함께 한집에서 살 필요는 없지만 예상치 못한 순간 바깥 어느 곳에서 만날 수는 있다. 황소가 달려들면 그저 달아나는 게 상책이다. 그게 투우장을 지배하는 불문율이다.

차라리 옆길로 피해 가라! 사람들의 눈에 띄지 않게 몸을 피하라! 사람들이 그대들을 혼동하도록 가면을 쓰고 세련됨을 가장하라! 그렇지 않으면 조금은 두려워하는 것이 나을 것이다! 나의 정원을, 황금의 격자 울타리가 있는 정원을 잊지 말라! 정원 같은 사람, — 또는 하루가 이미 추억이 되어버린 저녁 무렵 물 위를 흐르는 음악 같은 사람이 — 그대들의 주위에 있도록 하라: 멋진 고독을, 어떤 의미에서 스스로에게 여전히 잘 사는 권리를 부여하는

자유롭고 변덕스러우며 경쾌한 고독을 선택하라! (51쪽)

투우장에 숨을 곳을 마련해놓았다. 그것이 지혜다. 피하는 것도 능력이다. 싸움의 기술에서도 최고의 경지에 이른 자만이 터득하게 되는 게 '삼십육계 줄행랑'이라고 했다. 예의를 모르는 사람은 피하는 게 상책이다. 소통이 안 되는 사람과는 침묵으로 대화하는 법을 배워야 한다. 니체는 우리에게 "침묵을 지키며 기다릴 줄 아는"(인간적Ⅱ, 428쪽) 능력을 요구하고 있다. 침묵으로 충만한 기다림이 차라투스트라를 인식하게 해줄 것이다. 니체 자신도 그를 무無를 기다리다가 만났다고 하지 않았던가. "여기 앉아 나는 기다리고 또 기다렸다—무無를, / 선악의 저편에서, 빛을 즐기고 / 또 그림자를 즐기며, 모든 것은 유희일 뿐 / 모든 것은 호수이고 정오이고 목표 없는 시간일 뿐. // 그때 갑자기, 나의 여인이여, 하나가 둘이 되었다—/ —그리고 차라투스트라가 내 곁을 지나갔다…"(즐거운, 414쪽 이후) 〈질스마리아〉라는 시 전문全文이다.

무엇인가 목적의식을 가지고 기다렸던 파우스트는 반대로 절망에 빠지고 말았다. 앞서 인용한 문구이지만 또 떠올려보자. 깨달음은 반복된 학습을 통해 얻어지는 법이니까. "여기 지금 내가 서 있노라, 이 가련한 명청이가! / 그리고 나의 현명함이란 예전과 똑같구나!" 잘못된 삶은 절망에 빠지게 한다. 이성을 가진 자가 절망에 빠지면 목숨이 위험해진다. 이성의 힘은 자기 숨통까지 끊어놓을 수 있을 정도로 대단하다. 인간은 늘 자기 안의 이 위험한 무기를 가지고 살아가야 한다. 잘못 다루면 자기가 다칠 수 있는 그런 무기다.

황소를 만나면 일단 피하고 그럴 수 없으면 "혼동하도록 가면을 쓰고

78

세련됨을 가장"해야 한다. 황소와 맞서서 얻을 것은 하나도 없다. 무의미한 싸움은 피하는 게 상책이다. 진리에 얽매인 자를 만나면 "조금은 두려워하는 것이 나을 것이다!" 두려워하고 있다는 것을 가시적으로 보여주는 것도 좋다. 그러면 기고만장하면서 승리감에 차서 껄껄대고 지나가 줄 것이기 때문이다. 자기가 강하다는 그런 느낌으로 지나가겠지만 그에게는 그저 그 진리만이 있을 뿐 주변에 다른 친구는 없다는 사실을 깨닫지 못할 것이다. 있다고 해도 서로에게 상처만을 주는 저돌적인 황소들뿐일 것이다. 마치 하나의 탑에 올라서는 애벌레들의 기둥처럼 서로를 짓밟고 있을 뿐일 것이다. 하나의 진리를 향한 집착은 이런 삶을 살아가게 한다. 어리석기 짝이 없는 삶이다.

허무주의 철학은 독자를 갈망한다. 니체는 자신의 책을 읽어줄 독자를 얻기 위해 수많은 유혹의 손길을 내밀고 있다. 그도 에피쿠로스처럼 정원을 마련해놓았다. "나의 정원을, 황금의 격자 울타리가 있는 정원을 잊지 말라!" 황금 울타리가 쳐진 정원, 그것이 바로 니체의 정원이다. 선악의 저편에 마련해놓은 정원이다. 신의 영역에 에덴동산이 있다면 허무주의 철학은 정원을 인식하는 것이 관건이다. 그 정원에 동참하는 것은 독자의 몫이다. 하늘의 뜻에서 바라보면 악마의 정원이 될 수도 있겠지만 대지의 뜻에서 본다면 그곳이 바로 구원의 공간이 된다.

무엇이 정원일까? 이제부터는 이것이 고민거리여야 한다. "정원 같은 사람, — 또는 하루가 이미 추억이 되어버린 저녁 무렵 물 위를 흐르는 음악 같은 사람이 — 그대들의 주위에 있도록 하라: 멋진 고독을, 어떤 의미에서 스스로에게 여전히 잘 사는 권리를 부여하는 자유롭고 변덕스러우며 경쾌한 고독을 선택하라!" 니체가 말하는 정원에 동참한다는 것은 고독을 선택하는 것이다. 정원 같은 사람, 음악 같은 사람을 곁에 두는 것이다. 스스로 그런 사람이 되는 것이기도 하다. 붉은 천과 같은 진리에 집착하는 황소가 되기보다는 황금 울타리로 자신을 보호하는 정원 안에 있는 것이다.

교제로부터 해방된 이곳, 이 정원에서 인간은 삶에 대한 힘의 회복을 경험하게 된다. "선택된 인간은 모두 본능적으로 자신의 성城과 은밀한 장소를 찾는다. 그곳에서 그는 군중, 다수의 사람, 대중에게서 해방되고, 그들의 예외자로서 '인간'이라는 규준을 잊게 된다."(52쪽) 정원에 있으면 대중이 요구하는 '인간'이라는 규준이 잊힌다. 자격을 따지고 틀을 제시하는 관계를 벗어나 자기 자신을 찾을 수 있는 공간, 그곳이 정원이다. "우리 모두는 우리 안에 숨겨진 정원과 식물을 갖고 있다."(즐거운, 79쪽) 만남에서 힘을 얻지 못한다면 잠시 안으로 침잠해 들어가는 것도 좋다. 왜냐하면 "모든 교제는 자기와 동등한 사람과의 교제 외에는 불편"(53쪽)하기 때문이다.

오해는 피할 수 없고 이해는 요원하다

모든 불편한 교제는 힘을 앗아간다. 스트레스가 풀리기보다는 오히려 쌓인다. 그런 교제 그런 만남이라면 손해가 더 크다. 물론 힘이 되는 만남도 있다. 서로 이해를 하는 관계라면 좋은 친구다. 소위 '정원 같은 사람' 혹은 '음악 같은 사람'이 있다. 함께 있어도 서로에게 상처를 주지 않는 사람이 있다. 산과 바다처럼 찾아가면 위로를 주는 사람이 있다. 자기 주변에 그런 사람들을 두는 것도 삶의 지혜다.

이해받는다는 것은 어려운 일이다: 특히 다른 방식으로 생각하고 살아가는 시끄러운 사람들 사이에서, 즉 거북이걸음으로 걷거나, 잘해야 '개구리 걸음으로 걷는' 느릿느릿한 사람들 사이에서 갠지스 강의 흐름처럼 유유자적하게 생각하고 산다면 이해받기 어렵다. 나는 정말이지 스스로 이해되기 어렵게 모든 것을 만들고 있는가? ─ 우리는 정말로 몇 가지 정묘한 해석을 해주는 호의에 진심으로 감사해야만 한다. 그러나 언제나 너무 편안하고 바로 친구로 편안할 수 있는 권리를 가지고 있다고 믿는 '좋은 친구들'에 관해서는, 그들에게 처음부터 오해할 수 있는 놀이 공간과 놀이터를 허용하는 것이 좋다: ─ 그렇게 하면 우리는 여전히 웃을 수도 있고, 아니면 이 좋은 친구들을 완전히 없앨 수도 있다. ─ 그래서 또한 웃을 수도 있는 것이다! (54쪽 이후)

친구에게 오해할 수 있는 놀이 공간을 허용하라! 그러면 웃을 수 있다. 니체가 들려주는 삶의 지혜다. 그는 친구가 이해를 하지 못하고 '정묘한 해석'을 해주면 그것을 호의로 받아들이고 진심으로 감사해야 한다고 말한다. 분명한 것은 오해는 피할 수 없다는 것이고 또 이해받는다는 것은 어려운 일이라는 것이다. 이성을 가지고 살아가는 존재는 늘 이해를 지향하지만 그 이해의 경지에 모두가 도달하는 것은 아니다. 그것이 관계를 어렵게 만든다.

사랑을 인생의 꽃이라 말하지만, 그 사랑이 바로 인간관계를 기반으로 한다는 것에 묘미가 있다. 오해는 피할 수 없고 이해는 요원하기만 한 그런 관계를 전제한다는 것이 사랑이라는 꽃을 더욱 가치 있게 해준다. 만남이 웃음의 원인이 된다면 그것보다 좋은 게 또 있을까. 만날 때마다 인상을 쓰게 하고 신경을 쓰게 하고 마음을 불편하게 한다면 그것보다 짜증나는 게 또 있을까. 그런 만남 후에는 무거워진 마음 때문에 또다시 회복의 시간을 필요로 하게 된다. 시간 낭비란 얘기다.

만남은 두 개의 서로 다른 언어의 교차와 같다. 생각이 다르고 습관이 다른 민족이 만들어낸 두 개의 서로 다른 언어가 만나는 상황을 연상하면 된다. 외국어로 쓰인 텍스트를 번역할 때 오해의 여지는 곳곳에 도사린다. 어느 민족에게는 식사 중의 트림이 호의적인 태도로 받아들여지지만 어느 민족에게는 지극히 실례가 되는 행위로 해석된다. 모든 텍스트는 이성의 산물이다. 하지만 그 이성적 결과물이 오해의 원인이 될 수 있다는 데 문제가 있다.

> 한 언어에서 다른 언어로 번역하는 데 가장 어려운 것은 그 문체의 속도이다: 문체의 속도라는 것은 종족의 성격에, 생리학적으로 말하자면, 그 종족의 '신진대사'의 평균 속도에 근거한다. 충실하게 그 뜻을 담고 있는 번역도, 본의 아니게 원전의 격조를 더럽힘으로써, 거의 위작이라 할 수 있는 것이 있다. 그것은 오로지 사물과 언어에 내재된 모든 위험한 것을 뛰어넘고, 뛰어넘을 수 있도록 도와주는 원전의 대담하고 경쾌한 속도가 함께 번역될 수 없었기 때문이다. (55쪽)

수십 년을 같이 살아온 부부도 돌아서면 남이라 했다. 숨소리만 들어도 어떤 생각을 하는지 아는 부부 사이라 해도 속마음은 알 수가 없다. 하물며 외국어로 된 텍스트를 접할 때 그 낯섦은 얼마나 클까. 게다가 문체의 속도는 번역할 수조차 없다. 왜냐하면 자국의 언어가 지닌 속도 때문이다. 결국 이해한다는 것은 넘어 설 수 없는 한계가 있다는 뜻이 되기도 한다.

두꺼운 책을 번역해본 자라면 잘 안다. 하루 종일 남의 생각으로 생각을 한다는 것이 얼마나 많은 스트레스를 가져다주는지를. 자기 자신의 생각을 하고 싶은 욕망을 억누르고 자신의 정신에 타인의 정신을 후견인으로 선택한다는 것이 얼마나 힘든 일인지를. 그것도 몇 시간이 아니라 수개월 동안 그렇게 생각하며 살아야 하는 상황이라면 문제는 심각해질 수 있다. 그때 자기 생각을 한다는 것이 얼마나 고마운 일이지 알게 된다. 자기 생각을 할 때 정신은 마침내 휴식을 취한다. 눈을 감고 외부로부터 들어오는 모든 것을 차단할 때 정신은 마침내 성스러운 회복의 순간을 겪게 된다. 그런 휴식을 보장해주는 곳이 정원이다. 황금 울타리로 둘러쳐진 니체의 정원 말이다. 황금처럼 고귀한 영역이다. 니체는 그곳에서 "멋진 고독"(51쪽)을 즐기라고 말했다.

독립한다는 것은 극소수 사람의 문제다: ─ 그것은 강자의 특권이다. 독립을 시도하는 사람은, 반드시 독립해야만 하는 것은 아니지만, 또한 그에 대한 훌륭한 권리를 가지고, 그가 강할 뿐 아니라 자유분방한 상태에 이를 정도로 대담하다는 사실을 증명하게 될 것이다. 그는 미궁으로 들어가며, 삶 자체가 이미 동반하고 있는 위험을 천 배나 불리게 된다. 그가 어디에서 어떻게 길을 잃고 고독에 빠져 양심이라는 동굴의 미노타우로스Minotauros에게 갈기갈기 찢기는 것을 보는 사람이 없다는 것은 위험 가운데서도 결코 사소한 위험이 아니다. 그러한 사람이 밑바닥으로 내려간다고 할 때, 이는 사람들이 이해할 수 있는 것에서 멀리 떨어진 곳에서 일어나기 때문에, 그들은 이것을 느끼지 못하고 동정하지 못하게 된다: — 따라서 그는 다시 되돌아올 수는 없다! 그는 사람들의 동정으로도 되돌아올 수 없다! —— (57쪽 이후)

독립하는 날은 고귀한 날이다. 국가는 국경일로 지정하여 나라의 경사를 기념하기도 한다. 남의 생각으로 평생을 살아온 자라면 독립선언을 하게 될 때 그날을 어떤 날로 인식하게 될까. 독립 만세를 외치게 될 때 그 정신은 어떤 세상을 경험하게 될까. 또 다른 한편으로는 이제부터 삶을 스스로 책임져야 한다는 부담이 느껴질 것이다. 충분히 강하지 않은 자는 꿈도 못 꾸는 것이 독립이라는 것이다. 아무나 그저 원한다고 이루어지는 것이 독립이 아니다. 여건이 되어야 가능한 게 독립이다. 말 그대로 "그것은 강자의 특권이다." 강한 자만이 누릴 수 있는 그런 특권이라는 얘기다.

권력을 쟁취하기 위해서는 기득권자를 제거해야 한다. 미노타우로스에게 먹힐 운명에 처한 테세우스Theseus는 미궁을 피해 갈 수 없다. 운명이 지나가는 길목에 미궁은 떡 하고 버티고 있을 뿐이다. 또 그가 어디서 어떻게 죽게 되는지 보는 사람이 하나도 없다는 상황은 두려움을 유발하기에 충분하다. 그래도 어차피 들어가 싸워야 한다면 용감하게 싸워야 한다. 어차피 죽어야 할 목숨이라면 비굴하게 목숨을 구걸할 필요도 없다. 피할 수 없는 운명적 싸움에서는 그저 목숨을 걸고 싸워야 할 뿐이다. 죽더라도 멋지게 죽으면 그만인 것이다. 이런 마음으로 테세우스는 미궁으로 들어간다. "그는 미궁으로 들어가며, 삶 자체가 이미 동반하고 있는 위험을 천 배나 불리게 된다." 자기 인생에서 가장 위험한 순간을 자초하고 있다. 하지만 이것은 자기 운명을 개척하기 위한 영웅적 행위일 뿐이다.

미궁으로 들어간다는 것은 돌아올 수 없는 길로 들어선다는 뜻이다. "따라서 그는 다시 되돌아올 수는 없다! 그는 사람들의 동정으로도 되돌아올 수 없다! —— " 니체는 여기서 말을 잇지 못한다. 많은 말을 줄여놓은 것이다. 되돌아올 수 없는 길은 그저 전진만 할 수 있을 뿐이다. 이것이 허무주의적인 항해의 자세다. "무한한 수평선. — 우리는 육지를 떠나 출항했다! 우리는 다리를 건너왔을 뿐만 아니라, 우리 뒤의 육지와의 관계를 단절했다! 그러니 우리의 배여, 앞을 바라보라! 네 곁에는 대양이 있다."(즐거운, 199쪽) 미궁으로 들어간다는 것은 무한한 수평선으로 무장한 대양을 향한 항해와 같다. 떠날 때는 보금자리마저 불살라야 한다고 했다. "먼저 너 자신의 오두막에 불을 질러라!"(인간적 II, 415쪽) 미련이 없어야 한다. 목숨을 걸 때 새로운 세상이 펼쳐진다. 강자만이 경험할 수 있는 독립된 삶이 이런 것이다. 아무도 이해할 수도 이해해줄 수도 없는 삶이다. 사람들의 동정 따위는 바랄 수도 없는 삶이다. 허무주의의 길은 혼자서 가야 하는 길이다.

보통사람들은 이해할 수 없는 위험한 높이

모두 삶이 힘들다고 말한다. 누구는 죽지 못해 산다고도 한다. 삶의 무게를 느끼며 힘들게 살아가는 모습이다. 니체는 자신의 책에서 웃음을 배우라고 그토록 외쳐댔지만 대부분의 사람은 여전히 미소조차 짓지 못하는 삶을 살아가고 있는 것이다. 춤은 꿈도 꾸지 못하는 상황이다. "쳇바퀴 안의 다람쥐처럼 끝도 목표도 없이 움직이다가 결국 피곤해져서 위든 아래든 아무 데나 제멋대로 멈추어"[7] 서는 그런 삶이다. 쇼펜하우어의 염세주의도 니체의 허무주의도 이런 삶을 종식하고 행복한 삶을 살아갈 수 있는 비결을 알려주고자 한다. 전자는 삶에의 의지를 포기함으로써, 후자는 힘에의 의지를 더욱 강화함으로써 극복하고자 한다.

우리의 최고의 통찰은, 그것을 들을 만한 소질이 없거나 예정되어 있지 않은 사람들의 귀에 허용되지 않는 방식으로 들리게 되면, 마치 바보처럼, 상황에 따라서는 범죄처럼 들릴 수도 있다. ─또한 그렇게 들려야만 한다! […] 통속적인 것과 비교적秘敎的인 것이 구분된다. ─이것은 통속적인 사람이 […] 더욱 본질적인 것은 그가 아래에서 위를 향해 사물을 바라본다는 사실이다. ─비교적인 사람은 위에서 아래를 내려다본다! 그 높이에서 보자면, 비극마저도 비극적인 것을 멈추는 영혼의 높이가 있다. […] 더욱 수준이 높은 부류의 인간들에게 자양분이 되고 청량제로 사용되는 것이 그와 매우 다른 속된 인간 부류에는 거의 독이 될 수도 있다. 범속凡俗한 사람의 미덕은 철학자에게는 아마 악덕이나 약점을 의미하게 될 것이다. 고귀한 기질을 가진 인간은 자신이 타락하고 밑바닥까지 내려가게 되는 경우, 바로 그 때문에 그는 자기가 굴러떨어진 저속한 세계에서 이제 마치 성자처럼 사람들이 자신을 숭배하게 만드는 데 필요한 여러 성질을 손에 넣을 수 있을 것이다. 저급한 영혼이나 낮은 생명력이 사용하는가 아니면 더 고귀한 영혼과 강인한 생명력이 사용하는가에 따라, 영혼과 건강에 반대 가치를 지니는 책들이 있다. 전자의 경우에는 위험하고 파괴적이며 분열시키는 책이 되며, 후자의 경우에는 가장 용감한 사람이 자신의 용기를 불러일으키는 전령의 부름이 된다. 만인이 좋아하는 책에서는 언제나 불쾌한 냄새가 난다: 거기에는 소인小人의 냄새가 배어 있는 것이다. 대중이 먹고 마시는 곳에서는, 심지어 그들이 숭배하는 곳에서조차 악취가 나곤 한다. 순수한 공기를 마시고자 한다면, 교회에 가서는 안 된다. —— (58쪽 이후)

이번에도 니체는 할 말을 줄인다. "교회에 가서는 안 된다"고 말한 이유에 대해서는 해야 할 말이 너무나도 많기 때문이다. 도대체 어디서부터 시작을 해야 할까. 모두가 교회를 향해 갈 때 니체는 '반시대적' 경향으로 맞서고자 했다. 모두가 신앙고백을 하는 시대에 그는 "하품이라도 해서 중단시키고 싶은 그런 종류의 고백"(반시대 I, 202쪽)만을 경험하고 있었다. 그는 "신들이 인간의 희생에 의존한다"(아침, 147쪽 이후)는 사실을 알고 있었다. "신들이 즐겨 듣는 노래의 주제는 바로 인간의 불행이다."(인간적 I, 172쪽) 바꿔 말하면 불행한 인간이 신들을 필요로 한다. 하지만 허무주의 철학자는 이 세상 온갖 사물을 "초월한 어떤 영원한 의지"[8]도 바라지 않는다. 인간의 구원이 그런 초월적 의지에 의해 이루어지리라고는 상상조차 하지 않는다. 오히려 그런 생각에 허무함의 징표로 하품이라도 하고 싶을 뿐이다.

말 그대로 허무주의 철학은 허무한 소리만 쏟아놓는다. 들을 준비가 되어 있지 않은 자에게는 아무런 의미가 없다. 아니 때로는 '독'이 될 수도 있다. 니체의 책을 읽으면서 정신 줄을 놓게 되는 안타까운 일들이 벌어지기도 한다. 니체 자신도 안다. 그의 책이 위험한 책이라는 사실을. 하지만 이에 대한 해명도 내놓았다. "위험한 책 — 어떤 사람은 '나의 이 책이 해롭다는 것을 스스로 파악하고 있다'고 말한다. 그러나 기다려보면 그는 아마 바로 그 책이 자신의 마음에 숨겨진 질병을 드러내 보여줌으로써 그

에게 커다란 도움을 주었다는 사실을 인정하게 될 것이다."(인간적Ⅱ, 52쪽)
니체 책의 힘이다. 환부患部를 드러나게 해준다. 어디에 문제가 있는지 스스로 알게 해준다. 하지만 의식 깊숙한 곳에 숨어 있을 때는 몰랐지만 겉으로 드러나게 될 때의 그 아픔은 상상을 초월하기도 한다. 잊고 살았던 상처가 의식될 때 쏟아지는 오열을 막을 길은 없을 것이다.

물론 니체의 책은 다른 의미로 '위험한 책'이라 평가되기도 한다. 예를 들어 니체는 훗날 《이 사람을 보라》에서 자신의 글을 전혀 이해도 하지 못한 채 쓰인 글, 즉 "《데어 분트Der Bund》지에 실린 비트만J. V. Widmann 박사가 《선악의 저편》에 대해 쓴 '니체의 위험한 책'이라는 제목의 논문"(이 사람, 376쪽) 하나를 소개하기도 했다. 니체의 책은 위험한 책이다? 니체 자신도 그런 말을 했으니 맞기도 하고 또 틀리기도 하다. 무엇이 위험하단 말인가? '세상이 위험하니 일찍 집에 들어오라'고 말하는 자는 소위 나이든 사람들이다. 젊은이들에겐 그 위험한 세상이 재밌을 뿐이다. '위험한 책'은 오늘날까지 이어지고 있는 논쟁이다.

'위험한 책', 이는 마치 청년들이 조국의 법률과 관습에 존경심을 갖지 못하도록 한다는 이유로, 한마디로 젊은이들을 유혹한다는 이유로 철학자 소크라테스를 기소한 멜레토스Meletos, 아뉘토스Anytos 그리고 뤼콘Lykon[9]의 발언처럼 들리기도 한다. 기존의 틀을 깨는 것은 언제나 기득권 입장에서 보면 위험하기 짝이 없는 것으로 인식되기에 충분하다. 창조를 원하는 자는 바로 이런 위험 부담을 안고 길을 먼저 걸어가야 한다. 실로 가혹한 운명을 감당해야 한다. 위험하다는 오해를 감수하면서 또 비이성적이라는 비난까지 받으면서 걸어가야 한다. 니체는 분명 자신의 책이 준비되지 않은 자들에게는 '위험한 책'임을 잘 알고 있다.

그래도 건강해지고 싶다면 또 그런 의지가 있다면 니체 책은 좋은 "자양분이 되고 청량제로 사용"될 수 있을 것이다. 니체의 글들을 처음부터 차근차근 씹어온 상태라면 지금쯤 단맛을 느낄 수 있으리라. 허무주의 철학은 아무나 들을 수 있는 방식으로 메시지를 전해주지 않는다. 그 방식은 평범한 사람들에게는 오히려 "마치 바보처럼, 상황에 따라서는 범죄처럼 들릴 수도 있다." 허무주의 철학이 들려주는 소리를 들으려면 때로는 귀를 닫아야 한다. 마치 릴케^{Rainer Maria Rilke(1875~1926)}의 시 〈공^{Gong}〉이 전하는 메시지처럼, "더 이상 귀를 위하지 않는…: 소리가"**10** 바로 이런 소리다. "신들로 포만된 상태… 공"과 같은 소리를 듣고 싶으면 교회로 가서는 안 된다. 말로만 설명될 수 있는 로고스^{Logos}의 신이 아니기 때문이다.

니체의 허무주의 철학은 비극을 준비하고 또 그 비극을 감당하게 하는 철학이다. '인치피트 트라고에디아^{Incipit tragoedia}', "비극이 시작되다."(즐거운, 315쪽) 이것은 《즐거운 학문》 4부의 마지막에 등장했던 잠언인 동시에 《차라투스트라는 이렇게 말했다》의 첫 번째 장이 되기도 하는 글의 제목이다. 여기서 니체는 "비극이 시작되다"라는 말을 하고 있는가 하면 마지막 문장을 "이렇게 하여 차라투스트라의 몰락은 시작되었다"라고 마감한다. 즉 그가 말하는 비극은 우리가 알고 있는 비극이 아니다. 니체가 말하는 비극은 정반대의 감정으로 읽어야 하기도 한다. 지극히 행복한 느낌으로 말이다.

모든 인생은 고통이지만 어느 경지에 도달하면 그것조차 행복의 원인이 되기도 한다. "그 높이에서 보자면, 비극마저도 비극적인 것을 멈추는 영혼의 높이가 있다." 이는 "마치 장미꽃이 가시덤불에서 피어나는 것"(비극, 42쪽)과 같다. 행복은 불행을 전제하고, 웃음은 울음을 전제한다. 춤은 무거운 발걸음을 극복해낸 뒤에만 실현된다. 테세우스가 미궁으로 들어간 이유를 묻는다면 그 누구에게도 명령을 받고 싶지 않은, 즉 자기 삶에서 주인으로 살고 싶었기 때문이라고 말하면 된다. "고귀한 기질을 가진 인간은 자신이 타락하고 밑바닥까지 내려가게 되는 경우, 바로 그 때문에 그는 자기가 굴러떨어진 저속한 세계에서 이제 마치 성자처럼 사람들이 자신을 숭배하게 만드는 데 필요한 여러 성질을 손에 넣을 수 있을 것이다." 만연체라서 쉽게 의미가 와 닿지 않을 수도 있겠다. 간단하게 말하면 바닥을 찬 인간은 그 바닥에서 위로 떠오를 수 있는 소중한 힘을 얻을 수 있을 것이라는 얘기다. 테세우스에게 미궁은 자기 삶을 향한 관문이었다.

니체의 책은 "저급한 영혼이나 낮은 생명력이 사용"하면 "위험하고 파괴적이며 분열시키는 책"이 될 위험이 있다. 하지만 "더 고귀한 영혼과 강인한 생명력이 사용"하면 "가장 용감한 사람이 자신의 용기를 불러일으키는 전령의 부름"의 역할을 할 수 있을 것이다. 니체의 문장들은 약자에겐 치명적인 독이 될 수 있지만 강자에겐 꿀처럼 달콤한 생명의 맛을 느낄 수 있게 해준다. 그의 글은 "아래에서 위를 향해 사물을 바라"보는 통속적인 사람들에게는 "바보처럼, 상황에 따라서는 범죄처럼 들릴 수 있다." 하지만 위에서 아래를 조망할 수 있는 자는 길이 보인다. 아래에서 위를 향해 바라볼 때는 미로에 갇힌 생쥐의 시야처럼 답답했지만 위에서 아래를 내려다보면 모든 것이 다르게 보인다. "연극에서처럼 세상을 내려다보는 눈을 열어라. 다른 두 개의 눈을 통해 세계를 들여다보는 커다란 제3의 눈을 열어라!"(아침, 380쪽) 두 눈을 감으면 제3의 눈이 떠진다. 니체는 그런 눈으로 세상을 바라보게 한다.

"만인이 좋아하는 책에서는 언제나 불쾌한 냄새가 난다: 거기에는 소인의 냄새가 배어 있는 것이다." 모두가 좋아한다면 벌써 퇴폐의 징후가 농후한 것이다. 모두가 목을 매는 일에는 경계의 시선을 던져야 한다. 꼭대기가 구름으로 가려진 신비로운 '애벌레 기둥'[11]은 서로가 짓밟는 잔인한 행위에 의해 세워졌다. 그런 집단의식에서 벗어날 때 자기 삶을 위한 길이 보인다.

대중이 모여든 곳은 공기가 탁하다. 스스로 걷고 있는 그 길이 어디로 향하는지도 모른다. 그저 모두가 가니까 따라갈 뿐이다. 피리 소리만 듣고 따라가는 생쥐의 운명이 따로 없다. "학문 공장"(반시대 Ⅱ, 350쪽)에서 찍어낸 듯한 책, 즉 니체의 표현으로 말하자면 대중의 취향대로 쓰이고 속물 정신으로 충만한 베스트셀러 같은 책은 지양하고 시간과 공간을 뛰어넘어 읽히는 고전을 읽어야 하는 이유가 여기에 있다. 고전! 거기에는 시대를 초월한 '순수한 공기'가 있다. 거기에는 위에서 아래를 내려다보는 제3의 눈을 뜨게 해주는 지혜로운 소리로 가득하다. "비극마저도 비극적인 것을 멈추는 영혼의 높이"가 거기에 있기 때문이다.

젊음의 시기와
도덕의 시대의 공통점

우리는 과연 무엇을 보고 젊다고 말할까? 젊음의 특징은 무엇일까? 대표적인 것이 경험 부족이 아닐까. 그래서 배울 것도 많은 시절이다. 하지만 힘은 넘친다. 좌충우돌을 겪으면서도 전진하는 때다. 그러나 이때는 부정적인 측면도 도사리고 있다. 쉽게 분노하고 초조해지며 맹목적이 되기도 한다. 이런 경우라면 아직 어리다는 표현이 더 맞을 것 같다. 자기감정이 어떤 상태에 놓여 있는지도 잘 모르고 경우에 따라서는 그 감정을 불신하기도 한다. 실망과 좌절감을 넘어 절망에 이르기도 한다. 니체는 이런 젊음에 대해 다음과 같이 서술하고 있다.

사람들은 젊었을 때 인생의 가장 훌륭한 수확이 되는 저 뉘앙스의 기술技術 없이도 존경하든가 경멸한다. 따라서 그러한 식으로 인간과 사물을 긍정과 부정으로 기습해온 것에 대해 당연히 혹독하게 보상하지 않으면 안 된다. 모든 취미 가운데 가장 악취미, 무조건적인 것에 대한 취미는 처참하게 조롱당하고 학대받도록 모든 것이 준비되어 있어, 마침내 인간은 자신의 감정에 어느 정도 기교를 부여하고, 오히려 기교적인 것을 감행하는 것을 배우게 된다: 인생의 진정한 예술가는 이것을 행한다. 젊음 특유의 분노와 숭배의 태도는 인간과 사물을 적당히 변조시키며, 그럼으로써 그것에서 발산할 수 있기 전에는 결코 진정되지 않는 것처럼 보인다: ─젊음 그 자체는 이미 변조된 것이며 기만적이다. 훗날 젊은 영혼이 오로지 환멸에 고통받고, 마침내 자기 자신을 불신하게 되면, 그러한 불신과 양심의 가책에 대해서도 그 영혼은 여전히 열렬하고 난폭할 것이다: 그 영혼은 이제 얼마나 분노할 것인가. 그 영혼은 얼마나 초조해하며 자기 자신을 찢어놓을 것인가, 마치 고의로 맹목 상태에 있었던 것처럼, 그 영혼은 자기 자신의 오랜 자기 현혹에 대해 얼마나 복수할 것인가! 이러한 이행 과정에서 사람들은 자신의 감정을 불신함으로써 스스로에게 벌을 주게 된다. 사람들은 자신의 열광을 회의함으로써 스스로를 고문한다. 아니 사람들은 양심을 이미 위험으로, 마치 자기 은폐와 섬세한 정직성의 피로로 느낀다. 그리고 특히 사람들은 근본적으로

'젊음'에 반대하는 입장, 그러한 입장을 옹호한다. — 10년이 지난 뒤 사람들은 이 모든 것이 여전히 — 젊음이었음을 깨닫게 된다! (59쪽 이후)

허무주의는 창조를 지향한다. 삶을 위한 창조를 원한다. 삶을 삶답게 살기 위해 삶의 의미를 창조해내야 한다. 매일 그 하루의 의미를 찾아야 한다. 삶의 의미는 저절로 생기는 것이 아니다. 인간의 삶은 살아가는 주체가 스스로 책임을 져야 할 뿐이다. 그 누구에게도 책임을 전가할 수 없다. '나 대신 살아 달라'고 부탁할 수가 없다. 어떤 상황에서든 스스로 살아야 한다. 그래서 우리 모두는 삶을 위한 예술가가 되어야 한다. 허무주의 철학에서 삶과 예술은 이미 정해진 목적과 방법처럼 간주되기도 한다. 이러한 생각은 처녀작 《비극의 탄생》에서부터 시작되었다. "세계의 실존은 오로지 미적 현상으로만 정당화된다."(비극, 16쪽) 이 말이 이제 니체 철학의 대전제임을 깨닫게 된다. 세계는 오로지 아름답다고 말할 때만 정당하다. 허무주의는 세계의 아름다움을 인식하고자 하는 것 외에는 아무것도 원하지 않는다. 삶은 아름답다. 이 말보다 더 멋지게 표현한 허무주의적 표현은 없다.

하지만 젊음은 인생의 예술에서 아직 성숙하지 못한 상태다. "젊음 그 자체는 이미 변조된 것이며 기만적이다." 젊음의 특징은 배움이 강한 시절이라, 남의 생각을 마치 자기 생각처럼 말한다는 실수를 범하기도 한다. 칸트니 헤겔Georg Wilhelm Friedrich Hegel(1770~1831)이니 공자孔子(B.C.551~B.C.479)니 맹자孟子(B.C.372~B.C.289)니 기독교니 불교니 하고 떠들어대지만 자신의 말 속에 자기 생각이 결여되어 있다. 언제나 생각은 남의 말을 인용하면서 시작하고 끝맺음하는 단계다. 그 너머를 생각하지 못한다. 부정적 측면에서 바라본 젊은 생각의 한계다. 쇼펜하우어의 표현으로 말하자면 "학문이 끝나는 곳에서 철학이 시작"[12]된다고 할 수 있는데, 젊음은 학문의 시대는 될 수 있어도 아직 철학의 시대는 요원한 상태다.

젊음은 사물에 대해 "인생의 가장 훌륭한 수확이 되는 저 뉘앙스의 기술 없이도 존경하든가 경멸한다"는 것이 문제다. 제대로 경험해보지도 않고 사물을 선입견과 편견으로 바라보기도 한다. 젊은 시절에 무엇을 혹은 누군가를 존경하기 시작하면 거의 무조건적이 되고 만다. 경멸할 때도 마찬가지다. 무작정 좋고 무작정 싫다. "모든 취미 가운데 가장 악취미, 무조건적인 것에 대한 취미는 처참하게 조롱당하고 학대받도록 모든 것이 준비"되어 있다. 그래서 괴테는 젊은 날의 현상을 '슈투름 운트 드랑Sturm und Drang', 즉 '질풍노도기'[13]라고 표현하지 않았던가. 감정을 극단화시킬 때 삶은 위기에 처하고 만다. 젊은 베르테르Werther[14]도 결국에는 자기 목숨까지 끊고 마는 비극을 초래하지 않았던가.

인간은 죽어야 한다는 것을 알기에 젊음을 과시하려 할 때가 많다. 앨범을 들추며 옛날 사진을 들여다볼 때 많은 생각을 하게 된다. 어렸을 적의 순수했던 모습, 그리고 사춘기를 거치면서 멋을 부리기 시작하던 모습, 그리고 청춘을 뽐내던 시절의 모습, 차츰 자기 자신과는 동떨어진 모습을 보이다가 다시 나이가 들면서 자기 모습을 되찾아간다. 성숙한 이미지는 늘 최근의 모습에서 발견된다. 하지만 이성은 그것조차 마음에 들지 못하게 한다. 언제나 이상형을 머릿속에 간직하고 있기 때문이다. 자기가 생각하는 최고의 각도가 있어서 여간해서는 인정하려 들지 않는다. 사진을 찍고 나면 하는 소리가 언제나 똑같다. '못나게 나왔다'고. '실망스럽다'고. 그래서 '그 사진 없애 달라'고. 하지만 세월이 흐르면 그렇게 말했던 것조차 젊음의 소치였음을 깨닫게 된다.

인생의 훌륭한 것에 대한 뉘앙스의 기술을 터득하지 못한 상태에서 내려진 섣부른 평가들은 인생 자체가 혹독한 대가를 치르게 한다. '맹목 상태' 혹은 '자기 현혹'에서 놀아난 자기감정에 대해 스스로 벌을 주게 된다. 스스로를 고문한다. 하지만 반대로 '인생의 진정한 예술가'는 "자신의 감정에 어느 정도 기교를 부여하고, 오히려 기교적인 것을 감행하는 것을 배우게 된다." 감정을 자유자재로 다룰 수 있다고 하는 편이 더 좋은 표현일 것 같다. 인생 예술가는 감정의 달인이나 다름이 없다. 이런 예술가가 될 때 젊음을 넘어 성숙기로 접어들게 되는 것이다. 그런데 이런 젊음의 현상이 도덕의 영역에서도 나타난다는 것이 니체의 주장이다.

인간 역사 가운데 가장 긴 시기를 통해 ─ 사람들은 이 시기를 선사시대라 부른다 ─ 어떤 행위의 가치 또는 가치가 없음은 결과에서 추론되었다: 이때 행위 자체는 그 유래로 고려되지 않고, 오히려 대략 말하자면, 오늘날에도 여전히 중국에서는 어린아이의 영예와 수치가 부모에게 소급되는 것처럼, 성공과 실패에 소급하는 힘이었는데, 이는 하나의 행위가 좋은가 나쁜가를 생각하도록 사람을 이끌었다. 우리는 이 시기를 인류의 도덕 이전의 시기라고 부른다: "너 자신을 알라!"는 명법은 그 당시에는 알려지지 않았다. 이에 반해 최근 만 년 정도의 기간 동안 사람들은 몇몇 지상의 거대한 지역에서 결과가 아니라, 행위의 유래가 행위의 가치를 결정하도록 한 걸음 한 걸음씩 진보해나갔다. 즉 커다란 사건을 전체로 보고 시선과 척도를 현저하게 세련화하며 귀족적 가치와 '유래'에 관한 믿음의 지배가 무의식적으로 영향을 미치는 것, 이는 사람들이 좁은 의미로 도덕적인 시대라고 불러도 좋은

시대의 표식이다: 자기 인식에 관한 최초의 시도는 이렇게 해서 이루어졌다. 결과 대신 유래로 한다는 것: 이것은 관점의 전환이었다! (60쪽 이후)

'너 자신을 알라!'는 도덕이 나타나면서 생겨난 명법이다. 남을 주시하는 것이 일반적이 되면서 잊고 살게 된 것이 자기 자신에 대한 인식이다. 젊음의 특징과 문제도 바로 이런 데 있었다. 남을 주시하고 남의 눈을 의식하고 유행을 따르면서 자기 자신을 변조시켜나간다. 동일한 패션과 머리 스타일을 취하면서 소속감을 즐기기도 하지만 그런 행위와 함께 자기 자신으로부터는 자꾸만 멀어진다는 것을 인식하지 못한다. 도덕의 영역에서도 마찬가지 현상이 발생한다. 도덕을 알면 알수록 자기 자신은 자꾸만 낯설어진다. 결국 '너 자신을 알라!'라는 명법이 생겨날 정도로 자기 자신을 모르는 상태에 이르고 만 것이다.

최초의 도덕은 행위의 결과에서 추론되었다. 이렇게 행동하면 좋다 혹은 나쁘다가 그 행동이 초래한 결과에서 유추되었다는 얘기다. 하지만 세대가 거듭되면서 그리고 세월이 흐르면서 그런 지식이 축적되었고 급기야 전수되기에 이른다. 결국 젊은이들은 선배세대로부터 이건 좋고 저건 나쁘다는 식으로 행동의 가치를 배우게 된다. 그것이 도덕의 시대 혹은 '도덕적인 시대'를 형성한다. 스스로 행동해보지도 않고 신앙이 생긴다. 그렇게 행동하면 어떤 특정 결과를 초래하리라고 믿는 것이다. 그런 믿음은 선입견과 편견을 형성하기에 충분하다. 이런 측면에서 도덕의 시대는 젊음의 시기와 엇비슷하다. 직접 해보지도 않고 관습적으로 판단하도록 유도하기 때문이다.

니체는 《아침놀》과 함께 "도덕에 대한 우리의 신뢰를 파괴하기 시작했다"(아침, 11쪽)고 선언했다. 이때부터 도덕과의 전쟁을 선포한 것이다. 훗날 니체가 "이 책으로 도덕에 대한 나의 전투가 시작된다"(이 사람, 413쪽)고 고백한 것도 이와 맥락을 같이한다. 그는 "수천 년 동안 신봉해온 낡은 신념"(아침, 10쪽)과 싸우고자 했다. 왜냐하면 그는 도덕에 대한 신뢰를 철회하고자 했다. "왜냐고? 도덕에 충실하기 위해서!"(같은 책, 15쪽) 신앙처럼 숭배받아온 도덕은 싸워서 파괴하고 새로운 도덕을 세우고자 한다. 그것이 허무주의 철학의 의도다.

> 지금까지의 의미에서 볼 때 도덕, 다시 말해 의도된 도덕이란 선입견이며 경솔함이고 아마 일시적인 것일 테고, 점성술과 연금술 수준의 그 무엇이지만, 어떤 경우에도 극복해야만 하는 그 무엇이다. 도덕을 극복한다는 것은 어떻게 보면 도덕의 자기 극복이기도 하다. 이것은 오늘날 가장 섬세하며 정직하고 또한 악의적이기도 한 양심에, 살아 있는 영혼의 시금석으로 보존된 저 오랫동안의 비밀스러운 작업을 나타내는 이름이 될 수도 있을 것이다. (62쪽)

도덕은 교육에 의해 전수되었다. 이래라저래라 하면서 행동의 가치 있음과 가치 없음을 가르친 것이다. 하지만 이런 전수된 도덕만으로는 변화무쌍한 삶에 제대로 대처할 수 없다. 선배가 얻은 지혜를 후배가 그대로 써먹으려 하면 어리석은 시도가 되기도 한다. 오히려 삶을 방해할 때가 더 많다. 이런 도덕 감정을 니체는 극복하라고 한다. 왜냐고? 삶을 삶답게 살 수 있게 하기 위해서!

"삶은 결코 도덕에 의해 창안된 것이 아니다."(인간적 I, 11쪽) 반대로 도덕은 삶을 구속하고자 할 뿐이다. 도덕은 극복의 대상이다. 이것이 허무주의 철학의 시작지점에서 인식해야 하는 것이다. 도덕의 다른 이름은 신념이 될 수도 있고 신이 될 수도 있다. 몸에 좋다는 말만 듣고 섭취하는 모든 보약도 이와 다를 바가 없다. 이 모든 것은 "선입견이며 경솔함이고 아마 일시적인 것일 테고, 점성술과 연금술 수준의 그 무엇"일 뿐이다. 모두가 극복되어야 할 그 무엇이다.

우리는 여기서 무엇보다도 '도덕을 극복한다' 혹은 '도덕의 자기 극복' 등의 표현을 사용하고 있는 니체의 의도를 읽어낼 수 있어야 한다. 그는 도덕 자체를 원하지 않는 것이 결코 아니다. 그저 새로운 도덕을 원하고 있을 뿐이다. 그 새로운 도덕의 창출을 위해 관습적이고 인습에 얽매여 있는 구태의연한 도덕은 파기하고자 하는 것이다. 그리고 그것이 가능하리라 믿고 있다. 니체는《인간적인 너무나 인간적인》에서 희망찬 "도덕의 아침놀"(인간적Ⅱ, 339쪽)을 바라보기도 했다. 이러한 도덕과의 싸움과 그 극복은 "어두운 지하"(아침, 9쪽)에서 이루어지는 '비밀스러운 작업'의 다른 이름일 뿐이다.

극복을 위해서는 실체를 알아야 한다. "다른 도리가 없다: 우리는 이웃을 위한 헌신과 희생의 감정, 자기 환멸의 도덕 전체를 가차 없이 해명하고 법정에 세워야 한다"(62쪽)는 것이 허무주의적 입장표명이다. 도덕을 연구한 니체는 알게 되었다. "도덕의 역사는 결코 도덕적이지 않다"[15]는 사실을. 도덕 감정은 인간의 선한 측면에 뿌리를 두고 있는 것이 아니라 문화적 습관과 인상들에 의해 진행된 오랜 역사가 그 원인이 되고 있다는 사실을.

진리와 동떨어진
기만적 원리와 가상의 세계

허무주의적 세계인식은 확고하다. 그것은 믿을 만한 것이 하나도 없다는 인식이다. 모든 것이 그 언젠가부터 형성되었고 사람들은 그것을 믿고 따르고 있을 뿐이다. 이미 형성된 행동의 틀 속에서, 마치 쳇바퀴 속 다람쥐처럼 살아가고 있다. 신앙은 본능까지도 조작을 해댄다. 이성을 가진 존재의 위대함이기도 하다. 동물은 도저히 엄두도 못 낼 경지다. 다이어트니 금욕이니 하는 것은 인간만이 해낼 수 있는 행동들이다. 그런데 그런 이성이 역사를 만들고 학문을 만들며 어느 진리에 갇히게 한다.

오늘날 또한 사람들이 철학의 어떤 관점을 취한다 하더라도, 또 어떤 입장에서 보더라도, 우리가 살고 있다고 믿는 세계가 잘못되었다는 것은 우리의 눈이 포착해낼 수 있는 가장 확실하고 확고한 것이다: ― 우리는 그에 대해 다양한 이유를 찾아내는데, 이는 우리로 하여금 '사물의 본질' 안에 있는 기만적 원리를 추정하게끔 유혹한다. 그러나 세계가 허위라는 것에 대해 우리의 사유, 즉 '정신'에 책임이 있다고 보는 사람이 있다면 ― 이것은 저 의식적이거나 무의식적인 신의 대변자가 걸어가는 영광스러운 출구다 ―: 공간, 시간, 형태, 운동을 모두 포함한 이 세계가 잘못 추론되었다고 여기는 사람이 있다면, 그러한 사람은 결국 적어도 모든 사유 자체를 불신하는 법을 배우게 되는 좋은 기회를 갖게 될 것이다: 이러한 불신이야말로 지금까지 우리에게 가장 심한 장난을 걸어왔던 것이 아닌가? (63쪽)

불신이 장난 중에 가장 심한 장난이다. 그런데 아이러니한 것은 모든 장난이 재밌다는 사실이다. 가장 재밌는 장난이 불신이라는 얘기다. 불신이 생기면 무엇이든지 검증할 수 있기 때문이다. 불신이 생기면 그토록 집착하게 하던 것도 순식간에 정이 떨어지고 만다. 불신이 생기면 신조차도 의심의 대상이 될 수 있다. 아니 신까지 올라가지 않더라도 그에 버금가는 온갖 좋은 것에 대한 의심이 시작된다. 당연하다고 생각했던 것이 특별하게 인식되는 순간 새로운 길이 보이게 된다. 역사는 그때가 되어서야 새롭게 평가되고 또 새롭게 쓰이게 되는 것이다.

이성을 가진 존재가 가장 재밌게 할 수 있는 것이 생각하는 것이다. 생각하며 놀 수 있는 존재가 인간이다. 세상을 구하는 온갖 영웅의 모습을 생각해내기도 하고, 우주 공간을 활보하며 별들 사이를 순식간에 오가며 여행하는 생각을 하기도 하며, 과거와 미래를 거침없이 오가는 시간 여행을 생각하기도 하고, 또 아주 작은 존재가 되어 인체 속으로 들어가는 생각을 하기도 한다. 상상도 못했던 것을 생각해낸 자에게는 아낌없는 찬사를 보낸다. 생각하는 존재에게 최고의 행복은 그 생각 속에서 구현되기도 한다. 아주 작은 생각 하나 바꿨을 뿐인데 세상이 달라 보이기도 한다.

생각을 하며 살 수 있는 존재가 가장 소중하게 여기는 것이 생각의 내용이다. 그 내용이 인생을 형성해줄 것이기 때문이다. 무슨 생각을 하면서 살았느냐가 그 인생의 이야기가 될 것이다. 하지만 그것이 문제가 되기도 한다. 망상 속에서 평생을 살 수는 없다. 현실 감각을 잃어버리면 큰일이다. 가급적이면 생각의 내용이 현실과 맞닿아 있도록 노력해야 한다. 실현 가능한 생각이 많을수록 그 생각은 위대한 업적을 내놓을 수 있을 것이다.

모든 생각은 일종의 논리를 선택할 수밖에 없다. 완벽한 논리란 없다. 어떤 논리든지 간에 하나의 길을 선택할 수밖에 없다. 가지 않은 길에 대해서는 굳이 후회는 하지 않더라도 미련은 남게 마련이다. 반대로 지금까지 살아온 길이 잘못되었다는 생각이 들면 모든 것은 허무해지고 만다. 바로 이런 순간이 허무주의 철학이 원하는 상황이다. 허무한 상황을 감당할 수 있게 하기 위해 그토록 많은 훈련을 해왔고, 이제 마침내 그런 상황을 견딜 수 있다는 확신 속에서 니체는 거침없이 하고 싶은 말을 쏟아낸다. "우리가 살고 있다고 믿는 세계가 잘못되었다"고.

세계가 잘못되었다! 여기서 말하는 세계는 있는 그대로의 세계, 즉 실존으로서의 세계가 아닌 해석된 세계를 말한다. 이렇다 저렇다고 말하는 그런 세계를 말하는 것이다. 해석은 언제나 한계에 직면할 수밖에 없다. 완벽한 해석이란 존재할 수가 없다. 시대마다 세상에 대한 해석은 있어왔지만 모든 해석은 시대가 변하면서 그 내용 또한 달리해왔다. 아니 그 다른 해석이 세상을 바꿔놓았다고 말해도 무방하다. 허무주의 철학은 세상을 바꿔놓고자 한다. 과거의 인습적인 세계를 벗어던지고 인간적인 세상을 만들고자 희망한다. 그것도 신적인 가치를 높이 세워놓고 인간적인 가치를 폄하하는 그런 세상이라면 싸워서라도 바꿔놓고자 하는 것이다.

세상이 틀렸다는 생각을 가능하게 하는 것은 불신이라 했다. 그리고 그 불신을 가능하게 하는 것은 가상이다. 《비극의 탄생》에서는 아폴론적인 것을 아름다운 가상의 원리로 설명한 적이 있다. 그는 이런 가상을 "상처 입은 눈을 낫게 해주는 빛나는" "그리스인의 명랑성"(비극, 77쪽)으로 설명하기도 한다. 진리가 정당성을 인정받을 수 있는 것처럼 생명을 다한 그 진리를 깨는 악의 원리인 파괴 정신 또한 당연히 정당성을 인정받아야 마땅하

독일 보훔이라는 도시로 초대를 받은 티베트의 승려들이 모래로 만다라를 그린 다음 빗자루로 정성스럽게 쓸어버리는 퍼포먼스를 보여주고 있다.

다. 티베트의 승려들은 하루 종일 정성을 다해 완성해낸 '만다라Mandala'[16]를 저녁이 되어 빗자루로 쓸어버릴 때 일종의 해탈을 경험하기도 한다. 텅 빈 종이 맑은 소리를 내듯이, 마음을 비울 때 정신이 회복하듯이, 그렇게 한 치의 미련도 없이 쓸어버린다. 정신을 집중시키고 정성을 쏟았던 모든 것에 미련을 갖지 않을 때 비로소 행복한 감정이 스며드는 법이다.

시민적 생활 속에서 언제나 불신을 품을 준비가 되어 있다는 것은 '나쁜 성격'의 기호로 여겨지며 따라서 어리석은 것이다: 여기에서 우리끼리 말하자면, 시민 세계의 저편과 그 긍정과 부정의 저편에서 — 우리의 어리석음을 방해할 것이 무엇이며, 철학자는 이제까지 지상에서 언제나 가장 우롱당해온 존재로, 바로 '나쁜 성격'을 가질 권리가 있다고 말하는 것을 방해할 것이 무엇이겠는가 — 오늘날 철학자는 불신해야 할 의무가 있으며, 의심의 심연에서 가장 악의적인 곁눈질을 해야 할 의무가 있다. […] 진리가 가상보다 더 가치가 있다는 것은 단지 도덕적인 선입견일 뿐이다. 이것은 심지어 이 세계에 존재하고 있는 가장 잘못 증명된 가정이기도 하다. 하지만 다음의 것은 많이 허용되어야 한다: 관점적 평가와 가상성에 바탕을 두지 않는 한, 삶이란 것은 전혀 존립할 수가 없을 것이다. 만일 우리가 많은 철학자가 가지고 있는 도덕적인 감격과 우매함으로 '가상의 세계'를 완전히 없애버리려고 한다면, 이제 그대들이 이것을 할 수 있을 것이라고 가정해보면, ─ 그러면 최소한 이때 그대들이 말하는 '진리'라는 것 역시 더 이상 남는 것이 아무것도 없을 것이다! 실로 무엇이 도대체 우리가 '참'과 '거짓'이라는 본질적인 대립이 있다고 가정하도록 강요하는가? (64쪽 이후)

일상에서 지친 정신은 아폴론적인 아름다운 가상으로 회복을 하게 된다. 모든 예술은 당연하게 받아들여야만 했던 것을 거부하는 행위와 같다. 피카소^{Pablo Picasso}(1881~1973)는 "예술은 영혼으로부터 일상의 먼지를 씻어준다"[17]고 하지 않았던가. 명언이다. 일상의 것들은 씻어내야 할 먼지에 불과하다. 정신은 그런 것들로부터 보호되어야 한다. 일상을 떠나서 살 수는 없지만 그 일상에 묻혀 살아도 안 된다. 시민적인 생활을 영위하면서도 때에 따라서는 스스로에게 그런 생활에 불신을 허락해야만 한다. 자기 자신을 보호하기 위해서.

만약 불신의 행위가 일종의 '나쁜 성격'이라면 적어도 철학자는 그런 불신을 가질 권리가 있는 존재로 간주해야 한다. "시민 세계의 저편과 그 긍정과 부정의 저편에서" 철학자는 새로운 세계를 향한 새로운 길을 찾고 있기 때문이다. 그에게 하나의 사회가 부여하는 굴레를 어깨에 짊어지고 걸어가야 할 멍에로 강요한다면 비극적이 아닐 수 없다. 그런 삶이라면 기꺼이 몰락하리라는 것이 차라투스트라의 다짐이었다. 니체는 철학자에게 주어져야 할 의무를 다음과 같이 말하고 있다. "오늘날 철학자는 불신해야 할 의무가 있으며, 의심의 심연에서 가장 악의적인 곁눈질을 해야 할 의무가 있다"고. 악의적인 곁눈질! 그것은 철학자의 시선이다.

더러운 것은 싫다. 그래서 깨끗한 것만 주변에 두고자 한다면 면역력은 약해질 수밖에 없다. 몸에 나쁜 것은 싫다. 그래서 몸에 좋은 것만 먹고자 한다면 편식이 이루어질 수도 있다. 건강해지기 위해서 힘든 물체를 반복해서 들어야 하듯이 정신도 참과 거짓 사이에서 균형을 잡을 줄 알아야 한다. 그동안 신을 너무 추종해왔다면 악마를 제목으로 한 책을 감당해내야 할 때도 된 것이다. 그런 책을 성경이라 불러도 인정할 수 있는 그런 여유로 또다시 천 년을 살아야 할지도 모른다. 진정한 정신의 건강을 위해서 말이다.

> 오, 볼테르여! 오 인간애여! 오 어리석음이여! 이와 같은 것은 '진리'나 '진리 탐구'와 관계가 있다. 그런데 이때 인간이 이것을 너무 인간적으로 추진해나간다면 — "오로지 선을 행하기 위해서만 진리를 추구한다" — 단언하건대, 그는 아무것도 발견하지 못한다! (65쪽 이후)

선을 위한 진리만으로는 아무것도 발견할 수 없다. 발견 여행은 아무도 가지 않은 길에 발을 들여놓을 수 있는 용기로 실현되는 것이다. 스스로 깨끗하다고 말하는 사람이 오히려 무엇인가를 감추려고 할 때가 더 많다. 스스로 건강에 좋은 것만을 먹고 있다고 자랑하는 사람이 허약할 때가 더 많다. 위의 인용문에서 볼테르Voltaire(1694~1778)가 어떤 말을 했는지는 중요하지 않다. 그런 것은 몰라도 된다. 그저 니체가 한 말에 집중해도 독서는 가능하다. 아마도 니체는 볼테르에게서 선을 위한 진리만을 고집하는 철학의 경향을 보았던 것 같다. 볼테르 추종자는 또 다른 말로 반격을 할 수도 있으리라. 우리는 지금 니체의 생각을 이해하고자 할 뿐이다. 그렇다면 그가 하는 말에만 집중하면 된다. 그는 반쪽짜리 진리만으로는 아무것도 할 수 없다는 말을 하고 싶을 뿐이다.

진리는 선악을 넘어설 때야 시야에 들어온다. 진리는 "시민 세계의 저편과 그 긍정과 부정의 저편에서"(64쪽) 모습을 드러내는 것이다. 이것이 지금 읽고 있는 책《선악의 저편》의 핵심 메시지다. 진리만을 추구했던 중세를 향해 르네상스인들은 '암흑기'라는 말을 했다. 빛이 없었던 시대라는 뜻이다. 바꿔 말하면 진리는 존재하지 않았던 시대이기도 하다는 말이다. 진정으로 인간적인 것은 선악을 넘어설 때 실현된다. 물론 이 넘어섬은 단 한 번의 사건으로 이루어지지 않는다는 것도 문제다. 니체는 '하루에 열 번 극복하라'고 말하기도 했다. "낮 동안 너는 열 번 네 자신을 극복해야 한다."(차라, 42쪽) 열 번이면 되는가? 그거면 충분한가? 하고 또 말의 꼬리를 무는 독자가 있지 않기를 바랄 뿐이다.

니체 철학의 명제로서
힘에의 의지와 신의 죽음

니체는 '힘에의 의지'를 믿는다. 이것은 허무주의 철학의 신앙이다. 이 개념이 처음 모습을 드러낸 곳은《즐거운 학문》이었다. 그리고 그다음 책

《차라투스트라는 이렇게 말했다》에서도 등장한다. 하지만 심리적인 측면, 즉 힘의 감정이란 측면에서 보면 이미 《아침놀》에서부터 시작되었다. 힘이라는 감정은 참 특이한 발견이다. 생각하는 존재가 느낄 수 있는 힘이라는 측면에서 새로운 것이었다. 소위 '힘 있는 발언'이란 말을 할 때 우리는 무엇을 생각하게 될까? 목소리를 높인 그런 소리일까? 물론 그럴 수도 있겠지만 니체는 그보다 심리적인 측면에서 접근해 들어간다.

> '의지'는 물론 '의지'에 대해서만 작용할 수 있다. ― '물질'에는 작용할 수 없다 (예를 들자면 '신경'에는 작용할 수 없다 ―): 과감하게 '작용'이 인정되는 곳에서는 어디에서나 의지가 의지에 대해 작용하고 있는 것이 아닌가 ― 그리고 모든 기계적인 사건은 그 안에서 어떤 힘이 작용하는 한, 바로 의지의 힘, 의지의 작용이 아닌가 하는 가설을 세워야만 한다. ― 그리하여 마침내 우리의 총체적인 충동의 생을 한 의지의 근본 형태가 ― 즉 나의 명제에 따르면, 힘에의 의지가 ― 형성되고 분화된 것으로 설명하게 된다면, 또 우리가 유기적 기능을 모두 이러한 힘에의 의지로 환원할 수 있고, 그 힘에의 의지 안에서 생식과 영양 섭취 문제를 해결하는 방안도 ― 이것은 하나의 문제다 ― 찾아낸다면, 작용하는 모든 힘을 명백하게 힘에의 의지로 규정할 수 있는 권리를 얻을 수 있을 것이다. 그 내부에서 보인 세계, 그 '예지적 성격'을 향해 규정되고 명명된 세계 ― 이는 바로 '힘에의 의지'이며, 그 밖의 아무것도 아니다. ― (67쪽)

의지는 의지에 대해서만 작용한다. 이 말은 무슨 뜻인가? 우주 전체를 의지의 집합체로 설명하는 쇼펜하우어와는 사뭇 다른 소리로 들린다. 작용, 즉 영향을 끼치고자 하는 의지가 힘에의 의지다. 힘이 있다면 작용할 수 있는 기회를 얻게 된다. 힘이 있다면 영향을 끼칠 수 있게 되기 때문이다. 니체는 "작용하는 모든 힘을 명백하게 힘에의 의지로 규정"하고자 한다. 생명을 가진 것은 모두가 이 의지를 작동시킨다. 배고프면 먹고자 하고 피곤하면 쉬고자 한다. 그리고 힘이 생기면 또 하고 싶은 것을 하고자 한다. 그것이 생명의 본성이다. 생명력이라고 말할 수 있는 모든 것은 니체의 명제로 말하자면 오로지 '힘에의 의지'밖에 없다. 결국 이 의지만이 생명을 생명답게 해준다는 뜻이기도 하다.

이런 '힘에의 의지'를 믿는다면 이런 질문도 의미를 지니게 된다. '겉으로 드러난 세계를 안에서 보면 어떤 모습일까?' 하고 말이다. 그 안에는 오로지 '힘에의 의지'만이 존재할 뿐이다. 세계를 그렇게 만들고자 하는 의지 말이다. 의지는 의지에 대해서만 작용한다는 말이 이제 납득이 갈 것이다. 허무주의는 하나의 의지에 대해 또 하나의 의지로 맞서려고 한다. 낡은 의지에 대해 새로운 의지로 싸움을 걸고자 한다. 그리고 승리에 대한 열정으로 도전의식을 고취한다.

니체의 시각으로 바라보면 진리, 도덕, 신 등 또한 모두가 힘에의 의지에 의한 표현들일 뿐이다. 하나의 진리도 그 안에서 바라보면 '힘에의 의지'일 뿐이다. 도덕도 그렇고 신도 마찬가지다. "신이 존재한다고 주장하는 신부들의 잘못된 주장을 사람들은 얼마나 좋아하는가. 그리고 그 착각들을 즐겨하는 것과 마찬가지로, 사람들은 또 얼마나 그 잘못된 주장과 상처를 치유하고 진정시키며 즐겁게 해주는 진리를 바꾸기를 바라는가! 그럼에도 불구하고 그런 진리는 존재하지 않는다."(인간적 I, 126쪽) 신이 있으면 물론 좋다. 상상만 해도 기분이 좋아지는 그런 존재임을 인정하지 않을 수 없다. 천국이 있다는 믿음보다 더 좋은 말이 또 있을까? 하지만 그런 신앙 때문에 억압받는 다른 측면이 있다는 사실을 니체는 간과하지 않는다.

신에 대한 이런 거침없는 발언들은 시시때때로 등장한다. '신의 아들'을 연상시키는 "죄수들"(인간적Ⅱ, 283쪽)이라는 잠언도 있다. 《아침놀》에서는 허무주의 철학을 공부하고 있는 독자들을 "신을 상실한 사람들인 우리"(아침, 16쪽)라고 표현하기도 했다. 《즐거운 학문》에서는 "신은 죽었다"(즐거운, 183, 200, 319쪽)라는 똑같은 표현을 세 번이나 반복해서 사용했다. 그중에서도 가장 유명한 글을 '광인'이라는 제목의 125번 잠언이다. 이 표현은 《차라투스트라는 이렇게 말했다》에서도 이어진다. 깊은 산속에서 신을 위해 찬양가를 짓고 노래 부르며 살고 있는 성자를 만났을 때 차라투스트라는 이렇게 말했다. "어찌 이런 일이 있을 수 있단 말인가! 저 늙은 성자는 숲속에 살고 있어서 신이 죽었다는 소문을 듣지 못했나 보다!"(차라, 16쪽) 신은 죽었다. 이 소식을 전하고자 니체는 《차라투스트라는 이렇게 말했다》를 집필했다. "'모든 신은 죽었다. 이제 위버멘쉬가 등장하기를 우리는 바란다.' 이것이 언젠가 우리가 위대한 정오를 맞이하여 갖게 될 최후의 의지가 되기를!"(같은 책, 131쪽) 즉 그는 또 다른 신을 기대하고 있는 것이다. "나는 춤을 출 줄 아는 신만을 믿으리라."(같은 책, 65쪽) 이런 주장들을 기억하고 있는 독자는 다음의 잠언을 낯설게 받아들이지 않을 것이다.

"뭐라고? 대중적으로 말해, 그것은 신은 부정되었으나, 악마는 부정되지 않았다는 말인가?" 그 반대다! 그 반대다. 나의 친구들이여! 제기랄, 누가 그대

들을 대중적으로 말하도록 강요한단 말인가! — (68쪽)

니체의 철학을 쉽게 오해할 수도 있다. 즉 그는 신을 부정하고 있다고. 신은 죽었다! 이 말을 우리는 이제 허무주의 철학을 대표하는 문구로서 복합적으로 이해해야 할 때가 되었다. 대중적으로 말하면 '신은 죽었다' 와 '악마는 부정되지 않았다'가 맞다. 하지만 그것은 대중적인 표현일 뿐이다. 남들이 다 그렇게 말하고 또 이해한다고 해도 이제 니체 독자는 그렇게 간단하게 생각하면 안 된다.

"신은 부정되었으나, 악마는 부정되지 않았다"는 말은 대중적 표현일 뿐이다. 이 말에 대해 니체는 흥분을 감추지 못한다. 왜냐하면 그의 말을 제대로 이해하지 못한 반증이기 때문이다. 그는 이 말에 대해 분명한 반응을 보인다. "그 반대다! 그 반대다, 나의 친구들이여! 제기랄" 하고 말이다. 이제 우리는 그 반대의 논리를 찾아내야 한다. "신은 부정되었으나, 악마는 부정되지 않았다"의 반대 논리는 어떤 것일까?

차근차근 생각해보자. 첫째 '신은 부정되었다'의 반대는 '신은 부정되지 않았다' 혹은 '신은 긍정되었다'이다. 니체의 허무주의 사상은 신을 긍정하기 위한 철학이라는 얘기다. 신을 찾기 위해 기존의 신을 부정할 수밖에 없었던 것이다. 허무주의는 새로운 신을 찾고 있다. 굳이 말로 표현하자면, 그는 최소한 춤을 출 줄 알아야 한다. 춤을 추기 위해 대지의 가치를 잘 알고 있는 자여야 한다. 중력도 잘 이해하고 있어야 한다. 몸을 잘 다룰 줄도 알아야 한다. 니체가 원하는 신은 자신이 원하는 자세를 마음대로 취할 수 있는 그런 존재여야 한다. 그것도 춤이라는 형식으로 표현해낼 줄 아는 그런 존재여야 한다.

둘째, '악마는 부정되지 않았다'의 반대는 무엇일까? 그것은 '악마는 부정되었다' 혹은 '악마는 긍정되지 않았다'가 된다. 니체는 이 말을 하고 싶었던 것이다. 이것을 모순으로 읽으면 안 된다. 악의 쟁기는 오고 또 가주어야 한다. 그것이 허무주의가 원하는 파도의 원리다. "한없는 웃음의 파도"(즐거운, 68쪽)가 전제한 것은 짧은 비극이었다. 울음이 전제되어야 제대로 된 웃음을 지을 수 있다. 사티로스Satyros의 우스꽝스러운 몸짓들이 "가장 위대한 주인공들조차 압도"(같은 곳)해버린다. 하지만 이 웃음의 파도가 진정으로 인식되려면 한 치의 해결점도 제공하지 않는 철두철미한 비극이 존재했어야 한다는 사실을 잊지 말아야 한다.

허무주의에서 변하지 않는 것은 없다고 했다. 그 생각의 진의를 깨달아야 한다. 그리고 그 변화를 감당할 수 있는 정신력을 가져야 한다. 하지만 인간은 이성을 가지고 생각을 하다 보니 늘 변하지 않는 것, 정답 혹은 진리 등을 추구하고자 한다. 니체는 바로 이 이성의 한계를 넘어서고자 하는 것이다. 대중적으로 말한 것은 그저 표면만 보고 내려진 선입견이요 편견일 뿐이다. 이와 비슷한 표현이 '니체는 미쳤지 않느냐!'는 비아냥거림이다. 이 말의 배경에는 이 말을 하고 있는 자기 자신은 미치지 않았다는 것에 대한 긍지가 읽힌다. 자기 자신은 정상이라는 얘기다. 그 말을 하면서 자기 자신이 힘들게 살고 있다는 사실을 잠시 잊고 또 착각하고 있을 뿐이다. 남을 폄하하는 말을 하고 나면 괜히 기분이 좋아지는, 쇼펜하우어의 표현으로 말하자면 지극히 악한 인간이 가질 수 있는 악의적이고 사악한 마음이다. 게다가 니체가 말하는 광기의 세계에 대해서는 전혀 알지 못하고 하는 소리일 뿐이다. 범인凡人은 알지 못한다. 깨달음의 경지가 어떤 곳인지. 말로 설명할 수도 없다. 논리적인 세계가 아니라서.

역사와
해석

역사는 과거사다. 역사를 공부하다가 가끔 착각에 빠지기도 한다. 중원을 누비던 고구려인들을 상상하며 호연지기浩然之氣를 맛보기도 한다. 과거의 찬란했던 문화를 공부하며 느닷없이 가슴에 바람을 가득 채우기도 한다. 그런 사람들이 가끔 현실을 인식하게 되면 '아~ 옛날이여~' 하며 그때는 좋았다고 노래를 해댄다. 현실의 가치를 인식하지 못하는 것이다. 변화를 인식하지 못하는 것이다. 세상은 변했는데 생각은 과거의 낚싯바늘에 걸려 있는 것이다. 과거로 가면 영웅이 될 것 같고 미인이 될 것 같은 환상으로 살아간다. 현실 속의 자기 자신은 전혀 돌봐주지 않은 상태로 또 그렇게 내버려 둔 채로. 늘 뒤를 돌아보며 전진한다. 위험천만한 발걸음이다. 기억 속에 남겨진 자기 자신의 모습에 취해 현재 삶의 향기를 몰아낸다. 옛날의 그 외로운 방에 남아 있는 소년 혹은 소녀의 모습은 성장을 멈춘 지 오래다. 이제부터는 철학이 담당해야 할 순간이다. 철학을 공부하는 이유가 여기에 있다.

드디어 근대의 밝은 빛 아래 프랑스 혁명이 얼마나 변모해나갔는가. 저 전율할 만한, 가까이에서 판단하면 쓸데없는 익살극이. 그러나 전 유럽이 고상하고 열광적인 관중들은 멀리서 그처럼 오랫동안 열광적으로 원전原典이 해석 속으로 사라질 때까지, 그들 자신의 분노와 감격을 그 익살극 안으로 집어넣어 해석해왔다. 이렇게 고상한 후대는 다시 한번 과거 전체를 오해할 수 있으며, 이를 통해 아마도 비로소 과거의 그 모습을 견딜 수 있게 할 수 있을 것이다. ─아니, 오히려 이것은 벌써 일어난 일이 아닌가? 우리 자신이 이러한 고상한 후대가 아니었던가? 그리고 바로 지금은 우리가 이러한 것을 이해하고 있는 한, ─그것은 끝난 일이 아닌가? (68쪽)

프랑스 대혁명! 참으로 많이들 극찬을 해왔던 역사적 사건이다. '긴 19세기'[18]의 도화선에 불이 붙었던 것은 이때다. 변화를 이끈 이념이 눈부시다. '자유, 평등, 박애'[19]라 불리는 이념이 그것이다. 하지만 언제까지 박수를 보낼 것인가? 연극이 끝나고 연신 감사의 인사를 하는 배우들도 언젠가는 돌아설 수 있게 해주어야 한다. 게다가 니체의 눈에는 그 연극이 그저 익살극에 지나지 않는 것처럼 보일 뿐이다. 그렇게 감동적이지도 않았다는 얘기다. 그것도 "전율할 만한, 가까이에서 판단하면 쓸데없는 익살극"에 지나지 않는다고 말한다. '전율할 만한 익살극'인 동시에 '쓸데없는 익살극'이라는 게 니체의 평가다. 이런 말을 하는 이유는 이제 박수 좀 그만 치라는 얘기다.

해석이 해석을 낳기 시작하면 의미가 왜곡된다. 영화에 대한 감상도 남이 한 말을 곱씹으며 재생산해낼 때 전혀 다른 얘기를 하게 되는 것과 마찬가지다. 쇼펜하우어나 니체 철학을 배우고자 하는 독자들도 가끔은 철학사나 해석서만을 읽고서 '나 그 철학 아네' 하고 떠벌릴 때가 많다. 생소한 개념어로 한 철학자의 이념을 멋지게 설명하기도 한다. 그것이 철학이라는 듯이 어려운 말을 해댄다. 청중들은 이해할 수 없는 말들 앞에 주눅이 들기도 하지만 다른 한편으로는 경외심을 표하며 박수를 쳐대기도 한다.

"원전이 해석 속으로 사라질 때까지" 해석은 그치지 않는다. 이것이 문제다. 소위 기득권에 도달한 어른들은 자신들이 만들어낸 일상 속에서 살아간다. 익숙해진 개념 속에서 살아간다. 길들여진 생각으로 삶에 임한다. '길들여진 코끼리'[20] 혹은 '붉은 천에 연연하는 황소'(50쪽)가 되어 살아가고 있는 것이다. 세기전환기의 데카당décadent을 문학적으로 표현해낸 시인 릴케도 자신의 대표작《두이노의 비가》를 '해석된 세계'[21]와 함께 시작한다. 해석된 세계에 대한 인식이 비가悲歌, 즉 슬픈 노래를 이끌고 있는 것이다. 릴케는 '해석된 세계'라는 개념을 통해서 "현실을 지배하고 있는 예외 없는 필연성과 모든 변화의 가능성이 철저히 배제된 논리의 폐쇄성"[22]을 표현해낸다. 어른을 위한 동화《어린 왕자》에서도 사물을 있는 그대로 받아들이지 못하고 늘 해석에 의존하는 정신을 비판적으로 묘사한다. "어른들에게는 언제나 자세히 설명해주어야 한다."[23] 나이가 들면 이성도 강해진다. 생각의 유연성은 사라지고 고집만 강해진다. 생각 하나 바꾸는 것을 죽기보다 싫어한다. 옹고집을 올곧은 성품으로 착각하기도 한다.

기억조차 조작해내기도 한다. 의도적으로 "과거 전체를 오해"하며 "비로소 과거의 그 모습을 견딜 수 있게" 하기도 한다. 자기 자신에 대한 비겁한 변명이 아닐 수 없다. 해석도 마찬가지다. 제멋대로 해석을 해놓을 때가 많다. 그리고 그것이 마치 진실인 양 생각하게 되는 것이다. '너 그렇게 얘기하지 않았느냐!'고 반문하는 모든 생각의 틀은 이런 해석의 오류에 뿌리를 두고 있을 때가 많다. 니체는 이러한 해석된 논리에 빠져 살지 않기를 바랄 뿐이다. 현실을 현실대로 인식하는 훈련을 해주기를 바라는 마음에서 허무주의라는 철학의 길을 선택한다.

과거는 "벌써 일어난 일"이다. "그것은 끝난 일"이다. 과거에 대한 생각은 적당히 해야 한다. 그 생각이 현재를 방해할 정도로 과대평가해서는 안 된다. "역사의 과잉"(반시대Ⅱ, 295쪽)은 현실 감각을 무뎌 놓을 뿐이다. "사건의 끝없는 범람 속에서 어떻게 그가 포만, 과포화, 구토에 이르지 않을 수 있겠는가!"(같은 책, 299쪽) 어떤 경우에는 '공부 열심히 하라!'는 말이 그래서 지극히 무책임하고 위험한 요구가 될 때도 있다. 때에 따라서는 길거리에서 삶을 위한 지혜를 얻을 수도 있는 법이다.

때가 되면 과거지사와 정 떼기를 해야 한다. 정을 떼려면 그래야 할 만한 이유를 찾아내야 한다. 그것이 바로 허무주의가 전하고자 하는 철학적 메시지다. 어떻게 하면 허무함이 도래하게 할까? 그런 감정만 생겨나면 정 떼기는 식은 죽 먹기처럼 쉬워질 것이다. "살고자 한다면 잊을 줄 알아야 한다."[24] 현대인에게는 망각하는 훈련이 시급하다. 학교에 내몰린 청춘은 오로지 기억의 훈련에 시달렸다. 시험이라는 제도는 기억을 측정하는 데 주력했다. 모두가 암기의 달인이 되어 있다. 하지만 그들이 위기에 처해 있다. 이제는 다른 방식이 삶을 이끌도록 배려해주어야 할 때가 된 것이다.

어떤 학설이 사람들을 행복하게 만들거나 유덕하게 만들기 때문에, 바로 그런 이유 때문에 그 학설을 그렇게 간단히 진리라고 여기는 사람은 없을 것이다: 선, 진, 미에 열광하여 빠져 있거나 그들 자신의 연못에 온갖 종류의 잡다하고 우둔하며 안이한 원망願望이 뒤엉킨 채 헤엄치게 하는 사랑스러운 '이상주의자들'을 제외하고 말이다. 행복이나 미덕은 논거가 되지 못한다. 그러나 사려 깊은 정신세계를 가지고 있는 사람의 입장에서도 불행하게 하고 사악하게 한다는 것이 마찬가지로 반대 논거는 되지 못한다는 사실을 기꺼이 잊고자 한다. 어떤 것은 극도로 해롭고 위험할지언정, 진리가 될 수는 있을 것이다. 물론 사람들이 자신의 완전한 인식 때문에 파멸한다는 것이 그 자체로 현존재의 근본 속성에 속할 수도 있을 것이다. — 따라서 한 정신의 강함은 그 정신이 곧 얼마나 '진리'를 견뎌내느냐에 따라, 더 분명하게 말하자면 어느 정도까지 정신이 진리를 희석시키고 은폐하며 감미롭게 만들고 둔화시키고 위조할 필요가 있느냐에 따라 측정된다. (68쪽 이후)

철학도 인연이 맞아야 자기 삶에 영향을 끼칠 수 있는 것이 된다. 누구는 낙천주의 철학에서 감동하고 또 누구는 염세주의나 허무주의에서 힘을 얻기도 한다. 하지만 자신을 행복하게 해주는 학설이라고 해서 그것을 진리로 간주한다면 어리석기 짝이 없는 판단일 뿐이다. 플라톤이 좋다고 아리스토텔레스Aristoteles(B.C.384~B.C.322)를 틀리다고 판단한다면 그것은 정말 심각한 오판을 한 것이다. 모든 철학은 나름대로의 진리를 전하고 있을 뿐이다. 하나의 진리가 존재하는 것이 결코 아니라는 사실을 인식해야 한다.

사랑에 빠진 사람이 자기 애인은 좋아하면서 다른 사람들은 혐오하는 실수를 범할 때가 많다. 이런 게 편견이라는 것이다. 이런 편견을 극복하고자 했던 게 계몽주의 철학이다. 자기 종교만을 진리라고 말하지 말라는 것이다. 레싱Gotthold Ephraim Lessing(1729~1781)의 《현자 나탄Nathan der Weise》(1779)에 등장하는 '반지의 비유'는 바로 이런 이념을 전하고 있다. 여기서는 특히 유럽에서 자주 격돌하는 세 개의 종교가 언급된다. 유대교, 이슬람교, 기독교가 그것이다. 도대체 어떤 종교가 진리를 말하고 있는 것일까? 계몽주의 작가는 이런 질문이 어리석은 질문임을 가르쳐준다. 오히려 사랑을 실천하는 것만이 종교의 미덕임을 전하고자 한다. 사랑을 두고 서로 경쟁하라는 것이다. 레싱은 "그 '경쟁'이 개인의 발전을 넘어 사회의 발전이라는 대안으로 거듭나고 있음"[25]을 보여주고자 했다.

철학도 어떤 철학이 맞는가? 혹은 어느 철학자가 더 맞는가? 이런 질문은 '엄마와 아빠 중에 누가 더 좋냐?'는 질문과 같은 것이다. 한마디로 어리석은 질문이다. 모든 철학은 각자의 논리로 세상을 바라보고 있을 뿐이다. 거기서 나름의 대답을 찾아내면 그만인 것이다. 엄마도 좋고 아빠도 좋다. 좋은 생각은 모든 파편을 모아 그것들을 마치 벽돌처럼 간주하여 마침내 하나의 커다란 건물을 만들어내는 데 있다. 이 철학은 문으로 활용하는 데 유용하고, 저 철학은 창문으로 써먹는 게 좋고, 또 이 철학은 작은 방으로, 저 철학은 큰 방으로 하면서 각자의 생각 패턴에 의미를 부여할 줄 알면 되는 것이다. 자기하고 맞는다고 진리로 간주한다든가 혹은 자기하고 맞지 않는다고 폄하해서는 안 된다. 태권도가 더 강할까? 권투가 더 강할까? 그게 중요한 게 아니다. 누가 얼마나 열심히 몸을 단련했고 또 훈련에 임했는가가 관건일 뿐이다.

새로운 철학과
그 철학자들을 위한 이름

수치심에도 긍정적인 측면이 있다. 뭔가 다르다는 생각이 들 때 수치심을 느끼게 되기 때문이다. 아담과 이브가 무화과나무 잎으로 자신의 성기를 가렸을 때도 뭔가 다른 것을 인식했기 때문이다. 성경에서는 다름의 인식을 부정적인 인식의 결과로 해석했지만, 니체의 생각은 다르다. 즉 그것은 좋은 것이다. "깊이 있는 모든 것은 가면을 사랑한다."(70쪽) "수치라는 것에는 독창성이 있다. 사람들이 가장 수치스러워하는 것이 가장 나쁜 것은 아니다: 가면 뒤에 단지 교활함만 있는 것이 아니다."(같은 곳) 니체는 이처럼 가면을 쓰는 것도 능력처럼 간주한다. 거짓말하는 것도 능력이라고. 그런 능력이 진리를 깨닫게 해준다고. "속일 줄 모르는 자는 진리가 무엇인지 알지 못한다."(차라, 476쪽) 어둠을 알아야 밝음을 인식할 수 있다. 거짓말할 줄 아는 자가 진리가 무엇인지 아는 법이다. "삶은 기만을 원한다. 삶은 기만을 통해 유지된다… 그렇지 않은가?"(인간적Ⅰ, 11쪽) "진리의 적들 — 신념은 거짓말보다 더 위험한 진리의 적이다."(같은 책, 391쪽) 이런 문장 속에서 니체의 음성을 들을 줄 알아야 한다.

하나의 진리에 얽매여서는 안 된다. 한 사람을 진심으로 사랑하는 것도 중요하지만 다른 사람도 사랑할 가치가 있음을 아는 것도 중요하다. "한 사람에게 연연해서는 안 된다."(71쪽) 지극히 허무주의적인 발언이다. 니체는 이 말과 함께 수많은 예를 든다. 연연해서는 안 되는 것들이 무엇인지 자세하게 가르쳐주고 있다. "조국에 매달려서는 안 된다" "동정에 연연해서는 안 된다" "한 학문에만 매달려서는 안 된다" "자기 자신의 해방에 매달려서는 안 되며" "멀고 낯선 세계에 매달려서는 안 된다" "우리 자신의 유덕함에 사로잡혀서는 안 되며" "어떤 개별적인 덕의 희생이 되어서는 안 된다"(72쪽) 등이 그것이다. 허무주의 철학이 요구하는 것은 간단하고 단호하다. "사람들은 스스로를 보존할 줄 알아야만 한다"(같은 곳)는 것 외에 그 어떤 것도 중요하지 않다. 허무주의 철학은 자기 자신을 위한 철학이다. 어떤 미덕도 어떤 정답도 어떤 진리도 어떤 신도 자기 자신보다 높게 설정해서는 안 된다. 이런 소리를 어떤 양심의 가책도 없이 내뱉을 수 있다면 니체가 말하는 '새로운 부류의 철학자'에 속한다.

> 새로운 부류의 철학자들이 나타나고 있다: 나는 감히 이들에게 위험할지도 모르는 이름을 부여하고자 한다. 내가 그들을 추측하는 한, 그들이 스스로 어떤 사람인지 추측하게 하는 한—그 어떤 곳에 수수께끼를 남기려고 하는 것이 그들의 속성이기 때문이다—, 이러한 미래의 철학자들은 시도하는 자로 불릴 권리를, 또 아마 그렇게 불릴 부당한 권리를 가질 수도 있다. 이 이름 자체는 하나의 시도일 뿐이며, 사람들이 그렇게 하고자 한다면, 하나의 유혹이다. (72쪽 이후)

니체가 염원하는 새로운 철학은 수수께끼 풀이와 같은 방식으로 진행되는 것이다. 호기심을 유발하고 권태를 느끼지 못하게 하는 능력을 지닌 그런 철학이다. 이런 미래의 철학자들을 도대체 뭐라고 이름 붙일까? 아직까지도 니체는 자신의 철학을 허무주의 철학이라고 단호하게 말하고 있지 않다. 아직까지도 그는 자신의 철학을 위한 이름을 찾고 있을 뿐이다. 지금 당장은 환영을 받고 있지 못하지만 미래에는 이 현대를 끝장낼 이념으로 간주될 철학이라고 확신하고 있는 것이다. 그는 자신의 철학이 '하나의 시도'일 뿐이며 또 '하나의 유혹'일 뿐이지만, 그것을 이해한 자들이 세상을 바꿔놓을 것을 잘 알고 있다.

다가오는 이 철학자들은 새로운 '진리'의 친구들인가? 아마 그럴 것이다. 왜냐하면 모든 철학자는 지금까지 그들 나름의 진리를 사랑해왔기 때문이다. 그러나 그들이 독단론자가 될 수 없다는 것은 확실하다. 그의 진리가 여전히 온갖 사람을 위한 진리이고자 한다면 ─ 이것은 지금까지 모든 독단적인 노력이 행한 은밀한 소망이자 저의였는데 ─, 이는 그들의 자부심에 반하는 일이며, 그들의 취향에도 반하는 일이 될 것이다: "나의 판단은 나의 판단이다. 이에 대해 다른 사람도 권리를 갖는다는 것은 쉽지 않은 일이다." ─ 미래의 철학자는 아마 이렇게 말할 것이다. 수많은 사람과 의견을 일치시키려는 좋지 않은 취미에서 스스로 벗어나야 한다. (73쪽)

수수께끼 풀이와 같은 방식으로 철학을 하고자 하는 자는 정답을 강요하지 않는다. 수수께끼를 풀었다고 해서 그것이 정답이라고 말해주지도 않는다. 그저 그 수수께끼를 푼 자만이 쾌감을 맛볼 뿐이다. 시간이 흐른 후에는 그 수수께끼를 만들어낸 자의 배려 정신에 감사를 할 뿐이다. 수수께끼는 강요된 문제 상황이 아니다. 반드시 풀어야 한다는 의무감을 요구하는 것도 아니다. 수수께끼는 그 문제 앞에 머물게 하는 마력을 지니고 있을 뿐이다. 니체의 책에서 배워야 하는 신비로운 힘이다.

또 니체가 전수하고자 하는 허무주의 철학은 독단론이 아니다. 물론 거기에도 하나의 진리가 있을 수는 있다. 하지만 그 하나의 진리만을 고수하라고 가르쳐주지는 않는다. 타인에게 하나의 진리를 강요한다면 그것은 허무주의적 이념이 아니다. "낮 동안 너는 열 개의 진리를 찾아내야 한다."(차라, 42쪽) 열 개의 진리, 그 숫자가 중요한 것이 아니다. 그만큼 많은 진리를 계속해서 찾아내라는 것이 핵심 메시지다. 시간은 진리를 오류로 만들고 만다. 시간은 늘 변화를 인식하게 할 뿐이다. 이성을 갖고 시간 속에서 살아가야 하는 인간은 이 변화에 적응하며 살아야 한다는 운명적 숙제를 안고 있다. 변화는 적당한 때 해주어야 한다. 너무 늦으면 시대에 걸맞지 않을 수 있고 너무 이르면 자기 생각에 희생될 수도 있다.

이 미래의 철학자들, 이들 또한 자유로운, 지극히 자유로운 정신의 소유자들이 될 것이며, —그렇게 확실히 그들은 자유정신이 될 뿐만 아니라, 잘못 오인되거나 혼동되는 것을 원하지 않으며 좀 더 많은 좀 더 높은 좀 더 위대한 그리고 근본적으로 다른 무엇이기를 원한다는 이 모든 것을 아직 내가 특별히 말할 필요가 있는가? 그러나 이러한 것을 말하면서 나는 그들 자신에 대해서와 마찬가지로 그들의 전령이며 선구자인 우리에 대해서도, 우리 자유정신에 대해서도 책임을 느낀다. 너무나 오랫동안 안개처럼 '자유정신'이라는 개념을 불투명하게 만든 낡고 어리석은 편견과 오해를 우리 자신에게서 함께 없애버려야 한다는 책임을 느낀다. (74쪽)

니체가 철학의 길을 걷는 이유가 여기에 있다. 그는 책임을 느끼고 있다. 이미 세 번째 책《인간적인 너무나 인간적인》의 부제목으로도 등장했던 '자유정신'은 그의 철학이 도달하고자 하는 최고의 경지다. 기독교로 말하자면 구원의 천국이고, 불교로 말하자면 공空과 무無로 채워진 니르바나Nirvana, 즉 해탈이 그것이다. 자유가 무엇인지 그동안 너무나도 혼란만 거듭해왔다. "'자유정신'이라는 개념을 불투명하게 만든 낡고 어리석은 편견과 오해를 우리 자신에게서 함께 없애버려야 한다"는 것이 허무주의 철학의 과제다. 낡은 자유정신은 제거하고 새로운 자유정신을 구현하고자 한다.

바꿔 말하면 자유로운 정신들이 아니면 니체의 책을 읽어내기 힘들다는 뜻이기도 하다. 유유상종이라 했던가, 비슷한 것들끼리 서로를 이해하기 때문이다. 스스로 얽매여 있는데 자유를 이해하고자 한다면 오해만을 양산해낼 뿐이다. '신은 죽었다'는 소리를 들을 때 '니체도 죽었다'는 말로 맞서려고만 할 뿐이다. 길을 잃지 말고 살라는 말을 들으면 '그런데 왜 니체는 미쳤는가?' 하고 반문하기도 한다. 이런 정신의 소유자들은 니체를 공격하기 위해 그의 책을 읽거나 공부를 할 뿐이다. 자기가 믿는 신앙을 변호하기 위해 허무주의 철학을 공격할 뿐이다. 하지만 시끄러운 공격 속에서도 자기 자신에 대해서는 대부분 침묵을 지키고 있음을 깨닫지 못한다.

허무주의 철학은 스스로 자기 자신의 길을 찾아가게 하는 철학일 뿐이다. 자기 자신에게로 가는 길 이외에는 가치를 두고자 하지도 않는다. 그 모든 것은 허무할 따름이다. 오로지 "너 스스로가 되어라! 네가 지금 행하고 생각하고 원하는 것은 모두 네가 아니다'라고 그에게 외치는 양심의 소리를 따르면 된다."(반시대Ⅲ, 392쪽) 허무주의 철학이 만들어내는 모든 수수께끼는 자기 자신을 위한 문제일 뿐이다. 자기 자신만을 생각하면서도 어떤 양심의 거리낌이 없다면 바람직한 것이다. 복습하는 의미에서《즐거운 학문》에 등장했던 시 한 편을 읽어보자.

나를 따르는 것 ― 너 자신을 따르는 것

나의 방식과 말에 유혹되어
나를 따르고 추종하려 하는가?
오직 너 자신만을 충실히 추종하라 ―
그것이 나를 따르는 것이다 ― 여유롭게! 여유롭게! (즐거운, 39쪽)

니체의 책을 읽고 허무주의자가 되고자 하는가? 그러면 이제 이 말도 가슴 깊이 새겨두어야 한다. 니체를 떠나라! 니체를 추종하는 게 바로 그것이다. 니체에게서 등을 돌리라는 것이다. 가장 사랑했던 사람도 시간이 다하면 그에게서 돌아설 줄 알아야 한다. 진정한 정 떼기는 그때 이루어지는 것이다. 진정한 망각의 춤은 그때 춰지는 것이다. 망각의 강을 넘지 않는 것만이 오롯이 진리가 된다. 그래서 신화에서도 진리를 일컬어 '아레테이아Aletheia'[26]라고 했던 것이다. 제자는 스승을 떠나야 할 운명을 인식해야 한다.《차라투스트라는 이렇게 말했다》에서 니체는 이런 말을 남기기도 했다.

> 제자들이여, 이제 나 홀로 길을 가련다! 너희도 이제 한 사람 한 사람 제 갈 길을 가도록 하라! 나 그러기를 바라노라.
> 나 진정 너희에게 권하노니, 나를 떠나라. 그리고 이 차라투스트라에 맞서 너희 자신을 지켜라! 더 바람직한 일은 이 차라투스트라의 존재를 수치로 여기는 일이다! 그가 너희를 속였을지도 모를 일이니.
> 깨친 사람이라면 적을 사랑할 줄 알 뿐만 아니라, 벗을 미워할 줄도 알아야 한다.
> 영원히 제자로만 머문다면, 그것은 선생에 대한 도리가 아니다. (차라, 130쪽)

사랑했던 사람이 죽었다면, 그리고 그를 정말 사랑했다면 이제 돌아서서 자신의 삶을 살아갈 줄 알아야 한다. 오르페우스Orpheus처럼 죽은 연인을 끊임없이 기억해내며 사는 것도 데카당적 인물로는 적합할지 모르나 생철학적 입장에서는 옳지 않다. 적당한 때에 잊을 줄도 알아야 한다. 모든 소중했던 기억도 시간이 차면 '고수레'를 외치며 멀리 보이지 않는 곳으로 던져버릴 줄 알아야 한다. 산 자는 살아야 한다. 자기 삶에 집중하는 것에 대해서 양심의 가책을 가질 필요는 없다.

03

내적 체험을 위한 종교적인 것

—

신은 인간의 소리를 듣지 못한다.

설령 들었다고 하더라도, 그는 인간을 도울 수 없다.

인간의 영혼과
그 한계

철학을 공부하다 보면 참 애매모호한 개념들이 많이 있다는 사실을 깨닫게 된다. 영혼과 정신의 차이, 영혼과 마음의 차이 등이 그중 하나다. 인간이기에 이런 것들이 문제가 되는 것이기도 하다. '마음이 복잡하다', '마음에 걸리다', '마음이 쓰인다', '마음이 괴롭다', '마음이 아프다', '마음고생', '마음이 갈피를 잡지 못하다', '마음 내키는 대로 살아가다', '마음을 풀어놓는다', '마음의 자세' 등의 말을 할 때 우리는 무슨 생각을 하는가? 어떤 상황에서 우리는 마음이 풀어지는 경험을 하게 될까? 마음의 자세는 어떨 때 인식하게 되는 것일까?

또 자유정신? 그것은 대체로 정신이 자유롭지 못하다는 것을 전제하는 개념이 아닌가. 정신은 무엇에 얽매여 있다는 말인가? 왜 인간은 정신이 자유롭기를 바라는 것일까? 무엇으로부터 자유롭기를 바라는 것일까? 그리고 영혼? '영혼이 맑다'는 말이 있다. 그렇다면 이 또한 맑지 못한 영혼이 있다는 말이기도 하다. 알 듯 말 듯 아리송하기만 하다. 그렇다고 굳이 설명을 해야 할까 하는 의구심이 들기도 한다. 설명 없이도 대충 감이 잡히는 말들이기 때문이다. 분명한 것은 정신은 이성적 영역인 반면, 영혼은 마음과 함께 비이성적 영역이라는 점이다.

이성은 정신에 봉사한다. 생각의 도구는 이성이라는 말도 있다. 또 이성은 영혼과 마음에 봉사한다. 그것이 일상의 영혼과 마음이 된다. 가끔 인간은 이런 영혼과 마음을 풀어놓아야 한다. 이성으로부터 풀어놓아야 한다는 말이다. 그래야 내면의 힘이 되살아나는 법이다. 인간은 내면의 삶이 따로 있다. 이성의 지배를 원하지 않는 삶이다. 영혼의 삶이다. 마음의 흔적들이다. 그때 어떤 마음을 먹고 있었는지, 그것은 개인만이 알 수 있다. 마음은 통제할 수가 없다. 이성적으로 행동은 할 수 있어도 마음만은 비이성적인 방향으로 치달을 수도 있다. 마음은 논리의 영역이 아니다. '생각 따로 마음 따로'라는 말도 있지 않은가. 지식과 양심은 서로를 인식하고 알고는 있지만 서로에게 그 어떤 직접적인 영향은 끼치지 못한다. 그저 안타깝게 바라보고 있을 뿐이다. 이런 내면의 삶을 위해 인간은 종교를 만들어내기도 한다.

인간의 영혼과 그 한계, 지금까지 일반적으로 도달한 인간의 내적 체험의 범위, 이러한 체험의 높이, 깊이, 넓이, 영혼에 관한 지금까지의 전 역사와 아직 다 고갈되지 않은 가능성: 이것은 천부적인 심리학자와 '위대한 수렵'을 하는 친구에게는 예정되어 있는 수렵장이다. 그러나 그는 얼마나 자주 절망하며 이렇게 말해야만 하는가? "나는 혼자다. 아, 단지 혼자일 뿐이다. 그런데 이처럼 거대한 숲과 원시림이 있구나!" […] 결국 사람들은 몇 가지를 알기 위해서 스스로 모든 것을 해야만 하는 것이다: 이는 할 일이 많다는 것을 의미한다! ─ 그러나 내가 가지고 있는 그러한 종류의 호기심은 이제 모든 악덕 가운데 가장 기분 좋은 것으로 남는다. ─ 용서를 빈다! 진리에 대한 사랑은 그 보답을 하늘에서와 이미 지상에서도 얻게 된다는 것을 나는 말하고 싶었다. ─ (81쪽 이후)

내면을 들여다보면 아직 해야 할 일들이 많이 있다는 사실을 깨닫는다. 늘 바깥을 향해 나아가며 길을 찾고자 했다. 뜬 눈으로도 길을 찾았던 것이다. 혹은 더듬거리며 찾기도 했다. 이 길로 갈까 저 길로 갈까. 가야 할 길을 묻는 존재는 인간뿐이다. 늘 갈림길에서 머뭇거렸다. 때로는 구름 뒤 저 먼 곳, 신비로운 그곳에 있을 것만 같은 신을 향해 기도도 해보았다. 늘 진리를 밖에서 찾으려 했다. 그것을 찾기 위해 멘토를 구하기도 하고 도서관을 누비기도 하고 또 거리를 쏘다니기도 했던 것이다.

하지만 자기 내면은 보살핌을 받지 못한 원시림과도 같다. 지도를 앞에 두고도 현 위치를 찾을 길 없다. 아예 길도 없다. 어디로 어떻게 나아가야 할지 아무도 가르쳐주지 않는다. 아니 가르쳐줄 수도 없다. 여기서는 단 하나만을 알고 싶어도 스스로 많은 것을 해내야 한다. 한 방울의 마실 물을 얻기 위해 수십 미터를 뚫고 내려가야 하듯이. 큐브의 한 면을 옮겨놓기 위해 수많은 다른 것이 함께 움직여 주어야 하듯이.

성경에도 "사람이 떡으로만 사는 것이 아니요 여호와의 입에서 나오는 모든 말씀으로 사는 줄을 네가 알게 하려 하심이니라"(신명기 8:3)고 했다. 사람은 밥만 먹고 살 수가 없다. 밥만 먹고 살 수 있다면 감옥에서의 삶도 그리 나쁘지 않을 것이다. 인간은 신의 말을 필요로 한다. 그것만이 진리라고 믿기 때문이다. 그런데 문제는 '무엇이 신의 말인가?' 하는 것이다. 중세시대에는 '하늘의 뜻'에 몰두했다면 이제 니체는 "대지의 뜻"(차라, 17쪽)에 집중하고자 한다. 이렇게 관심사를 바꿔놓은 것에 대해 니체는 부담을 느끼고 있다. 그래서 그는 이렇게 말한다. "용서를 빈다!"고. 그는 꼭 천국에 가야만 구원을 받을 수 있다는 말에 얽매이고 싶지 않았다. "진리에 대한 사랑은 그 보답을 하늘에서와 이미 지상에서도 얻게 된다는 것을 나는 말하고 싶었다." 이것을 말하기 위해 니체는 철학을 하고 있는 것이다. 무엇보다도 지상에서도 보답을 얻을 수 있다는 것을 말하고 싶어서.

아직 내면의 문제와 관련해서는 "할 일이 많다"고 말하지 않을 수 없다. 온갖 잡동사니로 흐트러진 방에서는 아무것도 할 수가 없다. 발 디딜 틈도 없는 곳에서는 여행다운 여행도 할 수가 없다. 차근차근 정리정돈부터 해야 한다. 공간을 마련해야 한다. 발 디딜 틈부터 마련해야 한다. 이것은 이곳에 저것은 저곳에, 그렇게 정리하다 보면 체계가 잡힌다. 하나가 둘을 만나 엮이기 시작하면 인식은 순식간에 나타난다. 거미줄이 엮일 때 거미는 그곳을 집으로 간주한다. 편안함을 느끼는 곳이라는 뜻이다. 지식도 그런 과정을 통해 자기 것이 되는 것이다.

어쨌든 지금 우리는 원시림과 같은 내면의 세계를 앞에 두고 서 있다. 돌아설 수도 없다. 이제는 앞으로 나아가는 수밖에 없다. 이곳에서 사냥을 해야 한다. 뭔가를 찾아야 한다. 생존을 원한다면 사냥을 해서 먹을 것을 마련해야 한다. 영혼은 마치 미궁과 같다. 그 안에 무시무시한 괴물이 살고 있을 것만 같다. 어둡고 침침하다. 길 없는 곳에서 길을 찾아 나아가야 한다. 미노타우로스 같은 괴물이 나타나면 한바탕 치열한 싸움을 벌여야 한다. 마음을 단단히 먹어야 한다. 정신 줄을 놓을 수 있는 큰일이다.

밖으로 난 길을 갈 때는 도와줄 동료 혹은 함께 갈 친구도 쉽게 찾을 수 있다. 하지만 안으로 향하는 길에서는 아무도 도와줄 수도 또 함께 갈 수도 없다. 모든 것을 스스로 해내야 한다. "그는 얼마나 자주 절망하며 이렇게 말해야만 하는가? '나는 혼자다. 아, 단지 혼자일 뿐이다. 그런데 이처럼 거대한 숲과 원시림이 있구나!'" 혼자다! 그것이 절망감을 일으킨다. 혼자라는 것이 인간의 암담하기 짝이 없는 자기 정의다. 하지만 그것이 깨달음의 삶을 위한 첫 번째 인식이다. 싯다르타Siddhātha도 세상에 태어나 첫 일곱 발자국을 내디디며 '천상천하 유아독존天上天下唯我獨尊'이라고 말했다고 한다. 첫 번째 인식치고는 정말 큰 깨달음이 아닐 수 없다.

인간은 류類의 단계만으로 만족할 수 있는 동물과 달리 개체의 의미를 요구한다는 점이 그 깨달음의 내용을 형성하고 있다. 동물을 그림으로 표현할 때는 류의 특징만 주목하면 되지만, 인간을 그려내려고 할 때는 그 개체의 특성, 즉 개성을 주목해야 한다. '나는 누구인가?' 이 질문은 인간의 전유물이다. 거울 앞에 선 인간은 스스로에게 이런 질문을 던질 수 있는 유일한 존재다. 동물에게는 찾아볼 수 없는 능력이다. 나는 누구인가? 나는 어떻게 살아야 하는가? 나는 무엇을 할 수 있는가? 인생이란 무엇인가? 늙어감의 의미는 무엇인가? 죽음은 무엇인가? 죽음 이후에는 어떻게 되는 것일까? 그때도 삶이 지속되는 것일까? 인간은 끊임없이 수수께끼 같은 질문으로 살아야 한다. 스스로가 '사자의 몸과 인간의 얼굴을 한 스핑크스'[1]가 되어 항상 있어왔지만 모르고 지내던 답을 새로운 답으로 여기고서 고민을 해야 한다. 잘못된 말 한마디가 스스로에게 치명적인 해를 끼칠 것을 잘 알기에 조심해야 한다. 한 번의 오답으로 목숨까지 잃을 수 있다. 자기 자신 앞에서 엄청난 집중을 해야 한다.

수수께끼 중에는 오이디푸스가 받은 것으로 알려져 있는 것이 가장 유명하다. "아침에는 네 발로, 낮에는 두 발로, 저녁에는 세 발로 걷는 것"[2] 이 그것이다. 잘 알려져 있듯이 답은 인간이다. 인간만이 모든 생물 중에서 발의 숫자를 달리하는 존재에 해당하기 때문이다. 이 또한 싯다르타가 품었던 질문 생로병사生老病死와 무관하지 않다. 태어나고 네 발로 기다가 어른이 되어 두 발로 서서 살다가 또 늙어서는 지팡이를 짚으며 살아야 하는 존재에 대한 질문이다. 인간의 일생을 하나의 질문 속에 담아놓았다. 인간의 삶을 수수께끼로 물었던 것이다.

신앙의 대상으로서의
벌레 같은 이성

인간은 이성을 가지고 살아야 하기에 신앙으로부터 자유로울 수가 없다. 이성을 가지고 생각을 하는 한 믿음으로부터 해방은 꿈도 꿀 수 없다. 이성은 늘 극단적인 것을 추구하다. 그러면서 태초도 생각해내고 종말도 생각해낸다. 신도 악마도 그러면서 생겨난다. 가장 행복하고 이상적인 곳을 천국으로 또 가장 불행한 곳을 지옥으로 생각해내기도 한다. 하지만 이성이 그런 짓을 한다는 것을 알고 대처할 수만 있다면 조심할 수 있다. 오히려 힘에의 의지로 맞설 수도 있다. 허무주의라는 무기를 마음대로 다룰 수 있는 그런 힘에의 의지만 있다면 아무런 문제없이 살아갈 수 있을 것이다. 니체가 원하는 삶은 바로 이런 것이다.

그런데 고대에서 중세로 그리고 또 근대로 넘어가는 역사를 바라보는 니체의 시선은 곱지 않다. 고대를 무너뜨린 것은 노예들의 신앙이었다. 또 중세를 극복하고자 했던 계몽주의조차 노예의 근성을 극명하게 보여주고 있었다. 왜냐하면 그것은 신앙 자체를 극복하고자 했던 것이 아니라 신앙의 자유를 부르짖었기 때문이다. '십자가에 매달린 신' 자체에 대한 극복을 외친 것이 아니라 신앙에 대한 자유로운 선택권을 요구했기 때문이다. 이러한 역사의 흐름을 제대로 파악하지 못하고 있는 현대인들을 니체는 신랄하게 비판하고 있다.

그리스도교의 모든 전문 용어 체계에 무감각한 현대인들은, '십자가에 매달린 신'이라는 형식의 역설이 고대의 취미에서는 전율할 정도로 최상의 것으로 느껴졌다는 것을 전혀 인식하지 못하고 있다. 지금까지 단 한 번도 그 어느 곳에서도 이 형식처럼 전도된 상태에서의 그와 같은 대담성, 그만큼 무서운 것, 문제시되는 것, 의혹이 가는 것은 존재하지 않았다: 이는 고대의 모든 가치의 전도를 약속하는 것이었다. ― 이러한 방식으로 로마에 대해, 그 고상하지만 경솔한 관용에 대해 로마적인 신앙의 '카톨릭주의'에 복수를 한 것은 동방이며, 깊이 있는 동방이고, 동방의 노예였다: ― 노예로 하여금 주인에 대해 반란을 일으키게 만든 원인은 언제나 신앙이 아니라 신앙의 자유, 즉 신앙의 진지함에 대한 반쯤은 금욕적이고 반쯤은 냉소적인 무관심이었다. '계몽주의'는 반란을 일으킨다: 즉 노예는 절대적인 것을 바라는 것이다. 그는 도덕에서조차 단지 포학한 것만을 이해할 뿐이다. 그는 미워하는 것과 마찬가지로 확고하게 심층에 이를 때까지 고통스러울 때까지 병이 들 정도로 사랑을 한다. (83쪽)

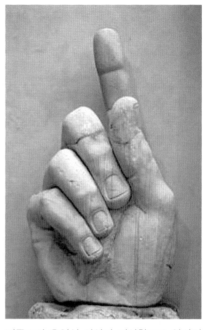

기독교로 개종한 최초의 로마 황제 콘스탄티누스 대제. 기독교의 유일신 사상과 이상향으로 알려진 하늘, 천국을 가리키는 콘스탄티누스의 오른손 검지. 카피톨리니 미술관 소장.

니체의 눈에는 계몽주의자들조차 병들어 있다. 그들은 신앙의 자유를 외쳐대고 있다. 여전히 '절대적인 것'을 동경하고 있고 '병이 들 정도로 사랑'을 하고 있다. "'십자가에 매달린 신'이라는 형식"을 대수롭지 않게 여긴 로마인들은 이에 대해 '경솔한 관용'을 베풀고 말았다. 예를 들어 콘스탄티누스 대제Konstantin der Große(270/288~337)는 313년 밀라노 칙령을 선포하면서 모든 종교에 관용을 베풀고자 했다. 그는 기독교를 지원한 동시에 죽음을 앞두고 기독교로 개종한 최초의 로마 황제가 되었다. 로마인들은 이러한 변화가 고대를 멸망시킬 것이라고는 전혀 예감도 하지 못한, 니체 식으로 말하면 정말 '경솔한 관용'이었던 것이다.

기독교의 용어들에 익숙해져 버린, 그래서 그것에 대해 무감각해져 버린 현대인들은 고대가 어떻게 왜 무엇 때문에 무너졌는지 감을 잡지 못하고 있다고 니체는 비판한다. '십자가에 매달린 신'에 대한 신앙은 고대를 무너뜨렸다. 중세는 '아에타스 크리스티아나Aetas christiana',[3] 즉 그리스도의 시대다. 십자가에 매달린 신이라 불리는 유일신의 시대다. 이러한 유일한 신에 대한 신앙이 고대를 붕괴시킨 것이다. 고대는 구원에 대한 환상 앞에 무너지고 말았다. "이는 고대의 모든 가치의 전도를 약속하는 것"이었기 때문이다.

그런데 고대 이후 승승장구했던 것은 오로지 노예들뿐이었다. 신앙을 원하고 또 신앙을 자유롭게 선택할 수 있기를 바라는 노예들뿐이었다. 그들의 신앙은 "이성의 지속적인 자살과 끔찍할 정도로 유사해 보이는 저 파스칼의 신앙이며, ― 이것은 단 한 번에, 일격에 죽일 수 없는 끈질기게 장수하는 벌레 같은 이성이었다."(82쪽 이후) 이 이성이 자라나 계몽주의까지 이어졌고 또 그 이성이 꺼져가던 기독교의 불꽃을 되살려놓았다. 관용이라는 이름으로. 관용이 가장 이성적인 것이라면서. 모순이다. 로고스의 신은 '일격에 죽일 수 없는 끈질기게 장수하는 벌레 같은 이성'이면서 동시에 '이성의 지속적인 자살'과 같다. '십자가에 매달린 신'에게 매달릴수록 인간적인 이성은 자꾸만 병들어가고 있을 뿐이다. '병이 들 정도로 사랑'을 해대기 때문이다.

이성이 병들었다. 병든 이성은 치유되어야 마땅하다. 이성을 병들게 한 원인을 찾아 처방을 내려야 한다. 니체는 그 원인으로 종교적 의식을 주목한다. 그는 종교를 일종의 병으로 간주한다. 자신을 믿지 못하고 자기 이외의 어떤 절대적인 것을 요구하는 것 자체를 질병으로 보는 것이다. 인간은 아이러니하게도 자신의 이성 때문에 불안으로부터 자유로울 수가 없다. 세계 챔피언의 능력을 갖춘 자도 더 크고 더 힘센 상대와 맞서게 되는 악몽을 꾼다. 그런 식으로 이성은 늘 한계를 생각하게 한다. 이성은 늘 극단적인 것을 예상하게 한다. 이성은 언제나 끝에 가서도 또다시 그 너머를 생각하게 한다. 이성의 문제는 끝을 모른다. 그래서 이성적 인간은 문제의식 속에 갇혀 있는 존재이기도 하다. 스스로 스핑크스 앞에 서기를 마다하지 않는 가련한 존재인 것이다.

이성이 내놓는 문제는 상상을 초월한다. 하늘이 무너지면 어떻게 될까? 세상이 종말을 고하게 되면? 태초에 무엇이 있었을까? 종말이 되면 세상은 어떤 모습일까? 태양이 뜨지 않으면 어떻게 되는 걸까? 외계인은 어떤 언어를 구사할까? 아마 독자는 이보다 더 멋진 질문들을 가슴속에 품고 있을 것이 분명하다. 문제는 그런 생각이 자꾸만 부정적인 쪽으로 나아갈 때다. 이유 없는 불안에 사로잡혀 일상이 무너지게 될 때 인간은 종교에 손을 뻗는다. 신앙으로 그 불안을 극복해보고자 하는 것이다. 니체는 이것을 노이로제라고 말한다.

지상에서 지금까지 종교적 신경증이 등장했던 곳에서 우리는 그것이 고독, 단식, 성적 금욕이라는 세 가지 위험한 섭생攝生 규정과 연결되어 있다는 사실을 발견한다. — 그러나 여기에서는 무엇이 원인이고 무엇이 결과인지, 또는 여기에 원인과 결과의 관계라는 것이 도대체 있는 것인지의 여부에 대해 확실하게 단정할 수 없다. 끝까지 의심할 때 당연히 나오는 결론은 조야粗野한 민족이나 온순한 민족의 경우, 가장 갑작스럽고 방탕하며 관능적인 쾌락은 또한 바로 종교적 신경증의 가장 일반적인 증상에 속하며, 이는 곧 마찬가지로 갑자기 참회의 경련이나 세계 부정과 의지 부정으로 바뀐다는 것이다: 이 두 가지 증상은 아마 가면을 쓴 간질병으로 해석할 수도 있지 않을

까? (84쪽)

여기서 신경증으로 번역된 원어는 '노이로제Neurose'이다. 직역하면 '신경의 병Nervenkrankheit'[4]이다. 이 개념을 더 학문적으로 심화시킨 학자는 니체보다 12살이나 어린 프로이트이다. 그는 이 병을 일종의 심리적 장애에 의한 것으로 설명하기도 한다. 여기서는 니체의 말에만 집중해보자. 니체는 종교가 있는 곳에 신경쇠약증이 발견된다는 것에 확신을 갖고 있다. 또 종교적 신경증이 발견되는 곳에는 어김없이 "고독, 단식, 성적 금욕이라는 세 가지 위험한 섭생 규정과 연결되어 있다는 사실[이] 발견"된다고 단정하고 있다. 하지만 이 단정 앞에 누가 부정의 뜻을 밝힐 수 있을까? 종교적 신앙생활을 생각하게 될 때 우리는 '고독, 단식, 성적 금욕'이라는 세 가지 섭생 규정을 연결하지 않을 수 없다.

특히 기독교의 수도원에서는 '췰리바트Zölibat'라 불리는 생활을 이상으로 지향한다. 그것은 '결혼을 하지 않고 지내는 것'[5]을 의미한다. 수도원의 어원은 라틴어 '클라우스트룸claustrum'이라고 한다. '폐쇄된 공간'[6]이라는 뜻이다. 즉 고독은 신앙생활의 근본이 된다고 보는 것이다. 또 세속적 생활에서 보편적이라 알려진 먹고 즐기는 것을 거부한다. 그것이 신의 뜻이라고 보는 것이다. 자신의 이성은 최대한 죽이고 신의 이성으로 무장하기를 바라는 것이다. 그래서 "이성의 지속적인 자살"(82쪽)을 긍정적인 것으로 보기도 하는 것이다. 하지만 니체는 이 모든 것을 위험한 섭생 규정으로 간주할 뿐이다. 한마디로 그런 생활은 위험하다는 얘기다. 무엇을 위해 위험하다는 말일까? 니체는 무엇을 경계하고 있는 것일까? 고독과 단식 그리고 성적 금욕을 지향할 때 위험에 빠지는 것은 무엇일까? 이에 대해 니체는 직접적으로 대답하지 않지만 독서 여행을 꾸준히 따라온 독자라면 쉽게 대답할 수 있지 않을까. 즉 그것은 니체가 그동안 그토록 반복해서 외쳐왔던 '인간적인 너무나 인간적인' 삶일 것이다.

이제는 그런 종교적 신앙생활에서 "눈을 돌리고 떠나야 할 때"(84쪽)가 되었다고 니체는 확신한다. '폐쇄된 공간'을 박차고 나올 때라는 얘기다. 자신의 이성을 지속적으로 자살시키는 그런 삶을 거부할 때가 되었다는 것이다. 하나를 정답으로 혹은 진리로 간주함으로써 수많은 다른 것을 오답으로 혹은 거짓으로 간주하는 편견, 즉 "개구리의 관점"(17쪽)에 해당하는 것이다. '데우스 로 불트Deus lo vult', 즉 '신이 원한다'고 외쳐대며 거의 200년 동안 악을 처단하려 원정을 떠났던 십자군은 목적을 달성했는가? 신의 의지가 완성되었는가? 악은 과연 처단되었는가? 또 루터Martin Luther(1483~1546)의 종교개혁 이후에 절정에 달하게 되는 마녀사냥도 마찬가지다. 도대체 누가 이단자이고 누가 마녀란 말인가? 종교재판에서 적용되는 법의 정신은 과연 무엇이란 말인가? 또 유럽을 황폐하게 만들었던 '30년 전쟁'도 예외가 아니다. 무엇 때문에 30년 동안이나 싸워야 했던가? 구교? 신교? 무엇이 옳은 종교란 말인가? 이런 종교적 신경증으로부터 니체는 인간의 정신이 회복되기를 간절히 바라고 있다. 이제는 정말 "눈을 돌리고 떠나야 할 때"가 되었다고 믿는 것이다.

쇼펜하우어와 바그너로부터
돌아설 때

학자들은 니체가 쇼펜하우어를 스승으로 섬기고 바그너를 아버지처럼 따라다니던 때를 낭만주의 시대로 평가하고 해석하는 것이 일반적이다. 또 이 시대에 나오는 책이 《비극의 탄생》과 《반시대적 고찰》이라고 말한다. 즉 니체의 낭만주의 시대는 1872년부터 1876년까지로 규정된다.[7] 그런데 바로 여기가 많이들 오해를 하고 있는 부분이다. 어렸을 적에는 그런 생각을 하다가 정신을 차리고 사람이 달라졌다는 것인데, 전집을 관통하며 독서를 따라온 독자는 거기에 상당한 오해가 있음을 느낄 것이다. 애초부터 니체는 생철학자였다. 처음부터 니체는 허무주의적이었다. 철학의 영역에 발을 들여놓을 때 그는 이미 고대 신들의 시대에 관심이 많았다. 신들의 축제가 의미하는 바가 무엇인지 추궁했다. 쇼펜하우어의 철학이나 바그너의 음악이 그런 호기심과 질문에 도움이 된다고 믿었을 뿐이다. 그런데 알고 보니 그런 철학도 그런 음악도 아니었음을 깨닫고 돌아설 뿐이다.

쇼펜하우어와 바그너에 대한 니체의 돌아섬은 단순한 사건이 아니다. 허무주의 철학이 완성되어가는 길목에서 많은 것을 밝혀내야 하는 과제이기도 하다. 정말 싫다면 두 번 다시 말을 할 필요도 없다. 그저 잊어버리면 된다. 하지만 니체는 마지막 순간까지 이들의 이름을 언급한다. 그의 철학은 이들 두 사람과의 관계를 떼고서는 생각조차 할 수가 없는 것이나 다름이 없다. 애증愛憎의 관계라고나 할까. 광기의 세계로 접어들기 1년 정도의 시간을 앞두고 니체는 마지막 이성을 불태워가며 《바그너의 경우》를 집필하게 된다. 거기서 니체는 이렇게 말한다. "내가 바그너라는 병에 감사하고 싶지 않다는 것은 아니다. 이 글에서 바그너가 해롭다고 주장하면서도 나는 그가 누구에게 필요 불가결한지에 대해서도 주장하고자 한다."(바그너, 12쪽) "철학자는 자기 마음대로 바그너 없이 지낼 수는 없다"(같은 책, 13쪽)고 말할 때 니체는 어떤 생각을 가지고 있었을까. 또 그는 바그너를 미궁에 빠진 현대 영혼의 아리아드네^{Ariadne}로 평가하기도 한다. "현대 영혼의 미궁의 내막에 대해 바그너보다 더 정통한 인도자"(같은 곳)가 없다고 주장하기도 한다. 독서가 너무 멀리 건너뛴 감이 없지 않다. 다시 《선악의 저편》으로 돌아오자.

가장 최근에 나타난 철학, 즉 쇼펜하우어의 철학적 배경에도 종교적 위기와 각성이라는 무서운 의문부호가 거의 문제 그 자체로 나타난다. 의지의 부정이란 어떻게 가능한가? ― 성자는 어떻게 가능한가? 이는 실제로 쇼펜하우어가 철학자가 되게 했고 철학을 시작하게 만든 문제였던 것처럼 보인다. 그의 가장 충실한 신봉자(아마도 독일에 관한 한, 그의 마지막 신봉자이기도 하다 ―), 즉 리하르트 바그너는 자기 자신의 필생의 작품을 바로 여기에서 마지막까지 완성했고, 또 마침내는 저 무서운 영원한 인간 유형으로 육화된 살아 있는 인간형인 쿤드리^{Kundry}를 무대에 올려 상연했다는 것은 진정 쇼펜하우어적인 귀결이었다. 이와 같은 시기에 유럽의 거의 모든 나라에 있는 정신병 의사들은 그를 가까이에서 연구할 기회를 가졌으며, 어디에서나 종교적 신경증이 ― 또는 내가 명명하듯이 '종교적인 것'이 ― 구세군으로 마지막 유행병처럼 분출하고 행진해 나갔던 것이다. 그러나 도대체 성자라는 전체 현상의 어떤 점이 모든 유형의 인간과 모든 시대의 인간에게, 또한 철학자에게 그렇게 엄청난 관심을 갖게 했는지를 사람들은 자문하게 된다: 그것은 의심의 여지도 없이 그 성자에게 뒤따르는 기적의 외관 때문이다. 즉 그에 따라붙는 직접적인 연속되는 모순이라는 외관, 도덕적으로 반대의 평가를 받는 영혼의 여러 상태가 직접적으로 연속되는 외관이 있기 때문에 그렇다: 사람들은 여기에서 '악한 인간'이 갑자기 '성자'가 되고 선한 인간이 된다는 사실을 분명하게 믿게 된다. 종래의 심리학은 이러한 지점에서 난파했다: 종래의 심리학이 도덕의 지배 아래 있었기 때문에, 그것이 도덕적인 가치의 대립 자체를 믿었기 때문에, 이러한 대립을 원전과 사실 안에 넣고 보았으며 읽고 해석했기 때문에, 주로 그러한 일이 일어난 것 아닌가? — 뭐라고? '기적'은 해석의 한 오류에 불과한 것이 아닐까? 문헌학의 결함 탓인가? — (84쪽 이후)

쇼펜하우어는 삶에의 의지의 부정이 곧 구원이라 간주했다. 욕망의 불이 다 꺼지고 나면 인식만이 남게 된다고 믿었다. 깨달음의 경지는 그렇게 완성된다고 믿었던 것이다. 그런데 니체는 다시금 묻는다. "의지의 부정이란 어떻게 가능한가?" 그의 시각에서는 거의 불가능하게 보일 뿐이다. 의지가 부정될 수 있는 대상인가? 의지가 초의 불처럼 꺼질 수 있는 그런 존재인가? 원하지 않는다고 원하지 않을 수 있게 되는 것일까? 쇼펜하우어는 그럴 수 있다고 믿었지만 니체는 회의적이다. 니체는 염세주의적 해결책 앞에서 "종교적 위기와 각성이라는 무서운 의문부호가 거의 문제 그 자체로" 나타나고 있음을 고백하지 않을 수 없었던 것이다.

또 니체는 염세주의적 해결책을 자신의 구원 원리로 삼았던 리하르트 바그너에게도 의혹을 품는다. 바그너는 성배를 지키는 기사가 된 순수한 바보 파르지팔Parsifal에게 구원받아 신에게 귀의하는 삶을 살게 되는 쿤드리라는 인물을 무대 위에 올려놓음으로써 쇼펜하우어의 '가장 충실한 신봉자'가 되었던 것이라고 단정한다. 하지만 그의 음악극에서 니체는 오로지 "'종교적인 것'이 — 구세군으로 마지막 유행병처럼 분출하고 행진해 나갔던 것"을 보고 있을 뿐이다. 그것은 니체가 말하는 '종교적 신경증'의 장면들에 해당하는 것으로 평가되었던 것이다. 하지만 그런 것이 대중의 관심을 끌었던 것은 "그 성자에게 뒤따르는 기적의 외관 때문"이었다. 즉 "'악한 인간'이 갑자기 '성자'가 되고 선한 인간이 된다는" 기적의 외관을 믿음으로써 발생한 현상이었다.

유행병처럼 번져가는 바그너의 현상은 독일뿐만 아니라 전 유럽으로 퍼져나갔다. 바그너의 문제는 철학의 문제가 되었다. 기적을 바라는 나약한 인간의 산물로서 말이다. 자기 삶을 주체적으로 살아갈 수 없는 신경이 쇠약한 인간들은 기적을 염원한다. 모든 것이 어떤 절대적인 힘에 의해 통제받기를 동경한다. 그것을 구원이라는 이름으로 포장하기를 마다하지 않는다. "그러한 일이 일어난 것"은 그저 기적이라는 현상에 대한 "해석의 한 오류에 불과한 것이 아닐까?" 기적을 바라는 마음이 만들어 낸 논리가 아닐까? 아니면 "문헌학의 결함 탓인가?" 니체는 의혹의 눈길을 던지고 있다. 물론 이런 질문들은 그저 수사학적 질문에 지나지 않는다. 대답은 이미 극명하게 정해져 있다. 그렇다고. 그것은 오류라고. 그것은 결함 탓이라고.

북구인이라 불리는
야만인의 재능

니체는 북구인임을 자랑스럽게 여긴다. 자신이 "야만족 출신"(86쪽)이라는 사실에 긍지를 가진다. 가톨릭교를 신봉하는 라틴 민족이 아닌 것을 다행이라고 생각한다. 그 이유를 니체는 이렇게 말한다. "우리는 종교에 대해서는 재능이 빈약하다"(같은 곳)고. 종교에 대해서는 재능이 부족할수록 더 좋은 것이라는 얘기다. 또 니체는 야만족의 특성을 이렇게 설명한다. "우리에게는 신을 믿지 않는다는 것이 오히려 민족의 정신 (또는 비정신 —)으로 귀환하는 것이다."(같은 곳) 물론 니체가 독일을 신랄하게 비판할 때도 있다. 그때는 부정적인 측면을 바라보고 있을 때일 뿐이다. 예를 들어 "신앙고백"(반시대 I, 200쪽)을 학문으로 삼는 모습을 보고서는 속물이라는 말과 함께 참을 수 없는 분노를 느끼기도 한다.

물론 북구인이라고 다 좋아하는 것도 아니다. 니체는 기독교에 전염된 것으로 보이는 모든 문화를 비판적으로 지적한다. 그중 켈트족에 대해 니체는 이렇게 평가한다. "켈트족은 예외인데, 그들은 그렇기 때문에 북쪽에서 그리스도교에 전염되는 것을 수용하는 데 또한 가장 훌륭한 기반을 제공해왔다"(86쪽)고. 또 프랑스에 대해서도 시선이 곱지 않다. "프랑스에서 그리스도교적인 이상은 북쪽의 창백한 태양빛이 허용하는 만큼 꽃을 피웠다."(같은 곳) 니체는 특히 르낭Joseph Ernest Renan(1823~1892)의 말을 인용하면서 분노를 감추지 못하고 있다.

게다가 에르네스트 르낭의 경우에는 더욱 그러하다: 우리 북구인들에게는 르낭 같은 그러한 인간의 말은 가까이하기 어려운 것처럼 들린다. 여기에서 는 매 순간 종교적인 긴장감에서 오는 어떤 허무가, 좀 더 섬세한 의미에서 말하자면 관능적이고 안락하게 자리에 눕고자 하는 영혼의 균형을 빼앗아 가 버린다! 이러한 그의 아름다운 문장을 한번 따라 읽어보자. — 그러면 그 반응으로 얼마나 악의와 오만이 아마 우리의 아름답지 못하고 좀 더 딱딱 한, 즉 좀 더 독일적인 영혼 속에서 즉시 생겨날 것인가! — "그러므로 솔직 하게 말해 종교란 정상적인 인간이 만든 산물이며, 인간이 더욱 종교적일수 록, 무한한 운명을 확신할수록, 더욱더 진실해진다.… 인간은 선할 때, 미덕 이 영원한 질서와 조응되기를 바란다. 사심 없는 태도로 사물을 관조할 때, 인간은 죽음이 불쾌하며 부조리하다는 것을 알게 된다. 인간이 가장 잘 보 는 것은 바로 이 순간이라고 어찌 생각하지 않을 수 있겠는가?…" 이 문장 은 내 귀와 습관에 매우 반대되는 것이었기에, 그것을 발견했을 때 나는 그 문장 옆에 '한마디로 종교적인 어리석음!'이라는 내 최초의 분노를 적어넣 었다. — 마지막 분노에 이르러 나는 거꾸로 뒤집힌 진리를 담은 이 문장이 심지어는 좋아지기까지 했다. 자기 자신에게 대척하는 자가 있다는 것은 실 로 정중하고 훌륭한 일이다! (86쪽 이후)

적이 있다는 것은 좋은 일이다. "자기 자신에게 대척하는 자가 있다는 것은 실로 정중하고 훌륭한 일이다!" 지극히 니체적인 주장이다. 그런 적 이 자기 자신을 더욱 강하게 해줄 것이기 때문이다. "적을 항상 악한 것으 로 생각하는 것은 비천한 영혼이 하는 짓이 아닌가!"(아침, 87쪽) 진정한 영 웅이라면 자기 자신에게 걸맞은 적을 원할 수밖에 없다. "자신의 힘을 견 주어 볼 수 있는 상대인 적敵, 즉 가치 있는 적으로서 무서운 것을 갈망하는 몹시 날카로운 눈초리의 실험적 용기는? 자신이 '두려워하는 것'이 무엇인지를 배우고자 하는 적은 있는가? 가장 훌륭하고 가장 강하고 가장 용기 있는 시대의 그리스인들에게 비극적 신화는 무엇을 의미하는가?"(비극, 10쪽) 이런 질문과 함께 니체는 철학의 길로 들어섰다.

니체 철학은 싸움의 철학이라 했다. "너희는 너희에게 걸맞은 적을 찾아내어 일전을 벌여야 한다."(차라, 76쪽) 철학을 공부하고자 한다면 목숨을 건 싸움을 운명으로 맞이할 줄 알아야 한다. "삶의 사관학교로부터 ─ 나를 죽이지 않는 것은 나를 더욱 강하게 만든다."(우상, 77쪽) 이것이 허무주의 철학의 이념이다. 더욱 강해지고자 하는 욕망으로 충만하다는 뜻이다. 니체는 강한 정신 무장을 요구한다. 절대로 져서는 안 되는 싸움을 벌여야 하기 때문이다. 반드시 이겨야 하는 싸움에 임해야 하기 때문이다. 강해지기 위해 거쳐야 하는 삶의 사관학교, 그곳이 바로 허무주의 철학이다.

전사의 영혼에서 균형을 빼앗아가는 것은 종교적인 발언들이다. "그러므로 솔직하게 말해 종교란 정상적인 인간이 만든 산물이며, 인간이 더욱 종교적일수록, 무한한 운명을 확신할수록, 더욱더 진실해진다." 니체는 이 말을 견딜 수 없다. 그가 싸우고자 하는 적을 여기서 발견하고 있다. 종교가 정상적인 인간이 만든 산물이라고? 무한한 운명이라고? 그런 소리를 하는 사람이 더 진실하다고? 제발 좀 헛소리 그만하라고 외치고 싶은 것이다. 종교가 등장하는 곳은 언제나 신경쇠약증이 발견된다는 것이 니체의 기본 입장이다. 고독과 단식 그리고 성적 금욕으로 자기 자신의 이성을 지속적으로 자살의 길로 접어들게 하는 것이 종교적 신앙생활임을 주장하고 싶을 뿐이다.

인간은 선할 때 영원한 질서와 연결된다? 정말 그럴까? 인간은 사심 없이 사물을 관조할 때 죽음이 불쾌하며 부조리하다는 것을 알게 된다? 무슨 근거로 그렇게 말하는가? 이런 말들은 그저 니체의 "귀와 습관에 매우 반대되는 것"에 해당할 뿐이다. "벌레 같은 이성"(82쪽 이후)의 소리일 뿐이다. 선한 마음, 즉 착한 마음을 동경하는 것은 노예에게서나 요구되는 것이다. 말 잘 들어야 한다는 인식은 노예의 것이다. 창조를 지향하는 자유 정신은 선보다는 악을 더 선호한다. 창조는 새로운 것을 향해 나아갈 뿐이다. 그리고 "새로운 것은 어떤 경우이건 악한 것이다."(즐거운, 74쪽) 니체의 허무주의 철학은 따라서 "부단히 악을 선으로 개조시키"(같은 책, 265쪽)는 것을 목적으로 한다.

물론 가장 '진실'한 적을 맞이하면 기분이 좋다. 싸울 맛이 나기 때문이다. 어떤 편법이나 예의로 가면을 쓸 필요도 없다. 한번 맞붙어보고 싶은 욕망이 용기를 부추겨준다면 고마운 일이다. 그런 용기가 모험을 가능하게 하고 또 그런 모험이 새로운 것을 경험하게 해줄 것이기 때문이다. 늘 선구자의 길은 이런 자의 것이었다. 그리고 허무주의가 요구하는 용기는 신을 위한 것이 아니라 세상과 인간을 위한 것일 뿐이다. 대지를 천국으로 만드는 그런 이념만이 가치를 인정받는다. "새 신앙인의 천국은 물론 지상의 천국이어야 한다."(반시대 I, 205쪽) 또 "세계의 실존은 오로지 미적 현상으로만 정당화된다."(비극, 16쪽) 세상이 아름답다고 말하지 않는 것은 모두 정당하지 않다. 무엇을 보아도 아름답게 볼 줄 알아야 한다. 불평 불만은 용납되지 않는다. 게다가 이 세상에서 가장 아름다운 것이 있다면 그것은 오로지 인간뿐이다. "어느 것도 아름답지 않다. 인간 외에는"(우상, 158쪽), 이것이 허무주의 철학이 주장하는 소리다. 인간이 아름다움의 정점에 있다는 그 인식이 최고의 경지가 되어야 한다. 인간이 늑대니 악마니 마녀니 하는 소리는 허무주의 철학이 원하는 것이 아니다.

또 허무주의는 죽음에 대한 인식을 바꿔놓고자 한다. 죽음을 극복한 것이 구원이라는 생각 자체를 거부하고자 한다. 죽음을 이겨낸 부활 따위는 망상이라고 가르치고 싶은 것이다. "죽음이 불쾌하며 부조리하다"는 주장은 부당하다고 말한다. 니체는 삶을 긍정하기 위해 죽음까지도 인정하고자 노력한다. 삶은 좋은 것이다. 그 말을 하기 위해 죽음의 가치를 발견하고자 애를 쓴다. 마치 빛을 부각하기 위해 어둠을 주변에 두어야 하듯이.

죽음은 불쾌하지도 부조리하지도 않다. 죽음은 당연한 것이고 인간적인 것이다. 인간이기에 죽을 수밖에 없는 것이다. 죽음을 불쾌하고 부조리한 것으로 생각할 때 헛된 망상에 도움을 청하게 된다. 말로만 설명될 수 있는 그런 세계를 꿈꾸게 되는 것이다. 죽음을 피해 갈 수 없기 때문이다. 현실의 문제를 비현실적인 말들로 해결하고자 하는 것이다. 시공을 초월한 그 어떤 원리를 염원하게 되는 이유가 여기에 있는 것이다.

'한마디로 종교적인 어리석음!'이라는 말을 니체는 책 여백에 적어놓았다고 한다. 독서를 하면서 그 책 옆에 자신의 생각을 적어놓은 것이다. 믿음이 강한 저자의 글을 읽으면서 느낀 그 감정을. 니체는 종교적인 어리석음에 맞서고자 한다. 허무주의는 망상에 맞서고자 한다. 교회가 흥할 수 있는 것은 그 망상이겠지만 니체는 그것 자체가 허무하다는 것을 알려주고자 한다. 현실을 직시한다고 해도 잃는 것은 하나도 없다는 지혜를 전하고 싶은 것이다. 신적인 말들을 고상하고 우아하게 또는 진실된 것으로 생각하는 것처럼 인간적인 말들을 입에 담으면서도 양심에 거리낌이 없도록 만들고 싶은 것이다. 그것이 야만적이라고 해도 상관없다. 오히려 야만적인 것이 인간적이라면 더 좋은 감정으로 받아들이면 되는 것이다.

'우리가 야만적이라고요? 무슨 과찬의 말씀을요. 우리가 그럴 자격이나 있나요!' 이런 말을 할 수 있다면 이미 니체의 생각 속에 깊숙이 들어온 것이다.

특히 니체는 《비극의 탄생》에서부터 고대의 신앙 세계를 들여다보고자 했다. 거기에도 신앙이 있었지만 우리 현대인이 가진 것과는 전혀 다른 신앙이다. 기독교의 용어에 너무 익숙해져 버린 현대인은 아무런 생각도 없이 자기 자신에게 그런 용어를 허용하고 만다. 신은 좋은 것이고 적그리스도Antichrist는 좋지 않다고. 천국은 좋은 것이고 세상은 나쁜 것이라고. "너희가 사람의 미혹을 받지 않도록 주의하라."(마태복음 24:4) "누구든지 이 음란하고 죄 많은 세대에서 나와 내 말을 부끄러워하면 인자도 아버지의 영광으로 거룩한 천사들과 함께 올 때에 그 사람을 부끄러워하리라."(마가복음 8:38) "사람보다 하나님께 순종하는 것이 마땅하니라."(사도행전 5:29) "너희는 이 세대를 본받지 말고 오직 마음을 새롭게 함으로 변화를 받아 하나님의 선하시고 기뻐하시고 온전하신 뜻이 무엇인지 분별하도록 하라."(로마서 12:2) "이 세상의 외형은 지나감이니라."(고린도전서 7:31) 기독교는 세상과 등지기를 끊임없이 요구한다. 그런 고독을 통해서만 그리스도를 만날 수 있다고 가르친다.

하지만 고대는 전혀 다른 세상이었다. 다른 신앙이 보편적이었다. 세상이 다른 만큼 생각도 전혀 달랐다. 전혀 다른 양심으로 삶을 영위했다. 죄의식 따위는 존재하지도 않았다. 스스로를 미물微物이라고 하찮은 존재로 간주하지도 않았다. '비극의 탄생'은 전혀 다른 탄생 이야기였다. "비극의 시작"(즐거운, 315쪽)은 정당했을 뿐만 아니라 희망적이기도 했다. 차라투스트라의 몰락에의 의지도 비극의 시작이라는 이념을 이어받은 것이었다.

비극의 시작, 그것은 "위대한 진지함이 비로소 시작될 것"(같은 책, 393쪽)을 예고하고 있을 뿐이었다. 그것이 말처럼 즐거운 《즐거운 학문》의 메시지였고 또 니체 철학 전반의 주장이기도 하다. 《선악의 저편》에도 이와 관련한 내용의 짧은 잠언이 하나 있다.

> 고대 그리스인들의 종교심에서 놀라운 점은 억제하기 힘들 정도의 풍부한 감사가 흘러넘친다는 것이다: — 그렇게 자연과 삶 앞에 서 있는 사람은 매우 고상한 종류의 인간이다! — 후에 천민이 그리스에서 우위를 차지하게 되었을 때, 공포가 종교에서도 만연하게 되었다. 그리스도교가 준비되었던 것이다. (87쪽 이후)

짧다. 짧은 호흡으로 읽어낼 수 있는 잠언이다. 하지만 긴 호흡을 요구하는 잠언처럼 오랫동안 머물게 하는 잠언이다. 한참을 생각하게 하기 때문이다. 고대 그리스인들도 종교를 가지고 있었다. 그들의 종교는 어떤 것이었을까? 기독교 사상은 고대가 끝나고 중세와 함께 등장한 것이다. 세상을 변화시키기 전의 세상은 어떤 것이었을까? 늘 역사는 승자에 의해 쓰인다. 승자의 논리가 진리가 되는 것이다. 하지만 역사를 공부할 때 그런 진리관으로 바라보면 이면의 것을 발견할 수가 없다. 우리 현대인들은 기독교의 용어들에 익숙해져 있을 뿐만 아니라 그러면서 스스로 그 용어의 틀에 갇혀 살고 있는 듯하기도 하다. 세상을 다르게 바라볼 능력조차 상실하고 있는 것 같기도 하다.

'선악의 저편'이라는 용어 자체를 생소하게 여길 뿐이다. 그게 뭐냐고 반문하는 우리 자신을 바라보며 우리는 무슨 생각을 해야 할까. 선악이

꼭 있어야 할 것만 같은 그 느낌부터 검증을 해야 할 때가 되었다. 고대가 끝나고 중세가 시작된다. 고대를 끝장낸 신세대가 중세였다. 이들은 도대체 어떤 세계관으로 세상을 바꿔놓은 것일까? 중세의 기독교 사상을 두고 근대인들은 암흑기의 소리라고 평가했지만 현대가 된 지금에도 그 소리를 듣지 못한 이들이 많다. 여전히 중세의 문제가 남아 있다는 뜻이다. 중세는 아직도 완전히 극복되지 못한 상태다. 하나님을 운운하며 황홀해하거나 두려움에 휩싸이는 정신을 곳곳에서 확인할 수 있기 때문이다.

성스럽다는 느낌. 그런데 그 성스러움의 내용이 전혀 다른 것이다. 고대와 중세의 차이는 극과 극이다. 고대에도 신이 있지만 중세의 유일신과는 전혀 다른 것이다. 고대가 성스럽다고 말할 때는 중세의 개념으로 생각해서는 절대로 안 된다. 고대에도 즐거움과 감사하는 마음이 존재했었다. 하지만 그 시대의 사람들이 즐거워하고 감사한 것은 중세인들의 그것과는 전혀 다른 것이었다. 니체가 한 말을 다시 한번 천천히 읽어보자. "고대 그리스인들의 종교심에서 놀라운 점은 억제하기 힘들 정도의 풍부한 감사가 흘러넘친다는 것이다: ― 그렇게 자연과 삶 앞에 서 있는 사람은 매우 고상한 종류의 인간이다!" 고대인이 보이는가. 고대인의 즐거움과 감사 그리고 고상함이 보이는가.

고대인들의 세계관은 신화 속에서 발견된다. 모든 사물에 신들이 존재한다는 그런 인식이 이들의 생각 속에 뿌리 깊게 박혀 있다. 빛의 신이니 어둠의 신이니, 하늘의 신이니 바다의 신이니 하는 것들이 그것이다. 또 이념적인 영역에서도 마찬가지다. 지혜의 신이니 창조의 신이니, 아름다움의 신이니 운명의 신이니 하는 것들이 그것이다. 이런 것을 인식하고 사는 삶이 고상한 것이었다. 자연과 삶 앞에 서 있는 사람이 고상했던 것이다. 자연과 삶에 대해 즐거움과 감사가 넘쳐나고 있었다. 그것이 신성한 것이었다. 이런 감정을 되살려내고자 하는 것이 허무주의 철학이다. 그래서 "신은 부정되었으나, 악마는 부정되지 않았다"(68쪽)고 말하는 대중적인 주장에 대해선 반대 의견을 내놓았던 것이다.

　허무주의 철학도 신을 긍정하고 싶고 악마를 부정하고 싶다. 하지만 그것은 기독교의 논리에서가 아니다. 그저 세상, 즉 자연과 삶 앞에서 당당하게 서 있는 사람의 생각으로 전개하고 싶을 뿐이다. 그러면서도 어떤 양심의 가책을 받지 않고 즐거워하고 고상해질 수 있게 만들고 싶은 것이다. 그것이 왜 이토록 힘든 것일까?

기독교가 말하는
신성한 여성성

　모든 종교는 내세관을 전제한다. 내세가 없다면 종교가 아닌 것이다. 종교적 발상은 늘 또 다른 세상에 대한 고민의 흔적을 담고 있다. 문제는 내세를 긍정하기 위해 현세를 부정한다는 데 있다. 세상을 부정하기 위해 기독교는 무엇보다도 성관계를 부정한다. 성모 마리아는 성령으로 잉태한다. 그 소리를 천사로부터 전해 듣는다. 꿈에 나타난 천사는 무서워하지 말라 혹은 두려워하지 말라는 말부터 꺼낸다. "주의 사자가 현몽하여 이르되 다윗의 자손 요셉아 네 아내 마리아 데려오기를 무서워하지 말라."(마태복음 1:20) "천사가 이르되 마리아여 무서워하지 말라."(누가복음 1:30) 신성은 일반인들에게는 두려움의 대상이기 때문일까.

신은 인간과는 다른 존재다. 전혀 다른 사람만 만나도 두려움을 느끼는 게 일반적이다. 외국 사람을 처음 만난 개화기의 사람들은 온갖 망상으로 경계를 했다. 아마도 신성을 접하는 순간이 이런 경우가 아닐까. 그것도 가장 극단적인 낯섦, 또 그로 인한 가장 극심한 두려움이 동반되는 그런 만남이 아닐까. 아무리 신의 사자라 명명하고 또 천사라 불러도 그것을 실제로 보는 자는 그 현상 자체를 있는 그대로 받아들일 수가 없을 것이다. 처음 경험하는 것을 어떻게 당연하다는 듯이 그렇게 태연을 유지할 수 있을까. 충분히 이해가 가는 상황이다. 그래도 고민을 해보자. 이런 생각이 정당한 것인지. 기독교가 제시하는 여성상은 어떤 것인지? 그것도 신성한 여성상은 어떤 것인지?

> 신에 대한 정열: 루터의 방식처럼 촌스럽고 순진하고 주제넘은 종류가 있다. ─모든 프로테스탄티즘Protestantismus은 남구의 섬세함이 결여되어 있다. 분수에 넘치는 은혜를 입거나 승격된 노예에게서처럼, 예를 들면, 무례할 정도로 몸짓과 욕망의 기품이 없는 아우구스티누스에게서처럼, 그 안에는 동양적인 몰아沒我의 경지가 있다. 마담 드 기용Madame de Guyon에게서 볼 수 있는 것처럼, 거기에는 부끄러워하면서도 알지 못하는 사이에 신비적이고 육체적인 합일을 갈망하는 여성적인 애정과 욕정이 있다. 많은 경우에 이것은 소년 소녀의 사춘기로 가장해 기이하게 나타난다. 그리고 때때로 심지어 노처녀의 히스테리로 나타나기도 하고, 또 최후의 허영심으로 나타나기도 한다: ─교회는 이 경우 이미 여러 번 그러한 여성을 신성하다고 말해왔다. (88쪽)

루터는 종교개혁자이다. 유럽 전역에서 르네상스가 일어나고 있을 때 독일에서는 중세를 부활시키고 있었다. 종교를 개혁시키면서. 니체의 시선이 고울 리가 없다. 루터가 보여준 '신에 대한 정열'은 촌스럽기 짝이 없고 순진하다 못해 세상을 너무 모르고 증명할 길 없는 벼락 맞은 경험을 신의 계시로 받아들일 정도로 주제넘은 면이 없지 않다. 게다가 그는 마녀의 존재를 믿음으로써[8] 르네상스 시기에 마녀사냥이 극심해지는 기현상을 낳기도 했다.

《아침놀》에서 니체는 루터식의 믿음 만능주의[9]를 꼬집기도 했다. "여전히 프로테스탄트Protestant 교사들은 다음과 같은 근본적인 오류, 즉 모든 것은 오직 신앙에 달려 있고 신앙에서 행위가 필연적으로 비롯된다는 저 근본적인 오류를 전파하고 있다. 그것은 전혀 사실이 아니지만 극히 유혹적으로 들리기 때문에, 일상 속에서 겪는 온갖 경험을 통해 반증됨에도 불구하고, 이미 루터와는 다른 지성들까지 (즉 소크라테스와 플라톤의 지성까지도) 현혹했던 것이다."(아침, 38쪽 이후) 믿으면 다 된다는 말보다 더 유혹적인 것이 또 있을까. 이런 것이 주제넘은 소리로 들리고 있을 뿐이다. 니체는 묻고 싶을 것이다. 누구 맘대로? 인생은 그렇게 호락호락하지 않다. 삶의 현장에서 믿음은 오히려 상황을 꼬이게 할 수도 있다. 인무원려 난성대업人無遠慮難成大業이라 했던가. 우리의 영웅 이순신도 "한산섬 달 밝은 밤에 수루에 홀로 앉아 / 큰 칼 옆에 차고 깊은 시름"[10]에 빠져 있으면서 나라를 지켜냈지 않은가. 그저 믿고 기도하라는 소리로는 위기를 극복해낼 수 없는 것이다.

그럼에도 불구하고 루터식의 '분수에 넘치는 은혜'는 부럽기만 하다. 얼마나 행복하면 저럴까? 어떻게 저런 말을 할 수 있을까? 구속의 자유를 외쳐대는 그의 목소리에 귀를 기울이면 기울일수록 니체가 말하는 '승격된 노예'의 목소리가 들리는 듯하기도 하다. 신의 품 안에 들어간 듯한 황홀함이 느껴지기도 한다. "그 안에는 동양적인 몰아의 경지가 있다." 몰아의 경지, 즉 무아지경無我之境이다. 자기 자신이 누군지도 모르는 상태다. 자기 존재 자체를 잊고 있는 상태다. "거기에는 부끄러워하면서도 알지 못하는 사이에 신비적이고 육체적인 합일을 갈망하는 여성적인 애정과 욕정이 있다." '신비적이고 육체적인 합일'로 번역된 말의 원어는 '우니오 뮈스티카 에트 퓌지카unio mystica et physica'이다. 특히 '우니오 뮈스티카Unio mystica'[11]는 '신비로운 결혼'이라고 번역되기도 한다.

영적인 결혼이 선사하는 영적인 황홀함 속에서 루터는 성서를 번역했을 것이다. 신랑을 기다리는 여성의 마음으로 말이다. 언제 올지도 모를 신랑을 기다리는 신부의 마음으로 기다려야 한다. 그것이 신의 뜻이다. "어린 양의 혼인 잔치에 청함을 받은 자들은 복이 있도다."(요한계시록 19:9) 그날이 언제일지 몰라 늘 깨어 기도하며 기다려야 한다. "시험에 들지 않게 깨어 기도하라."(마태복음 26:41) 끝까지 기다릴 때 신비로운 체험을 하게 된다. 끝까지! 그 끝은 자신의 육체가 허락하는 한계 상황이다. 더 이상은 견딜 수 없을 때 신랑을 받아들이는 그런 순간이다. 모든 것을 내려놓는 순간이다. 동양적인 완전한 체념이 이루어지는 순간이다. 황홀지경이다. 베르니니Gian Lorenzo Bernini(1598~1680)의 〈성 테레사의 법열Ecstasy of Saint Teresa〉[12]이 보여주는 표정이 이런 게 아닐까.

'신에 대한 정열'이 가져다준 황홀함은 여성성의 상징이 된다. 신의 형상을 자기 안에 절대화시키는 과정이기 때문이다. 성령으로 잉태의 경험을 하는 것이다. 신의 존재가 자기 마음속의 씨가 되는 것이다. 그 마음씨가 자기 주변의 모든 것을 바꿔놓는다. "많은 경우에 이것은 소년 소녀의 사춘기로 가장해 기이하게 나타난다." 사춘기에 경험하는 예민한 감정이 그 안에 녹아 있다. 또 어떤 경우에 나이 든 여성에게서도 나타난다. "그리고 때때로 심지어 노처녀의 히스테리로 나타나기도" 한다는 것이다.

외부의 것을 받아들이려는 자세, 그것이 여성성의 본성이다. 여성성은 남성성에

성 테레사의 황홀한 표정.

의해 완성을 맛본다. 기독교가 보여주는 여성성은 의존적이다. '오직 예수Solus Christus'[13]를 통해서만 완성될 수 있다. "교회는 이 경우 이미 여러 번 그러한 여성을 신성하다고 말해왔다." 남성조차 여성의 마음으로 자기완성을 염원해야 했다. 그런 삶이 신성한 삶으로 간주되었다. 자기 자신을 완전히 부인하고 오로지 하나님의 뜻을 자기 자신 안에 채우기를 원했던 것이다. '신에 대한 정열'만이 신성하다고 말하면서.

성자 앞에서 느끼는
힘에의 감정과 의지

종교는 늘 성자聖者를 제시한다. 믿음의 표본으로서 말이다. 성자들에

관한 연구는 곧 그들이 지향했던 '종교적인 것'의 본령을 맛보게 해준다. 니체도 예외는 아니다. 그도 성자에 대한 인간들의 태도를 연구한다. 왜 사람들은 특정 인간을 성자라고 부르는 것일까? 왜 그런 사람 앞에 무릎을 꿇게 되는 것일까? 그런 태도를 취하면서 사람들은 무엇을 바라는 것일까? 간단하게 말해 성자를 필요로 하는 이유가 과연 무엇일까? 이것이 니체의 질문이다.

지금까지 가장 강력한 인간은 자기 억제와 의도적이고 궁극적인 부자유의 이해할 수 없는 존재인 성자 앞에서 언제나 경건하게 머리를 숙여왔다: 왜 그들은 머리를 숙였는가? 그들은 그 성자의 내면에서 —마치 그의 쇠약하고 가련한 겉모습의 의문부호 뒤에서— 그러한 억제를 통해 자신을 시험하고자 했던 탁월한 힘을, 그들이 자신의 강함과 지배자의 쾌락을 다시 인식하고 존경할 줄 알았던 의지의 강함을 느꼈다: 성자를 존경했을 때, 그들은 자신에게 있는 그 무엇을 존경했던 것이다. 게다가 성자를 바라보는 것은 그들에게 어떤 의구심을 제기하게 했다: 그와 같이 엄청난 부정과 반자연反自然을 욕구한 것은 이유가 있었다고 그들은 스스로 말하고 물었다. 아마 그것에 관한 이유가, 아주 커다란 위험이 있는데, 금욕자는 비밀스러운 조언자나 방문자 덕분에 이 위험에 대해 좀 더 자세히 알고 있는 것이 아닐까? 요컨대, 세계의 권력자들은 성자 앞에서 새로운 공포를 배웠다. 그들은 새로운 힘을, 낯설고 아직은 정복되지 않은 적을 예감했다: —그들이 성자 앞에 머물도록 하기 위해 필요했던 것은 '힘에의 의지'였다. 그들은 그것을 묻지 않을 수 없었다—— (88쪽 이후)

니체는 이 잠언의 마지막 문장에 마침표도 찍지 못했다. 그리고 말을 줄였음을 알려주는 표시만 두 개나 남겨놓았다. 왜 그랬을까? 무엇을 그토록 말하고 싶었던 것일까? 무엇이 그토록 아쉬웠던 것일까? 왜 말을 하지 못했을까? 왜 여기서 중단해야만 했을까? 가슴 속에 담아두었던 그 말은 무엇이었을까? 그것은 성자를 필요로 하는 인간의 마음에 대한 설명이 간단하지 않다는 것을 의미하는 게 아닐까. 얽히고설켜 있는 실타래를 손에 들고 있는 듯한 느낌이다.

성자에 대한 고민은 쇼펜하우어에게서도 발견된다. 그도 성자를 관찰할 만한 가치가 있는 것으로 간주했다. 왜냐하면 그들은 기존의 모든 철학적인 이념들을 행동으로 보여주었기 때문이다. "모든 성자와 금욕자는 이것을 직접 인식하고 행동으로 나타낸 사람들이었다."[14] 백문이 불여일견百聞不如一見이라는 말이 있다. 고수가 보여주는 한 번의 시범은 수많은 것을 대체할 수 있는 위력을 지닌다. 아리스토텔레스는 모방에도 의미와 가치가 있음을 역설했다. 미메시스Mimesis만이 최고의 희열, 즉 카타르시스Katharsis를 경험하게 해준다는 것이었다. 받아들이는 과정 없이 배설의 쾌감을 맛볼 수는 없다.

특히 니체는 위에 인용된 잠언의 끝을 흐려놓았다고 했다. '힘에의 의지'라는 개념이 등장하기 때문이다. 니체 철학에서 가장 핵심이 되는 개념이다. 허무주의 철학은 '신은 죽었다'라는 신의 죽음을 전하려는 복음의 철학인 동시에 '힘에의 의지'라는 생명력의 강화를 열망하는 의지의 철학이기도 하다. 전자가 부정의 힘이라면 후자는 긍정의 힘이다. 힘은 양쪽의 경향을 모두 지닐 때 실현된다. 활이 버티려는 힘과 당겨지는 힘이 합쳐질 때 화살을 멀리 보낼 수 있는 상황을 만들어낼 수 있듯이 부정과 긍정은 생명을 중심에 두고 균형을 잡아주어야 상상을 초월하는 창조의 영역을 실현할 수 있다.

"생명체를 발견하면서 나 힘에의 의지도 함께 발견했다. 심지어 누군가를 모시고 있는 자의 의지에서조차 나는 주인이 되고자 하는 의지를 발견할 수 있었다."(차라, 192쪽) 니체는 이 말을 어떤 감정으로 썼던 것일까? 가르치고자 하는 의지로 충만해 있다는 것은 틀림없다. 그의 목소리는 차라투스트라의 입을 통해 전해지고 있기 때문이다. 그 가르침의 이념은 순종도 명령도 균형을 잡아줄 때 삶이 삶다워진다는 말로 연결되고 있다. 끊임없는 자기 극복의 노력을 자기 자신과 자기 삶에 허락하고 수용해야 함을 가르치고자 하는 것이다. 명령할 수 있기 위해서 일단은 순종의 단계를 거쳐야 한다. 가르치는 선생의 경지에 오르기 위해 학생은 지속적인 배움의 시간을 자신에게 부여해야 한다.

힘에의 의지, 그것은 힘을 가지고 싶은 열정의 표현일 뿐이다. 삶의 현장에서는 힘을 요구한다. 힘이 없으면 배움과 기다림의 시간을 견뎌내야 한다. 기다리는 시간은 절대로 시간 낭비가 아니다. 기다림은 시간 낭비가 아니다. 모든 극복은 기다림을 온전히 견뎌낸 성과물일 뿐이다. 정상에 오르기 전까지는 정상에 대한 목적의식을 잃지 말아야 한다. 하지만 정상에 올랐을 때는 정상에 대한 집념을 버릴 줄도 알아야 한다. 그때 하늘이 가깝다는 인식이 생겨나 줄 것이고 또 스쳐 지나가는 바람이 신선하다는 생각도 하게 될 것이다. 한마디로 모든 것이 풀리는 쾌감을 맛보게 되는 것이다. 그때는 시간과 공간이라는 현상적 원리보다는 비이성적 원리가 더 강력하게 생각을 지배하게 된다. 그때는 "선악의 저편에서, 빛을 즐기고 / 또 그림자를 즐기며, 모든 것은 유희일 뿐 / 모든 것은 호수이고 정오이고 목표 없는 시간일 뿐"(즐거운, 414쪽)이다.

목적의식이 사라진 기다림은 새로운 목적을 인식하게 해줄 것이다. 멍하게 있을 때 느닷없이 새로운 인식이 와줄 것이다. 딴생각을 하고 있을 때 상황을 바꿔놓을 새로운 길이 보이게 될 것이다. 그런 인식으로 새로운 길을 걸어갈 때 힘은 점차 강화되어 갈 것이다. 성자에 대한 인식도 양 갈래로 갈린다. 다가서야 할 때의 성자와 떠나야 할 때의 성자가 동시에 존재한다는 것이다. 중생구제衆生救濟의 꿈을 안고 하산할 때 차라투스트라가 처음 만난 인물은 산속에서 신을 찬양하는 노래를 지어 부르던 노인이었다. 그도 성자였다. 그 성자를 향해 차라투스트라는 이렇게 외쳤다. "나로 하여금 서둘러 가던 길을 가도록 하게나. 내 그대에게서 뭔가를 빼앗기 전에!"(차라, 15쪽) 떠나고 싶다는 것이다. 미련 없이 떠나게 해달라는 것이다. 붙잡지 말아 달라는 것이다. 함께 있으면 오히려 서로에게 해코지를 하게 될 뿐이라는 것이다. 떠나야 할 때 떠날 수 있는 것도 힘이다.

또 무릎을 꿇고 자신에게 짐을 싣도록 허락하는 때도 있다. 낙타의 정신이 요구될 때다. 불굴의 정신으로 사막을 지나가야 하는 때다. 견딤의 시간이다. 배움의 시간이다. 책가방에 수많은 책을 담아두고 집과 학교를 오가야 하는 때다. 딴 길로 새서는 안 된다. 낯섦을 향한 모험보다는 익숙함을 반복으로 견뎌내는 시간이다. 다람쥐 쳇바퀴 돌듯이 하염없이 전진을 거듭하는 삶이다. 똑같은 것을 반복하며 연습하는 수련의 시간이다. 같은 것을 곁에 두고 친해질 때까지 참아내는 시간이다. 사랑을 실천하는 시간이다. 모든 것을 참고 견뎌내야 하기 때문이다.

진정으로 '강력한 인간'은 그 누구도 흉내 낼 수 없는 견딤의 시간을 보낸 자들이다. "자기 억제와 의도적이고 궁극적인 부자유"를 멍에처럼 짊어지고 참아냈던 자들이다. 모든 종교는 모범적인 인물로 성자를 제시한다. 모든 민족도 마찬가지다. 그들의 역사를 일궈낸 영웅들을 위인으로 제시하는 것과 같은 원리다. 멘토를 찾아야 할 때가 있다. 스승을 찾아 섬겨야 할 때가 있다. 아무리 강한 자라 할지라도 성자 앞에만 서면 주눅이 들 수밖에 없다. "요컨대, 세계의 권력자들은 성자 앞에서 새로운 공포를" 배울 수밖에 없다. 성자의 삶을 서술하는 과정에서는 거의 신격화 과정을 거치게 되기 때문이다. 그의 삶은 모두가 성자가 되기 위한 길이었을 뿐이다. 수많은 우연이 필연으로 이어지고 있다. 경의를 표하지 않을 수 없게 만들어놓는다. 그래서 후손은 그 성자 앞에서 무엇인가를 배우게 되는 것이다. "그들이 성자 앞에 머물도록 하기 위해 필요했던 것은 '힘에의 의지'였다. 그들은 그것을 묻지 않을 수 없었다", 이 말과 함께 니체는 말을 흐려놓는다. 끝나지 않은 말이라는 뜻이다. 이제부터는 독자가 알아서 들어야 한다. 침묵으로 남겨놓은 소리를 들을 줄 알아야 한다. 자전거를 배울 때 누군가가 뒤에서 잡아주던 손을 놓아주는 순간이다. 멈추면 쓰러진다. 이제부터는 균형을 잘 잡으며 페달을 밟아야 한다. 성자는 좋을 때도 있고 나쁠 때도 있다.

종교적인 것에서도 허무주의적인 발상으로 다가설 수 있는 부분이 분명히 존재한다. 니체의 사상은 다만 어느 하나의 이념에 머무는 것을 지양할 뿐이다. 하나의 인식은 그 하나로 충분하다. 그 하나가 전체가 되게 해서는 안 된다는 뜻이다. 세상은 하나의 운명체가 아니다. 온갖 우연을 감당하고 있는 혼돈체일 뿐이다. 그래서 "춤추는 별 하나를 탄생시키기 위해 사람은 자신들 속에 혼돈을 지니고 있어야 한다."(차라, 24쪽) 미녀는 야수의 본성을 통해 자기 존재를 인식하게 된다. 사랑은 견딜 수 없는 것들을 견뎌낼 때 구현된다. 자유는 부자유를 품을 수 있을 때 실현된다. 카타르시스는 혼탁한 감정을 수용할 수 있는 능력이 가져다주는 선물이다. 춤추는 별을 잉태하기 위해서는 혼돈을 품을 줄도 알아야 하듯이, 황홀한 춤은 온갖 막춤을 지배하는 힘의 결과물일 뿐이다.

성서가 말하는
신의 정의

신神은 누구일까? 신을 필요로 하는 자는 누구일까? 신은 인간의 문제다. 인간이 풀어내야 하는 과제라는 뜻이다. 인간이 있기에 신도 있을 뿐이다. 인간이 사라지면 신도 사라진다. 신은 오로지 인간과의 관계 속에서만 존재한다. 신이 있고 없고는 인간의 생각 속에서만 존재하는 것이다. 신의 의도가 가장 작은 미물에서부터 온 우주로 퍼져나간다고 하더라도 그것은 인간의 해석에 불과할 뿐이다. 아무리 오래된 텍스트라 하더라도 인간의 손에 의해 쓰인 것일 뿐이다. 또 그것이 이성을 가진 자가 써놓은 것이라면 수천 년의 공백이 사이에 놓여 있다고 하더라도 해독해낼 수 있는 실마리는 발견될 수밖에 없다. 왜냐하면 거기에는 논리라는 게 존재할 것이기 때문이다.

그리고 인류가 남긴 최고의 걸작품은 단연 "성서聖書"가 아닐까. 세계 최고의 종교가 교과서로 삼고 있는 책이기 때문이다.[15] 분명 무시할 수 없는 텍스트임에는 틀림이 없다. 허무주의 철학이 감당해내야 할 책이다. 선악의 저편을 인식하기 위해 끝까지 품고 있어야 할 책이라는 얘기다.

이 책 안에는 신에 대한 이야기로 가득하다. 신의 존재를 복음으로 전하고자 하는 이념으로 채워져 있다. 이러한 세계 최고의 저서 성서를 바라보는 니체의 시선을 따라가 보자.

> 신의 정의에 대해 말하고 있는 유대인의 《구약성서 Altes Testament》 안에는 거대한 양식의 인간과 사물, 말이 존재하는데, 그리스와 인도의 문헌에는 그에 비견할 만한 것이 없다. 우리는 일찍이 존재했던 인간 자취의 이러한 엄청난 유물 앞에서 공포와 외경畏敬을 느낀다. 그리고 이때 고대 아시아를 생각하고, 아시아에 비해 철저히 '인간의 진보'라고 해석하고 싶은, 아시아에서 돌출된 반도 유럽을 생각하면 슬픈 생각이 든다. 물론 유약하고 온순한 가축에 불과하며 가축 정도의 욕구만 아는 사람은(오늘날의 교양인들과 마찬가지로, '교양 있는' 그리스도교인들을 덧붙일 수 있다 —), 저 폐허 아래서도 놀라지 않으며 슬퍼하지도 않는다. — 구약성서에 대한 취향은 '위대함'과 '왜소함'을 판단하는 시금석이다 —: 아마 이러한 인간은 은총의 책 신약성서를 언제나 더 자신의 마음에 맞는다고 느끼게 될 것이다(신약성서에는 매우 애정이 깊지만 둔감한 거짓 신자의 냄새와 소인小人의 냄새가 많이 들어 있다). 어떤 시각에서 보더라도 일종의 로코코적 취향인 이러한 신약성서를 구약성서와 더불어 묶어 하나의 책으로, '성서'로, '책 자체'로 만들어 버렸다는 것: 이것은 아마 문학적 유럽의 양심이 가지고 있는 최대의 파렴치이며 '정신에 반하는 죄'일 것이다. (89쪽 이후)

성서는 39권의 《구약성서》와 27권의 《신약성서》, 즉 총 66권으로 이루어져 있다. 현재의 이런 구성을 갖기까지 수많은 우여곡절을 겪었다. 대표적으로 제3차 카르타고 공의회 Synode von Karthago(397)에서 성경 목록을《구약》46권,《신약》27권으로 결의했으나 22년 후 제5차 공의회에서는 구약 중에서 이단으로 여겨지는 글을 제외하고 39권으로 줄여서 선언하게 된다.[16] 이 목록이 훗날 트리엔트 공의회 Konzil von Trient(1545~1563)에서 재확인됨으로써 기나긴 카논 Kanon 논쟁[17]이 일단락되었고 오늘날에 이르렀다.

특히 카논은 직역하면 '성스러운 글'이란 뜻으로 줄여서 '성서' 혹은 '성경'이라 부르게 되는 말이다. 경우에 따라서는 '신의 글'[18]이라 불리기도 한다. 모세 5경[19]부터 시작하는《구약》과《신약》의 모든 글은 성스러운, 게다가 신의 글로 평가된다는 점에서 우리는 잠시 고민을 해봐야 하지 않을까. 무엇이 신의 글이라는 말인가? 성스러운 글까지는 그나마 인정할 만하다. 그런데 신의 글이라고? 정답이 정해지면 수많은 다른 것들은 오답으로 결정되고 만다. 바로 이 점에서 니체는 경악을 금치 못한다.

위의 인용문은 특히《구약》에 대한 서술과 함께 시작하고 있다. 거기에는 "거대한 양식의 인간과 사물, 말이 존재"하고 있다. 실로 거대하다. 태초가 서술되고 모든 것이 창조되는 그런 이야기로 가득하다. 말의 힘이 얼마나 위대한지 체험하게 해준다. 최소한 "그리스와 인도의 문헌에는 그에 비견할 만한 것이 없다." 모든 것 위에 존재하는 동시에 창조의 원인으로 제시되는 '신의 정의'는 상상을 초월한다. "우리는 일찍이 존재했던 인간 자취의 이러한 엄청난 유물 앞에서 공포와 외경을 느낀다." 이것이 니체의 솔직한 고백이다. '성서' 앞에서 가지게 되는 그의 심경이다. 공포와 외경! 무섭다. 그리고 무서울 정도로 존경스럽다. 이런 종류의 신의 글에 농락당한 고대 아시아를 생각하고 또 아시아의 변방에 불과한 유럽을 생각하면 슬픔을 감출 수 없다고 니체는 고백한다.

니체의 슬픔은 현대인들에게는 낯선 현상일 뿐이다. 그가 왜 슬퍼하는지 그 이유를 이해하지 못하는 것이다. 말 잘 듣는 사람들, 착한 사람들, 소위 성스러운 글 내지 신의 글에 익숙한 교양인들은 "유약하고 온순한 가축에 불과하며 가축 정도의 욕구만 아는 사람은(오늘날 교양인들과 마찬가지로, '교양 있는' 그리스도교인들을 덧붙일 수 있다—), 저 폐허 아래서도 놀라지 않으며 슬퍼하지도 않는다." 인간에 의해 쓰인 글을 신성시하고 있고 또 그 내용을 그저 당연한 것으로 받아들이고 있을 뿐이다. 그 글 속의 것들을 아는 것이 곧 교양 있는 것으로 간주하고 있을 뿐이다. 그 외의 모든 것에 대해서는 아무런 감정도 없다. 니체는 이런 현대의 모습 앞에서 슬픔을 감추지 못하고 있다. 어느 목동에 의해 길러지고 있는 가축 정도의 삶만으로 만족하며 살아가는 모습이 안타까울 뿐이다.

가축과 같은 사람들, 가축과 같은 욕망만 아는 사람들, 현대의 교양인들 그리고 교양 있는 기독교인들의 의견은 다 하나같다. 가축들처럼 무리의 본능만 가지고 있을 뿐이다. 게다가 이런 사람들은 도덕적 잣대가 강력하게 제시되고 서술된 《신약》을 읽으면서도 신성하다고 고백한다. "아마 이러한 인간은 은총의 책 신약성서를 언제나 더 자신의 마음에 맞는다고 느끼게 될 것"이다. 하지만 니체는 자신의 생각을 괄호 안에 남겨놓았다. "신약성서에는 매우 애정이 깊지만 둔감한 거짓 신자의 냄새와 소인의 냄새가 많이 들어 있다"고. 니체는 아마 이 신의 글이라 평가되는 글들 앞에서 입과 코를 막았을지도 모를 일이다. 너무 악취가 나서 말이다.

성서에 대한 니체의 평가는 가혹하다. "어떤 시각에서 보더라도 일종의 로코코적 취향인 이러한 신약성서를 구약성서와 더불어 묶어 하나의 책으로, '성서'로, '책 자체'로 만들어버렸다는 것: 이것은 아마 문학적 유럽의 양심이 가지고 있는 최대의 파렴치이며 '정신에 반하는 죄'일 것이다."
슬픔을 감출 수 없게 하는《구약》과 모든 균형감각을 거부하고 있는 로코
코적인 취향[20]의《신약을 카논, 즉 성스러운 책으로 또 더 나아가 신의 글
이라고 판단하는 이러한 오만함 앞에 니체는 이것이야말로 죄라고 선포
하고 있다.

《구약》이 외면에 몰두했다면, 내면으로 파고드는, 즉 양심을 건드리는
말들로 충만한《신약》은 로코코적인 취향으로 규정하기에 충분하다. 하
지만 회의를 통해 선택된 책들이 카논으로 결정되는 것 자체가 이미 문제
적 상황이다. 카논 논쟁은 끝났다. 논쟁이 없는 것에 대해 우리는 평화라
고 말하며 만족해야 할까? 니체는 카논의 존재의미 자체에 대해 이미 허
무함을 느끼지 않을 수 없는 실정이다. 그의 말로 표현하자면 그저 슬플
뿐이다. 죄의식으로 살아가야 하는 인류가 가련할 뿐이다. 왜 원죄의식으
로 삶을 옥죄어야 하고 또 회개의 요구를 받아들여야 할까. 생철학자 니
체의 입장에서 보면 '성서' 자체가 이미 파렴치함의 결과물일 뿐이다.

무신론의 등장과
현대의 특성으로서의 반기독교

19세기 최대의 사건은 무신론의 등장이다. 1848년 마르크스[Karl Heinrich
Marx(1818~1883)]는《공산당 선언》을 (집필)하게 된다. 이 선언은 신의 존재
에 대한 것은 생각조차 하지 않는다. 그저 어떻게 먹고살 것인가에 집중
할 뿐이다. 프랑스 대혁명에서 시작된 19세기는 이 선언과 함께 절정기를

맞이한다. 그리고 서서히 자본이 주인공이 되는 20세기를 준비하는 시대가 되어간다. 세상이 변해가고 있다. 신이 있던 자리에 자본이 서게 되는 시대다. 하지만 아직 토론을 거기까지 몰고 갈 필요는 없다. 신을 문제시하는 시대적 흐름만이라도 감지해보자.

포이어바흐 Ludwig Andreas Feuerbach(1804~1872)는 《기독교의 본질》(1841)을 내놓으며 신은 인간의 산물이라고 주장했다. 다윈 Charles Robert Darwin(1809~1882)은 《종의 기원》(1859)을 내놓으며 인류의 진화론을 제시했다. 쿠르베 Gustave Courbet(1819~1877)는 〈세상의 기원〉(1866)이란 그림을 전시하며 여성의 음부를 그려놓았다. 마르크스는 대표작 《자본론》(1867)을 내놓으며 프롤레타리아 Prolétariat 혁명과 독재라는 이상향을 꿈꾼다. 모로 Gustave Moreau(1826~1898)는 〈프로메테우스〉(1868)라는 그림 속에 인류의 영웅을 그려놓았다. 이런 분위기 속에서 니체는 《비극의 탄생》(1872)을 탄생시켰다. 고대인들의 축제문화와 강인한 전사의 탄생을 꿈꾸며.

분명 니체도 시대의 변화를 감지하고 있었던 것이다. 세상이 변하고 있음을 피부로 느끼고 있었던 것이 분명하다. 그중에서도 니체는 변화의 중심에 서 있는 무신론을 주시하기도 한다. 하지만 무신론이 대세가 될 수 없음을 직감하기도 한다. 무신론이 대안일까? 새 시대를 위한? 이 질문에 니체는 회의적이 될 수밖에 없었다. 유신론은 몰락할 수밖에 없었고 무신론은 도움이 될 수 없다. 길을 잃은 듯한 심경이, 아니 막다른 골목에 들어선 듯한 답답함이 읽힌다.

왜 오늘날 무신론이 문제가 되고 있는가? — '어버지' 신神은 근본적으로 거부되었고, 마찬가지로 '심판자', '보상자'도 거부되었다. 신의 '자유의지'도

마찬가지다: 신은 인간의 소리를 듣지 못하고, ─ 설령 들었다고 하더라도, 그는 인간을 도울 수 없다. 가장 나쁜 것은 그가 자신의 의사를 분명하게 전달할 수 없는 것처럼 보인다는 것이다. 그는 모호한 존재인가? ─ 이것이 내가 여러 가지 대화를 나누는 가운데 묻고 경청하면서 유럽 유신론이 몰락한 원인으로 발견했던 것이다. 나에게는 실상 종교적인 본능은 왕성하게 성장했으며, ─ 이 본능이 바로 깊은 불신으로 유신론적인 만족을 거부하고 있는 것처럼 보인다. (90쪽)

무신론은 유신론을 몰락시켰다. 무신론의 등장은 유신론의 꼬리를 내리게 했다. 그것은 분명하다. 이제 더 이상 신에 대한 이야기들은 대중의 관심을 끌지 못한다. 신에 대한 고민은 철학의 고민이 될 수 없었다. 여성의 음부를 들여다보며 '세상의 기원'을 운운하는 시대가 되었다. 세상의 기원을 물으면서 신을 끌어들이지 않는 세대가 등장한 것이다. 사람들은 불을 훔쳐다 준 영웅의 모습을 보고 싶을 뿐이다. 모로의 그림 속에서 제우스는 코빼기도 내밀지 못한다. "'아버지' 신은 근본적으로 거부되었고, 마찬가지로 '심판자', '보상자'도 거부되었다. 신의 '자유의지'"도 거부되었다. 신이란 말이 들어간 것은 모두가 시대에 뒤처진 소리로 들렸을 뿐이다. 유행 지난 소리처럼 분위기 깨는 소리가 또 없다.

이제 인류는 신에게 희망을 걸지 않는다. 왜냐하면 "신은 인간의 소리를 듣지 못하고, ─ 설령 들었다고 하더라도, 그는 인간을 도울 수 없다." 소통이 안 되는 신은 직접적인 영향을 끼칠 수도 없다. 과거에는 인간의 기도 소리를 신이 듣고 있다고 믿었다. 하지만 이제는 신은 인간의 소리를 듣지 못한다고 단언한다. 과거 같으면 이단자라는 단죄를 받아야 했을 이런 소리가 대세가 되고 만 것이다.

또 신은 너무도 애매모호하기 짝이 없다. "가장 나쁜 것은 그가 자신의 의사를 분명하게 전달할 수 없는 것처럼 보인다는 것이다. 그는 모호한 존재인가?" 신은 모호한 존재이기 때문에 옹호자가 필요한 듯 보인다. "마치 '진리'는 하나의 순진하고 서툰 사람이기 때문에, 옹호자가 필요한 것 같다!"(50쪽) 신은 자신의 의사를 분명하게 전달할 수가 없어서 대변인이 필요한 것 같기도 하다. 왜 신은 스스로 이것은 이거다 저것은 저거다 하고 말을 하지 못하는 것일까? 굳이 이런 질문에 대답을 들어야 할까? 허무주의 입장에서 읽으면 질문 자체가 허무할 뿐이다.

유신론은 이런 애매모호한 점 때문에 몰락할 수밖에 없었다. 늘 위기에 처하면 절대적인 진리나 힘을 들먹이면서 상대방의 말문을 막았고 그러면서 위기를 모면해왔다. 그렇게 천 년을 넘게 버텨왔다. 하지만 이성의 태양은 뜨고야 말았다. 어둠 속에 갇혀 있던 사물들이 빛 속에 드러나기 시작했다. 무엇이 그림자고 또 무엇이 빛의 영역인지도 알게 되었다. 빤히 보이는 상황에서 거짓말로 속일 수도 없다. 이제 사람들은 그런 소리에 흔들리지 않는다.

19세기의 혁명기를 거치면서 인류는 강해졌다. 두 발로 설 수 있는 힘을 가지게 되었다. 하늘을 바라보며 신비로운 감정에 휩싸일 이유를 찾지 못했다. 배고픈 허기부터 달래야 했고 인생을 즐길 수 있는 분위기부터 마련해야 했다. 이런 이슈들과 함께 시민사회는 격변하고 있었다. 교회 관계자들과 함께 귀족계급은 차츰 설 자리를 잃어가고 있었다. 마치 세기 전환기의 화가 클림트^{Gustav Klimt(1862~1918)}의 작품 〈키스〉(1907~1908)에서 볼 수 있듯이 황금으로 장식한 화려한 옷을 입은 귀족들은 구석에 몰린 듯하다. 화려한 꽃밭에서의 생활도 이제는 끝인 듯하다. 위기에 처한 것처럼 보인다는 뜻이다. 몰락 직전의 최후의 포옹처럼 보인다. 그리고 사실도 또한 그랬다. 제1차 세계대전(1914~1918)과 함께 귀족계급은 이제 역사의 뒤안길로 접어든다. 사회 특권층으로 군림했던 계급은 일상에서 사라지게 된 것이다. 신에 대한 환상이 사라지면서 시민이 사회의 주역이 된 것이다. 시민사회의 탄생은 이렇게 이루어졌다.

하지만 이 모든 것은 그저 유신론의 몰락일 뿐이지 종교 자체의 몰락을 의미하는 것은 아니다. 오히려 종교적인 것은 더 강해져 가고 있음을 니체는 직감하고 있었다. "나에게는 실상 종교적인 본능은 왕성하게 성장했으며, ─ 이 본능이 바로 깊은 불신으로 유신론적 만족을 거부하고 있는 것처럼 보인다." 종교적 본능은 인간의 문제다. 이성을 갖고 살아야 하기에 종교는 어쩔 수 없이 끌어안고 살아야 한다. "우리는 모든 사물을 인간의 두뇌를 통해 관찰하는 것이므로 이 머리를 잘라버릴 수는 없다."(인간적 I, 30쪽) 머리를 또 두뇌를 갖고 살아야 한다. 이 이성 때문에 니체는 인류에게 과제를 던져주고 있는 것이다. 끊임없이 극복하라고. 끊임없이 발목을 잡는 믿음을 극복하라고. 믿음은 이성의 문제라고.

하나의 믿음이 사라지면 또 하나의 현상이 있는 그대로 보이기 시작한다. 비가 오면 그냥 비가 오는 날일 뿐이다. 현상의 변화에 마음이 동요될 이유가 없어진다. 이런 믿음의 극복 혹은 신앙의 극복이 시대를, 더 나아가 세상을 바꿔놓게 되는 것이다. 근대 이후 모든 변화는 기독교에 반瓦한다. 신을 찾기보다는 인간을 찾으려고 애를 쓴다. 그것이 르네상스의 운동이었다. 인간의 아름다움을 발견하고 세상의 진짜 모습을 발견하고자 노력하는 시대가 된 것이다. 이 세상에서 사는 의미가 구현되어야 했다.

그것이 사는 이유가 된 것이다. 데카르트^{René Descartes(1596~1650)}와 칸트로
이어지는 근대철학의 관념론적 경향은 이제 법정에 서야 한다. 그리고 니
체는 심문자가 되어 죄목을 철저히 추궁한다.

도대체 현대철학 전체는 근본적으로 무엇을 하고 있는가? 데카르트 이래 —
사실은 그의 선례에 근거를 두기보다는 그에 대한 반항에서 — 사람들은 모
든 철학자의 입장에서 주어 개념과 술어 개념의 비판이라는 외형적인 모습
아래 낡은 영혼 개념을 암살하고 있다. — 다시 말해 이는 그리스도교 교리
의 근본 전제를 암살하는 것이다. 인식론적인 회의에서 출발한 현대철학은
숨겨져 있든 드러나 있든, 반反그리스도교적이다: 비록 그렇다 하더라도, 예
민한 귀를 가진 사람을 위해 말하자면, 이는 결코 반종교적인 것은 아니다.
사람들이 문법과 문법적인 주어를 믿었듯이, 이전에는 '영혼'이라는 것을
믿었다: 사람들이 말하기를, '나'는 제약하는 것이요, '생각한다'는 술어이자
제약되는 것이다. — 사유는 하나의 활동이며, 그것에는 반드시 원인으로 하
나의 주어가 있다고 생각해야만 한다. 이제 사람들은 놀라울 정도의 집요함
과 간계로 이러한 그물에서 빠져나올 수 없는가를 시도하고 있다. — 아니면
아마도 그 반대의 경우가 참은 아닐까, 즉 '생각한다'는 것이 제약하는 것이
요, '나'는 제약되는 것이 아닐까, 즉 '나'란 사유 자체에 의해 만들어진 종합
에 불과한 것이 아닌지를 시험해본다. 칸트는 근본적으로 주체에게서 주체
가 증명될 수 없음을 입증하고자 했다. — 또한 객체도 증명될 수 없다: 주체
라고 하는 가상적 존재의 가능성, 즉 '영혼'이 그에게 항상 낯선 것이 될 수
는 없었을 것이다. 그러한 사상은 베단타 철학으로 일찍이 지상에서 엄청난
영향력으로 존재했다. (91쪽)

근대철학도 결국에는 가상을 쫓아다녔다. 일종의 주어의 존재 같은 것을 말이다. 주어가 있어야 문장이 완전하다는 생각은 편견이다. 우리 한국어의 경우는 주어가 없어도 충분히 말이 된다. '맛 좋다!' '뭘 넣었지?' '무엇을 할까?' '재밌니?' '응, 재밌어!' 이에 반해, 예를 들어 독일어의 경우 반드시 주어가 존재해야 한다. 주어가 없는 문장은 생각할 수 없다. 주어를 생각해낼 수 없다면 가주어라도 만들어놓아야 한다. 가짜 주어 말이다. 꼭 주어가 존재해야 한다는 그 생각을 버리지 못하는 것도 이성의 한계에 해당한다.

가상은 무지개를 만드는 물방울과 같다. 영원할 것만 같지만 언젠가는 사라지게 마련이다. 문제는 그 언젠가의 순간일 뿐이다. 생각이 달라지면 상황은 전혀 다르게 보인다. 옳다고 생각했던 말도 시대가 변하면 달라진다. 그래서 번역서도 독자 세대가 달라지면 다시 번역을 해내야 한다. 누구는 10년마다 새로운 번역서를 내놓아야 한다고도 말한다. 같은 민족의 언어로 쓰인 책이라 해도 그 시대에 맞는 말로 다시 집필을 해내야 한다. 도대체 영원한 말이 어디 있을까? 그런 존재를 믿는 것 자체가 허무할 뿐이다.

허무주의 철학은 가상을 드러내고 그것을 허무하게 바라보고자 한다. 새 시대를 맞아 유신론은 몰락했다. 하지만 종교 자체가 몰락한 것은 아니다. 니체도 종교의 힘과 가치를 잘 알고 있다. "형이상학적 세계가 존재할 수도 있다는 것은 타당하다."(인간적 I, 29쪽) 거부할 수 없다는 것이다. "예민한 귀를 가진 사람을 위해 말하자면, 이는 결코 반종교적인 것은 아니다." 신앙이 없는 사람은 없다. 정상적인 이성을 가진 자라면 무엇을 믿어도 믿는다. 그 믿음의 대상은 상상을 초월한다. 굳이 신이라는 개념으로 한계를 지을 수도 없다. 생각이 도달할 수 있는 곳까지 믿음도 따라간다. 그것이 이성의 힘이며 또한 한계이기도 하다.

위의 인용문에서 재미난 부분은 관념론적 발상에 대한 전환이다. 소위 역발상이다. "즉 '생각한다'는 것이 제약하는 것이요, '나'는 제약되는 것이 아닐까, 즉 '나'란 사유 자체에 의해 만들어진 종합에 불과한 것이 아닌지를 시험해본다." 천재적인 시험이다. 왜 그런 생각을 하지 못했을까? 왜 신은 인간의 작품이라고 감히 생각조차 못했던 것일까? 데카르트도 칸트도 "주체라고 하는 가상적 존재의 가능성, 즉 '영혼'이 그에게 항상 낯선 것이 될 수는 없었"다. 그들에게 그것은 당연한 것이었다. '사유 자체에 의해 만들어진 종합'에 불과한 것을 사물의 근본인 동시에 원인으로 간주하는 실수를 범하고 있었던 것이다. 역발상은 상상도 못하고 있었던 것이다.

허무를 위한
잔인한 희생

종교적인 것은 인간의 문제다. 인간이기에 견뎌내야 하는 문제다. 이성은 호기심을 품고 끊임없이 새로운 의문을 제기할 것이고 또 신의 존재도 끊임없이 생각의 발목을 잡을 것이다. 하나의 신에 얽매이지 말라는 것은 반종교적인 발언이 아니다. 늘 그 너머를 보려는 극복의 의지일 뿐이다. 니체는 세월이 흐르면서 더 종교적인 세상이 되어가고 있음을 확인하고 있을 뿐이다. "실상 종교적인 본능은 왕성하게 성장"(90쪽)한 이유는 자를 수 없어서 계속해서 가지고 살아야 하는 이 머리 때문이다.

인간은 '호모 사피엔스Homo sapiens',[21] 즉 생각하는 존재라 했다. 외운 것을 반복하는 것은 진정한 생각이 아니다. 인간이 공부를 하는 이유는 그것을 가지고 더 나은 생각을 하기 위함이다. 생각이 "태엽을 감아놓기만 하면 작동하는 작고 독립적인 시계장치 같은 것"(21쪽)이 되어서는 안 된다. 주입된 것만을 진리로 삼는 자는 온 세상을 적으로 삼을 때가 많다. 어떤 특정 책을 카논으로 삼듯이 교과서가 정해지면 학문은 다른 모든 목소리를 감옥 속에 가둬놓게 될 것이다.

생각은 잔인한 과정을 밟지 않을 수 없다. 사랑할 때와 정을 떼야 할 때는 전혀 다른 감정을 견뎌야 하기 때문이다. 사랑할 때는 모든 것을 견뎌야 하는 순간이고 정을 떼야 할 때는 사막 같은 허무를 견뎌야 하는 순간이다. 사랑할 때는 사랑하는 대상을 위해 그 무엇도 희생할 수 있어야 하고 정을 떼야 할 때는 아무리 사랑했던 것도 마음속에서 죽여야 한다. 왜냐하면 삶은 지속되어야 하기 때문이다. 삶의 의미는 살아갈 때만 구현되기 때문이다. 산 사람은 살아야 하기 때문이다.

종교적 잔인함이라는 커다란 사다리에는 수많은 디딤판이 있었다. 그러나 그 가운데 세 개의 디딤판이 가장 중요하다. 일찍이 사람들은 자신의 신에게 인간을, 아마 바로 가장 사랑했던 사람들을 희생으로 바쳤다. ─모든 선사시대의 종교에서 나타나는 장자長子의 희생도 이에 속하는 것이며, 티베리우스Tiberius 황제가 카프리 섬의 미트라 동굴에서 바친 희생 역시 이러한 것이고, 로마의 시대착오적인 온갖 사건 가운데 저 가장 끔찍한 희생도 그것이다. 그런 다음, 인류의 도덕적인 시기에 이르러 사람들은 자신의 신에게 사람들이 가지고 있던 가장 강한 본능, 자신의 '자연'을 희생으로 바쳤다. 이러한 축제의 즐거움은 금욕주의자, 감격한 '반反자연주의자'의 잔인한 눈초리 속에서 빛났다. 마지막으로, 희생으로 바칠 만한 그 무엇이 아직 남아 있는가? 사람들은 결국 한 번은 숨겨진 조화調和나 미래의 행복과 정의를 위해 모든 위안을 주는 것, 신성한 것, 치료하는 것, 모든 희망과 모든 믿음을 희생해야 하는 것이 아닐까? 사람들은 신 자체를 희생으로 바치고 자신에 대한 잔인함에서 돌과 어리석음, 중력, 운명, 허무를 숭배하지 않으면 안 되었던 것일까? 허무를 위해 신을 희생으로 삼는다는 것 — 마지막 잔인함인 이러한 역설적인 신비는 이제 막 나타나고 있는 세대를 위해 남겨졌다: 우리는 모두 이미 그것에 관해 어떤 것을 알고 있다. — (92쪽)

'종교적 잔인함'! 정말 잔인하긴 하지만 그래도 진실이 담긴 표현이 아닐 수 없다. 아브라함이 자신의 장자 이삭Isaac을 번제燔祭에 바치려 할 때 얼마나 잔인한 일들이 벌어졌던가. 아들이 묻는다. "번제할 어린 양은 어디 있나이까 아브라함이 이르되 내 아들아 번제할 어린 양은 하나님이 자기를 위하여 친히 준비하시리라."(창세기 22:7-8) 아들은 자신이 희생제물이 될 사실을 모르고 있고 아버지는 거짓말을 하고 있다. 티베리우스 황제가 자신의 생애 마지막 보금자리로 택한 카프리 섬에서도 사람을 희생제물로 바치는 제사를 지냈다고 한다. 이런 잔인한 상황을 만드는 것이 신앙이다. 신앙이 양심을 이기면 잔인해진다. 니체는 이런 잔인함을 종교의 첫 번째 단계로 설명하고 있다.

종교의 두 번째 단계는 "자신의 '자연'을 희생으로" 바치는 것이다. 이 단계에 이른 "사람들은 자신의 신에게 사람들이 가지고 있던 가장 강한

174

본능"을 희생으로 바친다. 자기 자신의 자연 혹은 본능을 제물로 생각해 내는 것이다. 그것을 복종의 상징으로 간주하는 것이다. "이러한 축제의 즐거움은 금욕주의자, 감격한 '반자연주의자'의 잔인한 눈초리 속에서 빛났다." 자기 자신의 욕망을 금지하고 자연스러운 것에 반ᴿ하면서 종교 인은 즐거운 축제를 벌인다. 이성을 가진 자의 대표적인 행동이다. 정신이 삶을 통제한다는 인식이 가져다주는 행복감에 취해보는 것이다. 배가 고파도 굶고 잠이 쏟아져도 깨어 있으며 "음욕을 품고 여자를 보는 자마다 마음에 이미 간음"(마태복음 5:28)했다고 간주하며 생각 자체를 통제해보고자 시도하는 삶을 살면서, 결국에는 그런 삶이 신에게 가까이 다가서는 것이라고 판단한다.

마지막 세 번째 단계에 가면 무엇을 희생할 수 있을까? 종교적인 삶에서 또 희생할 수 있을 만큼 남아 있는 것이 무엇일까? 니체는 마지막 단계로 믿음 자체를 희생해야 할 때가 아닌가 하고 의문을 제기한다. "사람들은 결국 한 번은 숨겨진 조화나 미래의 행복과 정의를 위해 모든 위안을 주는 것, 신성한 것, 치료하는 것, 모든 희망과 모든 믿음을 희생해야 하는 것이 아닐까?" 이것이 극복에 뿌리를 둔 허무주의 철학이다. 희망을 가져야 할 때도 있지만 바로 그 희망을 희생해야 할 때도 있다. 아무런 양심의 거리낌도 없이 버릴 수 있는 단계가 종교적 잔인함이 보여주는 마지막 단계다. 그 마지막 또한 '낙타'와 '사자' 그리고 '어린아이'의 단계로 이어지는 정신의 변화처럼 끊임없이 돌고 돈다.

니체는 자신의 생각을 영원회귀永遠回歸 사상이라 명명한다. 떠난 것은 또다시 돌아온다는 것이다. 죽은 사람은 땅속에서 온갖 미생물의 밥이 되고 그러면서 수많은 다양한 먹이사슬 속에서 돌고 돌다 다시 사랑하는 자의 모습으로 다가서는 것과 같다. 존재는 영원회귀라는 바퀴 속에서 돌고 돌 뿐이다. "짧은 비극은 결국 언제나 영원한 현존재의 희극에 자리를 물려주거나 뒤로 물러난다. 아이스킬로스^Aischylos의 표현을 빌리면 '한없는 웃음의 파도'가 이 비극들의 가장 위대한 주인공들조차 압도해 버린다." (즐거운, 68쪽) 웃음의 파도는 오고 또 간다. 웃음이 떠날 때도 울지 않을 수 있다면 그것은 허무주의적인 삶의 태도가 될 것이다. "세계의 바퀴는 굴러 / 목표와 목표를 스쳐 간다 / 고통 ― 원한을 품은 자는 그것을 이렇게 부른다 / 광대는 그것을 유희라고 부른다…"(즐거운, 399쪽) 원한을 품는 것은 허무주의의 뜻이 아니다. 너무하다는 생각조차 도움을 주지 않는다. 그런 생각이 고통을 가져다주기 때문이다.

허무주의 철학은 인생을 유희의 광장으로 만들고자 한다. 자기 삶을 살고자 하는 자에게 광대의 그것을 가르치고자 한다. 떨어질 위험이 있는 밧줄 위에서도 줄타기 광대가 되는 삶의 달인이 되어주기를 원하는 것이다. 삶은 실수를 허용하지 않는다. 떨어지면 죽는다. 매 순간 웃으며 살아갈 수 있도록 끊임없는 훈련으로 삶을 준비하고 있어야 한다. 허무주의 철학은 그런 의미에서 훈련소, 즉 "삶의 사관학교"(우상, 77쪽)와 같은 곳이다.

양심에 거리낌 없는 떠남의 부정과 동시에 "창조의 놀이를 위해서는 거룩한 긍정이 필요"(차라, 41쪽)함을 인식했다면 니체가 말하는 영원회귀 사상도 쉽게 납득이 갈 것이다. 삶의 현장을 제대로 살기 위해서는 이러한 잔인함이 감당되어야 한다. 그것이 '종교적 잔인함'이라 불리든 인간적 잔인함이라 불리든 상관없다. 삶 자체를 그저 우아하다거나 숭고한 것으로만 보지 않을 수 있다면 이름이 무슨 상관이겠는가. 좋을 때도 있고 나쁠 때도 있다. 삶의 문제는 죽음이 아니라 살아가는 데 있다는 것만 알면 되는 것이다.

종교적 잔인함에 있어서 세 번째 단계는 많은 생각을 해야 할 단계다. 니체가 새롭게 제시하는 단계이기 때문이다. 미래의 세대에게서나 기대할 수 있는 행동이기 때문이다. "마지막 잔인함인 이러한 역설적인 신비는 이제 막 나타나고 있는 세대를 위해 남겨졌다: 우리는 모두 이미 그것에 관해 어떤 것을 알고 있다. ― " 깊은 여운이 남는다. 허무주의 철학이 보여주는 희망의 메시지다. 이제 막 나타나고 있는 세대의 모습은 마치 떠오르는 태양처럼 장관이다. 눈이 부시기도 하다. 어둠에 싸여 있던 세상은 빛의 축제를 벌이고 있는 듯하다.

몰락했던 차라투스트라가 떠오르는 듯도 하다. 태양의 떠오름은 빛을 선사하려 몰락했던 바로 그 태양이다. 태양 스스로는 어둠을 모른다. 태양은 밤을 모른다. 태양은 늘 빛이 없는 곳을 찾아가고 있을 뿐이다. 니체의 허무주의 사상도 마찬가지다. 그는 처음부터 하나의 이념을 가지고 철학의 길로 접어들었다. 어떻게 하면 춤을 출 수 있을까? 어떻게 하면 웃음을 지으며 살 수 있을까? 그것만이 그의 고민이었다. 그에게 '비극의 탄생'은 춤과 웃음으로 가득한 삶에 대한 동경과 맞물려 있었다.

차라투스트라의 태양은 '신의 죽음'을 복음으로 전하고자 했다. "사람들은 신 자체를 희생으로 바치고 자신에 대한 잔인함에서 돌과 어리석음, 중력, 운명, 허무를 숭배하지 않으면 안 되었던 것일까?" 신을 버리면서 또 신을 찾을 수밖에 없는 게 운명이다. 인간의 운명이다. 머리는 자를 수 없고 이성은 죽을 때까지 가지고 가야 한다. 이성을 가지고 생각하는 한 늘 이상형은 문제가 될 것이고 그와 함께 신도 늘 생각의 발목을 잡을 것이다. 최고의 것에 대한 동경은 끝이 없을 것이다. 바로 이런 이성 때문에 인간은 스스로 자기 안에 스핑크스를 끌어안고 살아야 하는지도 모를 일이다.

"허무를 위해 신을 희생으로 삼는다는 것", 이것이야말로 허무주의 철학의 핵심 이념이다. 허무주의는 도래해야 한다. 도래한 허무주의는 다시 극복되어야 한다. 웃음의 파도는 와주겠지만 언젠가는 또다시 떠날 것이다. 눈물이 일상을 뒤덮을 때도 있을 것이다. 이별의 슬픔이 일상을 어둠 속에 가둬놓을 때도 있을 것이다. 그래도 삶은 이어져야 한다. 산 자는 살아야 한다. 이때 허무주의는 도래해주어야 한다. '아빠, 이제 잊겠어요! 나도 살아야 하니까!' '엄마, 이제 잊겠어요! 나도 살아야 하니까!' 돌아가신 부모님을 향해 고수레를 외칠 수 있는 자는 결코 양심이 없는 자가 아니다. 공자도 삼년상三年喪[22]을 기본으로 제시했지만 3년 뒤에는 일상으로 돌아올 줄 알아야 한다. 과거에는 3년이란 세월을 일상에서 떠나 있을 수 있었지만 빠르게 돌아가는 현대사회에서는 거의 불가능하다. 이제는 삼일장을 한다고 해서 누가 손가락질하지도 않는다. 3일 후에는 다시 일상으로 복귀하는 게 당연한 시대가 된 것이다. 오히려 열심히 살아가는 모습을 보고 싶어 외치는 죽은 영혼의 고수레 소리를 들을 준비를 해야 하지 않을까.

니체가 말하는 신神은 다양하다. 사랑했던 모든 것의 이름이기도 하다. 정들었던 모든 사물이 신이라 불릴 만하다. 그리고 그 신은 삶을 위한 존재가 되기도 하고 또 삶을 방해하는 존재가 되기도 한다. 신을 위해 성전聖戰을 벌인다거나 진리를 위해 황소처럼 붉은 천에 집착하는 그런 어리석은 짓은 삼가야 한다. 신을 하나로 정하는 순간 수많은 인간은 위기에 처하고 만다. 이상형을 하나로 정하는 순간 수많은 다른 관객은 갈 길을 잃고 만다. 교과서가 하나로 정해지면 교실에는 폭력만이 지배할 뿐이다. 신의 죽음 자체가 "반종교적인 것"(91쪽)은 아니다. 곱씹어봐야 할 말이다.

반대되는 이상에
눈을 뜨다

인식이 온다는 말은 무슨 뜻일까? 깨닫는다는 말은 또 무슨 뜻일까? 어떤 상황을 두고 우리는 인식했다 혹은 깨달았다고 말을 하는 것일까? 그것은 기존의 방식을 지양하고 전혀 새로운 방식으로 사물을 보게 되는 순간이다. 그리고 대부분 자의적인 해석이 아니라 사물을 있는 그대로 인식하는 순간이다. 비가 온다는 것을 그대로 인식할 때 '아~ 좋다~' 하는 말이 쏟아질 것이다. 쏟아지는 햇살 속에서 두 팔을 벌리고 망각의 춤을 출수 있을 때 엑스타제Ekstase는 실현될 것이다. 황홀하다는 말이 저절로 입안을 채울 것이다. 이성을 가지고 살아야 하는 존재는 인식의 순간을 지향할 수밖에 없다. 깨달음이 가져다주는 희열은 그 무엇과도 바꿀 수 없기 때문이다.

문제를 풀었을 때 인간은 행복감을 만끽한다. 욕조에서 목욕을 하다가 부피의 원리를 깨달은 아르키메데스Archimedes(B.C.287~B.C.212)는 홀딱 벗은 채로 '유레카Heureka'[23]를 외쳐대며 거리를 뛰어다녔다고 한다. 누구는 이를 두고 미쳤다고 말을 할 수도 있다. 하지만 깨달은 자는 그저 행복감에 빠져 있을 뿐이다. 쇼펜하우어도 자신의 대표작《의지와 표상으로서의 세계》의 집필을 완성하고 나서 이탈리아로 여행을 떠날 때 제목처럼 뻔뻔한 〈뻔뻔한 시〉를 썼다. "오랫동안 품고 깊은 곳에서 느꼈던 아픔들로부터 / 내 안의 마음으로부터 솟아올랐다. / 오랫동안 매달려 있던 것 그것을 / 마침내 완성해냈음을 알게 되었다. / 그러니 무슨 짓이든 너희들 마음대로 하렴. / 그래도 작품의 생명은 어찌할 수 없을 테니 / 잠시 가두어둘지언정 결코 소멸시키지 못하지. / 후세는 내게 기념비를 세울 터."[24] 참으로 같잖다. 그의 책을 읽어보지 않은 상태에서는 거부감마저 드는 어투다. 완성의 맛을 본 자는 그날의 죽음도 아깝지 않다. 공자도 "조문도 석사가의 朝聞道夕死可矣"[25]라고 하지 않았던가. 깨달음의 맛은 죽음과도 맞바꿀 수 있다는 얘기다.

니체의 이상향은 '선악의 저편'에서만 인식이 가능하다. 선과 악의 잣대를 들이대고서는 절대로 이해를 할 수 없는 것이 그의 철학이다. 멀리서 보면 물에 빠진 자처럼 보이기도 하다. 하지만 그는 물속에서 헤엄을 치며 놀고 있다. 누구는 그를 보고 미쳤다고 비아냥거리기도 한다. 하지만 그는 이성의 달인이 되어 최고의 춤을 추고 있는지도 모를 일이다. 니체가 가르쳐주는 수영을 배우고 싶으면 허무주의라는 바다에 빠져보아야 한다. "선과 악의 저편에 있는 사람, 이러한 사람은 그것을 의도한 적이 없다고 해도 아마 이로 말미암아 반대되는 이상에 눈을 뜨게 되었을 것이다: 즉 가장 대담하고 생명력 넘치며 세계를 긍정하는 인간의 이상에 눈을 뜨게 되었을 것이다."(93쪽) 눈이 떠지면 세상은 보인다. 그 눈을 뜨기 위해 때로는 두 눈을 감아야 할 때도 있다.

선악의 저편에 가보기 위해 때로는 한가함도 가져야 한다. "즉 내가 의도하는 것은 양심에 거리낌 없는 한가함, 즉 노동은 더럽힌다—즉 영혼과 몸을 천하게 만든다?—는 귀족의 감정에 전혀 낯설지 않은 예부터의 혈통상의 한가함이다."(94쪽) 귀족적 감정으로서의 한가함을 니체는 원하고 있다. 양심의 가책을 일으키지 않은 한가함만을 지향한다. 노동은 영혼과 몸을 더럽힌다 혹은 몸과 마음을 천하게 만든다는 식으로 말할 수 있는 그런 귀족의 감정에서 전혀 낯설지 않은 한가함 말이다. 그런 한가함에 자기 자신을 맡길 수 있을 때 황소가 그토록 집착했던 붉은 천은 허무함으로 다가서게 될 것이다. 그토록 안달했던 신의 존재까지도 극복하게 될 것이다. 오히려 신의 죽음이 복음 소식으로 들려올 것이다. 다시 일어설 수 있는 힘은 그때 생겨나는 것이다. 두 주먹 불끈 쥐고 운명에 맞서는 테세우스의 용기가 운명적인 적 미노타우로스를 죽일 수 있게 해준다. 그런 용기 있는 자에게 아리아드네와 같은 여인은 구원의 손길을 뻗친다.

또 선악의 저편으로 넘어가기 위해서는 피상적인 것을 알아볼 수 있어야 한다. 우리 인간은 이성을 통해 생각해낸 것을 진리로 삼는다. 이성은 쇼펜하우어가 말했듯이 그저 "내용이 없는 조작의 형식뿐"[26]임에도 불구하고 그 형식이 만들어낸 내용을 진리로 삼는 꼴이나. "세계를 심층적으로 통찰한 사람은 아마 인간들이 피상적이라는 사실에 어떤 지혜가 있음을 알아차릴 것이다. 인간에게 덧없고 경솔하고 거짓된 것을 가르치는 것은 인간의 보존 본능이다."(97쪽) 인간은 이성적인 존재인지라 늘 자기 자신의 생각을 남에게 가르치려는 본능을 지닐 수밖에 없다. 참으로 가소로운 지혜가 아닐 수 없다. 이러한 인간의 한계를 인식시키고자 하는 것이 허무주의 철학의 의도다.

인간의 인식은 하나에서 멈춰서는 안 된다. 인식은 늘 새로운 곳으로 나아가려는 힘과도 같다. '숙제를 다했다'고 공부가 끝난 것은 아니다. 또 '공부를 다했다'고 공부 자체가 끝난 것은 아니다. '생각을 다했다'고 생각을 멈출 수도 없다. '다했다'는 표현 자체가 망상일 수 있다. 어떻게 보면 종교적 인간 자체가 어느 인식에 도달한 사람이기는 하다. 하지만 어느 한 곳에 머무르려는 인식은 한계를 드러내고 만다. 삶의 현장은 시시때때로 변화를 감당해야 한다. 그 변화를 인정하지 못하는 종교적 인간은 스스로 위기를 자초하고 말 것이다. 허무주의는 그런 것을 원하지 않는다. 니체는 자유정신을 원할 뿐이다. 선악의 저편에는 자유정신만이 존재할 뿐이다.

자유정신을 가르치기 위해 이토록 먼 곳까지 왔다. 그것을 위해 니체는 평생을 철학의 길에 머물렀던 것이다. 호모 사피엔스는 생각하는 존재다. 생각하는 존재에게 구원은 최고의 이념이 될 수밖에 없다. 이성이 없는 동물에게는 구원이 요구되지 않는다. 오로지 인간만이 천국을 꿈꾼다. 이성이 있어서 그런 것이다. 정답을 추구하고 신을 찾는 이유도 여기에 있다. 그런 것으로부터 인간은 자유로울 수가 없다. 그런 것에 얽매이면 붉은 천에 고집을 피우는 황소처럼 살 수밖에 없다. 자신의 자유를 위해 타인의 자유를 희생시키는 삶은 바람직한 것이 아니다. 그런 삶은 오히려 극복의 대상이 되어야 마땅하다. 이런 이념을 위해 니체는 종교까지도 도구로 이용할 것을 요구한다.

우리가 이해하는 철학자, 즉 우리 자유정신은 — 인류의 총체적 발전에 양심을 지닌, 가장 포괄적인 책임을 진 인간이다: 이러한 철학자는 그때그때의 정치적, 경제적 상황을 이용하는 것처럼, 인류를 육성하는 사업과 교육 사업을 위해 종교를 이용하게 된다. 종교의 도움 아래 이행될 수 있는 선택하고 육성하는 영향, 즉 항상 파괴적이고도 창조적이며 형성하는 영향은 종교의 속박과 보호 아래 놓이게 되는 인간의 종류에 따라 더욱 다층적이고 다양하다. 강자, 독립적인 자, 명령하도록 준비된 자와 예정되어 있는 자, 즉 지배하는 종족의 이성과 기교가 구현되는 자에게는 종교란 저항을 극복하고 지배할 수 있기 위한 수단 이상이다. (99쪽)

누차 말하지만 종교는 인간의 문제다. 종교로부터 자유로울 수 없는 게 인간이라고 했다. 니체의 허무주의 철학은 종교에서 벗어나고자 하는 것이 아니다. 오히려 올바른 종교를 세우고자 애를 쓰고 있는 듯하다. 그는 잘 알고 있다. 종교의 힘은 대단하다는 것을, 또 그 현상은 상상을 초월한다는 것을. 그는 종교를 수단으로 이용할 것을 종용한다. 그런데 종교는 우리가 생각할 수 있는 수단 이상의 것이다.

허무주의에서 무엇인가를 배우고자 하는 자는 종교의 대가大家가 되어야 한다. 종교적인 것을 가지고 무엇이든지 할 수 있는 인간이 되어야 한다. 인간에게서 종교적인 것을 제거할 수 없다. 이것이 니체의 대전제다. 제거할 수 없다면 감당해야 한다. 어쩔 수 없다면 즐길 줄 알아야 한다. 비극조차도 희극으로 넘길 수 있는 비결을 배워야 한다. 울음을 그치고 웃을 수 있는 지혜를 얻어야 한다. 고통이 인생의 본질이라면 그 고통까지도 황홀경으로 끌어올릴 수 있는 길을 찾아내야만 한다. 세네카의 말이 떠오른다. "돌길을 통해 별들에게로!"[27] 버질Virgil이 단테Dante Alighieri (1265~1321)를 이끌고 천국으로 향했던 길은 이런 길이었다.

물론 니체가 종교의 위험성을 간과하고 있는 것도 아니다. "만일 종교가 철학자의 손안에 있는 육성의 수단과 교육의 수단이 아니라, 그 스스로 절대 권한으로 군림한다면, 만일 종교가 다른 수단들과 병립해 있는 수단이 아니고 그 자체로 궁극적인 목적이고자 한다면, 이는 언제나 비싸고 무서운 대가를 치르게 된다."(101쪽) 종교가 치르게 될 비싸고 무서운 대가는 상상을 초월한다. 천 년이 넘는 유럽의 중세만 보아도 혀를 차게 된다. 니체는 이러한 중세의 흔적을 18세기까지 찾아내고 있다. "만일 사람들이 에피쿠로스의 신 같은, 비웃는 듯하고 무관심한 눈으로 유럽 그리스도교의 기이하게 고통스럽고 조야하기도 하며 또한 섬세하기도 한 희극을 조망할 수 있다면, 끝없이 놀라워하며 웃지 않을 수 없을 것이라고 나는 믿는다: 결국 인간에게서 하나의 숭고한 기형아를 만들려는 의지가 18세기 동안 유럽을 지배해왔던 것처럼 보이는 것이 아닌가?"(103쪽) 여기서 말하는 기형아는 자존감을 상실한 종교적 인간을 일컫고 있다. 허무주의가 가장 혐오하고 경계하는 인간상이다.

04

인간과 세계를 긍정하는 지혜

—

사랑으로 행해지는 것은 항상 선악의 저편에서 일어난다.

잠언 속에 담긴 삶의 지혜와
허무주의의 이념

니체의 철학은 짧은 글들로 이루어져 있다. 인간 세상의 다양성을 담아내기 위한 문체로 간주되고 선택된 것이라 생각된다. 논리에 기반을 둔 체계적인 글로는 이러한 다양성을 표현해내기 어렵기 때문이다. 니체는 《선악의 저편》 4장을 〈잠언과 간주곡〉으로 편집해놓았다. 긴장되었던 흐름을 잠시 풀어주는 느낌이 드는 장이다. 굽이굽이 흘러가던 물줄기가 갑자기 넓은 곳에 이르러 천천히 흘러가는 느낌이다. 그렇다고 너무 풀어져 있을 수만도 없는 그런 장이다. 오히려 오랜 시간을 여기서 보내야 하기도 하다. 짧은 글이라고 짧게만 머무르다 떠날 수 없는 글이 잠언이기 때문이다. 짧은 글이지만 많은 생각을 요구하는 그런 글이다. 여기 이 절에서는 몇 개의 잠언만 읽어보는 것으로 만족하도록 하겠다.

근본적으로 선생이란, 모든 일을 자기 학생과의 관계에서만 진지하게 생각

한다. — 심지어 자기 자신마저도. (107쪽)

허무주의 철학은 인간 개개인이 스스로 강해지기를 바란다. 자기 삶을 스스로 책임지고 살아가는 인간을 원한다. 신이나 진리에 의존한 삶을 경계한다. 그런데 예를 들어 선생이란 사람들은 늘 학생과의 관계 속에서만 자신의 생각이 작동된다. 너무도 의존적이지 않을 수 없다.

'인식을 위한 인식' — 이것은 도덕이 만들어놓은 마지막 함정이다. 이것으로 말미암아 사람들은 다시 한번 완전히 그 안으로 빠져들어간다. (107쪽)

인식은 인간을 위한 것이어야 한다. 삶을 위한 것이어야 한다. 하지만 인식을 위한 인식은 바람직하지 않다. 어떤 행동을 도덕적이라고 단정해놓고 다른 모든 것을 그것을 위한 조력자로 바꿔놓을 때 자기가 만든 함정에 스스로 빠져버리는 어리석은 결과를 초래할 수도 있다.

인식에 이르는 길 위에서 그렇게 많은 부끄러움을 극복할 수 없다면, 인식의 매력은 적을 것이다. (107쪽)

극복해야 한다. 이것이 니체의 가르침이다. 극복은 부정의 단계를 전제한다. 정 떼기가 있어야 한다는 뜻이기도 하다. 정이 떨어지는 그 감정을 앞세우지 않고 극복할 수는 없다. 부끄러움을 맛보아야 한다. 수치심을 느껴야 한다. 그래야 극복이 가능하다. 극복을 위한 수치심이라면 얼마든지 겪어도 된다. 그것은 절망보다는 희망 쪽으로 스스로를 이끌고 갈 것이기 때문이다.

> 죄를 범해서는 안 된다!라고 말할 때, 사람들은 신에게 가장 불성실한 것이다. (107쪽)

니체도 종교 자체를 거부하는 것은 아니라 했다. 신도 마찬가지다. 신 자체를 거부하는 것이 허무주의 철학은 아니다. 그도 신을 원할 때가 있다. 가장 대표적인 예라면 차라투스트라의 신앙고백이었다. "나는 춤을 출 줄 아는 신만을 믿으리라."(차라, 65쪽) 춤을 출 줄 아는 신은 그의 유일한 신앙이다. 진정한 춤은 정해진 스텝의 규칙을 극복했을 때 실현된다. 그런 춤이 신의 경지를 경험하게 해준다. 그런데 '죄를 범해서는 안 된다!'라는 규칙을 정해놓고 춤추듯이 살라는 것은 족쇄를 채워놓고 자유롭게 걸으라는 잔인한 요구와도 같다. 선과 악을 넘어선 생각만이 진정한 자유를 맛볼 수 있으리라.

> 한 사람에 대한 사랑은 야만성이다: 그것은 다른 사람을 모두 희생하며 행해지기 때문이다. 신에 대한 사랑도 마찬가지다. (108쪽)

'오직 너만 사랑해!' 참 좋은 말처럼 들린다. 하지만 허무주의 철학은 오히려 이런 주장이 지닌 위험을 지적한다. 한 사람만 사랑한다는 것은 야만적인 행동이라고. 왜냐하면 다른 모든 사람을 희생시키고 있기 때문이다. 오직 하나만을 진리로 삼는 행위도 위험하다. 오직 하나의 정답만을 위한 집념도 위험하다. 허무주의 철학은 가능한 한 많은 것을 사랑할 수 있는 능력을 키우고자 한다. 가능한 한 다양한 진리와 정답을 감당하게 하고 싶은 것이다. 하나에 얽매일 때 삶 자체가 위험해진다는 것을 가르쳐주고자 한다.

> 만일 아끼는 척하면서 죽이는 손을 본 적이 없다면, 인생을 제대로 본 것이 아니다. (108쪽)

인생은 전쟁터다. 모두가 살기를 바랄 뿐만 아니라 더 잘 살고자 노력한다. 누구나 더 나은 삶을 꿈꾼다. 그런 생각을 할 때 인간은 절대로 양심의 가책을 느끼지는 않는다. 그런 삶을 위해서는 다른 사람들의 희생을 요구함에도 불구하고 말이다. 타인을 향한 동정도 자신에게 도움이 될 때만 가능하다. 각자의 마음 때문에 '모든 게 내 마음 같지가 않다'는 말이 있는 것이다.

> 높은 감각의 강함이 아니라, 지속되는 것이 높은 인간을 만든다. (109쪽)

성경에는 "끝까지 견디는 자는 구원을 얻으리라"(마태복음 24:13)는 말이 있다. 물론 기독교가 말하는 끝은 하나이겠지만 생철학적으로 보면 그 끝도 다양하다. 모든 사람에게는 자신의 운명이 끝나는 순간이 따로 있다는 얘기다. 자신의 힘이 다하는 곳이 끝이다. 그 끝까지 사는 것이 문제. 주어진 삶을 스스로 포기하거나 끊어버리는 일은 허용되지 않는다. 그런 것은 생철학이 바라는 바가 아니다. 감각이 강한 것은 그리 중요하지 않다. 오히려 그런 감각이 삶을 견딜 수 없게 만들 수도 있다. 물론 오래 사는 게 목적인 것도 아니다. 매일 극복하는 삶을 사느냐가 문제일 뿐이다.

　　자신의 이상에 이르는 사람은, 이로써 그 이상마저도 넘어선다. (109쪽)

　극복의 철학, 그것이 니체가 가르치고자 하는 허무주의 철학이다. 끊임없이 넘어서야 한다. 목표나 목적의식 없이 살아갈 수는 없다. 하지만 그것을 이룬 순간에는 또 다른 곳을 바라볼 줄 알아야 한다. 이성을 가지고 생각을 하는 존재는 이상으로부터 자유로울 수가 없다. 늘 최고의 것을 지향할 수밖에 없다. 아무리 가장 큰 숫자를 생각해내도 그다음의 숫자는 또 있게 마련이다. 아무리 끝까지 가도 그 너머에 대한 동경은 남게 마련이다. 그래서 가보지 않은 길에 대한 아쉬움은 피할 수가 없다. 이상을 가질 때는 선택의 순간이다. 그 선택이 방향을 정해준다. 지속적인 선택과 지양이 높은 곳에 이르게 해줄 것이다.

　　공작孔雀은 대부분 바라보는 모든 사람의 눈앞에서 자신의 꽁지깃을 감춘다. —이를 공작의 자존심이라 한다. (109쪽)

　공작에게서 배울 수 있는 교훈이다. 공작의 진짜 모습은 꽁지깃을 펼쳤을 때다. 하지만 모든 사람이 보는 곳에서 자신의 모습을 다 보여주지는 않는다. 그것이 공작의 자존심이라는 것이다. 자신의 생각은 구경거리가 되지 않도록 잘 숨겨두고 있어야 한다. 게다가 타인의 생각을 읽은 다른 사람들은 그것을 가지고 장난치기를 좋아한다. "아끼는 척하면서 죽이는 손"(108쪽)이 닿지 않도록 주의해야 한다.

자기 자신을 경멸하는 사람은, 그러면서도 언제나 경멸하는 자인 자신을 존중한다. (110쪽)

자기 경멸도 때로는 필요하다. 극복하고자 할 때는 그런 감정 없이는 불가능하기 때문이다. 창조적인 삶을 살고자 할 때는 파괴할 수 있는 악한 마음이 요구된다. 그런 마음을 알고 싶을 땐 자기 자신에게 '너, 그것밖에 못하니?' 하고 다그칠 때의 마음을 관찰해보면 된다. 거짓말할 줄 아는 자가 진실도 안다. 증오할 줄 아는 자가 사랑도 한다. 경멸할 줄 아는 자가 존중도 아는 법이다.

바다 한가운데서 갈증이 나 죽는다는 것은 무서운 일이다. 그런데 그대들은 자신의 진리가 한 번도 갈증을 해소시킬 수 없을 정도로 그것을 바로 소금에 절여야만 하는가? (111쪽)

진리에 목말라 하지 말라! 정답에 연연하지 말라! 시험에 붙게 해줄 교과서를 찾지 말라! '그거 하나면 된다'는 말만큼 위험한 것이 또 없다. 모든 것에는 때가 있다는 말이 있다. 때를 기다릴 줄 알아야 한다. 인식의 그물은 짜져야 한다. 이것이 저것을 만나 엮어져야 한다. 그때 사물이 그 그물에 걸려들게 되는 것이다. 썩지 않는 영원한 진리를 바라기보다는 다양한 진리를 지향하는 것이 더 인간적이다.

구속된 마음, 자유로운 정신. ─ 만일 사람들이 자신의 마음을 엄격하게 묶어 잡아두면, 자신의 정신에 맑은 자유를 줄 수 있다: 나는 이것을 이미 한

번 말했다. 그러나 사람들은 이것을 알지 못했는지 내 말을 믿지 않는다. (112쪽)

우리말에 '마음을 풀어놓는다'는 표현이 있다. 일상에 얽매였던 마음에 자유를 준다는 뜻도 된다. 하지만 이때 정신은 어떤 상태일까? 누구는 '정신이 맑아진다'고 말할 수도 있겠지만 풀린 마음과 함께 정신 또한 통제를 벗어나 있다. 그것을 두고 자유라고 말하지는 않는다. 우리말에 '마음을 다잡는다'는 표현도 있다. 마음을 통제하에 둘 때 정신은 오히려 선명해진다. 그때 정신은 이것도 할 수 있고 저것도 할 수 있다. 그때 생각은 자유의 날개를 펼치게 되는 것이다. 극복해야 할 때 마음은 구속해야 한다. 그때 정신은 자유를 맛보게 된다. 정신이 자유로워야 창조가 가능해진다. 실러 Johann Christoph Friedrich von Schiller(1759~1805)는 "예술은 자유의 딸"[1]이라고 했다. 창조적인 삶을 살고 싶으면 예술가적인 삶의 비결을 배워야 한다.

사람들은 오디세우스 Odysseus가 나우시카 Nausikaa와 이별했을 때처럼, 그렇게 삶과 이별해야만 한다. ― 연연해하기보다는 축복하면서. (114쪽)

삶은 연연할 일이 아니다. 집착하며 미련을 가질 때마다 삶의 에너지는 하염없이 빠져나갈 것이다. 생철학이 가장 힘들게 설득하고자 하는 부분은 죽음에 대한 인식이다. 중세는 죽음에 대한 두려움과 그것의 극복을 위해 신의 존재와 그의 힘을 요구했었다. 죽음은 아무리 생각을 해도 피할 수 없다. 그래서 신 같은 존재가 있어야 할 것만 같은 것이다. 하지만 생철학은 그런 식으로 해결책을 구하지 않는다. 오히려 죽음을 인정하고 받아들이려 한다. 삶과 이별할 때 눈물을 흘리기보다는 축복하라고 가르치고 있다. 행복한 마음으로 죽음을 맞이하라는 것이다. "나뭇잎은 말라 버리겠지만, 그렇다고 어디 한탄할 것이 있겠는가!"(차라, 297쪽) 단풍놀이를 하라! 즉 단풍을 보고 놀이를 할 수 있듯이 인생의 마지막 순간을 맞이하여 재밌게 놀아라! 가장 재미난 놀이를 준비하라! 이것이 허무주의 철학자 니체가 하고 싶은 말이다.

> 우리 인생의 위대한 시기는 우리가 우리의 악을 우리의 최선이라고 고쳐 부를 용기를 얻는 그때다. (118쪽)

인생에서 가장 기억에 남는 순간은 용기를 냈던 때다. 그것들이 모여 축제의 현장을 만들어준다. 용기는 자신에게 걸맞은 적을 찾아냈을 때 요구되는 미덕이다. "자신의 힘을 견주어 볼 수 있는 상대인 적敵, 즉 가치 있는 적으로서 무서운 것을 갈망하는 몹시 날카로운 눈초리의 실험적 용기는? 자신이 '두려워하는 것'이 무엇인지를 배우고자 하는 적은 있는가? 가장 훌륭하고 가장 강하고 가장 용기 있는 시대의 그리스인들에게 비극적 신화는 무엇을 의미하는가?"(비극, 10쪽) 니체는 이렇게 물으며 철학의 길을 선택했다. 삶의 문제는 사는 것이지 죽는 것이 아니다. 삶에 제대로 집중하기 위해 죽음까지도 인정하고 살아야 한다. 그때 필사즉생必死卽生의 기적이 일어난다. 죽음을 각오한 자가 못할 게 무엇이 있겠는가.

> 사랑으로 행해지는 것은 항상 선악의 저편에서 일어난다. (127쪽)

《선악의 저편》에서 가장 핵심이 되는 문장이 아닐까. 인생의 꽃은 사랑이다. 그 꽃을 피우기 위해서는 선악의 저편으로 넘어가야 한다. 이래야한다 저래야 한다 하는 기준이 있는 곳에서는 절대로 사랑이 이루어지지 않는다. 사랑은 모든 것을 인정하고 견뎌낼 때 이루어지는 법이다. 사랑은 모든 것을 맡길 때 실현된다. 집착과 고집은 사랑의 이름을 얻지 못한다.

> 수수께끼로서의 충고. ─ "끈이 끊어지지 않도록 하려면, 너는 먼저 그것을 깨물어보아야만 한다." (124쪽)

사랑은 지속하는 것이다. "사랑에는 멈춤이 없다." (인간적 I , 328쪽) 끊임없는 호기심을 요구시켜야 하는 것이 사랑이다. 사랑할 때는 끝까지 간다는 생각으로 임해야 한다. 만약 그것이 끈이라면 그 끈이 끊어지지 않도록 조심해야 한다. 너무 긴장시키면 탄력을 잃고 만다. 또 한계를 넘어서면 끊어지고 만다. 그 끈이 얼마나 질긴지 일단 깨물어보고 그 적당한 수준을 지속시켜야 한다.

인간의 문제로서의 도덕, 그리고 학문으로서의 '도덕학'과 '도덕의 유형학'

종교와 마찬가지로 도덕을 운운하는 것도 인간이다. 즉 도덕도 인간의 문제라는 얘기다. 이성을 가진 존재가 어쩔 수 없이 생각해야 하는 부분이기도 하다. 인간은 결국 도덕적 존재다. 그렇다면 어떤 도덕을 가지느냐가 문제인 것이다. 니체는 "우리의 의문부호"라는 잠언에서 "우리를 이해하기 위해서는 많은 노력이 필요하다"(즐거운, 326쪽)고 밝혔다. 허무주의 철학을 이해하려면 실로 많은 노력이 요구된다. 자신의 생각으로 남을 이해하는 데는 한계가 있기 때문이다. "우리가 자신을 진부하게도 그저 무신론자, 불신자, 비도덕주의자라고 불리게 놓아둔다면, 우리는 오랫동안 자신의 이름이 제대로 불리지 않고 있다고 생각할 것이다. 우리는 가장 후기의 단계에 이른 위의 세 가지 모두다."(같은 책, 327쪽) 무신론자이면서 또 무신론자가 아니다. 비도덕주의자이면서 또 비도덕주의자가 아니다. 이 말을 이해할 수 있는가? 이 말이 아직도 혼란스럽다면 잠시 독서를 멈추고 지금까지 읽어온 것들을 다시 차근차근 검증해야 할 것이다.

　'신은 죽었다.' 니체는 이 말을 하면서 허무주의를 세상에 알렸다. 하지만 니체가 말하는 '신'은 모든 신을 아우르는 신新개념일 뿐이다. 물론 그 안에 기독교의 유일신 하나님도 들어 있을 뿐이다. 니체가 극복의 대상으로 삼고 있는 신은 하루에 열 번을 극복해야만 하는 진리이기도 하다. 옳다고 생각했던 온갖 것이 신이라는 이름으로 불리고 있을 뿐이다. 이성을 가지고 살아야 하는 존재는 하나의 진리에 머물러서는 안 된다는 것을 가르치고자 하는 것이 허무주의 철학이다. 하나의 시각에 얽매이지 말자는 것이 이 철학의 의도다. 떠남과 만남의 철학, 그것이 허무주의 철학이다. 파괴와 창조, 그것이 이 철학의 이념이다. 사랑을 배우고 싶다면 증오의 기술도 잊지 말아야 한다는 얘기다. 앞선 절에서 다루지 않고 건너뛴 잠언 하나를 읽으면서 도덕의 문제로 넘어가고자 한다.

　　도덕적인 현상이란 전혀 존재하지 않는다. 현상에 대한 도덕적인 해석만이

있을 뿐이다. (117쪽)

무엇이 도덕인가? 도덕적인 현상은 무엇인가? 그런 현상이 있기나 한 것일까? 현상은 행동으로 드러날 수밖에 없다고 생각한다면, 또다시 의문을 제기할 수밖에 없다. 도대체 어떤 행동이 도덕적 현상이란 말인가? 어른 앞에 고개를 숙이고 존경을 표하는 것이 도덕적인 현상인가? 그것은 어른의 입장에서는 바람직한 행동일 수 있다. 하지만 어른은 한 사람으로 이루어지지 않는다. 기준 미달에 해당하는 수많은 다양한 사람이 '어른'이라는 이름으로 혜택을 받고 있기도 하다. 결국에는 니체가 말한 것처럼 "현상에 대한 도덕적인 해석"만이 있을 뿐이다.

이런 경우에 이것이 도덕적이고 저런 경우에 저것이 도덕적이라고 하는 것이 도덕적 상황을 형성한다. 결국 도덕은 자의적이 될 수밖에 없다. 어느 현상이 도덕의 이름으로 불리게 되는 것이다. 전통을 중시하는 것은 좋지만 버려야 할 전통도 있다. 그럴 경우에 전통을 무시한다고 손가락질할 수는 없는 법이다. 어른을 공경하는 것은 좋지만 타인에게 해를 끼치는 사람이라면 그 사람에 대해 다른 태도를 취하는 이를 향해 부도덕한 사람이라고 말을 해서는 안 된다는 얘기다. 도덕이든 진리든 정답이든 신이든, 그것이 하나로 혹은 옳은 것으로 정해질 때 독재와 폭력이 허용된다.

허무주의 철학은 그 하나를 정하지 말라는 말을 하는 게 아니다. 그 하나에서 머물지 말라는 말을 하고 있을 뿐이다. 진리는 오고 가게 해야 한다. 파도처럼 대하면 되는 것이다. 하루에도 열 번을 극복할 수 있다면 건강한 정신이다. 그 정신이 자유로운 것이다. 흔들리지 않는 마음으로, 소위 평정을 이룬 상태에서 삶을 살아갈 수 있는 것이다. 하나를 찾아갈 때는 낙타의 마음으로 갈급하게 나아가면 되는 것이고, 버려야 할 때는 주인의식을 고쳐며 사자 같은 마음으로 당당하게 떠나면 되는 것이다. 그 다음에는 다시 어린아이가 되어서 모든 것을 새롭게 받아들이면 된다. 이런 과정을 하루에도 열 번 이상 하라는 것이 니체의 가르침이다. 그래서 그의 눈에 비친 도덕학은 아직 해야 할 일이 많은 것처럼 보일 뿐이다.

오늘날 유럽에서의 도덕 감각은 섬세하고 노숙老熟하며 다양하고 민감하며 세련되었는데 그에 속하는 '도덕학Wissenschaft der Moral'은 아직 젊고 미숙하며 서툴고 조야하다: ― 이것은 흥미진진한 대조이며, 가끔 도덕주의자의 인성 자체에서 볼 수 있고 구현된다. '도덕학'이라는 용어는 그 용어로 표현되는 것을 고려할 때, 이미 너무나도 불손하며 좋은 취미에 거슬리는 것이다: 좋은 취미란 언제나 겸손한 용어를 사용하기 위한 맛보기가 되곤 한다. 사람들은 여기에서 오랫동안 여전히 필요한 것이 무엇이며 잠정적으로만 정당한 것이 무엇인지 아주 엄격하게 시인해야만 한다: 즉 자료를 수집해야만 하며, 살아서 성장하고 산출하며 몰락해가는 민감한 가치 감정들과 가치 차이들의 엄청난 영역을 개념적으로 파악하고 정리해야 하는 것이다. ― 그리고 아마도 이것은 이러한 살아 있는 결정체가 반복되며 더욱 빈번하게 나타나는 형태들을 분명히 파악하려는 시도일 것이다. 즉 이것은 도덕의 유형학을 마련하려는 준비다. 물론 사람들은 지금까지 그렇게 겸손하지 않았다. 철학자들은 누구나 도덕을 과학으로 다루자마자 웃음을 자아내는 어설픈 진지함으로 스스로에게 아주 드높고 까다롭고 엄숙한 그 무엇을 요구했다: 그들은 도덕을 정초定礎하기를 원했던 것이다. ― 그리고 모든 철학자는 지금까지 도덕을 정초했다고 믿어왔다. 그러나 도덕 자체는 '주어진 것'으로 여

겼다. (137쪽 이후)

감각과 학문이 따로 논다. 학교라는 현장에서 이런 현상이 가장 두드러지게 나타난다. 아이들은 이미 새로운 것에 익숙해져 있는데 반해 어른들인 선생들은 그것에 무지할 따름이다. 그러면서도 교육을 하려고 애를 쓰는 곳이다. 과거의 것을 되풀이하면서 그것을 '교육'이라는 이름으로 내걸고 있는 꼴이다. '하라' 혹은 '하지 말라'는 말을 하도록 허용된 선생들은 일종의 '도덕주의자'가 된다. 그들의 인성에서 우리는 시대에 뒤처진 불편한 그 무엇을 발견하게 된다.

'도덕학'이라는 용어는 존재해왔다. 하지만 무엇이 도덕학의 이름으로 불려왔던가? 니체는 이 질문부터 하고 있다. 그리고 문제를 근본에서부터 건드리려고 한다. '지금까지' 도덕주의자들은 자신의 학문의 대상인 '도덕'을 입에 담을 때마다 너무도 진지한 태도를 취해왔다. 마치 그것이 진리인 양 그렇게 간주하면서 말이다. 스스로가 "도덕을 정초하기를 원했던 것"처럼, 그리고 또 "지금까지 도덕을 정초했다고" 믿으면서 말이다. 그들의 자부심은 하늘을 찌를 듯하다. 그들은 자신의 학문이 최고의 학문인 양 그렇게 여기고 있는 것이다. 겸손이라고는 찾아보기 힘들 정도다.

도덕주의자들의 겸손하지 못한 발상은 '도덕이 존재하고 있다'고 믿는다는 사실에 있었다. 신이 존재한다고 믿는 것과 다를 바가 없다. 도덕은 존재하는데 우리가 그 도덕을 잘 알지 못하고 있는 실정이라고 판단한 것이다. 이런 생각을 학문으로 간주하게 될 때 발생하는 가장 큰 오류는 '아는 자'의 자격이다. 자신의 해석을 정설로 간주하는 오만함이다. 마치 신의 은총으로 쓰인 글이 자신의 학문적 업적이라고 말하는 것과 같다. 더 나아가 신이 손수 써준 것이라고 말하면 그에 부여되는 권한은 그 어떤 비판도 허용하지 않는다. 그 신성함이란 인간의 영역을 넘어서게 된다.

니체는 이런 '도덕학'에 비판을 가하면서 그 대안으로 '도덕의 유형학'을 소개하고자 한다. 하나의 도덕만이 존재하는 것이 아니라, 이런 도덕도 있고 또 저런 도덕도 있다. 시대마다 도덕의 유형이 다르고 또 나라마다 그 내용이 달라진다. 더 세분화하면 사람마다 도덕적 기준이 달라진다. 누구는 이런 행동을 더 좋아하고 또 누구는 저런 행동을 더 좋아한다. 그중 어느 하나의 취향을 도덕적 취향으로 간주해서는 안 된다. 기독교 학교는 이런 도덕을, 불교 학교는 저런 도덕을, 여자들만 다니는 여자 학교에서는 또 다른 도덕을 따른다. 이때 어떤 도덕이 진정한 도덕인가 하는 문제는 어리석은 질문이다. 이는 마치 계몽주의 작가 레싱의《현자 나탄》에서 술탄 살라딘Sultan Saladin이 유대교와 이슬람교 그리고 기독교 사이에서 "이들 세 가지 종교 중에서 오직 하나만이 진짜일 것"[2]이라는 편견과 같다. 도대체 어떤 종교가 진정한 종교일까? 이것은 가장 비이성적인 질문인 것이다.

도덕의 본래 문제들은 모두 많은 도덕을 비교함으로써 비로소 나타나게 된다. 이상하게 들릴는지 모르겠지만, 지금까지의 모든 '도덕학'에는 아직 도덕의 문제 자체가 결여되어 있었다: 여기에서는 문제가 될 만한 것이 있을 것인가 하는 의심이 없었던 것이다. 철학자들이 '도덕의 정초'라고 부르고 스스로 요구했던 것은, 올바른 빛에 비추어보자면, 현재 유행하는 도덕에 대한 훌륭한 믿음의 현학적인 한 형식일 뿐이며, 그것을 표현하는 새로운 수단이다. 다시 말해 특정한 도덕성 안에 있는 사실 그 자체이며, 심지어는 궁극적으로 이러한 도덕이 문제시될 수도 있다는 사실에 대한 일종의 부정이다:— 하여튼 이러한 믿음을 검토하고 분석하고 의심하고 해부하는 것과는 반대되는 것이다. (138쪽)

도덕에 대한 니체의 입장은 확고하다. 도덕은 다양하다는 것이다. 올바른 행동에 대한 지침은 다양할 수밖에 없다. 상황에 따라 다른 도덕이 요구되기 때문이다. 문제는 그중에 어떤 도덕을 지원하느냐가 관건이다. 생철학적 입장에서 보면 어떤 것이 삶에 더 유리한가? 그것이 문제의 핵심이다. 인간적인 삶에 도움이 되는 도덕은 과연 무엇일까? 이 질문이 너무 추상적으로 들리면 좀 더 노골적으로 물어보자. 내게 도움이 되는 도덕은 어떤 것일까? 즉 자기 삶에 긍정적인 영향을 끼칠 수 있는 도덕은 어떤 것인가 하는 것이다.

니체가 제시한 도덕의 유형학을 위해서는 도덕의 유형을 전제할 줄 알아야 한다. 그리고 또 '오랫동안 여전히 필요한 것'과 '잠정적으로만 정당한 것'이 존재한다는 사실을 시인해야만 한다. 마치 고전과 베스트셀러의 차이에 대한 인식과 같은 것이다. 시대가 변해도 지속적으로 읽히는 책이 있는가 하면, 시대의 유행을 따라 잠시 관심을 받았다가 잊혀지는 책도 있다. 도덕적인 영역에서도 그렇다는 입장이다. 시대가 변해도 변하지 않는 도덕! 그것을 니체는 추구하고 있다.

쇼펜하우어의
윤리학에 대한 의구심

니체의 허무주의 철학이 시작하는 지점에 쇼펜하우어와 바그너가 있었다. 그는 이들에 대한 희망과 함께 학문의 길에 들어선 것이다. 하지만 자신의 생각과는 다른 면이 있음을 인식하고 거리를 두기 시작했다. 희망이 컸던 만큼 실망도 컸다. 재미난 점은 니체가 그들을 거부하면서도 끊임없이 다시 문제로 삼는다는 것이다. 정을 완전히 떼고 돌아서는 게 아니라 마치 한집에 사는 부부들처럼 '지지고 볶는다'는 얘기다. 그들을 향한 니체의 심정은 끝까지 뜨겁기만 하다. 끊임없이 문제점을 지적하고, 그러면서 새로운 길을 찾으려 애를 쓴다. 니체의 철학은 그러니까 이런 식으로 보완해가는 철학처럼 보이기도 한다. 쇼펜하우어에 대한 그의 비판을 한 번 들어보자.

예를 들어 쇼펜하우어도 거의 존경할 만한 순진함으로 자기 자신의 과제를 제기하고 있다는 사실을 귀담아들어 보자. 이 학문의 거장이 어린아이나 노파처럼 이야기하고 있는 '학문'의 과학성에 대해 결론을 이끌어내 보라: ― 모든 윤리학자가 그 내용에 대해 정말로 일치하고 있는 원리, 즉 근본 원리는 다음과 같다고 그는 말한다(《도덕의 근본 문제 Die Grundprobleme der Moral》, 136쪽): '그 누구도 해치지 말고, 가능한 많은 사람을 도와라 ― 이것이야말로 진정 모든 윤리학자가 정초하려고 노력하는 명제다… 이것이야말로 수천 년 동안 현자의 돌처럼 사람들이 찾았던 윤리학의 진정한 초석이다.' ― 물론 여기에서 인용된 명제를 정당화하는 것은 대단히 어려울 수 있을 것이다. ―

쇼펜하우어도 이것에 성공하지 못했다는 것은 잘 알려진 사실이다 — . 힘에 의 의지를 본질로 하는 이 세계 속에서 이 명제가 얼마나 무미건조한 거짓이고 감상적인지를 한 번 절실하게 느낀 사람은, — 쇼펜하우어가 염세주의자라 할지라도, 사실은 — 매일 식후 플루트를 불었다는 사실을 기억할 수 있을 것이다: 이에 대해서는 그의 전기를 읽어보라. 그런데 잠시 물어보자: 염세주의자가, 도덕 앞에서 멈추어 서는 신과 세계를 부정하는 자 — 도덕을, 아무도 해치지 않는 도덕을 긍정하고 플루트를 불고 있는가? 어떻게 그럴 수 있는가? 이것이 정말로 염세주의자란 말인가? (138쪽 이후)

니체는 쇼펜하우어의 철학에서 답답함을 느낀다. 어떻게 그럴 수 있는가? 이 질문에 답을 찾을 수가 없었기 때문이다. 그가 정말 염세주의자인가? "매일 식후 플루트를 불었다"는 전기적傳記的 사실을 니체는 기억해낸다. 일단 식후에 플루트를 부는 것이 염세주의와 무슨 상관인가? 이 문제부터 해결해야 한다. 니체는 이것을 통해 무엇을 말하려는 것일까? 그것은 식사를 하고 음악을 향유하는 쇼펜하우어의 삶의 방식이 놀라울 따름이다. 어떻게 염세주의자가 그런 삶을 살 수 있는가? 이 질문에 니체는 무기력해짐을 느끼고 있을 뿐이다. 왜냐하면 그는 염세주의자를 "도덕 앞에서 멈추어 서는 신과 세계를 부정하는 자"로 정의하기 때문이다. 한마디로 모든 것을 부정하는 자가 어떻게 '아무도 해치지 않는 도덕을 긍정'할수 있고 또 삶을 향유할 수 있는가 하는 이 모순 앞에서 니체는 할 말을 잊고 있는 것이다.

물론 니체가 쇼펜하우어를 제대로 이해했는가 하는 것은 또 다른 문제다. 분명한 것은 쇼펜하우어가 자신의 윤리학적 정언명법으로 "그 누구도 해치지 말고, 가능한 많은 사람을 도와라"는 말을 했다는 사실이다. 그는 사실 이 윤리적 강령을 이기심 내지 이기주의에 반대되는 개념으로 제시했다. 그가 요구하는 인식의 단계에서 최후에 경험하게 되는 경지인 것이다. 산스크리트에서 '타트 트밤 아지Tat Tvam Asi', 즉 '이것이 바로 너'[3]라고 말하는 그런 경지 말이다. 소위 쇼펜하우어의 철학은 동정의 윤리학이다. 이기심을 모두 버리고, 그럼으로써 주관과 객관의 경계가 모두 사라진 해탈의 경지를 지향하는 것이다.

하지만 니체는 바로 그 정언명법을 도덕학 내지 윤리학적 단계로 끌어내려 고찰한다. 그럴 경우 니체의 답답함은 당연해지고 만다. 어떻게 그럴 수 있는가 하는 질문에 발목이 잡히고 마는 것이다. 모든 것을 부정한다던 염세주의자가 삶을 즐기고 있다는 이 모순 앞에서 해결의 실마리는 찾지 못하고 답답함만이 가중할 뿐이다. 결국 니체는 홀로서기를 시도한다. 자기만의 철학을 하기로 결심한다. 그것이 허무주의 철학의 씨앗이 된 것이다. 니체 철학으로 들어서면 '남을 도와준다'는 것이 그렇게 위대한 위치를 점하지 못한다. 넘어진 자에게 손을 내밀기보다는 오히려 일어서라고 윽박지른다. 병든 자에게 약을 먹이기보다는 "가능하면 의사 없이 산다.─병자가 의사의 치료를 받는 것이 자신의 건강을 스스로 돌보는 것보다 더 경솔하다고 나는 생각한다"(아침, 291쪽)고 다그친다. 쇼펜하우어는 마야Maya의 베일에 싸인 표상과 맹목적 의지에 얽매인 삶에의 의지를 부정함으로써 무無의 경지에 도달하려 했다. 소위 욕망의 불이 다 꺼진 상태에 남아 있는 인식의 경지로서 말이다.

허무주의는 염세주의 철학에서 씨앗을 얻었지만 다른 방식으로 자라나면서 진화를 거듭한다. 삶에의 의지는 부정할 것이 아니라 긍정해야 할 것임을 깨달았다. '죽고 싶다'가 아니라 '살고 싶다'는 말이 중요하다는 것을 가르치고자 했던 것이다. 삶에 대한 욕망은 영원한 도덕으로 긍정되어야 한다는 것이 허무주의 철학의 입장이다. 그것이야말로 "오랫동안 여전히 필요한 것"(137쪽)에 해당하는 도덕인 것이다. 그 외 모든 유형의 도덕은 그저 "잠정적으로만 정당한 것"(같은 곳)에 불과할 뿐이다.

도덕의 명령어와 그 창시자의 의도

모든 도덕에는 명령이 들어 있다. 명령이 없는 도덕은 없다. 이래야 한다 저래야 한다 등의 요구사항이 도덕을 도덕답게 만드는 것이다. 그래서 하나의 도덕이 어떤 도덕인지, 즉 도덕의 유형을 관찰하면 그 도덕을 만든 창시자의 의도를 엿볼 수 있다. 하나의 도덕을 창시한 사는 필연석으로 그 도덕이 적용되어야 할 상대 혹은 대상을 염두에 두고 있기 때문이다. 결국 도덕은 상대적이 될 수밖에 없다.

그런데 도덕적 명령이 상대에게 잘 먹히게 하기 위해서는 그 명령에 대한 권위가 잘 세워져 있어야 한다. 예를 들어 칸트의 경우는 '정언명법'을 운운하기도 한다. "너의 의지의 준칙이 항상 동시에 보편적 입법의 원리로 타당할 수 있도록 행위하라"[4]는 것이 정언명령이라고도 불리는 칸트의 정언명법이다. 그의 윤리학은 마치 신의 존재를 인정하듯이 도덕적 명령을 인정한다. 또 신의 존재를 규명하려는 듯이 도덕을 향해 나아간다. 신의 명령처럼, 반드시 따라야 할 도덕은 확실하게 존재하고 있다는 것이다. 도덕은 정언적으로 확실하게 존재한다는 것이다. 정언적! 그것은 절대적인 것을 의미하고 또 무조건적으로 정해져 있는 것을 가리킨다. 우리는 그러한 도덕을 향해 나아갈 뿐이다. 그것은 우리의 운명적 의무일 뿐이다.

"우리 안에 정언명법이 있다"와 같은 주장의 가치에 대해서는 여전히 논외로 한다면, 우리는 지금도 여전히 다음과 같이 물을 수 있다: 이러한 주장은 그것을 주장하는 사람에 대해 무엇을 말하고 있는가? 도덕에는 그 창시자를 다른 사람들에 대해 변호해야 하는 것이 있다. 창시자를 안정시키고 자기만족을 느끼게 해야 하는 다른 도덕도 있다. 창시자 자신이 십자가에 스스로 못 박고 굴욕을 느끼게 하는 또 다른 도덕도 있다. 복수하고자 하는 도덕, 자신을 은닉하기 위한 도덕, 스스로를 정화하고 이를 넘어서서 드높고 넓은 곳에 자신을 설정하고자 하는 또 다른 도덕이 있다. 어떤 도덕은 사람들을 망각하기 위해 창시자에게 필요하며, 또 어떤 도덕은 사람들이 그 자신을, 그 자신이 가지고 있는 어떤 것을 망각하도록 하기 위해 필요하다. 많은 도덕가는 인류에게 힘과 창의적인 변덕의 기분을 행사하고 싶어 한다. 다른 많은 도덕가는, 아마 칸트 역시 바로 그러한 사람이지만, 자신의 도덕으로 다음과 같은 사실을 암시한다: "나에게 존경할 만한 것이 있다는 점은, 그것은 내가 복종할 수 있다는 사실이다. ─ 그대들의 경우도 내 경우와 달라서는 안 될 것이다!" ─ 간단히 말하자면 도덕은 또한 정동情動을 나타내는 기호 언어일 뿐이다. (139쪽 이후)

문제는 '정언명법'이 존재하는가 하는 것이다. 우리의 생각이나 의도와 상관없이 세상에 존재하는 명령이 있는가? 마치 십계명처럼? 신의 뜻과 의도가 담긴 명령이 존재하는가? 그런 명령이 존재한다면 신의 목소리를 들을 수 있을 것이다. 물론 허무주의 철학 앞에서는 가당치도 않은 소리다. 이 철학은 '신은 죽었다'고 단언한다. 같은 방식으로 도덕에 대해 말한다면, '도덕은 죽었다'로 변형될 수 있다. 도덕을 죽을 수 있는 존재로 본다는 것이 새로운 시각이다.

　도덕은 다양하다. 이 말은 도덕이 상황에 따라 다르게 형성되기도 한다는 뜻이기도 하다. 또 도덕은 그 생명을 다하면 죽게 마련이다. 필요 없는 도덕은 사라질 수밖에 없다. 쓸데없는 도덕이 남아 있을 경우 그 사회는 고리타분한 곳이 되고 말 것이다. 새로운 시도는 전혀 용납되지 않는 그런 통제된 사회일 것이기 때문이다. 이런 곳에서 새것을 지향한다는 것은 나쁜 짓 내지 딴짓에 해당하는 그 무엇을 하는 것에 지나지 않을 것이다. 이때 '죄짓는 기분'이 생기는 것이다. 이때 양심의 가책이 발생하게 된다.

　니체는 도덕을 필요로 하는 자가 누군지에 대해 묻는다. 분명히 누군가가 이건 이래야 한다 저건 저래야 한다고 말을 했을 테니 말이다. "도덕에는 그 창시자를 다른 사람들에 대해 변호해야 하는 것이 있다." 소위 도덕이란 말을 하는 자와 말을 듣는 자 사이에서 형성되는 것이다. 그것도 창시자의 의도가 담긴 소리다. 창시자를 변호하는 소리, 즉 창시자의 입장에서 형성된 생각이 담겨 있다는 얘기다. 그 말을 듣는 자는 그 창시자가 제시한 도덕적 명령에 복종해야 한다는 지시를 받게 된다. 그 지시가 강하고 분명할수록 창시자는 스스로를 "안정시키고 자기만족을 느끼게" 된다.

　이래도 된다 저래도 된다는 인식이 보편화될 때, 즉 자기 생각과 의도가 담긴 명령들이 일상의 잣대로 형성될 때 도덕의 창시자는 군주처럼 살 수 있게 된다. 자기 멋대로 해도 그것이 입법의 원리로 행동하는 게 될 것이기 때문이다. 자기 기분대로 행동해도 입법의 원리에 입각해 있다는 절대 군주의 마음은 어떠할까? 그런 마음을 행복으로 간주해도 할 말이 없다. "많은 도덕가는 인류에게 힘과 창의적인 변덕의 기분을 행사하고 싶어 한다." 도덕을 창시하는 자도 그것을 하고 싶어서 하는 것이 분명하다. '필요는 발명의 어머니'라고 했던가. 결핍에 대한 인식은 창조를 낳게 한다.

도덕 그 자체로는 성스러운 것도 영원한 것도 아니다. 이런 인식이 와 주면 칸트의 '정언명법' 같은 것은 이제 비판의 시각으로 바라볼 수 있게 될 것이다. 그의 철학을 니체가 자기 말로 형성할 수 있게 되는 것처럼 우리도 그렇게 말을 할 수 있게 된다. "나에게 존경할 만한 것이 있다는 점은, 그것은 내가 복종할 수 있다는 사실이다. ― 그대들의 경우도 내 경우와 달라서는 안 될 것이다!" 비판적 시각으로 읽히는가? 니체의 시각이 보이는가? 이 말을 하고 있는 니체의 음성이 들리는가?

우리 안에 명령이 있다? 내 맘대로 할 수 있는 명령이? 보편적 입법의 원리가 되는 그런 명령이? 이는 마치 천국이 우리 안에 있다는 소리처럼 들리기도 한다. "하나님의 나라는 볼 수 있게 임하는 것이 아니요 또 여기 있다 저기 있다고도 못하리니 하나님의 나라는 너희 안에 있느니라."(누가 복음 17:20-21) 천국이 우리 안에 있다. 얼마나 위안이 되는 소린가. 천국을 가진 자가 도대체 무엇이 모자랄 수 있겠는가. "울면 안 돼~ 울면 안 돼~ 산타할아버지는 우는 아이에겐 선물을 안 주신대~ 산타할아버지는 알고 계신대~ 누가 착한 애인지 나쁜 애인지~ 오늘 밤에 다녀가신대~" 하는 캐럴 같다. 그저 "항상 잔치"(잠언 15:15)를 벌리고 항상 기뻐해야 하는 의무감만이 남을 뿐이다. "항상 기뻐하라 쉬지 말고 기도하라 범사에 감사하라."(데살로니가전서 5:16-18) 기쁨이 명령이다. 기쁨이 의무다. 기뻐하지 않는 자는 천국을 품고 있지 않은 자에 해당한다. 하나의 잣대가 형성되고 나면 무서운 종교재판까지도 허용하게 된다.

우리 안에 도덕이 있다! 이 말처럼 무서운 게 따로 없다. 허무주의 철학자 니체는 "'우리 안에 정언명법이 있다'와 같은 주장의 가치"를 묻는다. 만약 그런 가치가 존재한다면 '모든 가치의 전도'[5]를 꾀하고자 한다. 니체는 칸트적 낙천주의에 저항한다. 기독교적 구원사상에 반反한다. 도덕적 긍정주의가 오히려 사람을 구속한다. 그런 도덕은 없다. 그런 도덕은 존재하지 않는다. 니체의 가르침은 분명하다. 도덕에는 그저 다양한 유형이 존재할 뿐이라고. 절대적인 도덕은 존재하지 않는다고.

"간단히 말하자면 도덕은 또한 정동을 나타내는 기호 언어일 뿐이다." 정동으로 번역된 원어는 '아펙테Affekte(단수형은 Affekt)'이다. 참으로 번역하기 까다로운 개념이다. 흥분, 감동, 정서, 정열, 욕정 등 다양한 의미가 담겨 있기 때문이다. 그냥 아무렇게나 대충 번역해도 틀리다고 말할 수 없는 개념이다. 이렇게 말하면 어떨까. 도덕이란 그저 창시자의 '마음'을 나타내는 기호 언어라고. 도덕의 출발은 타인과 관계 속에 있는 창시자의 상황이었다. 그것도 내적인 상황 말이다.

도덕과의 대립 속에서 자유가 발전한다

'도둑질하지 말라'는 도덕은 도둑질이 일반적이라는 얘기다. '거짓말하

지 말라'는 도덕은 거짓말이 일상이라는 얘기다. '사랑하라'는 도덕은 사
랑하지 않는 것이 보편적이라는 얘기다. '공부하라'는 도덕은 공부하지
않는 것이 대부분이라는 얘기다. 누구나 기회가 주어지면 도둑질을 하고
싶어 한다. 누구나 거짓말로 남을 속이고 싶어 한다. 누구나 상황이 허락
하면 남을 괴롭히고 싶어 한다. 사람을 가지고 노는 것이 제일 재밌기 때
문이다. 누구나 공부는 하기 싫다. 공부 안 하고 딴짓하는 것보다 더 좋은
놀이가 없기 때문이다.

　도덕적 잣대는 필요하다. 오해하지 말자. 허무주의 철학이 도덕 그 자
체를 부정하는 것은 아니다. 인간은 이성을 가지고 있고, 또 이 이성 때문
에 사회생활도 가능해진다. 사회가 형성되기 위한 조건 중의 하나가 바
로 도덕이다. 도덕이 없는 사회는 없다. 사회가 형성되었다는 얘기는 이
미 도덕이 존재했다는 의미이기도 하다. 문제는 그런 도덕이 영원불변하
지는 않다는 데 있다. 도덕은 바뀔 수도 있고 또 바뀌어야만 한다. 어린아
이가 하나의 장난감으로 지속해서 놀 수 없듯이, 하나의 도덕을 강요하는
사회에서의 삶은 답답하기 짝이 없을 것이다.

　　모든 도덕은 방임과는 반대의 것이며 '자연'에 대한 폭압이고 '이성'에 대
　　해서도 폭압이다: 그러나 이는 아직 도덕에 맞서 항의하는 것은 아니다. 그
　　럼에도 불구하고 우리는 다시 한번 어떤 도덕에서 볼 때 모든 종류의 폭압
　　과 비이성이 허용되지 않는다고 판단해야만 할 것이다. 모든 도덕에서 본
　　질적이고 귀중한 것은 그것이 오랫동안에 걸친 강제라는 것이다: 스토아주
　　의, 포르 루아얄Port-Royal이나 청교도주의를 이해하기 위해서, 우리는 지금까
　　지의 모든 언어가 이것에 힘과 자유를 가져다준 강제를 상기할 필요가 있

다. ─즉 운율의 강제, 각운과 리듬의 억압을 상기할 필요가 있다. 어떤 민족이든 시인이나 웅변가는 얼마나 많은 괴로움을 당했던가! [⋯] 놀라운 사실은 이 지상에서 자유롭고 정교하고 대담하며 춤 같이 경쾌하고 장인적인 확실성으로 존재하거나 존재했던 모든 것은, 이제 사유 그 자체에서나 통치에서나 언론과 설득에서나 예술이나 윤리에서 '자의적 법칙의 억압' 덕분에 비로소 발전되었던 것이다. (140쪽 이후)

하나의 도덕은 이성의 체계를 제시한다. 하나의 도덕적 입장을 취하게 될 때 어떤 것이 이성적 행동인지를 알게 해준다. 즉 "어떤 도덕에서 볼 때 모든 종류의 폭압과 비이성이 허용되지 않는다고 판단해야만 할 것이다." 당연한 소리다. 하나의 도덕에서 볼 때는 하나의 규정된 시각이 형성되고 채택되었다는 뜻이다. 이성은 그 어떤 폭압도 비이성도 허락하지 않는다. 하나의 도덕적 잣대에서 세상을 바라볼 때 이성을 따르지 않는 행동은 광기로 규정하기도 한다.

도덕은 구속하는 의지의 표현이다. "모든 도덕은 방임과는 반대의 것이며 '자연'에 대한 폭압이고 '이성'에 대해서도 폭압이다." 여기서 니체는 왜 자연과 이성에 따옴표를 찍었을까? 그것은 도덕적 입장에서 의미하는 개념이 아니라는 뜻으로, 즉 거리를 두기 위함의 표시로 읽으면 된다. 원래의 자연과 원래의 이성은 도덕에 의해 구속이 된다. 도덕에 의해 자유는 구속되고 마는 것이다. 도덕이 강할수록 자유는 미약해지게 마련이다. "모든 도덕에서 본질적이고 귀중한 것은 그것이 오랫동안에 걸친 강제라는 것이다." 폭압과 강제가 근본으로 깔린 도덕의 소리는 그래서 강하기만 하다. 대부분 명령어로 형성되는 것이 이 때문이다. 도덕주의자가 근엄해 보이는 이유도 여기에 있다.

또 니체는 도덕이 시인의 창조 행위까지 억압하고 구속하는 상황도 있음을 환기시킨다. 도덕적이지 않다는 이유로 사회가 허용한 검열단체는 창작물의 어떤 부분을 삭제하거나 제거하고 또 어떤 경우에는 특정 창작물 자체를 금기시하기도 한다. 이와 관련하여 감동적으로 보았던 영화 〈시네마 천국Cinema Paradiso〉(1988)의 한 장면이 떠오른다. 인생의 멘토이자 스승이었던 알프레도가 죽으면서 살바토레에게 마지막 선물을 남긴다. 그의 선물 상자에는 그동안 검열을 통과하지 못하고 삭제되었던 필름들을 이어서 만든 소위 짜깁기 영화가 들어 있었다. 줄거리도 없고 이야기도 없는 장면이 수도 없이 바뀌는 것을 보며 살바토레는 깊은 생각에 빠진다. 세월이 흘러 지금은 그 정도쯤은 약방의 감초처럼 등장해주어야 영화가 맛이 나는 시대가 되기도 했다.

시대는 변한다. 그 변화를 가능하게 하는 것이 도덕의 변화다. 도덕의 창시자의 의도가 새로운 시대를 만드는 것이다. 시대가 변했다는 것은 도

영화 〈시네마 천국〉의 한 장면. 특정 장면에서 삭제 신호를 종소리로 보내고 있는 신부.

영화감독이 되어 삭제된 필름을 이어서 만든 영화를 감상하고 있는 살바토레.

덕의 변화에 의해 증명된다. 여기서 니체는 '놀라운 사실'을 발견한다. 그것은 "이 지상에서 자유롭고 정교하고 대담하며 춤 같이 경쾌하고 장인적인 확실성으로 존재하거나 존재했던 모든 것은, 이제 사유 그 자체에서나 통치에서나 언론과 설득에서나 예술이나 윤리에서 '자의적 법칙의 억압' 덕분에 비로소 발전되었던 것"이라는 사실이다. 현재는 과거의 토대 위에 서게 마련이다. 그리고 미래는 이 현재라는 터전을 기반으로 할 것이다.

변화의 주체가 되려면 현재를 가능하게 했던 과거도 잘 알아야 하고 미래의 터전이 될 이 현재도 잘 알아야 한다. 모든 선구자는 기득권과 싸워야 했던 자들이다. 목숨을 건 싸움을 용기 있게 벌인 자들이다. 그들은 아무도 용기를 내지 않는 여행에 모험을 감행한 자들이다. 새로운 것을 쟁취하기 위해 떠남을 마다하지 않은 자들이다. "이 지상에서 자유롭고 정교하고 대담하며 춤 같이 경쾌하고 장인적인 확실성으로 존재하거나 존재했던 모든 것"은 이런 자들의 손에 의해 만들어진 것들이다.

도덕과 금욕의 어울림을 통해 탄생하는
사랑의 종교적 정념

전통적으로 도덕은 금욕을 지향한다. 자연을 폭압하고 충동을 강제하고자 한다. 모든 욕망은 악의 근원으로 간주한다. 이성조차 억압하며 복종하기를 종용한다. 니체는 이런 도덕과 한판 승부를 벌이고자 한다. 그가 전쟁을 선포하는 도덕은 이런 모습을 띠고 있다. 자신의 허무주의가 얼마나 강한 것인지 검증하기 위해 니체는 가장 강력한 용龍을 찾는다. 그리고 싸움에 임하기 전에 인식의 갑옷을 먼저 입기를 요구한다. "이 싸움의 한복판으로 뛰어들기 전에 이제까지 획득한 인식의 갑옷을 입기로 하자."(비극, 121쪽) 알아야 이길 수 있기 때문이다. 길이 보여야 나아갈 수 있다. 방법도 보이지 않는데 싸움을 시작하면 백전백패百戰百敗다. 그런 무모한 싸움을 원하는 것이 아니다.

다시 금욕에 집중해보자. 인식의 갑옷을 입기 위해 도덕이 무엇인지 배워보자는 것이다. 싸워야 할 용은 도덕이라 했고 그 도덕은 사회를 통제하고자 한다. 그런 사회를 만들어낸 자들은 기득권이 되어 쉽게 권력을 내놓으려 하지 않을 것이다. 구세대와 신세대는 늘 갈등 구조로 한 사회 내에서 존재하게 마련이다. 갈등 관계가 오래 지속될수록 변화에 대한 체험도 격해질 것이다. 프랑스 대혁명 같은 참사를 피하기 위해서는 적당한 순간에 지혜로운 합의점을 찾아내야 한다.

부지런한 종족은 할 일 없이 게으르게 보내는 것을 아주 고통스럽게 생각한다: 일요일을 매우 신성시하고 무료하게 함으로써 영국인들은 이때 남모르게 다시 일하는 평일이 왔으면 하고 열망하게 되었는데, 이는 영국적 본능의 결작이다: — 현명하게 고안되어 현명하게 끼워 넣은 일종의 단식이며, 이와 같은 것은 고대 세계에서도 풍부하게 인지될 수 있다(물론 남방 민족에게는 당연한 일이지만, 반드시 노동과 관계있는 것은 아니다 —). 여러 가지 종류의 단식이 있을 수 있다. 강한 충동과 관습이 지배하는 곳이라면 어느 곳에서나 입법자는 윤일閏日을 끼워 넣는 것에 유의해야만 했고, 그러한 날에 충동은 사슬에 묶이고, 다시 한번 배고픔을 배우게 된다. 좀 더 높은 곳에서 볼 때, 어떤 도덕적 광신주의에 사로잡혀 나타나는 세대나 시대는 모두 그와 같이 삽입된 강압의 시기나 단식의 시기처럼 보인다. 이 기간 동안 충동은 위축되고 굴복되지만, 또한 스스로를 순화하거나 예민하게 하는 것을 배운다. 몇몇 철학 학파(예를 들면 헬레니즘 문화와 애욕의 냄새가 가득 찬 음탕한 분위기 속에 나타난 스토아 학파)에도 이와 같은 해석을 적용할 수 있을 것이다. — 왜 바로 유럽의 그리스도교 시대 그리고 일반적으로 그리스도교적 가치 판단의 압력 아래 비로소 성 충동이 사랑(사랑의 정념)으로 승화했는가 하는 저 역설적인 문제를 해명하는 암시도 여기에서 주어졌다. (143쪽 이후)

이 잠언은 하나의 질문, 특히 왜 성 충동이 사랑으로 승화했는가 하는 질문으로 집중하고 있다. 바꿔 질문하면, 왜 기독교는 사랑을 신격화했는가 하는 것이다. "하나님은 사랑이심"(요한일서 4:8)이라는 정의는 분명 근거가 있을 것이다. 의혹을 품은 니체의 시선은 날카롭기만 하다. 모든 도덕은 시대의 산물이라는 것을 알게 된 니체는 이 물음을 붙들고 오랫동안 고민을 했던 것 같다. 사랑이 신의 속성으로 승격되는 데는 분명 이유가 있었을 것이라고.

일단 니체는 단식을 주목한다. 물론 단식에도 여러 종류가 존재할 것이다. 대표적인 예로 영국인들의 근면성 내지 성실성을 든다. 그들은 일상에서의 무료함을 극복하기 위해 "일요일을 매우 신성시하고 무료하게" 만드는 방법을 채택했다. 이것을 "영국적 본능의 걸작"이라고 높이 평가하기도 한다. 니체가 이 예를 든 이유는 단식이라는 삶의 방식이 생겨난 이유를 묻기 위함이었다. 본능은 어쨌거나 맛난 것을 먹고자 한다. 그런데 배가 고플 때까지 견딘다. 그 배고픔의 고통을 참아내고자 한다. 그것이 단식이라는 방식이다.

단식이 긍정적으로 평가되는 것은 충동이 관습적인 일상의 틀로 자리 잡은 곳에서만 가능하기 때문이라는 것이 니체의 생각이다. "강한 충동과 관습이 지배하는 곳이라면 어느 곳에서나 입법자는 윤일을 끼워 넣는 것에 유의해야만 했고, 그러한 날에 충동은 사슬에 묶이고, 다시 한번 배고픔을 배우게 된다." 소위 단식을 하는 날에는 배고픔을 배우는 날인 것이다. 이런 논리를 좀 더 확대하면 이렇게 된다. "어떤 도덕적 광신주의에 사로잡혀 나타나는 세대나 시대는 모두 그와 같이 삽입된 강압의 시기나 단식의 시기처럼 보인다." 종교적 이념은 이렇게 탄생하는 것이다.

그리스 시대에서 로마 시대로 넘어가는 과도기에 나타나는 헬레니즘 철학 중에 특히 스토아 학파는 "애욕의 냄새가 가득 찬 음탕한 분위기 속에서" 나타난다. 이러한 논리 속에서 니체는 '그리스도교 시대'를 주목한다. 즉 어떻게 해서 기독교가 대세가 될 수 있었을까? 어떻게 해서 기독교적 가치 판단이 세상을 지배할 수 있었을까? 이러한 질문과 함께 니체는 욕정으로 가득 찼던 로마 시대를 연상하게 된다. 퇴폐적인 로마의 일상

속에서 '강압의 시기나 단식의 시기'가 나타나게 된 것이다. 이런 분위기에서 등장하는 기독교의 사랑 논리는 단식이라는 이념에서 탄생하는 걸작이었던 것이다.

신은 섹스를 통해 탄생하지 않았다. 신은 섹스를 통해 더럽혀진 존재가 아니다. 신은 동정녀 마리아의 아들로 태어나지만 성령으로 잉태했다는 이유로 인해 신이 될 자격을 부여받게 된다. 로마인들의 삶의 방식에 저항할 수 있는 이념을 기독교인들은 이런 사랑론에서 발견해낸다.

소크라테스를 키메라 같은 주인공으로 만든 플라톤과 그의 철학

니체의 처녀작은 《비극의 탄생》이다. 여기서 그는 "디오니소스적인 것과 아폴론적인 것이 항상 서로 뒤이어 새롭게 태어나면서, 그리고 상호 강화해나가면서 어떻게 그리스의 본질을 지배해왔는가를 다루었다."(비극, 48쪽) 하지만 그 위대한 예술, 특히 비극 예술이 몰락했다는 사실 앞에 큰 절망감을 느끼기도 한다. 게다가 그 예술이 몰락할 수밖에 없었던 이유를 소크라테스의 등장으로 설명한다. 마치 앞서 설명한 단식의 논리처럼 철학자 소크라테스는 비철학 시대에 등장했다. 그 시대의 일상은 페리클레스Perikles(B.C.490~B.C.429)가 이끄는 민주주의자들에 의해 형성되고 있었다. 그들은 아곤Agon이라 불리는 비극 경연대회를 즐겼다.[6] 예술이 일상이었던 시대였다. 예술이 "인간의 삶을 정당화"(같은 책, 42쪽)하는 시대였다. 그릇, 접시 혹은 물병에 남아 있는 수많은 사티로스 그림들을 관찰하며 니체는 고대 그리스인들의 의지와 영혼 속으로 들어갔고 그러면서 자신만의 철학의 길을 걷기 시작했던 것이다. 그때 그는 고대로부터 들려오는 "낯선 목소리"(같은 책, 13쪽)를 듣게 된다. 그것을 받아 적으면서 허무주의 철학이 첫발을 내디딘다.

고대인의 영혼은 현대인에게는 낯설기만 하다. 전혀 다른 세상이었기 때문이다. 그것을 향한 니체의 철학적 열정은 문헌학이라는 방법론을 취하면서 가닥을 잡아간다. "거의 모든 것이 발견되고 발굴되어야 하는 것"(비극, 14쪽)으로 간주하면서 말이다. 발굴의 정신으로 임하던 니체는 하나의 결론에 도달하게 된다. 실존했던 비극이라는 축제문화를 몰락시킨 것은 소크라테스였다는 것이다. 그는 "새로 탄생한 마신魔神"(같은 책, 98쪽)이었다. 그의 예술 경향에 의해 비극은 "연극화된 서사시"(같은 곳) 수준으로 변질되고 말았다. 니체는 비극의 죽음이라는 처절한 공허 속에서 고통에 찬 통곡을 듣는다. "'위대한 판Pan은 죽었다'라고 애절하게 외치는 소리"(같은 책, 89쪽)를. 니체의 허무주의 철학은 결국 '비극의 재탄생'을 염원하는 소리로 채워지게 된다. 삶을 옹호하고 변호하는 철학으로 말이다.

소크라테스는 제자를 잘 만났다. 플라톤이 그의 이름이다. 이 성실한 제자는 스승이 한 말을 토씨 하나 틀리지 않고 집필해낸다. 기억력이 좋은 것일까. 물론 플라톤이 남겨놓은 글 속의 인물 소크라테스는 신기할 따름이다. 어찌 그리 말을 잘하는지. 논쟁을 벌였던 소피스트Sophist들은 추풍낙엽처럼 나가떨어졌다. 그는 또 어찌 그리 충실하고 검소한지. 이렇게 착한 시민에게 그리스 민주주의자들은 아제비Asebie 재판을 통해 독배를 들게 했다. 루터가 종교개혁에 불을 붙이기 위해 성서를 번역하기 시작한 것처럼, 플라톤은 스승의 가르침을 진정으로 후세에 전하기 위해 교과서를 집필하기 시작한다. 기억을 더듬어가면서, 말 그대로 토씨 하나 틀리지 않게 써 내려 간다. 이렇게 해서 탄생하는 수많은 대화론이 소크라테스를 불멸의 인물로 만들어놓았다. 이제 다시 니체의 고민, 즉 도덕으로 접근해보자. 도덕에 대한 플라톤의 입장이 어떠했는지 관찰해보자.

플라톤의 도덕설 중에는 본래는 플라톤의 것이 아니고 단지 그의 철학에서만 발견될 뿐인, 말하자면, 플라톤에 반反하는 것이 있다: 즉 소크라테스주의가 그것인데, 그것을 신봉하기에는 플라톤은 원래 너무 고상한 사람이었다. "아무도 자기 자신에게 해를 입히고자 하지 않는다. 따라서 모든 악은 의도하지 않게 일어나게 된다. 왜냐하면 악인은 자기 자신에게 해를 가하는 자이기 때문이다: 만일 악이 좋지 않은 것임을 그가 알았다면 그것을 하지 않았을 것이다. 따라서 악인이 좋지 않은 것은 오로지 그의 잘못 때문이다. 만일 그에게서 그의 잘못을 없앤다면 그는 반드시 선하게 될 것이다." ― 이러한 방식으로 추론하는 것은 천민의 냄새가 난다. 천민이란 나쁜 행위를 볼 때 단지 불쾌한 결과만을 주시할 뿐이며, 실제로 "나쁜 행위를 하는 것은 어리석다"고 판단한다. 반면 그는 '선'을 즉시 '유용하고 유쾌한 것'과 동일시한다. 우리는 모든 도덕의 공리주의에서 처음부터 이와 같은 근원을 추정할 수 있으며, 우리의 후각을 따른다고 해도 거의 틀리지 않을 것이다: ― 플라톤은 그의 스승의 주장에 어떤 미묘하고 고상한 것을 넣어 해석하고, 무엇보다도 자기 자신을 담아 해석하고자 온갖 노력을 다했다. 모든 해석가 중 가장 대담한 그는 마치 대중가요나 민요와 마찬가지로 소크라테스 전체를 거리에서 가져와 끝없이 희한한 것으로 변주했다: 즉 자기 자신의 가면과 다양성으로 감싸면서 말이다. 거기에 호메로스^{Homeros}식으로 덧붙여 농담으로 말하자면, 플라톤이 묘사한 소크라테스란 "앞에도 플라톤이요, 뒤에도 플라톤이요, 가운데는 키메라Chimera가 아니라면, 도대체 무엇이란 말인가."(144쪽 이후)

쇼펜하우어가 주장했듯이 사람은 자신의 의지를 포기함으로써 근본적으로 변할 수 있다.[7] "플라톤은 원래 너무 고상한 사람이었다." 그토록 고상한 사람이 소크라테스의 제자가 되었다. 그의 제자가 되기 위해 플라톤은 그동안 써 오던 "자신의 비극 작품들을《일리아드》의 구절을 변형시켜 인용하면서 디오니소스 극장 앞에서 불살라 버렸다: '서둘러라, 헤파이스토스Hephaestos여, 너를 갈망하는 플라톤에게로 오라.'"[8] 불의 신을 불러대는 플라톤의 단호함이 엿보인다. 비극 작가의 꿈을 버리고 철학자의 길을 걷겠다고 다짐하는 모습이 보이는 듯하다. 그 광경을 바라보고 있던 소크라테스는 어떤 심정이었을까. 저토록 성실하고 똑똑한 청년이, 그것도 '귀족 출신'[9]의 한 시민이 변심하고 있구나 하고 탄복했을 것이다. 그는 천군만마를 얻은 듯이 기뻤을 것이다. 가끔은 가르치는 자로서 저런 제자를 가진 스승 소크라테스가 부럽기도 하다. 물론 그런 제자를 가질 만했을 것이겠지만. 적어도 플라톤이 서술한 것에 따르면 말이다. 그래도 부러움은 감출 길 없다.

소크라테스와 플라톤의 첫 만남은 대체로 407년에 이루어진 것으로 알려져 있다. 62세에 도달한 노년의 소크라테스, 그리고 갓 20살이 된 약관의 청년 플라톤. 이들 둘은 우연히 만났지만 이후 필연이 되어 철학이란 주제로 가르침과 배움의 관계를 맺게 된다. 그리고 소크라테스가 독배를 마실 때까지 8년 동안 스승과 제자의 관계를 유지한다. 학기로 따지면 16

학기다. 결석은 단 한 번 했다.[10] 배움의 과정 동안 플라톤은 물 만난 스펀지처럼 모든 것을 빨아들인 것 같다. 스승이 한 말이라면 한 마디도 놓치지 않겠다는 일념으로 수업에 임했을 것이다. 플라톤이 남겨놓은 글들을 읽을 때마다 이런 생각을 했다. 얼마나 치열하게 공부했을까 하고. 그것도 수업을 들으면서 동시에 집필한 것이 아니라 스승이 죽고 난 후에 집필한 상황을 고려하면 더더욱 경탄을 금치 못한다.

어려서부터 호메로스를 읽으며 비극 작품 쓰는 것을 좋아했던 플라톤은 소크라테스를 만나면서 변한다. 귀족이 천민의 소리를 배우는 것처럼. 니체가 인용한 다음의 문구는 그의 귀에 어떻게 들렸을까? "아무도 자기 자신에게 해를 입히고자 하지 않는다. 따라서 모든 악은 의도하지 않게 일어나게 된다. 왜냐하면 악인은 자기 자신에게 해를 가하는 자이기 때문이다: 만일 악이 좋지 않은 것임을 그가 알았다면 그것을 하지 않았을 것이다. 따라서 악인이 좋지 않은 것은 오로지 그의 잘못 때문이다. 만일 그에게서 그의 잘못을 없앤다면 그는 반드시 선하게 될 것이다." 니체는 이 소리에서 '천민의 냄새'를 맡는다. 그러니까 귀족이라면 할 수 없는 소리라는 얘기다.

악은 몰라서 하는 짓이다? 악인은 자기 자신에게 해를 가하는 자이다? 모르는 것은 잘못이다? 그 잘못을 없애면 선해진다? 알면 선해진다? 아는 것이 선의 기준이란 말인가? 모르는 게 죄라는 이 단정 앞에 니체는 천민의 악취를 느낀다. 선해지기 위해 앎이라는 기준을 제시한 것은 마치 구원을 받기 위해 신의 존재를 믿는 종교인과 다를 바가 없다. 이런 편견을 니체는 용납할 수가 없었던 것이다. 알면 선하다는 단정은 폭력적인 발언이 아닐 수 없다. 선과 악은 앎에 의해 결정되는 것이 결코 아니다.

플라톤의 도덕설은 선을 동시에 좋은 것으로 단정하는 실수를 범하고 있다. 선은 좋은 것이고 악은 나쁜 것이다. 이런 이분법 때문에 지식이 혼란을 겪게 되는 것이다. 창조를 위한 파괴를 할 때는 자신이 어떤 행위를 하고 있는지 판단하려고 들지 않는다. 생명을 다한 대지를 쟁기가 다시 갈아엎을 때는 자신이 무엇을 하고 있는지 알려고 하지도 않는다. 소위 악하다고 말하는 이 모든 행동은 오로지 좋은 일을 하려고 할 뿐이라는 사실을 인정하려 하지 않는 것이다. 익숙해진 개념으로만 생각하며 무감각해진 것이다.

파괴도 때로는 좋을 때가 있다. 퇴폐도 그다음을 위한 인식이라면 좋은 것이다. '썩어 빠졌다'는 말을 해야 할 때가 좋을 때도 있다. 그 인식이 새로운 길을 찾게 해줄 것이기 때문이다. 그런데 플라톤은 스승의 소리에 덧칠을 해댄다. 해석에 해석을 덧칠한다. "플라톤은 그의 스승의 주장에 어떤 미묘하고 고상한 것을 넣어 해석하고, 무엇보다도 자기 자신을 담아 해석하고자 온갖 노력을 다했다." 논리의 옷을 입으면서 소크라테스는 거의 허점이 없는 존재가 되어간다. 다양한 가면을 쓰면서 그는 거의 완벽한 성인으로 거듭난다. 썩은 곳이라고는 한 군데도 없다는 듯이 묘사된 것이다. 플라톤은 자신의 해석을 통해 소크라테스라는 인물의 변주곡을 만들고 있을 뿐이다.

소크라테스는 고대 그리스의 막내 비극 작가 에우리피데스Euripides(B.C.480~B.C.406)라는 물에 논리적 대화라는 독을 탐으로써 비극을 자살하게 만들었다. "그리스 비극은 그것과 관련 있는 그 이전의 모든 예술 장르와는 다른 방식으로 몰락했다. 그것은 풀 수 없는 갈등으로 인해 자살로 생을 마감했던 것이다."(비극, 89쪽) 하지만 비극의 자살은 외적으로 보이는 현상이고, 본질에 가서는 소크라테스가 원흉이었다. 그가 축제를 끝내고 철학의 시대로 넘어가게 한 것이다. 이제 그만 놀고 공부나 하자고 토론의 현장으로 젊은이들을 유혹한 것이다. 그 이후 현대에 이르기까지 "위대한 판은 죽었다"(같은 곳)고 말하는 이 통곡 소리가 전하는 메시지는 아직도 들려오지 않고 있다. '비극'이란 단어가 의미하는 바도 고대의 그것과는 전혀 다르게 사용되고 있으면서도 그것을 전혀 인식도 못하고 있는 것이다. 고대의 통곡은 니체의 허무주의 철학에 와서야 겨우 제 목소리를 되찾고 있을 뿐이다.

비극 문화를 몰락시킨 소크라테스를 향한 니체의 시선은 고울 수가 없다. 그는 호메로스의 문장을 변형시켜 다음과 같은 농담을 해댄다. 즉 "플라톤이 묘사한 소크라테스란 '앞에도 플라톤이요, 뒤에도 플라톤이요, 가운데는 키메라가 아니라면, 도대체 무엇이란 말인가'" 하고. 키메라는 그리스 신화에 나오는 '복합존재'[11]이다. 말하자면 사자의 머리, 염소의 몸, 뱀의 꼬리 등의 모습을 하고 있는 괴물이다. 성형미인이라고나 할까. 완벽하긴 한데 뭔가 어울리지 않는다는 얘기다. 때로는 억지를 부려 짜 맞추고자 한 흔적이 드러나 조잡하게 보이기까지 한다. 때로는 흉측하기도 하다. 하나하나 살펴볼 때는 거의 완벽한 아름다움을 보여주지만 한 발자국만 떨어지면 무너진 조화만이 보일 뿐이다.

다시 지식과 도덕의 관계에 집중해보자. 플라톤의 도덕이론은 도대체 어떤 내용을 품고 있을까? 왜 세상 사람들은 플라톤의 철학에 이토록 환장하는 것일까? 그리고 니체는 왜 유독 플라톤 철학에 이토록 심한 비판을 쏟아내고 있는 것일까? 안으로 들어가면 들어갈수록 섞이지 않는 물과 기름 같은 성질의 것을 발견하게 된다. 이상과 현실의 괴리라고나 할까. 하늘과 대지의 대립이라고나 할까.

'신앙'과 '지식'이라는 오래된 신학적 문제 — 또는 더 명확하게 말하자면, 본능과 이성이 문제 — 에는, 즉 사물의 가치를 평가하는 것과 관련해 본능이 근거에 따라, '왜?'라는 이유에 따라, 합목적성과 유용성에 따라 평가하고 취급하려는 합리성보다 더 권위를 가질 만하지 않는가의 문제가 있다. — 이것은 언제나 먼저 소크라테스라는 인물에게서 나타나 그리스도교보다 이미 오래전에 정신을 분열시킨 오래된 도덕적 문제다. 실은 소크라테스 자신은 탁월한 변증론자의 취향과 천부적인 재능의 취향을 지니고 이성의 편에 섰다. 그리고 진실로 그가 일생 동안 한 일은 고귀한 모든 인간과 똑같이 본능이 인간이었으며 결코 자신의 행위의 근거에 대해 충분히 해명할 수 없었던 그 시대의 고귀한 아테네인들의 서투른 무능을 조소하는 것 외에 무엇이 있단 말인가? 그러나 그는 남모르게 마음속으로 자기 자신도 비웃고 있었다: 그는 자신의 예민한 양심과 자기 검토 앞에서 아테네인들과 똑같은 어려움과 무능을 자기 자신에게 느꼈던 것이다. 그러나 왜 그는 자기 자신에게, 그러므로 본능을 끊을 수 없다고 말했던가! 우리는 본능에도 이성에도 그 권리를 얻게 해야만 한다. — 우리는 본능에 따라야만 하지만, 이성을 설득하여 이때 적절한 근거를 붙여 본능을 지원하게 해야만 한다. 이것은 저 위대하고 비밀에 가득 찬 역설가가 본래 지니고 있던 기만이었다. 그는 스스로 일종의 자기기만에 만족하게 자신의 양심을 움직였다. 근본적으로 그는 도덕적으로 판단할 때 비합리적인 것을 간파했다. — 그러한 일에서는 더욱 순수했고 천민의 교활성이 없었던 플라톤은 전력을 기울여 — 지금껏 한 철학자가 들일 수 있을 최고의 힘을 기울여! — 이성과 본능은 자연히 하나의 목적을, 선을, 신을 향하는 것임을 증명하고자 했다. 그리고 플라톤 이래의 모든 신학자와 철학자는 같은 길을 걸었다. — 말하자면, 도덕의 문제에서는 지금까지 본능이나 그리스도교인들이 부르는 것처럼 '신앙', 또는 내가 부르는 것처럼 '무리'가 승리를 거두었다. 그런데 이성에만 권위를 인정했던 합리주의의 아버지(따라서 혁명의 할아버지)인 데카르트는 예외로 해야만 할 것이다. 그러나 이성은 단지 도구에 불과한 것이며, 따라서 데카르트는 피상적이었다. (145쪽 이후)

플라톤은 원래 순진한 청년이었다. 그에게는 천민의 교활성이 엿보이지 않았다. 이것이 니체의 확신이다. 플라톤은 단지 스승을 만나면서 자기 본성과는 어울리지 않는 철학으로 옷을 해 입게 된 것이다. 소크라테스의 사상은 간단하다. 이성 중심의 철학이 그의 것이다. 이성을 선택함으로써 본능을 폄하하는 어리석은 결정을 하게 된 것이다. 이런 불균형의 걸작품이 종교적 발상이다. "'신앙'과 '지식'이라는 오래된 신학적 문제"는 바로 이성을 우선적으로 선택한 결과물들에 지나지 않는다.

니체는 의혹을 제기한다. "본능이 근거에 따라, '왜?'라는 이유에 따라, 합목적성과 유용성에 따라 평가하고 취급하려는 합리성보다 더 권위를 가질 만하지 않는가" 하고. 아니 이것은 문제 제기라고 해야 더 맞을 것 같다. 이성보다 본능이 더 권위가 있지 않을까? 소크라테스 이후 인류는 너무도 이성에 치중해왔다. 이성적이라면 다 좋다고 판단해온 것이다. 하지만 이성적인 것에 정말 좋은 것만 있을까? 목적에는 어울릴지 몰라도 현실성이 배제된 경우를 보지 못했는가? 유용성은 있을지 몰라도 현실적으로는 전혀 쓸모없는 것을 경험하지 못했는가? 이성은 그렇게 대단한 것이 아닐 수도 있다.

　소크라테스의 문제는 기독교의 문제와 같다. 이성을 선택한 발상이기 때문이다. 로고스를 신격화하는 데도 공통점이 발견된다. "이것은 언제나 먼저 소크라테스라는 인물에게서 나타나 그리스도교보다 이미 오래전에 정신을 분열시킨 오래된 도덕적 문제다." 본능을 따르지 못하게 한 도덕, 그것이 소크라테스의 이념이다. 오감각이 오히려 인식을 방해한다고 믿었던 것이다. 본능에 반反하면서 그것을 '도덕적'이라고 말하는 사람들은 모두가 소크라테스의 문제를 제기하는 사람들이다.

　"소크라테스 자신은 탁월한 변증론자의 취향과 천부적인 재능의 취향을 지니고 이성의 편에 섰다." 그것이 도덕적이라고 판단하면서 어떤 양심의 가책도 없이 이성을 선택했다. 본능보다 이성이 낫다고 말하면서 그 어떤 오류에 대한 가능성도 배제했다. 확신이 담을 쌓게 했다. 그 논리의 담은 삶과의 통로를 완전히 차단했다. 오로지 이성으로만 다가설 수 있는 이데아만을 주시하게 했다. 뜬 눈으로는 바라볼 수 없는 세계다. 움베르토 에코Umberto Eco(1932~2016)의 소설 《장미의 이름》(1980)에 나오는 장님 수도사만이 바라볼 수 있는 나라다. 혹은 라파엘로Raffaello Sanzio(1483~1520)의 그림 〈그리스도의 변용〉(1520)에서 두 눈이 희번덕한 미친 소년의 눈만이 바라볼 수 있는 허공 속의 세계다.

　신앙과 지식은 앎에 권위를 부여한다. '안다'는 그 지식에 무한 신뢰를 허용한다. 증명할 수 없는 그 앎의 내용에 대해서는 믿음으로만 다가설 수 있을 뿐이다. '하나님을 아는 자'는 과연 누구일까? 신을 봤다고 말하는 자는 누구일까? 답답하기만 하다. 답을 찾을 수 없기 때문이다. 답이 있다고 해도 그 답 또한 믿음으로만 해결될 뿐이다. 믿음이 믿음을 낳기

영화 〈장미의 이름〉(1986)에 등장하는 장님 노수도사 호르헤의 모습. 허공을 바라보는 그의 시선은 진지하기만 하다. 중세인들이 지향했던 천국은 눈에 보이는 세계가 아니다.

〈그리스도의 변용〉의 일부분. 한 소년을 두고 혼란스러운 의견 교환이 이루어지고 있다.

시작하면 괴물이 탄생한다. 해석이 해석을 낳기 시작하면 허공 속에서도 천국이 화려하게 모습을 드러낸다. 말의 꼬리를 물고 치밀하게 전개된 설명 속에서 말 자체는 신의 형상으로 군림하게 된다. "태초에 말씀이 계시니라"(요한복음 1:1)며 단정적으로 말을 하게 된다. 그것도 존칭을 써가면서, 그 어떤 양심의 거리낌도 없이.

'본능의 인간'은 신앙과 지식의 영역에서 설 자리를 잃고 말았다. 이성으로 구축된 세계에서는 오로지 말만이 평가의 대상이 된다. 논리만이 시험의 대상이 된다. 시험을 잘 보기 위해 말을 끊임없이 훈련해야 한다. 때로는 외국말도 훈련해야 한다. 외국어 능력을 두고 지식이라 부른다. 알프스 이남의 남구인들은 알프스 이북의 북구인들을 야만인이라 불렀다. 왜냐하면 자신들이 하는 말을 제대로 구사하지 못했기 때문이다. 말을 버벅댄다는 의성어가 '바바르Barbar'였다. 바바리안은 말 그대로 야만인의 이름이 되고 말았다. 스스로 야만인이 되고 싶지 않다면 외국말을 제대로 구사할 줄 알아야 한다는 판단이 생겨난 것이다.

하지만 도대체 무엇이 이성적인가? 남구인들의 언어와 그들의 문화가 이성적이라는 그 판단은 그 외의 모든 것을 야만으로 평가하는 오류를 범하고 있다. 이에 반기를 들고 있는 것이 니체의 허무주의 사상이다. "우리는 본능에도 이성에도 그 권리를 얻게 해야만 한다." 그렇다. 본능도 이성도 다 좋다. 어느 하나를 선택함으로써 다른 하나를 내치는 것이 아니라, 둘 다 좋다는 인식이 와주어야 한다. 다만 환영받지 못하던 본능을 부각하려다 보니 이성을 무시하고 본능을 취하는 것으로 생각할 수도 있으나, 그것은 니체가 원했던 것이 결코 아니다. 인간은 본능과 이성을 모두 필요로 한다.

《비극의 탄생》에서도 디오니소스적인 것과 아폴론적인 것은 서로 어울려야 한다고 또 그래야 진정한 예술이 탄생한다고 니체는 주장했었다. 술의 신에게 술은 신성을 드러내게 해주는 도구에 해당한다. 내면 깊숙한 곳에 숨어 있던 것을 밖으로 드러나게 하는 힘이 바로 디오니소스적인 것으로 설명되었다. 또 빛의 신인 아폴론에게 빛은 똑같은 방식으로 신성을 드러내게 해주는 도구에 해당한다. 빛에 의해 형성된 아름다운 가상은 삶을 살 만한 것으로 보이게 해준다. 둘은 서로 잘 어울려야 한다. 그것이 니체의 이념이다.

이와 마찬가지로 "우리는 본능에 따라야만 하지만, 이성을 설득하여 이때 적절한 근거를 붙여 본능을 지원하게 해야만 한다." 본능과 이성은 서로 도와야 한다. 단식과 같은 방식은 건강한 생각을 하지 못하게 할 수도 있다. 허약해진 몸으로 생각해낸 것들은 거의 대부분 나약한 방식의 것들을 대변하고 있을 뿐일 것이다. "나중 된 자로서 먼저 되고 먼저 된 자로서 나중 되리라"(마태복음 20:16), 즉 꼴찌가 일등을 한다는 그런 방식의 것들을 양심의 거리낌도 없이 내뱉게 해줄지도 모른다. 천국에서는 이런 식으로 역전현상이 일어난다는 말로 희망을 주었던 것이다. 누구에게? 노예들에게!

믿음은 양심을 통제한다. '신이 원한다'고 믿음으로써 살인을 할 때 양심의 가책도 없이 이루어지게 된다. 200년에 걸친 십자군 원정은 그렇게 해서 이루어졌다. 말 그대로 30년 동안 진행되었던 30년 전쟁은 자기 종교의 신념을 붉은 천으로 만듦으로써 황소처럼 다른 종교를 치받았다. 그들은 "스스로 일종의 자기기만에 만족하게 자신의 양심을 움직"였던 것이다. 양심까지 바꿀 수 있다는 것이 믿음의 힘이다. 신앙의 힘이다. 종교의 힘이다. '나는 날 수 있다'는 말로 자기 최면에 걸린 자는 현상의 원리를 무시하고 아파트 옥상에서 뛰어내릴 수도 있다. '나는 날고 있다'고 착각을 하면서. 믿음이 강한 사람일수록 현실을 향한 눈은 그 시력을 잃어가고 있을 뿐이다.

소크라테스의 철학을 배우면 배울수록 플라톤은 더욱더 "전력을 기울여—지금껏 한 철학자가 들일 수 있을 최고의 힘을 기울여!—이성과 본능은 자연히 하나의 목적을, 선을, 신을 향하는 것임을 증명하고자 했다." 그리고 그 노력은 성공을 거두었다. 왜냐하면 "플라톤 이래의 모든 신학자와 철학자는 같은 길을 걸었"기 때문이다. 오로지 하나의 목적, 하나의 선, 하나의 신만을 지향한다고? 이 세상 모든 사람이 그렇다고? 어떻게 그럴 수 있는가? 니체는 회의적이 될 수밖에 없다. 왜냐하면 이 세상에는 다양한 사람들이 살고 있고 그만큼 다양한 나라와 문화도 존재하기 때문이다. 다양한 생각은 다양한 목적을 지향할 수밖에 없다. 이러한 다름이 인정되지 않는 곳에서 하나가 신의 이름으로 등장한다. 이로써 종교재판과 마녀사냥을 일삼으면서 양심의 가책 없이 사람을 괴롭히거나 죽일 수 있는 근거가 마련된다.

'도덕의 문제', 즉 문제로서의 도덕은 그 유형을 하나로 정할 때 생겨난다. 자기 자신을 믿지 않고 신앙의 자유를 외쳐대며 자기 이외의 것을 믿는 자들이 승리를 거둘 수 있는 최고의 지혜가 여기에 있다. "말하자면, 도덕의 문제에서는 지금까지 본능이나 그리스도교인들이 부르는 것처럼 '신앙', 또는 내가 부르는 것처럼 '무리'가 승리를 거두었다." 무리의 의식은 집단의식이다. 정언명법을 세우고 그것에 단체적으로 복종하고자 하는 무리가 승리를 거두는 논리가 문제다.

니체는 근대철학자 데카르트도 싸잡아 비난한다. 왜냐하면 그는 오로지 "이성에만 권위를 인정"했기 때문이다. 그는 본능을 무시하는 오류를 범하고 있다. 그래서 그의 철학을 그저 "피상적이었다"고 평가하게 된다. 니체에게 이성은 그렇게 위대한 자리를 점유하지 못한다. 쇼펜하우어가 "이성은 여성적인 성질을 갖고 있다. 즉, 이성은 받아들인 다음에만 줄 수 있을 뿐이다. 이성이 그 자체로 홀로 갖고 있는 것은 내용이 없는 조작의 형식뿐이다"[12]라고 말한 것처럼, 니체도 "이성은 단지 도구에 불과한 것"이라고 판단한다.

이성은 형식을 중요시할 뿐이다. 이성은 그 내용을 문제 삼지 않는다. $1+1=2$, 일 더하기 일은 이라는 이성적인 논리에서 중요한 것은 더하기의 원리에서 얻어진 이의 결과물이기는 하지만 그 일의 내용은 문제되지 않는다. 예를 들어 $2+2=4$, 이 더하기 이는 사라는 논리에서 중요한 것은 사라는 결과물이지 사의 내용은 아니다. 이성은 늘 논리에 의해 얻어지는 결과물에만 집중하게 한다. 일 더하기 일에서 그 일 자체의 의미와 내용은 무시하고 마는 어리석은 오류가 존재하고 있는 것이다. 결국 말로만 하는 해석과 논리들은 모두가 피상적이라는 평가를 피할 수가 없다.

인식기관으로서의
감각의 한계

우리 모두는 잠자리에서 일어날 때 눈부터 뜬다. 그리고 사물을 인식하고 그것을 우리는 본다고 생각한다. 자신이 보고 있다는 행위에 그 누구도 의심를 하지 않는다. 그러면서 바깥세상에 있는 사물들은 우리와 관계를 맺게 된다. 마치 의미 없이 피어 있던 꽃에 이름을 붙여주면서 그 꽃과 최초의 관계가 형성되듯이. "내가 그의 이름을 불러 주기 전에는 / 그는 다만 / 하나의 몸짓에 지나지 않았다. // 내가 그의 이름을 불러 주었을 때 / 그는 나에게로 와서 / 꽃이 되었다."[13]

그런데 우리는 나쁜 이름을 붙여줄 때도 있다. 아무 의미 없이 존재하던 것에 저주를 내리기도 한다. 기분이 나쁠 때는 모든 것이 부정적으로 보이기만 한다. 모든 것을 자기 생각으로 끼워 맞추려고 한다. 어떤 직장 상사는 부하 직원을 향해 인신공격을 해댄다. 어떤 선생은 제자를 향해 입에 담지도 못할 욕을 해댄다. 누구는 친구를 향해 '나쁜 놈'이라고 말하기도 한다. 정말 불편한 관계가 아닐 수 없다. 그런 말로 관계가 호전되리라고 믿으면 바보다. 오히려 상대로 하여금 쓸데없는 경계심을 심어줄 수도 있다.

문제는 우리가 눈을 뜨고 보고 있어도 보지 못하는 경우가 많다는 데 있다. 관심이 없으면 시야에 들어오는 모든 것은 그저 무의미하게 스쳐 지나가는 사물에 지나지 않는다. 또 관심을 가지고 본다고 해도 감각을 통해 인식된 사물은 이성이라는 거울 속에서 전혀 다른 의미로 해석될 때가 많다. 니체는 이제 도덕을 논하는 자리에서 이러한 감각의 한계를 고찰한다. 인간관계 속에서 형성된 도덕성이라 하더라도 거기에는 그 도덕을 만들어내는 자의 인상이 들어가게 마련임을 밝히고자 한다.

어떤 학문의 역사를 추적해본 사람은, 그 역사의 발전 과정에서 모든 '지식과 인식'의 오래되고 일반적인 과정을 이해하는 실마리를 발견하게 된다:

여기저기에서 성급한 가설, 허구, '믿고자 하는' 선하지만 어리석은 의지, 불신과 인내의 결핍 등이 처음으로 전개된다. — 우리의 감각이 섬세하고 충실하며 주의 깊은 인식의 기관임을 배우게 되는 것은 나중 일이며, 그것도 결코 완전히 배울 수는 없다. 우리의 눈에는 어떤 주어진 기회에 이미 여러 번 만들었던 심상을 다시 만들어내는 것이, 특이하거나 새로운 인상을 붙잡는 것보다 훨씬 편하다: 후자에는 더 많은 힘과 더 많은 "도덕성"이 필요하다. 어떤 새로운 것을 듣는다는 것은 귀에는 괴롭고 어려운 일이다. 우리는 낯선 음악을 잘 듣지 못한다. 다른 언어를 들을 때, 부지불식간에 우리는 귀에 들리는 그 소리를 우리에게 좀 더 친숙하고 익숙하게 들리는 말로 바꿔놓으려고 한다: 예를 들어 독일인은 일찍이 아르쿠발리스타^{arcubalista, 石弓}라는 말을 들었을 때 아름브루스트^{Armbrust, 弩}라는 말을 고안해냈다. 또 우리의 감각은 새로운 것을 적대적이며 불쾌한 것으로 느낀다. 일반적으로 감성의 '가장 단순한' 과정에서도 이미 나태라는 수동적인 감정을 포함하여 공포, 사랑, 증오와 같은 정동이 지배하고 있다. — 오늘날의 독자는 한 페이지의 하나하나의 말들을 (더욱이 음절까지) 모두 읽지는 않는다. — 그는 오히려 스무 개의 단어 가운데 우연에 의해 대략 다섯 개의 단어를 골라내 이 다섯 개의 단어에 포함되어 있는 듯한 의미를 '추측한다.' — 이와 마찬가지로 우리는 한 그루의 나무를 볼 때, 잎, 가지, 색깔, 형태를 정확하고 완전하게 보는 것이 아니다. 오히려 우리에게는 나무의 대략적인 모습을 상상하는 것이 훨씬 쉬울 것이다. 극히 특이한 체험을 하는 동안에도 우리는 여전히 이와 같이 한다: 즉 우리는 체험을 대부분 허구로 꾸며내며 '창작자'가 아니면 어떤 과정을 관찰하도록 강제하는 일은 거의 없다. 이 모든 것이 말하고자 하는 것은, 우리가 근본적으로 옛날부터 — 거짓말에 익숙하다는 것이다. 또 더욱

덕이 있는 체하고 위선적으로, 간단히 더 편하게 표현하자면, 우리는 자신이 알고 있는 것 이상으로 훨씬 예술가이다. — 활발하게 대화를 나누고 있을 때, 나는 종종 내가 대화를 나누고 있는 사람의 얼굴이, 그가 표현하는 사상이나 내가 그에게서 불러일으켰다고 믿는 사상에 따라 내 앞에서 명확하고 세밀하게 영향을 받는 것을 보게 되는데, 이러한 명확성의 정도는 내 시각의 힘이 미칠 수 있는 정도를 넘어선 것이다: — 상대편 얼굴의 근육의 움직임이나 눈의 표현의 미묘함은, 즉 내가 상상에 의해 만들어낸 것임에 틀림없다. 아마 상대편은 완전히 다른 얼굴을 하고 있었거나 아무런 표정도 보이지 않았을 것이다. (147쪽 이후)

좀 길지만 이번에도 잠언 전체를 인용해보았다. 왜냐하면 이 하나의 잠언 속에 사물을 바라보는 니체 특유의 시선과 사고방식이 담겨 있기 때문이다. 경험해보지 못한 어떤 새로운 것을 직면하게 될 때 아무 생각 없이 내뱉게 되는 말 중에 대표적인 것이 하나 있다. 그것은 '어렵다'이다. 이는 자기가 접하고 있는 내용과는 상관없이 내려진 평가다. 주관적인 평가라는 얘기다. 이성을 갖고 생각하는 우리 모두는 이 주관적 평가로부터 벗어날 수가 없다. 인간이라면 누구나 다 주관을 갖게 마련이다. 인간에게 주관은 당연한 것이다. 하지만 그 주관이 옳다는 얘기는 아니다. 과연 누가 그 주관으로부터 멀리 떨어질 수 있는지가 관건이다.

음악을 들을 때도 과거에 자주 들었던 음악을 '좋은 음악'이라고 생각한다. 신세대의 음악을 구세대는 대부분 '음악'으로 간주하려 들지도 않을 때가 많다. 때로는 '듣기 싫다'는 말로 거센 반응을 보이기도 한다. 귀에 거슬린다는 말이다. 하지만 그 신세대가 새로운 음악을 따라 부르며 흥겨워할 때 구세대는 낯설어한다. 이해할 수 없는 광경이기 때문이다. 다가설 수 있는 공간이란 찾을 수가 없다. 세대 간의 격차는 좁혀질 기미를 보이지 않는다.

누군가와 대화를 할 때 우리는 듣고 싶은 대로 들을 때가 많다. '대단하십니다'라며 극찬과 존경을 표한 사람을 향해 '뭐? 내가 대가리라고?' 하며 잘못 알아듣기도 한다. 상대방은 전혀 그런 의도로 말을 한 것이 아닌데 듣는 자가 마음대로 해석하고 받아들일 때가 많다는 얘기다. 대부분의 오해는 이럴 때 발생한다. 듣는 자는 '부지불식간에' 사물을 왜곡하기 때문에 양심의 가책 따위는 가지지도 않는다. 아니 가질 수도 없다. 이런 상황에서 상대방을 향한 자기 생각은 일방적으로 형성되고 만다. 자기는 옳고 상대방은 틀렸다는 생각이 형성되는 것이다. 분명 대화는 나누었지만 그 결과는 예상 밖의 것이 될 때가 많다. 안타까운 현실이다. 이것이 사람 사는 곳의 문제다.

우리의 감정은 나태하다. 과거의 것에서 편안함을 느낀다. 새로운 것에 대해서는 불편함을 느낀다. 즉 "나태라는 수동적인 감정"은 보편적이라는 얘기다. 새로운 것을 향한 마음은 그래서 대부분 부정적으로 형성된다. 무섭다, 두렵다, 징그럽다, 혐오스럽다 등의 감정이 형성되는 것이다. 아프리카의 흑인이 낳은 갓난아기를 보고 새카만 작은 괴물 같다고 느끼는 이도 있다. 그 흑인 부모에게는 한없이 귀여운 아기인데도 말이다. 정반대의 의미로 쓰이긴 하지만, '고슴도치도 제 새끼는 예쁘다고 한다'는 말이 있다. 제 것이면 예쁘고 남의 것이면 흉측하다는 말을 함부로 하는 것이다.

감정은 나태하고 수동적이다. 이 말을 통해 니체는 무엇을 말하려고 하는 것일까? 바로 감정 자체를 "공포, 사랑, 증오와 같은 정동이 지배하고 있다"는 것을 증명하려는 것이다. 우리의 느낌은 사물의 상태와 전혀 다른 방식으로 형성될 수 있다는 얘기다. 물론 여기서 '정동'이라는 단어가 독서를 방해할 수도 있다. 원어는 '아펙테Affekte(단수형은 Affekt)'로 다소 번역하기 어려운 개념임에는 틀림없다. 사전적으로는 흥분, 감동, 정서, 정열, 욕정 등으로 번역되는 개념이다. 어쨌든 내면에서 형성된 기분 혹은 마음 상태를 가리키는 것으로 보면 된다. 이를테면, 일체유심조一切唯心造라는 말도 된다. 눈에 보이는 모든 것은 마음이 하는 짓이라는 것이다. 쇼펜하우어는 본질을 알아차리지 못하게 하는 현상의 다양성을 두고 '마야의 베일'이라는 말을 사용하여 설명하기도 했다.

또 니체는 독서에 게으른 현대의 독자를 비판하기도 한다. 저자가 써놓은 말들을 꼼꼼히 읽어내는 독자가 드물다는 평가다. 익숙한 말 몇 마디를 조합해서 자기 식으로 해석을 해댄다. 그러면서 '그는 이런 사람이고 이런 글을 썼다'고 함부로 말을 하는 것이다. 대부분 해석서나 읽으면서 그 작가의 작품 세계를 다 안다고 자부하기도 한다. 누구는 한 작가의 작품을 읽고 있는 독자를 향해 '그거 왜 읽냐? 다 아는 내용 아냐?' 하고 되묻기도 한다. 읽을 필요가 없다는 얘기다. 내용을 아는 책이라고 판단하기 때문이다.

사물을 볼 때 문제는 대충 본다는 데 있다. "이와 마찬가지로 우리는 한 그루의 나무를 볼 때, 잎, 가지, 색깔, 형태를 정확하고 완전하게 보는 것이 아니다." 그럴 수밖에 없다. 모든 것을 샅샅이 살펴보고 또 그 모든 것을 다 기억해내는 자는 없다. 그럴 시간도 없다. 자기 눈에 들어온 것만을 정보로 하여 인상을 만들고 그것으로 판단하는 것이 대부분이다. 결국 무엇을 인식했느냐가 문제일 뿐이다. 생각의 과정은 대충 보고 전체를 유추해내는 방식을 취한다. 결국 상당 부분은 상상에 의해 형성된다는 얘기다.

체험조차 해석이라는 과정을 통해 마음대로 평가된다. 똑같은 경험을 하고도 누구는 좋은 기억을 또 누구는 나쁜 기억을 가질 수밖에 없다. 니체가 이런 말을 하는 이유는 단 한 가지를 분명하게 하려는 것이다. 즉 "우리가 근본적으로 옛날부터 — 거짓말에 익숙하다는 것이다." 우리 모두가 '거짓말에 익숙하다'는 말의 의미는 무엇일까? 부지불식간에 우리는 거짓말을 하는 존재가 될 수도 있다. 거짓말을 믿는 순간 스스로 거짓말을 하는 존재가 되는 것이다. 사물을 충분히 관찰하지 않고 말을 해야할 경우에 이런 실수는 피해갈 수 없다. 거짓말에 익숙한 귀는 그것을 진실로 받아들인다. 예를 들어, "헌금통에서 돈 소리가 나면 영혼은 천국으로 솟아오르리라!"[14]는 터무니없는 말로 면죄부를 팔았던 요한 테첼Johann Tetzel(ca.1460~1519)의 설교에 당시 사람들은 마음이 흔들렸을 것이다.

누군가와 개인적인 대화를 나눌 때 관찰되는 상대방의 표정도 끊임없이 오해와 관련한 이런 문제는 발생한다. 니체는 "모든 단어는 하나의 편견"(인간적Ⅱ, 266쪽)이라고 단정하기도 했다. 스스로 품었다고 판단되는 그의 생각에 따라 혹은 전달했다고 판단되는 나의 생각에 따라 상대방의 얼굴은 시시각각으로 변화한다. 하지만 이 변화에 대한 인식도 "내 시각의 힘이 미칠 수 있는 정도를 넘어선 것이다." 하나의 표정에서 읽어내는 판단은 결국 "내가 상상에 의해 만들어낸 것"일 뿐이라는 얘기다. 표정 하나로 생각을 유추해내는 것 자체가 무리한 도전일 수 있다. 때로는 전혀 상관없는 판단을 이끌어내기도 한다. "아마 상대편은 완전히 다른 얼굴을 하고 있었거나 아무런 표정도 보이지 않았을" 수도 있다.

새로운 인상을 붙잡는 것에는 "더 많은 힘과 더 많은 '도덕성'이 필요하다"는 말에 귀를 기울여보자. 니체가 바라는 것이 이것이기 때문이다. 낯선 것을 대하고도 두려움 없이 새로운 감정으로 다가설 수 있는 것도 능력이다. 게다가 더 많은 도덕성이란 말은 더 많은 잣대를 말하는 것이기도 하다. 다양한 도덕성에 근거한 시각이 건강한 생각을 만들어낼 것이다. 그러기 위해서는 자신의 도덕성을 극복해야 할 때도 있다. "많은 것을 보기 위해서는 자기 자신으로부터 눈길을 돌릴 줄도 알아야 한다."(차라, 255쪽) 쇼펜하우어의 말로 표현하자면, "자신을 극복하는 사람에게는 세계가 열린다"[15]는 것이다.

세기전환기를 대표하는 시인 릴케는 《말테의 수기》(1910)에서 '보는 것'의 가치를 인식하고 새로운 방식으로 '보는 법'을 배우고자 하는 한 현대인을 보여준다. "나는 보는 법을 배우고 있다. 왜 그런지는 모르지만 모든 것이 내 안 깊숙이 들어와서, 여느 때 같으면 끝이었던 곳에 머물지 않고 더 깊은 곳으로 들어간다. 지금까지는 모르고 있었던 내면을 지금 나는 가지고 있다."[16] 말테는 새로운 것을 '어렵다' 혹은 익숙한 것을 '쉽다'로 인식하는 평범한 사람들의 시각을 넘어서고자 한다. 자기 생각에 맞지 않으면 틀린 것으로 간주하는 편협한 생각을 극복하고자 한다.

습관처럼 위험한 것이 또 없다. 익숙함과 습관은 모두가 극복의 의지와는 정반대의 습성을 대표한다. "연극에서처럼 세상을 내려다보는 눈을 열어라. 다른 두 개의 눈을 통해 세계를 들여다보는 커다란 제3의 눈을 열어라!"(아침, 380쪽) 허무주의 철학은 세상을 늘 새로운 시각으로 바라볼 것을 요구한다. 매 순간 새롭게! 하루에 열 번을 극복하고 또 화해를 해야 한다. 자기 자신과 진리, 이것은 하루에 열 번을 헤어지고 만나야 하는 것으로 가르치고 있다. 그 만남이 유쾌한 삶을 만들어줄 것이라 믿고 있는 것이다. "낮 동안 너는 열 번 웃어야 하며 열 번 유쾌해 있어야 한다."(차라, 43쪽) 극복해야 할 때는 눈물을 쏟아놓겠지만 그것으로 삶을 끝내서는 안 된다. 인생이 고해苦海라 해도 그것에 익사를 당하는 일은 없어야 한다. 고통의 바다라 불리는 곳을 우리는 항해하는 마음으로 다가서야 할 것이다. 길 없는 곳에서 길을 찾아야 할 것이다. 그것이 삶에 대한 예의다.

꿈꾸며 생각하는 존재가
극복해야 할 도덕과 따라야 할 도덕

인간은 꿈꾸는 존재다. 우리는 흔히 '꿈이 무엇이냐?'고 묻는다. 꿈은 있어야 하고 또 가져야만 하는 것으로 간주한다는 얘기다. 꿈이 없는 상황을 부정적으로 판단하는 근거이기도 하다. 꿈이 없으면 사시면 된다. 간단한 일이다. 문제는 그 꿈이 일상의 행동을 지배하기도 한다는 데 있다. 꿈을 향해 질주할 때 우리는 자칫 붉은 천에 집착하는 황소가 된 것은 아닌지 반성을 해야 할 때도 있다는 얘기다. 꿈은 좋기도 하고 나쁘기도 하다. 꿈을 꿀 수밖에 없는 것이 인간이라면 그 꿈의 대가가 되어야 하기도 한다. 그것은 자기 몫이다. 꿈에 대한 니체의 생각을 읽어보자.

사람은 낮에 있었던 일을 밤에 행한다: 그러나 또 반대도 있다. 우리가 꿈속에서 체험하는 것은, 우리가 그것을 종종 체험한다고 가정할 때, 결국 '현실적으로' 체험하는 것과 마찬가지로 우리의 영혼의 가계 전체에 속하게 된

다: 우리는 그와 같은 꿈의 체험 덕분에 더욱 풍부해지기도 하고 가난해지기도 하며, 좀 더 많은 욕망을 갖기도 하고 좀 더 적은 욕망을 갖기도 하며, 결국 밝은 빛이 비치는 대낮에, 그리고 우리의 정신이 깨어 있는 가장 밝은 순간에도 어느 정도는 꿈의 습관에 의해 조정당한다. 가령 어떤 사람이 자신의 꿈속에서 종종 날아다닌 적이 있어, 마침내 그가 꿈을 꾸자마자 날아다니는 힘과 기술을 자신의 특권인 것처럼 의식하고 또 선망받을 만한 자기 특유의 행복인 것처럼 의식하게 된다고 가정해보자: 그러한 사람은 어떤 종류의 곡선이나 각도도 아주 미세한 충격을 가함으로써 선회할 수 있다고 믿으며, 긴장이나 강제 없이 위로 오를 수도, 교만이나 굴욕 없이 — 중력 없이! — 아래로 내려올 수 있는 어떤 신적인 경쾌함의 감정을 알고 있다. 이러한 꿈에서의 경험과 꿈의 습관을 지닌 인간은 마침내 자신이 깨어 있는 낮에도 '행복'이라는 말이 다르게 채색되고 규정되는 것을 느끼게 될 것이 아닌가! 그는 행복에 대해 어떻게 달리 갈구하지 않을 것인가? 시인들이 묘사하는 '비상飛翔'은 그의 '비행飛行'에 비한다면, 이미 너무 지상에 가깝고 근육질적이고 폭력적이며 이미 너무 '무거운' 것인 듯하다. (148쪽 이후)

꿈은 의식의 일부분이다. 그래서 해석이 가능한 것이다. 해몽解夢이라고도 말한다. 그런데 거꾸로, 꿈의 내용이 의식으로 자리 잡기도 한다. 생뚱맞게 형성된 꿈의 내용이 의식을 지배한다는 얘기다. 수많은 선입견과 편견이 이런 과정을 거쳐서 형성된다. "결국 밝은 빛이 비치는 대낮에, 그리고 우리의 정신이 깨어 있는 가장 밝은 순간에도 어느 정도는 꿈의 습관에 의해 조정당한다." 어젯밤에 꾼 꿈 때문에 쉽사리 어떤 행동을 이행하지 못할 때도 있다. 또 반대로 꿈의 습관 때문에 어느 것으로도 대체할 수 없는 행복감을 느끼기도 한다. 하늘을 나는 꿈을 꿔본 자는 비상이 가져다주는 행복감이 최고라고 생각한다. 그 어떤 다른 비행도 자기가 느끼는 그것과는 비교가 안 된다고 판단한다.

왜 니체는 이런 꿈에 대한 글을 '도덕의 자연사'라는 장 속에 삽입해놓았을까? 어쩌면 도덕이 형성되는 과정도 꿈에 의해 의식화되어가는 과정을 밟고 있다고 말하려는 게 아닐까. 생뚱맞은 생각이 근거가 되어 하나의 도덕이 탄생하는 것처럼 말이다. 선과 악에 대한 판단의 근거는 도대체 어디서 찾아지는 것일까? 하나의 사물을 보고 옳다 틀리다로 말하는 근거는 어디에 있는 것일까? 니체의 고민에는 그것을 터무니없는 것이라고 치부하기에는 너무도 많은 인식이 담겨 있다. 결국 다시 인간은 생각하는 존재라는 대명제로 돌아갈 수밖에 없다. 어떤 생각을 하며 사느냐에 따라 서로 다른 존재가 되는 것이다.

> 인간의 차이는 그들이 지닌 재산목록의 차이에서만 나타나는 것이 아니다. 즉 그 차이는 서로 다른 재물을 추구할 만하다고 여기거나 가치의 많고 적음에 대해, 공통적으로 인정하는 재물의 등급에 대해 서로 의견이 일치하지 않는다는 사실에만 있는 것이 아니다: — 그것은 오히려 그들이 무엇을 재산의 진정한 소유이며 점유로 여기는가에서 나타난다. (149쪽)

사람을 평가할 때 재산목록만 가지고 할 수는 없다. 이것은 자본에 너무 얽매여 있는 현대인이 넘어야 할 가장 큰 산인지도 모른다. 특히 1997년 IMF 금융위기를 경험한 대한민국의 시민들은 '여러분, 부자되세요~'라는 선전 문구를 덕담으로 받아들이기도 한다. 모든 자동차는 거대해졌고 명품이란 상품이 등장하기도 했다. 전세방에 살아도 자동차는 큰 것을 몰아야 하고 김밥으로 점심을 때워도 커피는 외제를 마셔야 한다. 숨기는 부분과 과시하는 부분을 따로 평가하는 것이다.

선생의 연봉이 자기 남편의 절반 수준도 안 된다고 판단한 한 학부모는 자기 자식의 기를 죽였다는 이유로 선생님의 따귀를 때리기도 한다. 학생들은 연봉이 몇 배나 더 많은 자기 부모의 말에는 복종하는 태도를 또 그에 반해 연봉이 턱없이 낮은 선생 앞에서는 당당한 태도를 취한다. 가진 게 많은 자가 자신이 어떤 특권을 가진 계층인 양 생각하고 행동하는 것이다. 누구는 "돈도 실력이야. 너의 부모를 원망해"라는 말로 상대적으로 가진 게 부족한 자들을 향해 상처를 주기도 한다. 부가 대물림되면서 중세 봉건주의에 버금가는 새로운 계층 사회가 형성된 것이다. 새로운 신분 사회가 도래하고만 것이다. 금융위기가 가져다준 가치관이 만들어낸 사회풍토다.

재산으로 사람을 평가할 수 있을까? 그것이 과연 도덕적 잣대가 될 수 있을까? 니체는 심각하게 묻고 있다. 그의 철학은 이미 현대의 문제점을 파헤치고 있다. 그리고 그 한계를 인식하고 있다. 하나의 생각이 형성될 때 가장 조심해야 한다. 무엇인가 옳다고 생각을 하게 될 때가 가장 위험한 순간이다. 무엇인가 깨달았다는 느낌이 들 때 오히려 자기 자신을 경계해야 할 때가 된 것이기도 하다.

태양 근처에는 불가해한 천체가 헤아릴 수 없이 많다고 추론할 수 있다. — 우리는 결코 그것들을 보지 못하게 될 것이다. 이것은 우리끼리 말하자면, 하나의 비유다. 도덕심리학자는 천문의 문자 전체를, 많은 것을 숨기고 있는

비유 언어나 기호 언어로만 읽을 뿐이다. (152쪽)

자기 언어가 가장 편하다. 하지만 그 편한 언어가 다른 언어의 감각을 느끼지 못하게 한다. 니체는 "모든 단어는 하나의 편견"(인간적Ⅱ, 266쪽)이라 했다. 단어를 사용할 때 이미 우리는 담을 쌓고 있는 것이나 다름이 없다. 모든 도덕도 편견에 불과하다. 우리는 그저 매 순간 도덕을 넘어서는 생각으로 살아야 할지도 모른다. 하늘의 별자리를 이야기하는 사람은 수많은 다른 해석의 가능성을 배제하는 실수를 범하고 있다. 하나의 이야기를 만들어냄으로써 다른 이야기가 형성될 수 있는 길을 방해하거나 막는 결과를 초래하고 있는 것이다.

"태양 근처에는 불가해한 천체가 헤아릴 수 없이 많다고 추론할 수 있다." 현상은 다양하다. 그 다양한 현상은 부정적인 것이 결코 아니다. 모든 것을 감당할 수 있을 때 은하수가 보일 것이다. 무궁무진한 이야기가 밤하늘을 수놓을 것이다. 정답이나 진리에 얽매이지 않을 때 이야기는 더욱 풍부해질 것이다. 그런 이야기는 타인에게 마음의 평정을 가져다주는 자연의 소리처럼 들리기도 할 것이다.

니체의 허무주의 철학은 도덕과 관련한 현대의 이념을 비판한다. "오늘날 유럽에서의 도덕은 무리 동물의 도덕이다."(161쪽) 이 주장이 굳이 유럽에만 국한된 것일까? 우리는 그런 실수를 저지르지 않고 있다고 장담할 수 있겠는가? "이것은 의심의 여지가 없는 일이다! 이러한 가능성을 한 번 끝까지 생각해본 사람은 다른 사람들보다는 더한 구토를, — 그리고 아마 또 하나의 새로운 과제를 알 것이다!…" '도덕의 자연사' 마지막 구절이다. 후반부로 와서 독서를 좀 건너뛰긴 했지만 모두 같은 말의 다른 표현일 뿐이다. 허무주의 철학은 비관적인 철학이 아니다. 도덕을 비판하면서도 도덕에 희망을 건다. 구시대적 발상은 구토로 극복하면 되는 것이다. 새로운 도덕을 받아들일 힘과 능력만 있다면 아무것도 문제되지 않는다.

> 어떤 다른 신앙을 가지고 있는 우리 —, 이런 우리에게는 민주주의 운동이란 정치 조직의 타락 형식일 뿐만 아니라, 인간의 타락 형식, 즉 왜소화 형식으로, 평균화와 가치 하락으로 생각된다: 우리는 우리의 희망을 어디에서 붙잡아야만 할까? — 그것은 새로운 철학자들을 향해 희망을 거는 것이며 달리 선택의 여지가 없다. 즉 대립적인 가치 평가를 하는 동인이 되고, '영원한 가치'를 다시 가치 평가하며 전환시키는 데 충분히 강하고 근원적인 정신의 소유자들에게 희망을 거는 것이다. 수천 년의 의지를 새로운 궤도 위에 올려놓게끔 하는 강제와 매듭을 현재에서 맺는 선구자, 미래의 인간에게 희망을 거는 것이다. (163쪽)

민주주의라는 개념에 익숙한 우리 현대인들은 이 인용문을 낯설게 받아들일 수도 있다. 즉 거북한 소리로 들릴 수도 있다는 얘기다. 다수의 의견을 도덕적 이념으로 받아들이려는 민주주의는 니체의 시각에는 그저 "정치 조직의 타락 형식"인 동시에 "인간의 타락 형식"이기도 하며, 또한 인간의 "왜소화 형식"인 동시에 "평균화와 가치 하락"의 형식으로 보일 뿐이다. 인간을 무리 동물로 만들려는 의지로밖에 보이지 않는 것이다. 인간을 집단 의지의 틀에 가둬놓으려는 꼴과 같은 것이다.

이에 반해 니체는 자기 자신에게로 되돌아가려는 의지로 충만해 있다. 자기 자신에게로 가는 길에서는 말이 별 도움이 되지 않을 수도 있다. "소크라테스에게 나타나는 논리적 충동은 결코 자기 자신을 향하지 못했다."
(비극, 107쪽) 논리로는 자기 자신을 찾을 수 없다. 말을 하면 할수록 정신은
산만해질 수도 있다. 때로는 고독과 침묵 속으로 피신을 해야 할 때도 있
다. "자기 자신에 대한 위대한 사랑, 그것이 바로 잉태의 조짐이렷다."(차
라, 267쪽) "나 자신의 주인이 되려하자."(아침, 229쪽) 이것이 도덕과의 한판
승부를 선언했던 철학자의 외침이었다. 따라야 할 것이 있다면 자기 자신
뿐이다. 니체는 〈나를 따르는 것 ─ 너 자신을 따르는 것〉이란 시에서 이
런 말을 남겼다. "오직 너 자신만을 충실히 추종하라"(즐거운, 39쪽)고. 그 외
의 모든 진리는 극복의 대상일 뿐이다.

05

가치를 창조하는 학자들

그대들이여 순교하지 않도록 조심하라!

'진리를 위하여' 수난을 당하지 않도록 조심하라!

현대와
'학문의 독립선언'

현대의 특징은 인문학의 위기 시대라는 점이다. 학문으로서의 인문학에 대한 존경심은 사라졌다. 대학은 취업을 위한 공장처럼 여겨지고 있을 뿐이디. 돈벌이기 안 되는 학과는 여지없이 구조조징의 대상이 되는 게 현실이다. 학문도 실용적인 가치가 없으면 도태의 위기를 피해갈 수 없다. 모두가 바깥세상을 주시하고 있다. 유행과 대세에 따라 사회 전체가 휘청거린다. 핸드폰과 컴퓨터의 화면에서 눈을 떼지 못하는 현대인 모두가 평정심을 잃고 공황장애를 앓고 있는 듯하다. 세기전환기에 그려진 뭉크Edvard Munch(1863~1944)의 〈절규〉(1893)에 나타난 표정을 현대인들에게서 보는 듯하다.

밖으로 향한 시선은 무엇을 인식하고 있을까? 남들의 시선을 의식하고 유행을 좇아가는 욕망으로 무엇을 얻을 수 있을까? 남의 눈치를 보는 삶으로 무엇을 일궈낼 수 있을까? 경쟁을 통해 쟁취한 모든 것은 과시하기

노르웨이 화가 뭉크의 〈절규〉. 주인공으로 등장한 현대인은
무엇을 보고 경악하는 것일까?

에는 유용할지 모르나 내면의 평정심과 행복감에 기여하기에는 턱없이
부족하다. 쇼펜하우어가 말했듯이, 그것은 오히려 가지면 가질수록 공허
감과 상실감이 더해지는 그 무엇과 같다. "부富는 바닷물과 같아서 마시
면 마실수록 갈증이 심해진다."[1]

공부와 배움과 관련한 인간에 대한 수식어는 참으로 많다. 호모 디스켄
스Homo discens, 즉 인간은 배우는 존재다. 호모 에두칸두스Homo educandus, 즉
인간은 배움을 추구하는 존재다. 또 호로 에두카빌리스Homo educabilis, 즉 인
간은 가르칠 수 있는 존재다.[2] 굳이 이런 말들을 동원하지 않아도 인간은
배우는 존재임을 인정하지 않을 수 없다. 인간은 태어나면서부터 부모의
가르침을 받게 된다. 이 배움의 과정으로부터 자유로운 사람은 아무도 없
다. 인간은 배움을 통해 생각의 틀을 형성해나간다. 인간의 최초의 존재

형식은 외부로부터 영향을 받으면서 시작되는 것이다. 한마디로 인간은 공부하는 존재다. 그런데 그 공부가 바깥의 것을 받아들이는 과정에만 집중을 한다. 현대의 이슈들이 사람을 그렇게 만들었다. 이제 니체는 도덕과 학문의 관계를 주목한다. 특히 철학으로부터 독립을 시도하는 학문의 움직임을 비판적으로 바라본다.

> 도덕적 설교를 한다는 것은 과거에도 언제나 있었던 것으로 밝혀지지만, ─ 즉 발자크Balzac에 따르면 이는 겁내지 않고 자신의 상처를 드러내는 것인데 ─, 그러한 위험을 무릅쓰고 나는 감히 오늘날 전혀 알지도 못한 채 마치 양심적인 것처럼, 학문과 철학 사이에 세워지도록 위협하고 있는 부당하고 해로운 순위 변경에 대해 저항하고 싶다. (169쪽)

'우리 학자들'이라는 6장을 시작하는 잠언의 첫 대목이다. 이 하나의 문장이 어떻게 읽히는가? 니체는 지금 무엇을 하고자 하는 것인가? 그는 지금 다름 아닌 '도덕적 설교'를 하고자 한다. 도덕을 변호하는 말을 하고자 하는 것이다. 도대체 어떤 도덕적 설교로, 즉 어떤 도덕으로부터 어떤 도덕을 변호하고자 하는 것일까? 이것이 문제다. 니체도 잘 알고 있다. 설교를 하게 되면 스스로 "자신의 상처를 드러내는 것"이라는 사실을. 그런 위험부담을 안고서도 설교를 해야겠다는 것이 니체의 의지다.

그리고 설교의 내용은 "학문과 철학 사이에 세워지도록 위협하고 있는 부당하고 해로운 순위 변경에" 대한 것이다. 즉 니체는 학문과 철학 사이의 순위 변경에 대해 한마디 하고 싶은 것이다. 그의 눈에 밟히는 것은 "학문적 인간의 독립선언"(169쪽)이다. 학자들의 독립선언은 마치 '양심선언'인 듯한 인상을 주기도 한다. 이에 대해 니체 또한 이러한 "순위 변경에 대해 저항하고 싶다"라며 정반대의 입장에서 양심선언을 하고 있다. 그러한 순위 변경은 '부당하고 해로운' 것으로 판단하기 때문이다.

학자의 자기 찬미와 자만심은 오늘날 어디에서나 만발해 있고 마음껏 봄을 구가하고 있다. — 그렇다고 아직 이러한 경우 자화자찬이 향기로운 냄새를 풍기고 있다고 말해서는 안 된다. "모든 주인에게서 벗어나자!" — 여기에서도 천민적 본능은 이렇게 외친다. 그리고 학문이 너무 오랫동안 '시녀' 역할을 해왔던 신학에 맞서 매우 성공적으로 자신을 방어한 후, 학문은 이제 오만과 무분별에 가득 차 철학에 법칙을 부여하고 그 스스로 한번 주인 역할을 해본다. — 내가 말하는 철학자의 역할을 한다는 것이다! 내 기억은 — 실례지만, 이는 학문하는 인간의 기억이다! — 내가 젊은 자연과학자나 늙은 의사들이 철학이나 철학자에 대해 하는 이야기를 들었는데, 오만의 단순함으로 꽉 차 있다(모든 학자 가운데 가장 교양 있고 잘난 체하는, 직업상 이 두 가지를 모두 지니고 있는 문헌학자와 교사들에 대해서는 말하지 말기로 하자 —). 이들은 때로는 전문가이자 대체로 모든 종합적인 과제와 능력에는 본능적으로 저항하는 방관자였다. 때로는 그들은 철학자의 영혼의 가계 운영에서 한가하고 고상한 사치의 냄새를 맡아 그것으로 스스로 침해당하고 왜소해짐을 느꼈던 근면한 노동자였다. 또 때때로 그들은 철학에는 일련의 논박된 체계와 어느 누구에게도 '소용에 닿지 않는' 사치스런 낭비 외에는 아무것도 없다고 보는 색맹의 공리적 인간이었다. 때로는 위장된 신비주의와 인식의 한계를 수정하는 데 대한 두려움이 튀어나오는가 하면, 때로는 개개의 철학자들에 대한 경멸이 나타났는데, 이는 의도한 것은 아니지만 철학에 대한 경멸로 일반화되었다. 마지막으로 내가 젊은 학자들에게서 가장 자주 발견했던 것은 철학에 대한 오만한 경시 뒤에 숨어 있는 어떤 철학자 자신의 나쁜 영향이었으며, 실은 전체적으로 보면 이 철학자에게 복종하기로 예고했지만, 다른 철학자들에 대한 경멸이라는 자신의 가치 평가의 굴레에서는 벗어나지 못하고 있다는 점이다: 이 결과로 모든 철학에 대한 전체적인 불만이 생겨난 것이다. (169쪽 이후)

철학으로부터 독립을 선언하는 학자들의 양심선언은 니체에게 말 그대로 양심이 없는 선언으로 보일 뿐이다. 그것은 학자들의 "자기 찬미와 자만심"으로 가득 차 있을 뿐이다. 유행 따라 최고의 전성기를 누리고 있는 것이다. 하지만 풍겨오는 냄새는 향긋한 봄 내음이 아니다. 뭔가 천민의 본능이 배어 있는 천한 냄새일 뿐이다. "모든 주인에게서 벗어나자!"고 외쳐대는 학자들의 소리는 뭔가 노예들이 해방을 갈구하는 것처럼 들릴 뿐이다.

중세에 유행했던 말은 '필로조피아 안칠라 테오로기아에Philosophia ancilla theologiae', 즉 철학은 신학의 시녀라는 것이었다. 천 년이 넘도록 철학은 신학의 시녀 역할을 수행해야 했었다. 르네상스를 맞이하면서 철학은 겨우 신학으로부터 독립을 선언할 수 있었다. 그런데 현대에 들어서 학문은 다시 철학으로부터 독립을 선언하고 있다. 니체에게 이것은 그저 '부당하고 해로운' 시국선언처럼 들릴 뿐이다. "학문은 이제 오만과 무분별에 가득 차 철학에 법칙을 부여하고 그 스스로 한번 주인 역할"을 해보려 한다는 것이다. 주인 자격이 없는 자가 주인 행세를 하고자 한다는 것이다. 가소롭기 짝이 없는 오만함이 엿보인다. 그들이 철학이나 철학자에 대해 하는 이야기는 그저 "오만의 단순함으로 꽉 차 있"을 뿐이다.

학자들의 태도는 "가장 교양 있고 잘난 체하는" 것으로 치장되어 있다. 이들에 대한 니체의 비판은 거침이 없다. "이들은 때로는 전문가이자 대체로 모든 종합적인 과제와 능력에는 본능적으로 저항하는 방관자였다." 자기 영역에서는 전문가일지 모르지만 종합적인 판단을 요구하는 데는 무능하다는 얘기다. "때로는 그들은 철학자의 영혼의 가계 운영에서 한가하고 고상한 사치의 냄새를 맡아 그것으로 스스로 침해당하고 왜소해짐을 느꼈던 근면한 노동자였다." 영혼 가계에서 일하는 노동자는 될 수 있어도 그 가계의 주인은 못 된다는 얘기다. 근면할지는 몰라도 일을 잘한다는 얘기는 아니다.

"또 때때로 그들은 철학에는 일련의 논박된 체계와 어느 누구에게도 '소용에 닿지 않는' 사치스런 낭비 외에는 아무것도 없다고 보는 색맹의 공리적 인간이었다." 현대 학자들이 쏟아놓은 것은 그저 '일련의 논박된 체계'와 아무짝에도 쓸모없는 '사치스런 낭비'뿐이다. 무엇이 유용한지도 모르면서 유용을 운운하는 '색맹의 공리적 인간'에 불과하다는 얘기다. 게다가 그들은 "위장된 신비주의와 인식의 한계를 수정하는 데 대한 두려움"을 가진 자들이다. 겁쟁이라는 얘기다. 전통을 고수하려고만 할 뿐 새로운 변화는 시도조차 하지 않으려 한다.

"때로는 개개의 철학자들에 대한 경멸이 나타났는데, 이는 의도한 것은 아니지만 철학에 대한 경멸로 일반화되었다." 현대 학자들은 철학을 본능적으로 싫어한다. 그냥 싫다. 경멸이 일반화되어 있다. 철학은 그저 '어렵다'는 말로 치부한다. "이 결과로 모든 철학에 대한 전체적인 불만이 생겨난 것이다." 이것이 현대의 상황이다. 130년 전에 이미 니체는 현대의 이런 광경을 목도했던 것이다. 그 어느 변화의 길목에 우리 사회도 지금 지나가고 있을 뿐이다. 지금 우리 사회도 인문학의 위기 가운데 인문학의 가치를 외쳐대는 철학자들이 곳곳에서 나타나고 있다.

오늘날 유행 덕분에 정상에 있으면서도 영락해 있는 철학의 대표자들을 바라보면서—독일에서 예를 들면 무정부주의자인 오이겐 뒤링Eugen Dühring과 융합론자인 에두아르트 폰 하르트만Eduard von Hartmann 같은 베를린의 두 사자獅子들을 보면서—학문을 하는 정직한 인간이 스스로 좀 더 나은 소질과 혈통이 있다고 느끼게 되는 것도 당연하다. 특히 '현실 철학자'나 '실증주의자'라고 자칭하는 혼합 철학자의 모습은 젊고 명예욕이 강한 학자의 영혼에 어떤 위험한 불신감을 불어넣게 된다: 이들은 최상의 경우라 할지라도 학자나 전문가일 뿐이다. 이것은 명백하다!—그들은 물론 모두 실패한 자이며 학문의 지배 아래로 되돌아온 자들이다. 이들은 언젠가 한 번은 자신이 그 이상이 되기를 원했으나 이러한 '그 이상'에 대한 권리도 자신의 책임에 대한 권리도 가지지 못했던 것이다.—그리하여 이제 그들은 점잖게 분노를 품고 복수심을 불태우며 철학의 주도적 과제와 지배에 대한 불신을 말과 행위로 표현하고 있다. 결국 이렇게 될 수밖에 없었다! 학문은 오늘날 번성하며 양심의 거리낌 없이 풍요로운 얼굴을 하고 있다. 반면 근대철학 전체가 점차 침몰해간 결과인 오늘날 철학이라는 잔여물은, 비록 스스로에 대한 조소나 동정은 아닐지언정 불신과 불만을 불러일으킨다. '인식론'으로 격하된 철학은 실제로는 소심한 판단중지론이나 금욕설 이상이 아니다: 이는 전혀 경계를 넘어서지 못하며 스스로 괴로워하고 그 안으로 들어갈 권리를 거부하는 철학이다.—이는 마지막 숨을 내쉬고 있는 철학이며 어떤 종말, 마지

막 고통이며 연민을 일으키는 어떤 것이다. 어떻게 이러한 철학이 — 지배할 수 있을까! (171쪽 이후)

니체는 유행에 편승하는 학자들을 혐오한다. 그들의 모습에서 "정상에 있으면서도 영락해 있는" 모습을 보기 때문이다. 한마디로 최고의 자리에 있지만 생각은 썩어빠진 상태라는 것이다. 특히 당시 유명세를 구가하던 '베를린의 두 학자'에게서 니체는 '사자'에게서나 볼 수 있는 용맹스러움을 확인하기는 하지만 그것은 그저 겉으로만 보암직한 그런 종류에 지나지 않는다는 것이다. 또 당시 유행하던 "'현실 철학자'나 '실증주의자'라고 자칭하는 혼합 철학자의 모습은 젊고 명예욕이 강한 학자의 영혼에 어떤 위험한 불신감을 불어넣게 된다: 이들은 최상의 경우라 할지라도 학자나 전문가일 뿐이다." 현실 철학자와 실증주의자들은 미쉬마쉬Mischmasch, 즉 혼합된 철학자들일 뿐이다. 순수하고 정직한 철학자는 아니라는 얘기다.

유행을 만들어가는 혼합된 철학자들은 "젊고 명예욕이 강한 학자의 영혼"에 나쁜 영향을 끼치고 있다. 마치 소크라테스가 젊은이들을 유혹했던 것처럼 말이다. 혼합된 철학자들은 젊은이들에게 "어떤 위험한 불신감을 불어넣게 된다." 위험한 불신감? 니체는 이것으로 무엇을 말하려는 것일까? 대답은 다음 페이지로 넘어가 있다. 즉 "철학의 주도적 과제와 지배에 대한 불신"이 그것이다. 철학에 대한 불신은 위험한 불신이다. 학문이 철학 위에 군림하는 것은 위험한 상황이다. 그것은 "부당하고 해로운 순위 변경"(169쪽)이다.

혼합된 철학자들, "이들은 최상의 경우라 할지라도 학자나 전문가일 뿐이다." "봄"(169쪽)을 맞이하고 "유행 덕분에 정상"에 있을지는 몰라도 이들은 그저 '학자'나 '전문가'에 불과하다는 것이다. 공부는 잘할지 모르지만 자기 생각이 없는 자들이다. 즉 철학자는 아니라는 얘기다. 왜 그럴까? "그들은 물론 모두 실패한 자이며 학문의 지배 아래로 되돌아온 자들이다." 니체는 스스로 대답을 내놓았다. 그들이 철학자가 될 수 없는 이유는 "학문의 지배 아래"에 있기 때문이다. 정답을 찾는 데는 천재적인 재능을 발휘할지 모르지만 스스로 정답을 만들어가는 데는 거의 무능한 수준에 머물러 있을 뿐이다. 그들은 자기 자신에게로 되돌아온 자들이 아니다. 그래서 그들은 실패한 자들에 지나지 않는다는 얘기다.

현대 학자들은 자유와는 요원하다. 그들은 복종에서 자신의 특징을 나타내고 있을 뿐이다. "이들은 언젠가 한 번은 자신이 그 이상이 되기를 원했으나 이러한 '그 이상'에 대한 권리도 자신의 책임에 대한 권리도 가지지 못했던 것이다." 문제가 발생하면 그래서 책임을 추궁하기가 애매해지는 것이다. 모두가 지배구조하에 머물러 있으니, 모두가 한 통속이니 누구의 질질못을 따질 수가 없다. 관행이니 진동이니 하는 밀로 자신의 행동을 변호할 뿐이다. 모두가 그 이상을 넘어서려 하지 않는다. 마치 중세인들이 한계 너머에는 지옥이 있다고 믿는 것처럼.

또 다른 한편으로는 지배구조 아래 머무는 것이 편하기도 하다. 그 지배가 자기 자리를 지켜주기 때문이다. 모두가 자기 밥그릇 지키기에 급급하다. 이런 자들의 밥그릇은 '철밥통'이라고도 부른다. 조직이 만들어내는 밥통이다. 학문을 권력화함으로써 스스로도 그 권력의 혜택을 누리기도 한다. 양심의 가책 따위는 있을 수가 없다. 모두가 비양심적으로 행동하는 사회라면 양심은 그저 낯선 개념이 될 뿐이다. 오히려 자기 일에 긍지를 갖게 되는 기현상이 벌어지기도 한다. 잘못된 애국심과 충성심은 이런 데서 나온다.

그런데 아쉬운 점은 어떤 구조의 지배하에 있는 한 '그 이상'에 대해서만 권리가 없는 게 아니라 자기 자신에 대해서도 권리가 없다는 것이다. 생철학이 비판적으로 바라보는 부분이다. 왜냐하면 그런 상황에서는 삶이 삶답지 않기 때문이다. 자기 자신의 삶이면서도 자기 마음대로 살 수가 없다. 스스로 책임을 질 수도 없다. 그럴 권리가 없는 것이다. 하나의 조직 속으로 들어간다는 것은 마치 신체 포기 각서를 쓰는 것이나 다름이 없다. 자기 생각을 포기하겠다는 것이다. 셰익스피어의 《베니스의 상인》에 나오는 인물 안토니오의 경우처럼 행복한 반전이 일어날 수 있을까? "고운 살 정량 일 파운드"[3]를 떼 내도 된다는 계약을 한 그런 자에게? 하지만 학문이 법정의 주인인 곳에서는 희망이 보이지 않는다. 반전은 꿈도 꿀 수 없는 상황이다.

니체가 비판적으로 바라보고 있는 "근대철학 전체가 점차 침몰해간 결과인 오늘날 철학이라는 잔여물"은 그저 "'인식론'으로 격하된 철학"에 불과하다. 말하자면 가르치려 하고 또 그것을 배우려고 하는 철학이라는 뜻이다. 스스로 무엇을 하려는 철학이 아니다. 인식론으로 격하된 철학! 그것은 니체의 입장에서는 철학도 아니다. 예를 들어 철학사를 공부해 수많은 철학자의 철학적 경향을 잘 알고 있다고 해도 그것으로 철학자가 되는 것은 아니다. 쇼펜하우어의 명언이 기억난다. "미학을 연구하여 예술가가 된 사람이 아직 없고, 윤리학을 연구하여 고상한 성품을 얻은 사람이 아직 없다"는 말이. 마찬가지로 철학사를 연구한다고 다 철학자가 되는 것은 아니다.

인식론으로 축소된 현대철학은 "전혀 경계를 넘어서지 못하며 스스로 괴로워하고 그 안으로 들어갈 권리를 거부하는 철학이다." 니체의 비판 소리는 날카롭기만 하다. 바꿔 생각하면 경계를 넘어서는 것이 자유정신 이며, 스스로 괴로워하고 그 안으로 들어갈 권리를 쟁취하는 것이 니체가 추구하는 허무주의 철학이다. 괴테도 스스로 괴로워할 줄 아는 것을 거인 의 특성으로 말한 적이 있다. "괴로워하고 울고"[4] 있는 모습은 결코 나약 한 것이 아니다. 한계를 넘어설 때는 어쩔 수 없이 맞닥뜨려야 하는 감정 이다. 고통을 스스로에게 허용하는 철학이 허무주의 철학이다. 허무를 견 뎌내야 할 때는 울음을 막을 길이 없다.

그런데 '오늘날 철학'은 한계를 넘어서려고 하지 않는다. '그 이상'을 바라지도 않는다. 현상 유지가 최선인 것처럼 여길 뿐이다. 그렇게라도 된다면 다행일 텐데, 니체의 눈에는 그렇게 보이지도 않는다. "이는 마지 막 숨을 내쉬고 있는 철학이며 어떤 종말, 마지막 고통이며 연민을 일으 키는 어떤 것이다." 마지막 숨을 내쉬며 죽어가고 있다. 불쌍하다. 스스로 선택한 삶이라 곁에서 도와줄 수도 없다. "어떻게 이러한 철학이 — 지배 할 수 있을까!" 니체는 지배하는 철학을 추구했다. 그의 지배욕은 천국이 아니라 대지로 향하고 있다. "이 지상을 고향으로 삼고 살라는 과제"(반시 대III, 404쪽)만큼 위대한 것이 또 있을까. 니체는 "인간 스스로 대규모의 땅 을 통치하는 일에 착수해야만"(인간적 I, 245쪽) 한다고 역설하고 있다. "대 지에 충실하라."(차라, 18쪽) 니체 철학의 정언명법이다. "대지의 뜻"(같은 책, 17쪽)을 아는 것이 초인의 조건이다.

지쳐버린 현대철학자에게 주어진 삶을 위한 새로운 과제

니체의 현실 인식은 허무하기 짝이 없다. 아무도 동지로 나서주지 않는 현실이 안타까울 뿐이다. 선구자의 길은 외롭다. 모든 것을 스스로 해결해내야 하기 때문이다. 이런 점에서는 그도 스승의 길을 외면하려 하지 않는다. "내 철학은 때로 박해까지 당하는, 있는 그대로의 진리를 북극성으로 삼아 좌고우면左顧右眄하지 않고 앞으로 곧장 나아간다."[5] 현실과 타협하려 들지 않는 이러한 그의 고집을 보고 니체는 감동하기도 한다. "그가 가르친 것은 사라졌어도, / 그가 살았던 사실은 없어지지 않네. / 그를 보라! / 그는 아무에게도 굴복하지 않았네."[6] 이러한 불굴의 정신이 염세주의와 허무주의를 실현시켰다. 일단 니체가 말하는 현실 인식, 즉 철학자로서 살기 힘든 현실 인식부터 살펴보자.

오늘날 철학자들의 발전을 막는 위험은 실로 다양하기 때문에, 사람들은 그 과실이 과연 무르익을 수 있을 것인지를 의심하고 싶어 한다. 학문의 규모와 탑의 구조물은 거대한 것으로 성장했다. 이로 말미암아 철학자는 이미 배우는 자로서는 지쳐버리게 되거나 스스로 어느 곳엔가에 달라붙고 '전문화'되어 이제 더 이상 정상에 이를 수 없게 되고, 다시 말하자면 전망하고 둘러보고 내려다보는 일을 전혀 하지 못할 수도 있게 된다. 또는 그가 너무 뒤늦게 정상에 오르게 되어도, 이때는 그의 최상의 시간과 힘은 다 지나가 버리고 만다. 그렇지 않으면 상처를 입고 조야해지며 퇴화되어, 그의 시선과 가치 판단 전체는 더 이상 의미를 지니지 못하게 된다. 바로 그의 지적 양심의 섬세함이 아마 그를 도중에 주저하게 만들고 지연시킬 것이다. 그는 애호가가 되거나 천 개의 다리와 천 개의 촉각을 지니도록 유혹받는 것을 두려워한다. 자기 자신에 대한 경외심을 상실한 사람은 또한 인식자로서도 더이상 명령하지 못하며 더 이상 지도할 수도 없음을 그는 너무나도 잘 알고 있다: 그렇게 된다면 그는 이미 위대한 배우가 되려고 하거나 철학적인 사기꾼, 정신의 쥐를 잡는 사람, 즉 유혹하는 자가 되고자 원해야만 할 것이다. 그것 자체가 양심의 문제가 아니라면, 이는 결국 취향의 문제다. (172쪽 이후)

'양심의 문제가 아니면 취향의 문제'다? 니체는 어떤 생각으로 이런 말을 한 것일까? 철학자가 일개 '배우'가 되려고 한다거나, '사기꾼', '정신의 쥐를 잡는 사람', 혹은 '유혹하는 자'가 되고자 한다면 그것은 양심의 문제일까? 아니면 취향의 문제일까? 취향의 문제라면 어쩔 수가 없다. 본성상 그런 사람이 되려고 하는 이도 있기 때문이다. 하지만 남의 시선을 의식하고 있다거나 혹은 어쩔 수 없이 그렇게 하고 있다면 그것은 양심의 문제다. 어느 하나의 이념에 복종하면서 그에 대한 충실한 노예가 되고자 하는 것이다.

인간은 양심을 가진 존재다. 이성이 있기에 가능한 능력이며 피할 수 없는 운명이다. 하라는 것을 하지 않을 때 혹은 반대로 하지 말라는 것을 할 때 우리는 양심의 가책을 느끼게 된다. 양심으로부터 자유로운 자가 없다. 그런데 문제는 무엇을 기준으로 삼느냐에 따라 누구는 양심에 거리낌이 없는 행동도 할 수 있게 된다. 사람을 죽이면서도 당당할 수 있게 된다. 이 또한 이성이 있기에 가능한 일이다.

어떤 원리나 규칙이 기준으로 정해질 때 동시에 무엇이 이성적인지 또 비이성적인지가 결정된다. 이러한 정해짐과 결정사항들의 유대관계가 강하면 강할수록 사회는 폐쇄적이 될 수밖에 없다. 통제와 감시가 만연해지는 이유가 여기에 있다. 금서가 생겨나고 검열이 일반화되기도 한다. 교과서에 대한 강한 열망도 이때 싹이 튼다. 이런 사회에서는 "오늘날 철학자의 발전을 막는 위험은 실로 다양하기 때문에, 사람들은 그 과실이 과연 무르익을 수 있을 것인지를 의심하고 싶어 한다." 철학자의 철학적 행위가 지향하는 열매가 과연 제대로 익을까? 그것이 의심스럽다는 얘기다. 그것도 진리까지 통제를 받는 곳에서?

"학문의 규모와 탑의 구조물은 거대한 것으로 성장했다." 거대해진 학문의 업적은 현대사회의 특징이다. 알아야 할 것이 너무도 많다. 생각의 속도는 이미 변화의 속도를 따라가지 못한 지 오래다. "이로 말미암아 철학자는 이미 배우는 자로서는 지쳐버리게 되거나 스스로 어느 곳엔가에 달라붙고 '전문화'되어 이제 더 이상 정상에 이를 수 없게 되고, 다시 말하자면 전망하고 둘러보고 내려다보는 일을 전혀 하지 못할 수도 있게 된다." 현대철학자는 지쳤다. 마치 릴케가 시로 형상화해낸 동물, 창살 안에 갇힌 표범과 같다. "그의 시선은 창살들의 스쳐 지나감에 의해 / 그토록 피곤해 있었다. 아무것도 잡지 못할 정도로."[7] 휘청거린다. 쓰러질 것만 같다. 다리에 힘이 다 빠져버렸다. 이것이 현대인의 모습이다. 서 있을 힘조차 상실한 상태다.

전문화된 철학자. 현대의 철학자 모습이다. 그들은 "애호가가 되거나 천 개의 다리와 천 개의 촉각을 지니도록 유혹받는 것을 두려워한다." 이들에게서는 "전망하고 둘러보고 내려다보는 일"을 찾아볼 수 없다. 삶의 현장을, 연극무대를 내려다보듯이 조망할 수 있는 시선은 기대할 수가 없다. "제3의 눈. — 뭐라고? 그대에게는 아직 극장이 필요하지 않은가? 그대는 아직 젊은가? 영리해져라. 그리고 비극과 희극이 가장 잘 연출되는 곳에서 비극과 희극을 구하라!"(아침, 380쪽) 이것이 도덕과의 전쟁을 선포했던 《아침놀》에서의 요구사항이었다. 전쟁에 나가기 전에 가져야 할 눈이다. 그런데 현대철학자들은 틀에 박힌 눈으로 세상을 바라보고 있을 뿐이다. 전문화된 눈으로 "개구리의 관점"(17쪽)만을 고수하고 있다.

오늘날의 철학자들에겐 뭔가 저항할 기회가 주어져도 때가 너무 늦게 찾아와 힘은 다 소진되고 만 상태다. "또는 그가 너무 뒤늦게 정상에 오르게 되어도, 이때는 그의 최상의 시간과 힘은 다 지나가 버리고 만다." 힘은 다 지나가 버렸다는 인식, 이것이 데카당이다. 퇴폐적이다. '모든 것은 때가 있다'고 말하기도 한다. 하지만 현대철학자들에게는 그때가 너무 늦다는 게 문제다. 조직이 요구하는 것을 충족시키며 살아가다 보면 어느 순간 삶의 마지막 단계에 가 있을 것이다. 그때 가서는 뭔가 하고 싶은 것을 행하려 해도 행할 힘이 없다. "그 과실이 과연 무르익을 수 있을 것인지를 의심"하지 않을 수가 없는 것이다.

'배우는 자'로서 지쳐버린 현대철학자는 "인식자로서도 더 이상 명령하지 못하며 더 이상 지도할 수도 없음을 그는 너무나도 잘 알고 있다." 배우는 자로서도 문제고 인식자로서도 문제다. 명령과 지도에의 무능, 그것이 인식자로서 보여주는 현상일 뿐이다. 언제나 복종할 태세로 학문에 임한다. 늘 검열에 걸리지 않을 말만을 고르는 데 혈안이다. 그들이 명령하고 지도할 때도 이념에 대한 복종을 전제로 하고 있을 뿐이다.

게다가 철학자의 어려움을 다시 한번 배가시키는 일이 일어나는데, 그는 학문에 대해서가 아니라 삶과 삶의 가치를 판단하는 것을, 긍정하거나 부정하는 것을 스스로에게 요구해야 하는 것이다. — 그는 싫더라도 이러한 판단을 해야 할 권리나 심지어는 의무를 지니고 있다고 믿는 법을 배우게 되며, 스스로 오직 가장 광대한 — 아마 가장 혼란을 일으키며 파괴적일 것인 — 체험에서 때로는 주저하고 의심하며 침묵하면서 그러한 권리와 믿음에 이르는 자신의 길을 찾지 않으면 안 된다. (173쪽)

철학자는 이제 새로운 과제를 떠안아야 한다. 학문을 위해서가 아니라 삶을 위해서라는 과제가 그것이다. 도덕을 위해서가 아니라 생명을, 진리를 위해서가 아니라 인생을, 신을 위해서가 아니라 인간을 위해서라는 과제, '인간적인 너무나 인간적인' 과제, 그것만이 중요할 뿐이다. 이제 철학자는 "삶과 삶의 가치를 판단하는 것을, 긍정하거나 부정하는 것을 스스로에게 요구해야 하는 것이다." 진리보다 삶이 더 중요하기 때문이다. "그대들이여 순교하지 않도록 조심하라! '진리를 위하여' 수난을 당하지 않도록 조심하라!"(50쪽) 이제 니체의 음성이 들릴 것이다.

삶에 대해서만큼은 선택의 여지가 없다. 철학자는 삶을 주시해야 하고 그것의 의미와 가치를 발견해야 한다. "그는 싫더라도 이러한 판단을 해야 할 권리나 심지어는 의무를 지니고 있다고 믿는 법"을 배우고, "그러한 권리와 믿음에 이르는 자신의 길을 찾지 않으면 안 된다." 철학자가 가야 할 길은 이미 정해져 있다. 삶으로의 길이다. 삶의 현장으로의 길이다. 생명이 있는 곳으로의 길이다. 싫어도 가야 할 길이다. 싫어도 해야 할 일이다. 삶에의 의지에서 양심의 가책 따위는 없어야 한다.

사실 대중들은 오랫동안 철학자들을 잘못 보아왔거나 오해해왔다. 즉 학문적인 인간이나 이상적인 학자로 아니면 종교적으로 고양된 탈감각적이고 '탈세속적인' 몽상가나 신에 도취한 사람으로 잘못 보아왔거나 오해해왔다. 심지어 오늘날 어떤 사람이 '현명'하게 살고 있다거나 '철학자'로 살고 있다는 칭찬을 듣게 될 때, 이는 거의 '영리하게 세상을 피해' 살고 있다는 것 이상을 의미하지 않는다. 지혜라는 것, 이것은 천박한 사람에게는 일종의 도피처럼 보이며 좋지 않은 게임에서 잘 빠져나오는 수단이자 기교처럼 보인다. 그러나 진정한 철학자는 — 우리에게는 이렇게 보이지 않는가. 나의 친구들이여? — '비철학적으로' '현명하지 못하게', 무엇보다도 영리하지 못하게 살아가며, 인생의 수백 가지 시련과 유혹에 대한 짐과 의무를 느낀다: — 그는 스스로 끊임없이 모험을 감행하며 좋지 않은 그 게임을 한다… (173쪽 이후)

철학자에 대한 오해가 생겨났다. 가장 대표적인 오해가 세상과 등지고 사는 듯한 이미지가 아닐까. "즉 학문적인 인간이나 이상적인 학자로 아니면 종교적으로 고양된 탈감각적이고 '탈세속적인' 몽상가나 신에 도취한 사람" 등으로 말이다. 심지어 철학자의 삶을 현명한 삶, 즉 영리하게 세상을 피해 사는 것으로 이해할 때가 많다. "지혜라는 것, 이것은 천박한 사람들에게는 일종의 도피처럼 보이며 좋지 않은 게임에서 잘 빠져나오는 수단이자 기교"처럼 보이기도 한다. 현실 문제에 해박한 사람을 지혜롭거나 현명하게 보는 것이다. 일반 대중은 그런 사람을 찾아가 어떻게 살아야 하는지에 대한 답을 구하기도 한다. 오해가 만들어낸 철학자가 일반적인 이미지로 굳어진 상황이라면 철학자에 대한 정의는 늘 문제가 될 수밖에 없다.

선입견과 편견이 일반이고 상식이며 정상이라면 진정으로 철학자는 무엇을 해야 할까? 그는 무엇을 하는 사람일까? 니체는 이렇게 설명한다. 그는 "'비철학적으로' '현명하지 못하게', 무엇보다도 영리하지 못하게 살아가며, 인생의 수백 가지 시련과 유혹에 대한 짐과 의무를" 느끼는 사람이라고. 그는 "스스로 끊임없이 모험을 감행하며 좋지 않은 그 게임"을 하는 사람이라고. 니체에게 철학자란 결코 삶의 현장에서 영리하게 처신하는 사람을 칭하는 것이 아니다. 그는 결코 현실적인 문제에 해박한 사람이 아니다. 진정한 철학자란 철학으로 일반화된 것에 저항하는 자이다. 늘 자신의 길을 걸으려고 하는 자이다. 늘 좌충우돌하기 때문에 현명하기보다는 오히려 현명하지 못한 사람처럼 보일 수도 있다. 늘 모험을 감행하고 자기 자신에게 불리한 게임을 시도한다. 늘 새로운 길을 추구하다보니 혼자일 경우가 대부분이다. 그래서 고독은 철학자의 삶에서 피할 수 없는 운명이기도 하다.

철학자는 고통에 대한 짐과 의무를 인식한 자이다. 그는 자신이 느끼는 그 짐과 의무를 회피하려 하지 않는다. 그 무거운 짐을 지고서도 힘든 모험을 떠나고자 한다. 새로운 하루를 맞이하기 위해 잠자리에서 일어난다. 늘 불리한 게임을 고집한다. 습관과 익숙함을 등지고 당혹과 낯섦으로 나아간다. 늘 자기 자신을 시험대 위에 올려놓고 한계 상황에 직면하게 한다. 늘 그 너머에 대한 열정으로 떠나려 한다. '스스로 끊임없이 모험을 감행'하는 자만이 철학자라 불릴 자격이 있는 것이다. 끊임없이! 그 말은 말 그대로 끝이 없다는 얘기다. 언젠가 끝나서 쉴 시간이 주어질 것이라 기대한다면 그것은 철학자의 삶이 아니다. 삶은 멈출 수 없다. "사랑에는 멈춤이 없다."(인간적 I, 328쪽) 영원한 안식 같은 이상은 허무주의의 것이 아니다. 허무주의 철학은 늘 허무를 인식하고 극복하려는 의지로 충만해 있어야 한다.

학자와 늙은 처녀의 공통점

철학자는 언제나 "그 이상"(171쪽)을 원한다. 이에 반해 학자는 특정 영역에서 '전문가'가 되기를 원한다. 니체의 허무주의 사상을 제대로 이해하고자 원한다면 학문적이기보다는 철학적으로 다가서야 한다. 그 누구에게도 답을 들을 수 없는 문제를 직면하는 자세로 임해야 한다. 모든 것을 스스로 해내야 하기 때문이다. 모든 인간은 자기 자신만의 미궁이 따로 존재한다. 스스로 직면해야 할 스핑크스가 자기 안에 도사리고 있다. 모든 삶의 비밀은 그 스핑크스의 질문과 연결될 수밖에 없다. 진리를 얻고자 한다면, 그래서 안으로 향할 줄 알아야 한다. 자기 자신에게로 가는 길을 찾아내야 한다. 허무주의 철학이 지향하는 창조적이고 예술가적인 삶은 안에서부터 밖으로 향할 때만 가능하다. 이런 의미에서 니체는 진정한 철학자를 천재와 비교하기도 한다.

천재, 즉 생산하든지 아니면 출산하는 존재에 비하면 — 이 두 단어를 최고의 범위에서 받아들인다고 하고 — 학자, 즉 학문을 하는 평균적 인간은 언제나 늙은 처녀 같은 것을 가지고 있다: 왜냐하면 그는 이 늙은 처녀와 마찬가지로 인간의 가장 귀중한 두 가지 기능을 이해하지 못하기 때문이다. […]

학문적 인간이란 어떤 인간인지 좀 더 자세히 살펴보자. 우선 그는 고귀하지 못한 천성의 인간, 즉 고귀하지 못하고 다시 말해 지배력이 없고 권위가 없으며 자족할 줄도 모르는 천성의 덕목을 지닌 인간이다: 그는 근면하고, 참을성 있게 질서에 적응하며 능력과 욕구에서도 균형과 절도를 지니고 있다. 그는 자기와 같은 사람이나 그러한 사람들에게 필요한 것, 예를 들면 이것이 없으면 노동에서 벗어난 휴식이란 있을 수 없는 한 조각의 독립성과 푸른 목장을, 명예와 인정에 대한 요구를 (이는 맨 먼저 그리고 최고로 알려지고 알려질 수 있다는 것을 전제로 한다—), 태양처럼 빛나는 좋은 명성을, 자신의 가치와 유용성이 끊임없이 증명되는 것을—이러한 증명으로 모든 의존적인 인간이나 무리 동물의 마음속에 있는 내적인 불신이나 동기를 거듭 극복해야만 한다—감지할 수 있는 본능을 지니고 있다. 당연하지만 학자는 고귀하지 못한 종류의 병폐나 악습도 지니고 있다: 그는 하찮은 질투심에 잔뜩 사로잡혀 자기가 오를 수 없는 높이에 있는 사람들의 저급함을 꿰뚫어 보는 살쾡이 같은 눈을 가지고 있다. 그는 붙임성이 있는데, 그러나 이것은 단지 감정대로 행동하는 사람의 붙임성이지, 도도히 흐르는 것 같은 사람의 붙임성은 아니다. 그렇기 때문에 바로 위대하게 흘러가는 인간 앞에서 그는 좀 더 냉담해지고 마음의 문을 닫게 된다. 이때 그의 눈은 기쁨이나 공감의 잔물결도 일지 않는 매끄럽고 언짢은 호수 같은 것이 된다. (174쪽 이후)

이 잠언은 현대 학자들에 대한 신상명세서 같다. 뭔가 창조적인 삶을 지향하지 못하는 전형적인 인간에 대한 설명이기 때문이다. "학자, 즉 학문을 하는 평균적 인간"의 모습은 그저 짜깁기를 한 누더기를 걸치고 있는 듯하다. 학자들은 서로가 아름답다고 추켜세우며 미적 감각을 공론화해나간다. 때로는 그런 옷만이 유용하다고 주장하기도 한다. 유용성을 따지는 한 학자는 '그 이상'을 넘보지 못한다. "내 말을 믿어라. 사람들이 성숙하기 전에 학문 공장에서 일하면서 유용한 사람으로 만들어진다면, 학문은 너무 일찍 이 공장에서 이용되었던 노예들처럼 파멸할 것이다."(반시대Ⅱ, 350쪽) 학문이라는 공장에서 만들어지는 것은 새로운 사물이 아니다. 그저 틀에 박힌 제품에 불과할 뿐이다. 마치 태엽이 감긴 기계가 정답이라 불릴 수 있는 리듬을 쫓아가며 쏟아내는 음악과 같다.

현대의 학자는 마치 '늙은 처녀'와 같다. 여자이긴 한데 생산 능력이 사라졌다. 여성성을 본질로 하고 있지만 출산의 능력은 상실한 상태다. 여자가 여자답지 못하다. 남성성을 유혹할 만한 매력이 없다. 늙음은 허무주의 철학이 가장 경계하는 상황이다. 젊음의 상징은 생산 능력이다. 창조 능력이다. '그 이상'을 넘보는 용기다. 한계를 넘어서려는 의지가 젊음을 되찾게 해준다. 늙음은 늘 서두르는 발걸음과 함께 따라다닌다. 시간에 쫓길 때 얼굴에는 늙음의 현상이 드리워진다.

늙음의 증상은 "고귀하지 못한 천성"과 연결된다. 늙은 사람은 "다시 말해 지배력이 없고 권위가 없으며 자족할 줄도 모르는 천성의 덕목을 지닌 인간"이다. 늙은 사람의 목소리는 아무도 귀담아 들어주지 않는다. 배울 게 없고 본받을 게 없다고 판단되기 때문이다. 늙은 사람과 뭔가를 함께하면 즐거움보다는 불평불만이 더 많다. 이것은 이래서 마음에 안 들고 저것은 저래서 마음에 안 든다고 말한다. 공감이나 만족은 전혀 발견하지 못한다. 마음의 문을 꽁꽁 닫은 채 "잔물결도 일지 않는 매끄럽고 언짢은 호수 같은" 존재가 되어 있을 뿐이다. 흔들림이 전혀 없지만 마음의 평정과는 거리가 먼 상태다. 냉정과 고집만이 보이는 거울과 같다.

늙은 처녀와 같은 학자는 "근면하고, 참을성 있게 질서에 적응하며 능력과 욕구에서도 균형과 절도를 지니고 있다." 오해하지는 말자. 니체는 지금 비아냥거리고 있을 뿐이다. 긍정적으로 이 말을 한 것이 결코 아니다. 근면하다? 참을성 있다? 질서에 적응한다? 능력과 욕구에서도 균형과 절도를 지니고 있다? 하지만 그것들이 잣대가 된 상황이라면 어떤 사람일까? 그저 전통과 습관에 얽매인 노예근성만이 남아 있을 뿐이다. 자기 자신이 감당할 수 있는 것만 기준으로 삼을 뿐이다. 늙음의 현상은 그래서 어김없이 '좋은 명성'을 쫓게 마련이다. '나는 누구를 안다'는 말을 하고 싶을 때 늙음이 찾아와 있음을 인식해야 한다. 자기가 안다는 그 사람의 존재와 자기 자신을 엮으려는 그 의지가 늙음으로 한 발자국 더 나아가게 하고 있음을 깨달아야 한다.

또 젊음을 상실한 학자는 끊임없이 '유용성'을 추구한다. 유용하지 않은 것은 하지 않는 게 상책이라고 생각한다. 소위 '좋은 일'만 요구한다. 자신의 경험으로 미루어 미리 판단하는 것이다. 자신에게 이득이 된 행동은 타인에게 양심의 가책도 없이 요구하게 된다. '그래야 한다'고 다그친다. '왜 안 그러느냐?'고 안타까워하기도 한다. 닫힌 마음속으로는 아무것도 들어갈 수가 없다.

게다가 학문적 인간에게는 '질투심'이 본능으로 자리 잡고 있다. "그는 하찮은 질투심에 잔뜩 사로잡혀 자기가 오를 수 없는 높이에 있는 사람들의 저급함을 꿰뚫어 보는 살쾡이 같은 눈을 가지고 있다." 그는 자신이 해낼 수 없는 일을 해내는 자를 대하면 "감정대로 행동하는 사람의 붙임성"을 보일 뿐이다. 질투심에 사로잡힌 사람의 행동은 감정을 여과 없이 드러내고 만다. 그런 사람은 상대에게서 늘 부정적인 측면만 부각하려 애를 쓴다. 칭찬을 입에 담기란 거의 불가능에 가깝다.

물론 '털어 먼지 나지 않는 사람 없다'는 말도 있다. 인간은 '하마르티아Hamartia'[8]를 운명적으로 지니고 있다. 누구나 무언가 2% 모자란 상태로 태어난다. 누구에게나 부족한 게 있다. 아리스토텔레스는 이것을 비극의 원인으로 설명하기도 했다. 인간은 비극적 존재이기도 하다는 얘기다. 그런데 그것에 대처하는 방법이 문제다. 니체는 자기 극복으로 대응하기를 바란다. "모든 의존적인 인간이나 무리 동물의 마음속에 있는 내적인 불신이나 동기를 거듭 극복해야만 한다"는 것이 그의 변함없는 입장이다. 극복이 없는 허무주의는 모순일 뿐이다. 이에 반해 학문적 인간은 질투심으로 사물을 바라본다. 모든 인간에게 내재해 있을 그 부족한 점만을 주목하는 것이다. 그것을 채워주는 것이 미덕인 양, 그런 쪽으로 생각하는 것을 학문적이라고 간주하는 것이다.

학문에 종사하는 사람은 그래서 갇힌 물과 같다. '언짢은 호수'와 같다. 그에게는 "두두히 흐르는 것 같은 사람이 붙임성"은 찾아보기 힘들다. 그는 "위대하게 흘러가는 인간 앞에서" 흠집 내기에 여념이 없다. 생산과 출산이라는 여성성의 대표적인 능력이 결여된 인간의 행동이다. 그는 늘 남이 하는 일에 관심이 있다. 스스로 생산과 출산의 능력이 없기 때문이다. 이런 학자들이 모인 자리에 앉아 있어야 한다면 답답함은 극에 달할 것이다. 갇힌 물, 언짢은 호수 앞에서 자유정신은 숨도 제대로 쉬지 못할 것이다.

객관을 동경하는
회의론자들

학자는 객관을 추구하는가? 학자와 객관은 함께하는 동반자인가? 그런데 무엇이 객관적인 것이란 말인가? 아주 중요한 질문이다. 허무주의 철학의 입장에서 보면 이 또한 끊임없는 논쟁에 휘말릴 것만 같은, 그래서 답답하기 짝이 없는 질문이다. '객관적인 표현'이라는 말을 듣게 되면 왠지 주눅이 든다. 더 이상 이론을 허용하지 않을 것 같기 때문이다. 객관적인데 더 이상 무슨 말을 할 수 있을까? 객관에 도달한 학자의 이론은 거의 완벽한 것처럼 여겨지기도 한다.

쇼펜하우어의 주장에 의하면 '객관'은 '주관'을 전제한다. "주관 없이는 객관도 없다."[9] 그렇다면 모든 객관은 주관의 결과물이기도 한 것이 된다. 주관이 있어서 객관이 생겨난 것이기 때문이다. "객관이 시작되는 곳에서 곧 주관이 끝난다."[10] 그런데 "모든 것을 인식"[11]하는 주관이 없는 곳에 있다는 객관은 어떻게 인식되는 것일까? 우리는 주관의 한계를 알고 있기에 객관의 존재 또한 확신할 수 있다. 객관은 확실하게 존재한다. 하지만 그 객관이 무엇인지에 대해서는 아무도 확실한 대답을 내놓을 수 없다.

그런데 많은 이는 마치 객관이 진리나 도덕 혹은 신의 존재처럼 따로 혼자 홀로 그렇게 존재하고 있는 것처럼 여기는 실수를 범하고 있다. 객관은 저기 홀로 있고 우리는 그것에 다가서야 하는 것처럼 생각하는 것이다. 쇼펜하우어는 그 객관적 정신에 도달할 수 있다고 믿지만, 니체는 그런 정신에 회의적이다. 주관이 포기됨으로써만 도달할 수 있다는 그 경지에 대해 회의적인 것이다. 니체의 입장에서 보면 그것은 제정신이 아니기 때문이다. 그것은 모든 것에 대해 주인 역할을 담당하려는 의지와는 다른 상황이다. 쇼펜하우어의 염세주의 철학이 주관에 의한 객관을 파괴하고 소위 '순수한 객관'으로의 승화를 꿈꿨다면, 니체는 이런 객관으로의 승화 같은 것은 인정하지 않는다. 그런 것은 생각지도 않는다. 니체의 허무주의 철학은 객관 자체가 품고 있다고 믿어지는 모든 긍정적인 이미지를 폭로하고자 한다.

> 언제나 객관적인 정신을 맞이할 수 있는 것은 얼마나 감사한가 — 온갖 주관적인 것과 저주받은 자기 지상주의에 한 번도 죽도록 싫증을 느껴보지 않은 사람이 있었던가! — 그러나 결국 우리는 감사에 대해서도 조심하지 않으면 안 되며, 요즈음 정신의 자기 부정이나 비인격화를 마치 목적 그 자체인 것처럼, 구제나 정화인 것처럼 찬미하는 과장도 제지하지 않으면 안 된다: 이것은 특히 '무관심한 인식'에 나름으로 최고의 경의를 표할 충분한 이유를 갖고 있는 염세주의 학파 내부에서 일어나곤 한다. 염세주의자처럼 더 이상 저주하거나 비방하지 않는 객관적인 인간, 수천 번의 완전한 실패나 절반쯤 실패한 후에 학문적인 본능이 언젠가 만발했다가 지는 이상적인 학자는 확실히 이 세상에 있는 가장 귀중한 도구 가운데 하나이다: 그러나 그는 좀 더 강한 자의 소유가 된다. 그는 하나의 도구에 불과하다고 우리는 말한다: 그는 하나의 거울인 것이다. — 그는 '자기 목적'이 아니다. (176쪽)

감사할 일이지만 그 감사에 대해 조심하자, 이것이 니체의 목소리다. 객관적인 정신이 가져다줄 것이 있다면 감사할 일이지만 그 감사에 대해 경계심을 가지자는 것이다. "온갖 주관적인 것과 저주받은 자기 지상주의에 한 번도 죽도록 싫증을 느껴보지 않은 사람이 있었던가!" 이런 생각을 하면 객관적 정신이 가져다주는 위안의 소리는 대단하게 들릴 수밖에 없다. 자기 안에 갇힌 듯한 감정보다 더 역겨운 것이 없기 때문이다. 그래서 인간은 사랑을 갈망하는지도 모른다. 신의 형상으로 말이다. 신이 있다면 사랑의 모습이 아닐까 하는 상상으로 말이다.

정신을 차려야 한다. 니체의 기본 입장이다. 염세주의적인 정신의 자기 부정은 받아들일 수 없다. "요즈음 정신의 자기 부정이나 비인격화를 마치 목적 그 자체인 것처럼, 구제나 정화인 것처럼 찬미하는 과장도 제지하지 않으면 안 된다: 이것은 특히 '무관심한 인식'에 나름으로 최고의 경의를 표할 충분한 이유를 갖고 있는 염세주의 학파 내부에서 일어나곤 한다." 무관심한 인식? 주관을 극복한 인식? 순수한 인식? 그것이 어떻게 가능한가? 니체는 그것을 현실적으로 불가능한 것으로 판단한다.

정신의 자기 부정, 자기 인격의 비인격화, 이런 것이 현상으로부터의 자유를 약속한다? 고통으로 가득 찬 인생, 즉 고해苦海로부터 구원을 의미한다? 그런 이상적인 인간이 존재할까? 그런 존재 또한 신에 대한 믿음처럼 요원하기만 하다. 비록 '객관적인 인간'이 존재한다고 하더라도 니체의 눈에는 그 또한 "좀 더 강한 자의 소유가 된다"는 평가는 피할 수 없게 된다. 스스로 더 큰 것의 일부분이 되기 때문이다. "그는 하나의 도구에 불과하다고 우리는 말한다: 그는 하나의 거울인 것이다. ─ 그는 '자기 목적'이 아니다." 즉 객관적 인간이란 객관의 도구로 전락한 존재에 불과한 것이다. 스스로 자기 삶의 주인이 되는 상황은 아닌 것이다. 니체의 생철학적 입장에서 보면 자기 삶을 포기한 것에 불과할 뿐이다. 자기 자신과 자기 삶에 너무나도 무책임한 작태가 아닐 수 없다.

오늘날 어떤 철학자가 자신은 회의론자가 아니라고 암시한다면 — 바라건대, 지금 막 서술한 객관적인 정신에 대한 것에서 이것을 들을 수 있지 않을까? — 세상 사람 모두가 그것을 듣기 싫어한다. 사람들은 좀 꺼리면서 그를 응시하고 많은 것을 묻고 또 묻고 싶어 한다… 더욱이 두려워하면서 엿듣는 사람이 많이 있는데, 그러한 사람 가운데서 그는 그때부터 위험한 인물이라 불린다. 사람들은 그가 회의를 거부했을 때, 마치 멀리서 어떤 불길하고 위협적인 소음이 들려온 것처럼, 마치 어디선가 새로운 폭약의 실험이 이루어진 것처럼 생각하게 된다. 즉 정신의 다이너마이트가, 아마 새로 발견된 러시아의 허무주의적인 것이, 단지 부정을 말하고 부정을 원할 뿐만 아니라 — 생각만 해도 끔찍한 일이지만! — 부정을 행하는 선한 의지의 염세주의가 폭발한 것처럼 생각하게 된다. 이러한 종류의 '선한 의지' — 실제로 활동하는 삶을 부정하고자 하는 의지 — 에 대해 오늘날 인정되고 있는 회의, 즉 부드럽고 사랑스럽게 노래를 불러 잠들게 하는 아편 같은 회의보다 더 좋은 수면제나 진정제는 없다. (178쪽 이후)

니체는 늘 귀를 열어둔다. 귀신의 소리라도 듣고자 한다. 마치 커다란 지도를 원하는 것과 같다. 그 지도 안에서 자기 자신의 위치를 파악하고자 한다. 현재의 위치를 파악하고 나면 그 지도는 위대한 영향력을 제공해줄 것이다. 커다란 세계가 자기 앞에 펼쳐져 있다는 것을 알고 있기 때문이다. 이제는 행동만 하면 된다. 실천을 위한 용기가 요구될 뿐이다. 그것이 진정한 삶이다. 삶에의 의지로 충만한 삶이다. 모험여행을 감행할 준비가 되어 있는 삶이다. 그것이 니체가 원하는 적극적인 삶이다.

그런데 염세주의 철학은 자기 자신을 거부하고자 한다. 시간과 공간이라는 현상의 원리에 얽매인 자기 자신을 포기하고자 한다. 현실적인 삶까지도 자기 손에서 놓아버리고자 한다. 그것이 구원을 약속하기라도 하는 것처럼 그렇게 생각하는 것이다. 하지만 니체는 생각이 다르다. 삶에 대한 그런 회의적인 태도 자체를 거부하고자 한다. 염세주의자들 입장에서는 니체의 소리가 어떻게 들릴까? "오늘날 어떤 철학자가 자신을 회의론자가 아니라고 암시한다면" "지금 막 서술한 객관적인 정신"은 이를 어떻게 받아들일까? 니체는 상대방의 목소리를 듣고자 한다. 그러면서 철학적 사고를 펼쳐나간다.

분명 객관적 정신은 스스로 회의론자이기를 거부하는 자로부터 듣기 싫은 소리를 듣게 된다. 그런 정신을 지닌 자가 마치 '위험한 인물'인 것처럼 보일 수도 있다. "사람들은 그가 회의를 거부했을 때, 마치 멀리서 어떤 불길하고 위협적인 소음이 들려온 것처럼, 마치 어디선가 새로운 폭약의 실험이 이루어진 것처럼 생각하게 된다." 사람을 깜짝 놀라게 하는 폭음을 들은 것처럼 반응하게 된다는 것이다. 니체의 생철학적인 발언이 그토록 위험한 발언이란 말인가? "부정을 행하는 선한 의지의 염세주의가 폭발한 것처럼 생각"할 정도로?

이런 염세주의의 목소리를 들으면서 니체는 자신의 목소리에서 "정신의 다이너마이트" 속성을 발견하게 된다. 훗날 니체는 이렇게 자기 자신을 소개하게 된다. "나는 인간이 아니다. 나는 다이너마이트다."(이 사람, 456쪽) 자기는 사람이 아니라 폭탄이라고. 그가 폭파하려는 것은 무엇일까? 그것은 삶에 대한 회의적인 발상 그 자체다. 스스로 '선한 의지'라고 말하는 그 의지 자체다. "삶을 부정하고자 하는 의지"는 제거되어야 할 대상에 지나지 않는다. 그런 의지가 쏟아내는 소리는 자유정신을 잠들게 하는 자장가나 진정제와 같다.

진정제! 크비에티프^{Quietiv}! 의지의 진정제로서의 인식을 쇼펜하우어는 구원의 의미로 제시했다. "인식 전체가 의지의 진정제가 되고, 그리하여 의지가 아무 거리낌 없이 자기를 포기하게"[12] 될 때 구원은 실현된다고 보았던 것이다. 즉 그는 이 진정제가 '삶에의 의지의 부정'[13]을 통해서 도달할 수 있다고 가르쳤다. 이것이 니체의 허무주의가 쇼펜하우어적인 염세주의를 가장 경계하게 되는 이유가 된다. 니체에게 삶에의 의지는 부정의 대상이 아니다. 그것은 오히려 긍정으로 불태워야 할 대상일 뿐이다. 고통은 진정제로 잠재워서는 안 된다. 인식되지 않는 고통이 삶을 오히려 더 힘들게 할 수도 있기 때문이다. 니체의 허무주의 철학은 고통과 맞서게 한다. 싸움에서 믿을 것은 자기 자신밖에 없다. 그 외의 모든 것은 허무함으로 맞서야 한다.

전쟁 시대의 도래와 미래의 철학자들

니체의 허무주의 철학은 전쟁 철학이다. 싸움을 종용하는 철학이다. 독자를 전사로 만들고자 하는 의지로 충만하다. 처음부터 끝까지 무엇과 싸워야 하는지를 일깨우고자 한다. 자기 자신에 걸맞은 적, 즉 용^龍을 찾도록 가르친다. "자신의 힘을 견주어 볼 수 있는 상대인 적, 즉 가치 있는 적"(비극, 10쪽)을 찾도록 가르친다. 그리고 싸움이 운명이라면 그 싸움에서 이기는 법을 가르치고자 한다. "그는 여기에서 그가 섬겨온 마지막 주인을 찾아 나선다. 그는 그 주인에게 그리고 그가 믿어온 마지막 신에게 대적하려 하며, 승리를 쟁취하기 위해 그 거대한 용과 일전을 벌이려 한다. / 정신이 더 이상 주인 또는 신이라고 부르기를 마다하는 그 거대한 용의 정체는 무엇인가? '너는 마땅히 해야 한다.' 그것이 그 거대한 용의 이름이다. 그러나 사자의 정신은 '나는 하고자 한다'고 말한다."(차라, 39쪽) 마땅히 무엇을 해야 한다는 도덕적 의지에 맞서 자기 의지를 강화하라고 가르치는 것이다. 그것이 허무주의의 이념이다. 강한 자기 자신만이 요구될 뿐이다.

> 작은 정치의 시대는 지나갔다. 틀림없이 다음 세기는 대지의 지배를 위한 싸움을 하게 될 것이고 — 어쩔 수 없이 큰 정치를 하게 될 것이다. (183쪽)

작은 정치는 허무주의 이념이 아니다. 큰 정치, 그것만이 허무주의가 원하는 바다. 큰 정치는 '대지의 지배'를 지향한다. 대지는 떠날 곳이 아니라 지배할 곳이다. "새 신앙인의 천국은 물론 지상의 천국이어야 한다."(반시대 I, 205쪽) 두 발 딛고 서 있는 이곳이 천국이다. 춤을 출 수 있는 이 땅이 삶의 무대다. 허무주의 철학도 천국을 염원한다. "그러나 우리에게는 하늘나라에 들어갈 생각이 전혀 없다. 우리 성숙한 어른이 되었으니. 우리는 이제 지상의 나라를 원한다."(차라, 519쪽) 지상의 천국을 위한 성전聖戰을 준비해야 한다. "이 싸움의 한복판으로 뛰어들기 전에 이제까지 획득한 인식의 갑옷을 입기로 하자."(비극, 121쪽) 인식의 갑옷이 필요한 이유는 니체가 요구하는 전쟁은 인식의 전쟁이기 때문이다.

인식이 바뀌어야 한다. 생각이 바뀌어야 한다. 의지를 병들게 하는 회의론자들의 소리에 인식의 갑옷을 입고 다가서야 한다. 싸워 이겨내야 하기 때문이다. 회의론자들은 "시간에는 여유가 있는 것은 아닌가?"(180쪽) 하면서 모든 것은 시간이 해결해줄 것이라 믿는다. 하지만 그것은 쓸데없는 위로만을 제공할 뿐이다. 이제 위로의 소리만으로 충족될 수는 없는 상황이 되었다. 나약한 염세주의만으로는 답이 안 보인다는 것을 인식했기 때문이다. 니체는 의지가 병들어 있다는 사실을 간파했다. "의지의 병은 고르지는 않지만 유럽 전역에 퍼져 있다."(181쪽) 이제 치유의 시대가 도래해야 한다.

강한 의지에 대한 요구를 실현하기 위해서는 스스로를 전쟁터로 내보내는 용기가 필요하다. 모험여행을 감행하려는 그 의지가 새로운 의지를 필요로 하게 되는 것이다. "우리 유럽인들은 분명 새로운 전쟁의 시대로 들어서고 있는데, 이와 같은 시대가 어느 정도까지 다른 강한 유형의 회의가 발달하는 데도 유리한 것"(183쪽)이라는 사실을 니체는 잘 알고 있었던 것이다. 니체의 허무주의 사상도 일종의 회의론임에는 틀림이 없다. 하지만 염세주의적인 나약한 회의를 본성으로 하지는 않는다. 처녀작《비극의 탄생》에서부터 니체는 강한 염세주의를 동경했었다. "강함의 염세주의는 있는가? 행복과 넘쳐나는 건강함 그리고 삶의 풍요에서 유래하는 실존의 가혹함, 두려움, 사악함과 문제점들에 대한 지적인 편향은 있는가?"(비극, 10쪽) 이것이 니체의 질문이다. 이에 대한 답을 찾고자 지금까지 허무주의 철학을 고수했던 것이다. 그의 희망은 헛되지 않았다.

만약 미래의 철학자들의 모습에 한 가지 특징이 있어 그들이 아마 마지막으로 서술한 의미에서의 회의론자임이 틀림없지 않나 추측하게 한다면, 이는 그들에게 어떤 속성만 나타나 있을 뿐—그들 자신이 나타난 것은 아니다. 동등한 권리로 그들을 비판가라고 부를 수 있을 것이다. 그들은 확실히 실험적인 인간이 될 것이다. (185쪽 이후)

삶을 긍정하기 위해 스스로에게 회의를 허락하는 자는 건강한 자이다. 그 이상과 저 너머에 새로운 세상이 있을 것이라는 믿음이 이 회의를 감당하게 한다. 허무주의 철학자는 자기 자신에 대한 비판가이다. 스스로를 실험 상황으로 내모는 용기로 충만한 전사이다. 자신의 힘을 견주어 볼 수 있는 적을 찾아 모험여행을 감행한다. 그의 앞길을 가로막을 수 있는 것은 존재하지 않는다. 여행을 하고 있는 한 아직 자기 자신은 질문의 대상일 뿐이다. 길을 찾고 있는 한 아직 자기 자신에게로 향하는 길은 발견되지 않은 것이다. "그들 자신이 나타난 것은 아니다." 그렇다고 해서 그 상황이 헛된 것은 결코 아니다. 그저 실험을 하고 있을 뿐이다. 그 실험을 통해서 차츰 자기 자신은 모습을 드러낼 것이기 때문이다.

결국 철학적 노동자와 일반적으로 학문하는 인간을 철학자와 혼동하는 일을 멈추어야 한다고 나는 주장한다.—즉 바로 이 경우에 엄격하게 '각자에게 그 자신의 몫을' 주며, 전자에게 너무 많은 것을, 또 후자에게 너무 적은 것을 주는 일이 없도록 해야 한다고 주장한다. 진정한 철학자가 키워지기 위해 필요한 것은 그에게 종사하는 철학의 학문적인 노동자들이 머무르고,—머무를 수밖에 없는 이러한 모든 단계에 그 스스로도 한 번은 머문 적이 있었다는 것이리라. 인간적인 가치와 가치 감정의 영역을 편력하고, 다양한 눈과 양심을 지닌 채 높은 곳에서 모든 먼 곳을, 깊은 곳에서 모든 높은 곳을,

구석에서 모든 드넓은 곳을 전망할 수 있기 위해서는, 아마도 그 스스로 비판가이며 회의론자이고 독단주의자이며 역사가이고, 그 외에 시인이며 수집가이고 여행가이며 수수께끼를 푸는 자이며 도덕가이고 예견하는 자이며 '자유정신'이며 거의 모든 유형의 인간이어야만 했을 것이다. 그러나 이러한 모든 것은 단지 그의 과업에 이르기 위한 전제조건일 뿐이다: 이러한 과업 자체는 다른 것을 원한다. — 이것은 그가 가치를 창조하기를 바란다. (188쪽)

'철학적 노동자' 혹은 '학문하는 인간'은 진정한 철학자가 아니다. 이들을 철학자라고 부르는 오류는 이제 극복되어야 한다. 철학이 없는 사회는 쓸데없는 방황만을 일삼을 뿐이다. 철학이 없는 인생은 아파도 왜 아픈지를 인식하지 못한다. 그런 인생은 시간을 보내도 무엇이 되었든 간에 무르익지를 않는다. 이것이 철학을 공부해야 하는 이유다. 이것이 또한 니체가 철학의 길을 고수하는 이유가 되기도 한다.

물론 인식을 위해서는 적당한 시간이 흘러가주어야 한다. 시간이 무르익어야 한다. 사물을 무르익게 하는 시간이 일종의 기다림이다. "여기 앉아 나는 기다리고 또 기다렸다 — 무無를"(즐거운, 414쪽), 이것이 니체가 말하는 기다림의 시간이다. 모든 것을 넘어선 기다림이다. 선악의 저편에서 보내는 시간이다. 그 시간이 흘러가줄 때 사물은 내면이라는 정원에 씨앗을 뿌리게 될 것이다. "우리 모두는 우리 안에 숨겨진 정원과 식물을 갖고 있다."(즐거운, 79쪽) "나의 정원을, 황금의 격자 울타리가 있는 정원을 잊지 말라!"(51쪽) 그 정원이 있다는 사실을 명심하라는 것이다. 그리고 그 정원에 좋은 씨앗을 뿌리는 것은 우리의 몫이다. 선악을 넘어선 이념의 씨앗을 뿌려야 한다. 그때 새로운 창조의 나무가 싹을 틔우게 될 것이다.

즉 철학자는 일단 학문을 하는 단계를 거쳐야 한다. 철학은 학문을 전제로 한다. 쇼펜하우어가 말했듯이 "학문이 끝나는 곳에서 철학이 시작된다." 이것을 니체는 다음과 같이 표현하고 있다. "진정한 철학자가 키워지기 위해 필요한 것은 그에게 종사하는 철학의 학문적인 노동자들이 머무르고, ─머무를 수밖에 없는 이러한 모든 단계에 그 스스로도 한 번은 머문 적이 있었다는 것이리라." 일단은 알아야 한다. 모든 철학적 사고의 패턴을 알고 있어야 한다. 그 이후가 되어야 비로소 자신의 철학을 할 수 있게 되는 것이다. 기존의 철학을 공부하면서 그것을 진리로 간주하는 실수는 범하지 않도록 해야 한다. 그저 머물다 떠나는 마음으로 학문에 임해야 한다. 떠날 때 정 떼기를 해야 할 정도로 온 열정으로 학문의 길을 걸어가야 한다. 그래야 내면의 정원은 풍족한 모습을 보여줄 것이다.

니체의 허무주의 철학은 모든 것을 조망할 수 있는 시야를 확보하는 데 주력한다. 다가오는 모든 것을 감당할 수 있는 담대함과 강건함은 필수조건일 뿐이다. "인간적인 가치와 가치 감정의 영역을 편력하고, 다양한 눈과 양심을 지닌 채 높은 곳에서 모든 먼 곳을, 깊은 곳에서 모든 높은 곳을, 구석에서 모든 드넓은 곳을 전망"하기 위해 한마디로 모든 곳을 가보려는 의지를 불태워야 한다. 자신에게 가봐서는 안 되는, 즉 금지된 구역은 존재하지 않는다. 허무주의가 자신에게 허무를 허용하지 못하는 곳은 있을 수 없다. "더러운 물로도 몸을 씻"(인간적II, 59쪽)을 수 있는 건강과 강함이 요구될 뿐이다. "몸을 더럽히지 않고 더러운 강물을 모두 받아들이려면 사람은 먼저 바다가 되어야 하리라."(차라, 18쪽) 기존의 모든 가치 감정을 편력해야 하는 이유가 여기에 있다.

허무주의 철학은 모든 것을 허용할 수 있어야 한다. 그리고 모든 것은 극복되어야 한다. "스스로 비판가이며 회의론자이고 독단주의자이며 역사가이고, 그 외에 시인이며 수집가이고 여행가이며 수수께끼를 푸는 자이며 도덕가이고 예견하는 자이며 '자유정신'이며 거의 모든 유형의 인간이어야" 한다. 모든 유형의 인간이 되어야 한다. 그리고 그런 인간이기를 끊임없이 지양해야 한다. 극복하는 것만이 의무로 남아 있을 뿐이다. 끊임없이 오고 가는 파도 뒤에는 그저 대양이 있을 뿐이다. 그 대양을 인식하게 하는 것이 파도일 뿐이다. 그 파도의 이름은 "한없는 웃음의 파도"(즐거운, 68쪽)라 한다. 웃음으로 죽일 수 없는 것은 하나도 없다. "사람들은 노여움이 아니라 웃음으로써 살해를 한다."(차라, 65쪽) 어떤 상황에서도 웃을 수만 있다면 허무는 극복될 수 있다. 그 웃음의 비결을 가르치고자 니체는 철학의 길을 걸었던 것이다. "나는 웃음이 신성하다고 말했다. 그대들 보다 높은 인간들이여, 내게 배워라 — 웃음을!"(비극, 23쪽) 웃음의 철학, 그것이 허무주의 철학이다.

웃음은 가치 창조의 증거가 된다. 승리의 징표이기 때문이다. 눈물이 패배의 징표라면 웃음은 승리자만이 가질 수 있는 징표가 된다. 가치가 새롭게 정립될 수만 있다면 웃지 못할 일이 무엇이 있겠는가? 떠날 때도 웃을 수만 있다면 축제가 벌어질 수 있다. 죽음까지도 이런 식으로 맞이하라는 것이 니체의 가르침이었다. "그렇게 삶과 이별해야만 한다. — 연연해하기보다는 축복하면서."(114쪽) 또 무엇이 웃지 못하게 하는가? 죽을 수 있는 존재에게 죽음마저 웃을 수 있다면 또 무엇이 두려움의 원인이 될까? 그 무엇이 있다고 한들 허무주의 철학은 눈물로 세월을 보내지는 않을 것이다. 기어코 웃음으로 극복을 해내고야 말 것이다. 그것만이 지상명령이기 때문이다.

　　이러한 연구자들에게 주어진 의무는 지금까지 일어났던 모든 일이나 평가
되었던 모든 것을 개관하고 숙고하고 이해하고 다루기 쉽게 하는 것이며,
오래 걸리는 모든 것, '시간'마저도 단축하며 과거 전체를 극복하는 일이다:
이것은 엄청나고도 경탄할 만한 과제이며, 이 일을 맡게 되면 분명 어떤 예
민한 긍지나 강인한 의지도 만족할 수 있다. 그러나 진정한 철학자는 명령
하는 자이자 입법자이다: 그들은 "이렇게 되어야만 한다!"라고 말한다. 그들
은 우선 인간이 어디로 가야 하는가와 어떤 목적을 가져야 하는가를 규정하
며, 이때 모든 철학적 노동자와 과거를 극복한 모든 자의 준비 작업을 마음
대로 처리한다. ― 그들은 창조적인 손으로 미래를 붙잡는다. 이때 존재하는
것, 존재했던 것, 이 모든 것은 그들에게는 수단이 되고 도구가 되며 해머가
된다. 그들의 '인식'은 창조이며, 그들의 창조는 하나의 입법이며, 그들의 진
리를 향한 의지는 ― 힘에의 의지다. ― 오늘날 이와 같은 철학자들이 존재
하는가? 이미 그러한 철학자들이 존재했던가? 이러한 철학자들이 존재해야
만 하지 않을까?… (188쪽 이후)

　　칸트는 입법의 원리가 신의 존재처럼 따로 존재한다고 믿었다. 개인의
의지가 그런 입법의 원리로 간주될 수 있도록 행동하라는 것이 그의 정언
명법이었다. 그런데 니체의 철학으로 오면 입법의 원리는 우리의 몫으로
넘어오게 된다. 입법은 입법자의 몫이다. "진정한 철학자는 명령하는 자이
자 입법자이다." 인간에 대한 니체의 정의이기도 하다. 왜냐하면 철학자도
인간이기 때문이다. 가치를 창조하는 인간은 진정한 철학자의 반열에 오

른 존재다. 가치 창조의 놀이에서 인간은 어린아이처럼 순수하고 순진하게 시간을 보낼 수 있게 된다. 그것을 행복한 순간이라 말해도 무방하다.

가치를 마음대로 창조할 수 있는 진정한 철학자는 미래를 자기 손안에 들어온 것으로 간주한다. "그들은 창조적인 손으로 미래를 붙잡는다." 두려움이나 불안은 그들의 것이 아니다. 모든 것을 조망할 수 있는 시야를 확보한 자에게 미궁은 생지옥이 아니라 놀이터쯤으로 여겨질 뿐이다. 모든 문제를 다양하게 접해본 자유정신에 수수께끼를 쏟아내는 스핑크스는 그저 길가에서 함께 뛰어놀 수 있는 강아지쯤으로 보일 뿐이다. 인식의 갑옷을 입고 전쟁에서 쟁취하게 되는 것은 새로운 인식이다. 창조를 가능하게 하는 인식이다. 니체가 요구하는 진정한 철학자의 인식이다.

허무주의 철학의 다른 이름이라면 '힘에의 의지'라고 할 수 있다. 스스로에게 허무를 허용하는 이유는 힘을 원하기 때문이다. 자기 앞의 모든 것을 허무로 바꿀 수 있는 자만이 진정한 자유를 맛볼 수 있다. 그 어떤 것에도 구속되지 않은 해방된 정신을 맛볼 수 있다. 하지만 모든 자유와 해방은 구속과 멍에를 전제로 한다는 점에서 감당해야 할 것이 또한 많음을 알려주기도 한다. 바다까지 품을 수 있는 넓음을 자신에게 허용해야 한다. 생각해낼 수 있는 온갖 이념까지도 감당할 수 있어야 한다. 힘에의 의지가 도달하지 못하는 곳은 없다. 모든 것을 자신의 땅으로 바꿀 수 있는 힘을 요구한다. 스스로 설 수 있는 땅이 있다면 그곳이 어디든 간에 멋진 춤을 출 수 있으리라.

현대적 이념과 대립하는
다양성의 위대함

니체는 현대철학의 효시로 평가된다. 동시에 그는 현대 이후를 고민하게 하는 철학자이다. 왜냐하면 그는 이미 현대의 한계를 보여주고 있기 때문이다. 허무주의 철학이 동경하는 천국으로서의 대지는 다양성으로 가득하다. 니체의 생철학은 이 다양한 세상에 살고 있는 인생의 가치를 인식하는 것을 목적으로 한다. 생명을 추구할 수 있고 또 추구하게 하는 건강만이 최고의 이념으로 간주된다. 힘에의 의지만이 허무주의라는 거대한 기계를 작동시키는 원동력인 것이다.

필연적으로 내일과 모레의 인간이 될 수밖에 없는 철학자는 언제나 그 자신이 사는 오늘과 모순된 상태에 있어 왔고 그렇게 있을 수밖에 없었던 것이라고 나는 더욱 생각하게 된다. 그의 적은 언제나 오늘의 이상이었다. 철학자로 불렸고 스스로 거의 지혜의 친구로 느끼지 않으며 오히려 불쾌한 바보나 위험한 의문부호로 느낀 모든 인간을 비범하게 육성하는 이러한 자들은 지금까지 자신의 과업, 자신의 혹독하며 원치 않지만 피할 수 없는 과업을, 그러나 마침내 자신의 과제의 위대함을 시대의 나쁜 양심이 되는 것에서 발견해왔다. 그들은 바로 시대의 미덕의 가슴에 해부의 메스를 댐으로써 그들 자신의 비밀이 무엇인지 드러냈던 것이다: 이 메스를 댄 목적은 인간의 새로운 위대함을 아는 것이며 인간을 위대하게 하는 새로운 미답未踏의 길을 아는 것이다. 그들은 그때마다 가장 존중받는 동시대의 도덕성 유형에 얼마나 많은 위선과 안일, 방임, 자포자기가 있으며, 또 얼마나 많은 허위가 숨어 있고, 얼마나 많은 덕이 살아남아 있는지 폭로했다. 그들은 그때마다 "우리는 그대들이 오늘날 가장 편안해하지 않는 곳, 그곳으로 가야만 한다"고 말했다. 모든 인간을 한쪽 구석이나 '전문성'에 가두고 싶어 하는 '현대적 이념'의 세계에 직면하여 철학자는 ─ 만일 오늘날에도 철학자들이 존재할 수 있다면, ─ 인간의 위대함을, '위대함'의 개념을 바로 그의 광범위함과 다양성에, 그의 다면적 전체성에 둘 수밖에 없을 것이다. 그 어떤 사람이 얼마나 많고 다양한 것을 감당하고 받아들일 수 있느냐에 따라, 그 사람이 얼마나 멀리 자신의 책임을 넓힐 수 있느냐에 따라 가치와 순위마저도 결정할 것이다. 오늘날에는 시대의 취미와 덕목이 의지를 쇠약하게 하고 약화시킨다. 의지박약보다 시대에 걸맞은 것은 없다: 따라서 철학자의 이상에서는 곧 의지의 강함과 준엄함, 오랫동안 결의할 수 있는 능력이 '위대함'이라는 개념 안에 포함되어야만 하는 것이다. (189쪽 이후)

허무주의 철학은 현대철학인 동시에 미래를 준비하는 철학이다. 현대인과 현대사회의 병폐를 보여주고 그에 대한 해결방법을 제시하고자 한다. 미래를 위해 현재와 싸우고자 했다. 건강한 미래를 위해 현재의 병마와 싸우고자 했던 것이다. "그의 적은 언제나 오늘의 이상이었다." 가장 좋다고 판단되는 것들이 언제나 그의 적이었다. '마땅히 그래야 한다'는 이름으로 불리는 모든 미덕은 허무주의가 싸워 이겨야 할 적의 이름일 뿐이다. 가장 이성적인 것이라고 판단되는 그것을 가장 비이성적인 것으로 보는 것이다. 그런 시각을 가질 때 마침내 현재와의 싸움이 시작되는 것이다.

따라서 허무주의 철학은 악의 역할을 담당하는 철학의 대표가 된다. 그것은 불쾌하고 위험한 모든 것에서 유용성을 발견하고자 한다. "불쾌한 바보나 위험한 의문부호로 느낀 모든 인간을 비범하게 육성"하는 것을 목표로 한다. 이러한 과업을 위해 허무주의 철학은 스스로 "시대의 나쁜 양심이 되는 것"을 마다하지 않는다. 시대의 적이 되는 것을 운명으로 받아들인다. 허무주의는 현재의 미덕, 즉 이 시대의 미덕을 수술대 위에 올려놓고 수술을 시작하려 한다. 마치 암덩어리를 찾으려는 의지로 칼을 들이댄다.

"이 메스를 댄 목적은 인간의 새로운 위대함을 아는 것이며 인간을 위대하게 하는 새로운 미답의 길을 아는 것이다." 허무주의 철학이 허무를 허용하는 이유가 여기에 있다. 가치 있다고 판단된 모든 것을 향해 허무의 칼은 가차 없이 수술을 시작한다. 삶을 살 만하게 만들기 위해서 수술을 하는 것이다. 삶을 새로운 가치로 인식하기 위해 혹독한 고통을 받아들이고자 한다. 창조적인 삶을 살기 위해 자기 살을 찢는 아픔을 견디고자 한다. 마치 생명이 다한 땅을 악의 쟁기로 갈아엎듯이. "모든 땅은 결국 이용되면서 수명을 다하게 되고, 악의 쟁기가 언제나 새로이 도래한다."(즐거운, 74쪽) 허무가 오면서 한계를 인식하게 한다. 그리고 그 한계 너머를 동경하게 한다.

시대의 미덕을 파헤치는 칼은 "가장 존중받는 동시대의 도덕성 유형에 얼마나 많은 위선과 안일, 방임, 자포자기가 있으며, 또 얼마나 많은 허위가 숨어 있고, 얼마나 많은 덕이 살아남아 있는지 폭로했다." 현실을 직시하면 할수록 극복에 대한 의지는 더욱 강해질 수밖에 없다. 자기 극복은 자기 자신에 대한 혐오가 전제되어야만 가능한 일이다. 자기 자신이 싫어야 변화시킬 수 있다. 스스로 견딜 수가 없어야 자신을 버리고 다른 자신을 추구하게 되는 것이다. 그것이 자기 극복의 묘미다.

늘 떠날 준비를 하고 살아야 한다. 매 순간 이별의 아픔을 견디며 살아야 한다. 그래야 '하루 열 번 극복하라'는 말이 실감 나게 들려올 것이다. 그때가 되면 "우리는 그대들이 오늘날 가장 편안해하지 않는 곳, 그곳으로 가야만 한다"는 말을 이해하게 될 것이다. 현실 안주는 허무주의가 바라는 삶이 아니다. 늘 낯설고 불편한 곳을 향한 도전만이 창조적인 삶을 실현시켜줄 것이다. 모든 새로운 것은 불편한 것이다. 불편하지 않은 새로운 것이란 없다. 하지만 관심과 호기심만 있다면 그 새로운 것이 재미를 느끼게 해줄 것이다.

결국 허무주의 철학은 '현대적 이념'에 반旗할 수밖에 없다. 왜냐하면 이 현대적 이념은 "모든 인간을 한쪽 구석이나 '전문성'에 가두고" 싶어 하기 때문이다. 허무주의 철학은 이와 정반대의 성향을 보인다고 생각하면 된다. '한쪽 구석'보다는 전체를 보려고 하고 또 '전문성'보다는 다양한 것을 지향한다는 것이다. 즉 "인간의 위대함을, '위대함'의 개념을 바로 그의 광범위함과 다양성에, 그의 다면적 전체성에" 두는 것이 허무주의의 이념인 것이다.

하나만 잘하는 사람만큼 위험한 존재가 없다. 그 하나가 잘 안 될 때를 생각해보면 그 위험이 어떤 것인지 감이 잡힐 것이다. 하나의 "붉은 천"(50쪽)을 쫓아가는 인생만큼 미련한 짓이 또 없다. 이런 현대인의 삶에 대해 쇼펜하우어도 이미 한마디 했었다. "쳇바퀴 안의 다람쥐처럼 끝도 목표도 없이 움직이다가 결국 피곤해져서 위든 아래든 아무 데나 제멋대로 멈추어 서고는, 그 장소를 다른 사람도 억지로 존중하도록 하는 것과 같다고 비유할 수 있다." 이런 것이 바로 "개구리의 관점"(17쪽)이 아닐까. 답답해하면서도 왜 답답한지를 모른다. 전체를 본 적이 없어서 현실을 제대로 인식할 수도 없다. 한쪽 구석에 처박혀 그곳에서 세상 전부를 평가하고 있다. 위로는커녕 상처를 주는 말들이 이때 생겨나는 것이다.

인간의 강함과 능력을 묻는 문제는 이제 달라져야 한다. 니체는 그것을 이렇게 묻는다. "얼마나 많고 다양한 것을 감당하고 받아들일 수 있느냐" 혹은 "얼마나 멀리 자신의 책임을 넓힐 수 있느냐" 하는 것이라고. 전문성을 강조하는 현대적 이념은 "의지를 쇠약하게 하고 약화시킨다. 의지 박약보다 시대에 걸맞은 것은 없다." 니체가 바라본 현대인의 모습이다. 의지가 너무 약하다고. 현대인은 의지 대신에 집착과 고집만이 강해져 있을 뿐이다. 전문성을 강조하다 보니 전체적인 균형은 깨져 있는 상태다. 이런 문제의식 속에서 니체는 철학에 대한 역할을 다음과 같이 제시한다. "철학자의 이상에서는 곧 의지의 강함과 준엄함, 오랫동안 결의할 수 있는 능력이 '위대함'이라는 개념 안에 포함되어야만" 한다고.

오늘날에는 반대로 유럽에서 무리 동물만이 영예를 얻고 분배하며, '권리의 평등'은 너무나 쉽게 옳지 않은 평등으로 전환될 수 있다: 나는 모든 드문 것, 낯선 것, 특권적인 것, 보다 높은 인간과 영혼, 더욱 높은 의무와 책임, 창조적인 힘의 충일과 지배권을 공동으로 얻기 위한 싸움을 하며 다음과 같이 말하고자 한다 — 오늘날 고귀하다는 것, 독자적인 존재가 되고자 한다는 것, 달리 존재할 수 있다는 것, 홀로 선다는 것, 자신의 힘으로 살아야만 한다는 것이 '위대함'의 개념에 속한다. 그리고 철학자는 다음과 같이 주장할 때, 자기 자신의 이상의 단면을 보이게 된다: "가장 고독한 자, 가장 은폐된 자, 가장 격리된 자, 선악의 저편에 있는 인간, 자신의 덕의 주인, 의지가 넘쳐나는 자가 될 수 있는 자가 가장 위대한 인간이 될 수 있을 것이다. 다양하면서도 전체적이고 폭이 넓으면서도 충만할 수 있다는 이것이야말로 위대함이라 부를 수 있을 것이다." 그런데 다시 한번 물어보자: 오늘날 위대성이라는 것이 가능한가? (191쪽)

니체가 요구하는 것들이 가능이나 한 일인가? 그가 말하는 위대성이 실현 가능한 이념인가? 말도 안 되는 허무맹랑한 소리로 들리는가? 무엇이 그렇게 들리게끔 하는 것일까? 니체의 허무주의 철학이 아직도 이상한 소리로 들린다면 무엇이 문제일까? 그가 염원했던 미래는 아직 도래하지 않은 것일까? 무슨 소리를 했기에 이토록 오랜 시간을 보내고서도 아직도 미래를 운운해야 하는 것일까? 그가 남겨놓은 말들을 차근차근 읽어보자.

'무리 동물'들이 원하는 '권리의 평등'은 니체가 바라는 바가 아니다. 그런 하향평준화는 싫다. 이런 무리 동물들의 요구는 "너무나 쉽게 옳지 않은 평등으로 전환될 수 있다." 그것이 니체의 고민이다. 이에 반해 그는 자신의 이념을 가능한 한 자세하게 밝히고 있다. 그는 "모든 드문 것, 낯선 것, 특권적인 것, 보다 높은 인간과 영혼, 더욱 높은 의무와 책임, 창조적인 힘의 충일과 지배권"을 요구한다. 이를 위해 니체는 '싸움'이라도 할 것이라고 말한다. 싸우지 말라고 가르치는 사회에서는 그의 호전적인 자세가 부담스러울 수도 있다.

또 니체는 "고귀하다는 것, 독자적인 존재가 되고자 한다는 것, 달리 존재할 수 있다는 것, 홀로 선다는 것, 자신의 힘으로 살아야만 한다는 것이 '위대함'의 개념"에 속해야 한다고 주장한다. 무엇이 위대한 것인가? 무리가 되기를 바라지 않고 자기 자신의 길을 찾아 떠나는 것이 위대한 것이다. 현대사회의 이슈나 유행을 따르지 않고 자기 자신의 취향과 감정에 충실한 것이 위대한 것이다. 자기 삶을 자기 힘으로 산다는 것이 왜 이토록 낯설게 들려야 하는 것일까? 무엇이 니체의 철학을 거부하게끔 하는 것일까? 신을 죽여서? 신이 죽었다고 말해서? 사실 신은 죽일 수도 없고 또 죽을 수 있는 존재도 아니다. 다만 어느 특정 종교 단체가 말하는 그런 신은 죽었다고 말하고 있을 뿐이다. 누차 말했지만 니체도 신을 원한다. 춤추는 신을 말이다.

니체의 신앙에는 인간이 주인공으로 등장한다. 삶이 그의 신앙이다. 멈춤이 없는 사랑을 향한 믿음이 그 내용이다. 죽을 때까지 의지로 충만한 삶을 요구하는 것이다. '자신의 덕의 주인'이고자 하는 데는 양심의 가책을 느낄 이유가 없다. 자유정신과 건강 그리고 승리를 찬양했던《인간적인 너무나 인간적인》에서 이미 니체는 이런 주장을 펼쳤었다. "너는 너의 주인이며 동시에 네 자신의 미덕의 주인이 되어야만 했다. 과거에는 미덕이 너의 주인이었다: 그러나 그 미덕은 다른 도구들과 마찬가지로, 오로지 너의 도구여야 한다"(인간적 I, 17쪽)고. 과거에는 도덕이 주인 행세를 했다면 이제는 스스로가 자신의 주인 역할을 해내야 한다고. 자신의 미덕의 주인이 되어야 한다고.

이 소리가《즐거운 학문》에서는 다음과 같이 증폭된다. "완전히 도덕에 빠져들어, 그 안에서 우리가 스스로에게 제기하는 극도로 엄격한 요구를 위해 덕으로 무장한 괴물이나 허수아비가 되는 것은 우리에게 질병의 악화를 의미하는 것이리라. 우리는 도덕 위에도 서 있을 줄 알아야 한다. 매 순간 미끄러져 넘어질 것을 두려워하는 경직된 두려움을 가지고 그 위에서 있는 것이 아니라, 그 위에서 뛰놀 줄 알아야 한다!"(즐거운, 180쪽)고.

또다시 이 소리는 《선악의 저편》에 와서 허무주의 철학의 이념으로 제시되고 있다. 인간적인 시절부터 계산하면 8년이란 세월이 흘렀지만 이념은 변하지 않았다. 똑같은 소리를 하고 있는 것이다. 하지만 니체의 글들을 순서대로 읽어온 독자는 이 소리가 전하는 내용이 시간의 흐름과 함께 풍성하게 성장해 있음을 피부로 느낄 수 있을 것이다. '자신의 덕의 주인'이 바로 '가장 위대한 인간'이라는 주장 앞에서 우리는 잠시 명상을 해야 하지 않을까. 하루에도 열 번씩 극복해낸 철학자의 시간을 느끼면서 말이다.

니체는 현실안주형이 아니다. 그는 끊임없는 극복을 요구하는 철학자이다. 늘 자신의 한계를 인식하고 그 한계를 넘어서고자 한다. 자신의 한계를 인식할 때는 숨도 쉴 수 없을 것만 같은 답답함과 절망감을 견뎌내야 한다. 또 그 한계를 넘어서고자 할 때는 목숨을 건 모험여행을 감행해야 한다. 살고자 하는 의지로 새로운 영역에 발을 들여놓아야 한다. 새로운 땅은 새로운 춤을 요구한다. 시간과 공간의 현상 형식에 얽매여 살아야 하는 존재가 운명으로 삼아야 하는 것이 바로 시간과 공간을 기반으로 하는 춤인 것이다. 그것이 삶의 춤이다.

철학을 한다는 것은
스스로 길을 걷는다는 것

학문으로서 철학은 치명적인 약점이 하나 있다. 바로 가르치기 힘들다는 것이다. 아무리 멈출 수 없는 사랑을 가르치고자 해도 사랑을 스스로 경험하기 전에는 무의미한 개념으로 전해질 뿐이다. 생철학의 내용은 삶이지만 무엇이 진정한 삶인지, 어떻게 살아야 하는지 등을 수학공식을 설명하듯이 가르칠 수는 없다. 그것이 철학의 한계다. 그렇다고 가르침을 포기할 수도 없는 상황이다. 어쨌든 인간은 이성적 존재라서 설명을 요구할 수밖에 없다. 오로지 설명된 것만을 진리로 여기는 존재로 살 수밖에 없다. 이것이 철학이 존재해야 하는 이유다.

철학은 전쟁터로 향하는 전사의 머리를 담당한다. 그의 생각이 육체를 움직이게 할 것이다. '정신무장'이라고 말해도 무방하다. 아무리 좋은 훈련으로 좋은 몸을 만들고 또 아무리 좋은 무기로 무장하고 있어도 정신상태가 제대로 준비되어 있지 않다면 모든 것은 무의미할 뿐이다. 이성적 존재는 필연적으로 생각하는 존재이고, 또 그 생각하는 내용에 따라 삶의 내용과 질은 결정될 것이 틀림없다. 이런 인식의 갑옷을 입고 이제 '우리 학자들'의 마지막 절을 읽어보자.

> 철학자가 하는 것은 가르칠 수 있는 것이 아니기 때문에 배우기가 나쁘다:
> 사람들은 그것을 경험으로 '알아야' 한다. ─ 또는 그것을 알지 못하는 것에
> 긍지를 가져야만 한다. 그러나 오늘날 세상 사람들이 모두 경험할 수 없는
> 일에 관해 말한다고 하는 것은 철학자와 철학적 상황을 대부분 아주 나쁘게
> 볼 수 있지만, 극히 소수의 사람은 이 일을 알고 있으며 이 일을 아는 것이
> 허용된다. (192쪽)

모두가 철학을 공부할 필요는 없다. 철학은 '극히 소수의 사람'만이 해낼 수 있는 일이다. '지혜에 대한 사랑'은 늘 소수의 몫이다. 그래서 모른

다는 사실에 대해서도 긍지를 가져야만 한다. 그 긍지가 철학을 공부하게 해줄 것이다. 안다고 떠드는 현대인들, 스스로 전문가라고 자부하는 학자들은 철학에 대한 필요성을 느끼지 못한다. 철학자는 무리에서 벗어나 홀로 길을 걸어갈 수밖에 없다. "가장 고독한 자, 가장 은폐된 자, 가장 격리된 자, 선악의 저편에 있는 인간"이 되어서 "독자적인 존재"(191쪽)로서 살아가는 것을 운명으로 삼는다.

오늘날 다양하게 일어나고 있듯이, 가벼운 팔방미인적인 두뇌나 융통성 없고 정직한 기계론자나 경험주의자가 그 천민적인 공명심을 가지고 문제의 근처로, 말하자면 이러한 '성들의 안마당'으로 밀고 들어간다고 해도 무슨 소용이 있다는 말인가! 그러나 그러한 양탄자를 더 이상 거친 발로 짓밟고 들어가서는 안 된다. 사물의 근원적인 법칙이 이미 그렇게 되도록 되어 있는 것이다. 또한 그들 주제넘은 자들이 머리를 그 문에 부딪혀 으깬다 해도, 문은 그들에게는 닫힌 채로 있다! 모든 높은 세계에 이르기 위해 사람들은 그렇게 타고나야만 한다. 더 명확하게 말하자면, 사람들은 그 세계를 위해 육성되어야만 한다: 철학에 대한 권리를—이 용어를 광의로 생각해서—갖는 것은 오직 자신의 출신 덕분이며 조상이나 혈통이 여기에서도 결정적인 역할을 한다. 철학자가 태어나기 위해 많은 세대가 미리 기초작업을 했음이 틀림없다. 철학자의 덕은 모두, 즉 사상의 대담하고 경쾌하고 부드러운 발걸음과 진행뿐만 아니라, 무엇보다도 커다란 책임을 기꺼이 지고자 하는 각오, 지배자적인 눈길과 내려다보는 눈길의 고귀함, 대중과 그들의 의무나 미덕에서 스스로 격리되어 있다는 감정, 신이든 악마든 오해받고 비방 받는 사람들을 상냥하게 보호하고 변호하는 것, 위대한 정의 속에서 느끼는 즐거움과 그것을 행동에 옮기는 것, 명령하는 기술, 의지의 폭넓음, 좀처럼 찬미하지 않고 우러러보지 않고 사랑하지도 않는 서서히 움직이는 눈 등은 하나하나 획득되고 보호되고 유전되고 동화된 것임이 틀림없다. (193쪽 이후)

한쪽 구석에서 전문가가 된 현대의 학자들 두뇌나 혹은 가벼운 팔방미인적인 두뇌로 삶을 감당할 수는 없다. 이런 자들의 공명심으로는 아무것도 해결해낼 수 없다. 삶의 문제로 들어가는 길은 그렇게 만만하지가 않다. 그 길을 다 가고도 문을 열기가 여간 까다롭지 않다. "그들 주제넘은 자들이 머리를 그 문에 부딪혀 으깬다 해도, 문은 그들에게는 닫힌 채로 있다!" 삶의 문제 안으로 들어갈 수가 없다는 얘기다. '천민적인 공명심'으로 "문제의 근처로, 말하자면 이러한 '성들의 안마당'으로 밀고 들어간다고 해도 무슨 소용이 있다는 말인가!" 준비되지 않은 자에게는 모든 것이 쓸모없다.

삶의 문제, 그 문제들의 영역은 '성들의 안마당'으로, 그리고 양탄자로 격이 상승해간다. "그러한 양탄자를 더 이상 거친 발로 짓밟고 들어가서는 안 된다." 허무주의 철학이 보여주는 세상은 양탄자와 같다. 깨끗한 발로 들어서야 한다. 조심스럽게 다가서야 한다. 생명이 있는 곳에서는 함부로 움직여서도 안 된다. 좋은 말도 조심해서 내뱉어야 한다. 좋은 의도로 한 말이 오해를 불러일으키기도 하기 때문이다. 모든 것이 '내 뜻대로' 될 수만 있다면 얼마나 좋으랴. 하지만 사람은 모두가 이성적 존재라 각자 자기 뜻을 품고 살아간다. 그것이 삶을 어렵게 만들고 있을 뿐이다.

거친 발걸음이 새싹을 짓밟을 수도 있다. 아무 생각 없이 내디딘 발걸음이 나름 소중한 생명에 깊은 상처를 줄 수도 있다. 철학자가 다양한 영역에서 다양한 경험으로 알아야 하는 이유가 여기에 있다. "모든 높은 세계에 이르기 위해 사람들은 그렇게 타고나야만 한다. 더 명확하게 말하자면, 사람들은 그 세계를 위해 육성되어야만 한다." 천재는 타고나야겠지만 니체에게 있어서 타고남은 또한 육성될 수 있는 것으로 이해될 뿐이다. 운명조차 바꿀 수 있는 의지를 믿기 때문이다. 더 이상 어찌할 수 없을 때만 '운명을 사랑하라'는 정언명법을 받아들이면 되는 것이다.

한 명의 철학자가 탄생하기 위해서는 모든 것이 갖춰져야 한다. '철학에 대한 권리'도 인식의 문제다. 스스로 그런 권리를 타고났다는 것을 아는 것도 인식이기 때문이다. 그런 인식이 자신의 조상과 혈통을 결정하게 된다. 아무 의미 없이 흘러간 시간 속에서 모든 의미를 도출해내는 작업은 이때 실현되는 것이다. 그때 사랑할 수밖에 없는 지혜가 나타나는 것이다. 그런 지혜를 사랑하는 것이 철학자의 운명이다. 스페인의 르네상스 인물 돈키호테^{Don Quixote}처럼 "위대한 정의 속에서 느끼는 즐거움과 그것을 행동에 옮기는 것"이 철학자의 덕이다. 그런 덕의 주인이 될 때 싸움조차 즐거운 일이 되는 것이다.

철학은 학문이면서 동시에 학문의 영역 밖에 있다. 철학은 가르칠 수 있으면서 동시에 가르칠 수 없는 것을 말하기도 한다. 철학은 "경험으로 '알아야'" 하는 것을 보여주면서 동시에 "경험할 수 없는 일에 관해 말한다."(192쪽) 철학이 하는 일은 "어떤 가벼운 것이나 신적인 것, 춤이나 들뜬 기분에 가까운 것"(192쪽)과 관련한다. 신을 부정하면서도 신적인 것을 운운한다. "그런 행위를 할 자격이 있으려면 우리 스스로가 신이 되어야 하는 것이 아닐까? 이보다 더 위대한 행위는 없었다."(즐거운, 201쪽) 허무주의 철학은 "인간의 새로운 위대함을 아는 것이며 인간을 위대하게 하는 새로운 미답의 길을 아는 것"(190쪽)을 지향한다고 했다. 이 위대한 행위를 위해 니체는 허무주의라는 철학의 씨앗을 뿌리고 있는 것이다.

06

자기 자신을 사랑하는 도덕

—

우리가 가장 심한 — 위험에 처하게 될 때,
그곳에서 비로소 우리는 우리 자신의 더없는 행복 속에 있게 된다.

도덕을 비판하면서
도덕을 원한다는 것

앞선 장에서 '우리 학자들'에 대해 설명을 했다면, 이제는 '우리의 덕'에 대해 한마디 하고자 한다. 《아침놀》에서 도덕과의 한판 전쟁을 치르고자 했던 철학자는 지금 '우리의 덕'이 무엇인지를 밝히고자 한다. 도덕을 비판하면서 도덕을 원한다는 것이다. 이것을 모순으로 읽으면 안 된다. 니체가 했던 말들을 모으다 보면 그가 원하는 것이 무엇인지 대충 감이 잡힐 것이다. 우리가 주인으로서의 역할을 담당할 수 있는 덕은 어떤 것일까? 니체가 바로 세우고자 하는 덕은 어떤 것일까? 그의 생철학, 즉 허무주의 철학이 지향하는 도덕은 어떤 것일까? 온갖 허무를 감당할 수 있는 바다 같은 도덕은 어떤 것일까? 물론 이런 질문은 끊임없이 제기되어 왔고 또 다양한 말로 설명되어 왔다. 그리고 니체는 여기서 또다시 그 질문에 답하고자 한다.

우리의 덕이란? — 아마 우리 역시 우리의 덕을 가지고 있을 것이다. 당연한 일이지만, 그것 때문에 우리가 우리의 선조를 존경하지만 조금은 경원하기도 하는 저 순진하고 모난 덕은 아마 아닐 것이다. 모레의 유럽인인 우리, 20세기의 첫 아이인 우리, — 모든 위험한 호기심과 다양성과 변장의 기술과 정신과 감각에서 무르익은, 말하자면 감미로움이 첨가된 잔인함을 지니고 있는 우리, — 이러한 우리가 덕을 가져야만 한다면, 아마 우리의 가장 은밀하고 진실한 경향이나 강력한 요구에 가장 잘 부합하는 덕만을 가지게 될 것이다: 좋다. 이제 한번 우리의 미궁 속에서 그러한 덕들을 찾아보자! — 잘 알고 있듯이 바로 그곳에서는 대단히 많은 사람이 길을 잃고 있으며 아주 많은 사람이 완전히 길을 잃어가고 있다. 그런데 자기 자신의 덕을 찾는 것보다 더 아름다운 것이 있을까? 이것은 거의 이미 자기 자신의 덕을 믿고 있음을 의미하는 것이 아닐까? 그러나 이 '자신의 덕을 믿는다는 것' — 이것은 근본적으로 전에 '훌륭한 양심'이라고 불렀던 것과 같은 것, 즉 우리의 조부가 자신의 머리 뒤에 그리고 때때로 그들의 오성 뒤에 길게 늘어뜨린 저 존경할 만한 개념의 많은 머리가 아닌가? 따라서 우리가 다른 면에서는 별로 고풍스러운 것이 적어 조부처럼 존경받을 만하지 못하다는 생각이 들 수는 있다. 그럼에도 불구하고 한 가지 면에서는 우리는 이러한 조부에게 잘 어울리는 손자들이다. 훌륭한 양심을 가진 우리 최후의 유럽인들: 우리도 여전히 그들의 많은 머리를 몸에 지니고 있다. — 아! 그 모습이 얼마나 빨리, 얼마나 신속히 — 변해가는지 그대들이 알아주었으면!… (197쪽 이후)

니체가 말하는 '우리'는 자신의 책을 읽고 철학을 공부하고 있는 독자들을 지칭한 것이다. 허무주의 철학을 통해 허무를 품고 있는 자들, "춤추는 별"을 잉태하기 위해 "혼돈"(차라, 24쪽)을 품은 자들, 자신이 살던 "오두막"(인간적Ⅱ, 415쪽)도 불태우고 떠난 자들, 돌아갈 다리도 끊고 먼 항해를 떠난 자들, 대양과 직면한 자들을 일컫는 말이다. "무한한 수평선. ─ 우리는 육지를 떠나 출항했다! 우리는 다리를 건너왔을 뿐만 아니라, 우리 뒤의 육지와의 관계를 단절했다! 그러니 우리의 배여, 앞을 바라보라! 네 곁에는 대양이 있다."(즐거운, 199쪽) 허무주의 철학은 스스로 위험한 상황 속으로 들어가게 하는 철학이다. 여기서는 "저편으로 건너가는 것도 위험하고 건너가는 과정, 뒤돌아보는 것, 벌벌 떨고 있는 것도 위험하며 멈춰서 있는 것도 위험하다."(차라, 20쪽) 자전거를 탈 때처럼 그저 전진하는 것만이 균형을 잡게 해줄 뿐이다. 멈춤은 허무주의적인 것이 아니다. 뭐든지 습관이 되었다면 극복의 대상이 된 것이다. 뒤를 돌아봄과 같은 향수도 허무주의엔 질병에 해당한다. 미련, 고집, 집착 등은 새것을 위한 마음이 아니다. 멈춰설 수 없는 것이 삶이기 때문이다.

허무주의 철학에서 삶의 지혜를 배우고 있는 독자인 '우리'는 '모레의 유럽인'인 동시에 '훌륭한 양심을 가진 최후의 유럽인'이기도 하다. 물론 유럽인으로만 읽을 필요가 없다. 한정된 대륙을 넘어 세계인으로 해석하며 읽어도 무방하다. 어쨌든 최후의 인간인 동시에 미래의 인간이라는 뜻이다. 끝을 인식한 존재인 동시에 시작을 도모하는 존재라는 뜻이다. 시인 윤동주가 인식하는 '나', 즉 새 시대처럼 올 아침을 기다리다 지쳐버린 '최후의 나'가 내미는 '최초의 악수'[1]와 같다.

새로운 시작은 '훌륭한 양심'을 전제로 한다. 불편한 양심 때문에 마무리를 제대로 하지 못한다면 시작은 꿈도 꿀 수 없다. 이 훌륭한 양심을 갖기 위해 기존의 양심을 미련 없이 버릴 수 있어야 한다. 그리고 뒤도 돌아보지 않고 전진할 수 있어야 한다. 때로는 그런 행동이 잔인하게 보일지는 몰라도 시작을 원하는 당사자에겐 훌륭한 것이다. 이 훌륭한 양심은 우리의 것, 특히 '우리의 덕'이 있어 가능했다. 그 누군가를 위한 덕이 아니다. 오로지 우리 자신을 위한 덕일 뿐이다. 이 덕은 우리 자신에게 "가장 잘 부합하는" 것이다. 우리와 함께 있을 때만 덕스럽게 보일 뿐이다. 불편함을 전혀 느낄 수 없는 그런 덕이다. 그런 느낌이 훌륭한 양심을 만들어주고 있는 것이다.

"좋다. 이제 한번 우리의 미궁 속에서 그러한 덕들을 찾아보자!" 이것이 니체의 음성이다. 찾아보자! 허무주의를 선택할 수밖에 없는 건강한 목소리가 만들어내는 소리다. 그리고 분명히 그런 덕이 있을 것이란 확신을 가지고 덤빈다. "아마 우리 역시 우리의 덕을 가지고 있을 것이다." 우리의 덕이 없을 수가 없다는 것이다. 우리에게도 덕이 있을 것이다. 허무주의는 이런 희망으로 가득하다. 우리가 이토록 즐겁게 학문을 할 수 있는 데는 분명 우리에게 걸맞은 덕이 있어야 마땅할 것이기 때문이다.

그런데 우리가 발을 들여놓아야 하는 곳은 미궁이다. 목숨을 걸어야 할 곳이다. 준비되지 않은 자에게는 무덤이 될 수도 있는 곳이다. 또 길을 잃기 딱 좋은 곳이다. "잘 알고 있듯이 바로 그곳에서는 대단히 많은 사람이 길을 잃고 있으며 아주 많은 사람이 완전히 길을 잃어가고 있다." 길은 보이는데 확신이 서지 않는 길만 보일 때, 그 암담한 심정은 길을 잃어본 사람만 알 것이다. 중세처럼 신을 추궁할 때는 카논, 즉 성경만 읽으면 된다. 수많은 해석이 논쟁을 벌일 수는 있어도 교과서는 카논뿐이다. 거기에 모든 답이 존재한다. 하지만 우리가 들어가야 할 곳은 미궁이다. 인간의 내면이다. 다양한 길이 우리를 유혹하고 있다. 잘못 내디디는 발걸음은 엄청난 방황을 하게 할 것이다. 감정을 잘못 건드려놓으면 책임지지 못할 결과를 초래할 수도 있다.

미궁, 이곳은 또한 내적 체험의 범위로서 "거대한 숲과 원시림"(81쪽)이기도 하다. 우리가 '위대한 수렵'을 해야 할 곳이다. 뭔가 우리에게 유익한 것을 사냥해내야 할 곳이라는 얘기다. 물론 미궁 안에는 미노타우로스와 같은 괴물도 존재한다. 운명적으로 만나야 할 괴물이다. 모든 운명에는 나름의 괴물이 도사리고 있다. 그것이 우리가 살아가야 하는 삶이란 현장이다. 밥만으로 해결이 되지 않는 삶이다. 기독교식으로 표현하자면 하나님의 "말씀"(신명기 8:3)으로만 해결이 되는 그런 삶이다. 삶이 가능한 이곳에서 우리는 괴물과도 싸워 이겨야 한다. 삶을 가능하게 하는 곳에 삶을 위협하는 존재가 있다는 것 자체가 허무주의를 인식하게 한다. 한순간도 마음을 놓을 수가 없다. 그래서 끊임없는 극복을 요구하는지도 모를 일이다.

물론 내면에 도사리고 있을 그 괴물에 대한 인식도 필요하다. 인간의 내면은 말들에 의해 형성된다. 그리고 모든 말은 개념을 사용한다. 니체가 주목하는 것은 그 말들이 만들어내는 덕이다. 또 모든 덕은 "개념의 땋은 머리"와 같다. 개념으로 엮은 것이라는 얘기다. 개인마다 머리 스타일이 다르다. 어떤 머리를 하고 있느냐에 따라 그 사람의 개성이 보인다는 뜻이기도 하다. 말 한마디가 이미 개념으로 땋은 머리 전체를 예상하게도 해준다. 그런데 하루에도 열 번 이상을 극복해야 하는 허무주의자들에게는 그 머리 스타일이 시시각각으로 변한다는 게 문제다. "아! 그 모습이 얼마나 빨리, 얼마나 신속히 — 변해가는지 그대들이 알아주었으면!…" 말을 잇지 못하는 니체의 심정이 읽히는가. 그가 쏟아내는 탄식의 소리에는 슬픔이 담겨 있다기보다는 오히려 기쁨이 가득하다. 너무 빨리 또 너무 신속하게 변해서 너무 좋다는 느낌이다. 아이들의 마음 같다. 명랑하고 쾌활함이 이런 느낌일 것이다. 파란 하늘을 바라보며 깔깔대는 웃음소리 같다.

변화. 그것은 좋은 것이다. 준비되고 의도된 변화는 긍정적이다. 그것이 '우리의 덕'이다. 훌륭한 양심에 뿌리를 둔 아름다운 것이다. 그것은 자기 자신의 덕을 믿고 있을 때만 피어나는 꽃과 같다. 마음은 잘 가꾸면 온갖 것이 함께 자라날 수 있는 정원이 되기도 하지만 잘못 가꾸면 도처에 함정이 도사리고 있는 미궁처럼 변하기도 한다. 속된 말로 '내 안에 까칠한 놈이 있어요. 저도 제가 무서워요.' 이런 소리를 쏟아내는 사람 같다. 기쁨, 슬픔, 행복, 불행, 환희, 분노 등 다양한 감정을 잘 다룰 수 있을 때 마음은 완벽한 통제 속에서도 긴장을 풀어놓게 된다. 그런 마음이 정신을 자유롭게 해준다. 마음의 대가만이 누릴 수 있는 자유다. 이런 의미에서 니체는 "구속된 마음, 자유로운 정신"(112쪽)이라는 말을 했던 것이다.

선과 악이라 불리는 두 개의 태양

인간은 행동하는 존재다. 괴테의 파우스트도 최초의 원인을 추궁하는 성경 구절을 번역하다가 결국에는 행동에서 더 이상 나아가지 못한다. "태초에 행동이 있었느니라!"(파우스트, 1237행) 행동에 오기까지 파우스트는 세 개의 가능성을 거쳐야 했다. 그는 "태초에 말씀"이 있었다는 전통적인 번역에 만족할 수가 없었다. 모든 것을 창조할 수 있는 것으로는 부족한 게 너무도 많다고 인식한 것이다. 또 "태초에 뜻"이 있었다고도 번역해본다. 뭔가 의도한 바가 있지 않았을까 하는 의구심이 일어나기 때문이다. 말을 하기 전에 생각을 하지 않았을까 하고 말이다. 그런데 만물을 만들고 작용하는 것을 뜻에 맡기기에도 너무 경솔한 느낌이 든다. 그러다 "태초에 힘"이 있었다고 번역해보지만, 그것 또한 만족할 수가 없다. 힘이 있어도 그것을 행동으로 옮기지 못한다면 무의미할 테니까 말이다. 결국 "태초에 행동"이 있었을 것이라는 말에 도달한다.

행동에 대한 높은 평가는 주목할 만하다. 실천하는 자만이 뭔가를 얻을 것이기 때문이다. 길을 아는 것과 길을 걷는 것은 다르다. 길을 걷는 자는 길을 잃을 수도 있겠지만 길을 찾을 수 있는 기회도 갖고 있다. 하지만 길을 아는 것에 그치는 자는 아무것도 해낼 수가 없다. 모든 인생 이야기는 사는 이야기다. 삶의 문제는 살아가는 것이다. 생철학은 사는 것을 주목하는 철학이다. 주어진 삶을 책임지고 살아보자고 고민하는 철학이다. 시간과 공간의 한계 속에서 어떻게 사는 것이 가장 현명한지를 묻는 철학이다.

그런데 인간의 행동을 관찰하면 재미난 것이 발견된다. 모든 행동은 뭔가에 의해 규정되어 있다는 사실이다. 쇼펜하우어가 의지의 문제를 전 우주로 확대해석한 것처럼 니체는 온 우주 속에서 도덕을 발견하게 된다. 모든 것을 규정하는 원리로서 말이다. 도덕을 바라보는 니체의 시각은 남다르다. 그의 생각을 좇아가기 위해 그가 남겨놓은 말들에 귀를 기울여야 한다. 니체의 음성이 들릴 수 있도록 다음의 잠언을 천천히 읽어보자.

별들의 세계에는 가끔 두 개의 태양이 있어, 그것이 한 행성의 궤도를 규정한다. 어떤 경우에는 각기 다른 빛깔의 태양들이 때로는 붉은빛으로 때로는 초록의 빛으로 단 하나의 행성 주변을 비추는가 하면, 그다음에는 다시금 이들의 빛이 동시에 그 행성에 마주쳐 다채로운 빛으로 넘치게 한다. 그렇게 우리 현대인들도 우리 '별 가득한 하늘'의 복잡한 역학 덕분에—서로 다른 도덕으로 규정되고 있다. 우리의 행위들은 차례차례 서로 다른 빛으로 빛난다. 그 행위들의 의미가 일의적인 경우는 거의 드물다.—우리가 다채로운 행위를 하는 경우는 얼마든지 있는 것이다. (198쪽)

하나의 잠언이다. 적당한 길이다. 한가운데 '그렇게'를 전후로 하여 비유와 설명이 나뉘고 있다. 일반 비유부터 살펴보자. 하늘에 태양이 두 개가 있다면 어떤 세상이 펼쳐질까? 그것도 각기 다른 빛을 발산하고 있다면 어떨까? 때로는 붉은빛이 때로는 초록의 빛이 세상을 밝혀주고 있다고 생각해보자. 그 태양이 비춰주는 빛에 의해 세상은 그 빛의 색깔로 가득 채워질 것이 분명하다. 또 어느 색깔이 좀 더 많이 비치면서 조금씩 다른 색깔이 세상을 지배하기도 할 것이다. 두 개의 태양이 하늘에 떠 있을 때 세상은 시시각각으로 변하는 색깔로 인해 잔치가 벌어질 것이다. 말 그대로 색깔의 잔치가 벌어지는 것이다. 앞선 절을 마감했던 감탄 섞인 소리가 이제 이해될 것이다. "아! 그 모습이 얼마나 빨리, 얼마나 신속히 — 변해가는지 그대들이 알아주었으면!…"(198쪽) 이 색깔도 좋고 저 색깔도 좋다. 변할 수 있고, 변화가 허용되고, 또 그 변화에 훌륭한 양심이 동반만 된다면 모든 게 좋다.

때로는 이것에 지배를 받고 또 때로는 저것에 지배를 받는다. 때로는 이것이 규정하고 때로는 저것이 규정한다. 인간의 행동은 "서로 다른 도덕으로 규정"된다. 때로는 이런 도덕이 행동을 규정하고 또 때로는 저런 도덕이 그 행동을 규정한다. "그 모습이 얼마나 빨리, 얼마나 신속히"(198쪽) 변하는지는 말로 이루 다 형용할 수가 없을 정도다. 건강한 정신을 가진 자일수록 그가 보여주는 행동의 의미는 다양해질 수밖에 없다. 이런 것 같기도 하고 저런 것 같기도 하다. 스스로 가면을 쓰기도 하면서 유혹도 하고 밀치기도 한다. 그 생각의 속도를 따라가지 못할 때 속단이 생겨나고 오해가 발생하게 되는 것이다.

"우리의 행위들은 차례차례 서로 다른 빛으로 빛난다." 이 말이 어떻게 읽히는가? 니체는 이 말을 어떤 어감으로 했을까? 결코 부정적으로 읽히지 않는다는 것은 분명하다. 현란한 빛으로 채워진 현상계가 보일 뿐이다. 찬란하게 빛나는 빛의 축제 마당이다. 온갖 도덕이 축제를 벌이고 있다. 두 개의 태양이란 선과 악이 아닐까. 모든 행동은 옳고 그름 사이에서 춤을 춘다. 선이 좋을 때도 있고 악이 좋을 때도 있다. 파괴를 해야 할 때는 악이 칭찬을 받는다. 파이팅을 외칠 때는 전의戰意가 요구되기 때문이다. 또 선을 행할 때도 당당하지 못하고 "부끄러움이나 감춤"(199쪽)으로 행해질 때도 있는 법이다. 선의라고 다 좋은 것만은 아니라는 얘기다.

사랑을 할 줄 아는 자는 경멸을 안다. "우리는 우리가 사랑할 때, 특히 우리가 진정으로 사랑할 때, 경멸하는 법을 배우게 된다."(198쪽) 아이러니하다. 사랑과 증오는 한 배를 타고 항해를 하는 것과 같다. 선의를 아는 자가 악의를 아는 법이다. 악의도 모르면서 선의를 말할 수는 없기 때문이다. 따라서 인간의 모든 행동은 하나의 의미로 규정될 수 없다. "그 행위들의 의미가 일의적인 경우는 거의 드물다." 어떻게 보면 이렇게 해석될 수도 있고 어떻게 보면 저렇게 해석될 수도 있다. 시대가 바뀌면 과거에는 관심도 받지 못하던 것이 대세를 이룰 수도 있다. 시각의 변화, 그것이 세상을 바꾸는 것이다. 하나의 행동을 두고 시대마다 다르게 해석할 수 있는 여유가 필요한 이유다. "우리가 다채로운 행위를 하는 경우는 얼마든지 있는 것이다." 이 말을 이해할 때까지 독서를 멈춰야 한다. 느린 템포가 정신을 지배하도록 배려할 필요가 있는 문장이다. 얼마든지 있다. 다채로운 행위는 얼마든지 있다. 하나의 잣대로 그것을 바라보지 말라는 것이다.

도덕에 저항하는 망각의 힘과
그것을 믿는 허무주의적 신앙

잊을 줄 아는 자가 행복하다. 잊을 수 있는 자가 복이 있다. 니체가 전하는 인식의 소리다. 불교에서는 완전한 체념을 신성한 최고의 경지로 삼기도 한다. 말 그대로 이상적인 경지다. 종교적으로나 언급할 수 있는 그런 경지다. 이성을 가지고 살아가야 하는 인간은 늘 생각의 틀 안에 갇혀 살아야 한다. 인간은 그것을 운명으로 받아들여야 한다. 하지만 쉽게 운명에 굴복해서는 안 된다. 니체는 늘 극복을 요구한다. 그것이 허무주의 철학이다. 잠시도 안주하는 꼴을 못 본다. 삶의 사관학교의 조교처럼 끊임없이 '그 이상'을 요구한다. 매 순간 '그것밖에 못하는가?' 하고 윽박지른다.

망각도 능력이다. 잊지 못해 사는 게 인생일 때도 있다. 정말 처참한 인생이다. 잊고 싶은데 잊을 수 없다는 것은 최고의 형벌이나 다름없다. 그리스 로마 신화에서는 '죽어야 잊는다'는 얘기를 하기도 한다. 레테^{Lethe}라 불리는 '망각의 강'²은 죽음의 강이기 때문이다. 하지만 인간은 분명 잊는 것도 많다. 그 비결을 습득하기만 하면 된다. 망각이라는 능력을 갖출 수만 있다면 정신 건강은 보장될 수 있으리라. 수많은 명상은 집중하는 훈련이기도 하지만 망각을 지향한다. 눈을 감고 마음의 문을 여는 것이다. 이런 행동의 정반대 편에 도덕주의자가 존재한다. 과거에 연연하고 전통에 높은 가치를 두는 그런 자들이다. 마음의 문을 닫고 사는 사람들이다.

> 자신들에게는 도덕적인 분별심이나 도덕적 식별의 섬세함이 있다고 믿게 하는 데 높은 가치를 두는 사람들을 경계하라! 이러한 사람들은 자신들이 한 번이라도 우리 앞에서 (또는 더욱이 우리에게) 잘못된 일을 하면 우리를 결코 용서하지 않는다. ― 그들은 여전히 우리의 '친구들'로 남는다 해도, 어쩔 수 없이 본능적으로 우리를 비방하는 자나 방해하는 자들이 된다. ― 망각하는 인간들에게는 축복이 있다: 왜냐하면 그들은 자신의 어리석은 짓도 '끝내버리기' 때문이다. (199쪽)

허무주의 철학은 삶의 지혜를 전한다. 그 예로 경계해야 할 것이 무엇인지 알려주고 있다. 조심하라는 얘기다. 그것은 도덕주의자들이다. 그들을 만나지 않을 수가 없다. 사람 사는 곳에는 늘 그런 사람들이 존재한다. 자기 생각에 얽매인 사람들이다. 자신이 경험한 것을 믿고 있는 자들이다. 모든 경험에도 해석이 따를 수 있다는 것을 받아들이지 못하고 있는 사람들이다. 즉 "자신들에게는 도덕적인 분별심이나 도덕적 식별의 섬세함이 있다고 믿게 하는 데 높은 가치를 두는 사람들"이다. 스스로 자신을 도덕적이라고 말하는 자들이다. 대화가 안 되는 사람들이다. 대화, 그것은 동등한 입장이 설정되어야 가능한 것이다. 그런데 도덕주의자들은 이미 자신이 옳다는 전제하에서 대화에 임하기 때문에 대화가 안 되는 것이다. 이런 사람들과 대화를 해야 할 때는 침묵으로 대화하는 법을 배워야 한다. 서로가 상처를 주지 않고 또 받지 않는 대화법을 배워야 한다. '나는 침묵한다, 고로 나는 존재한다.' 이것이 지혜가 되는 것이다. "침묵함으로써 철학자는 존재하는 것이니까."(인간적 I, 20쪽) 쓸데없이 힘을 소모하는 논쟁은 피하는 게 상책이다.

도덕주의자는 경계의 대상이다. 이 말도 새겨들어야 한다. 그들과 등지고 살라고 가르치는 것은 아니다. 그들과 '친구'가 되어 살아야 할 때도 있다. 다만 그들과 친구가 된다고 해도 그들은 "어쩔 수 없이 본능적으로 우리를 비방하는 자나 방해하는 자들이 된다"는 점만 잊지 않으면 된다. 똥은 무서워서 피하는 게 아니라 했다. 똥을 알아보고 경계하는 것도 능력이다. 그런 자는 그렇게 살게 내버려 두면 된다. 때가 되면 그들도 생각에 변화가 일어날 것이다. 최악의 경우엔 죽음을 앞두고 생각이 바뀔 수도 있다. 누구나 다 끝에 가면 뭔가를 인식하게 마련이다.

허무주의 철학은 끝에 도달하는 순간을 자주 접하게 만들고자 한다. 어떻게 생각하면 매 순간 망각하는 훈련에 임하라고 가르치고 있는지도 모른다. 니체의 행복론은 망각과 관련한다. 잊을 수 있는 자가 황홀한 춤을 춘다. 망각의 강을 건넌 자가 엑스타제의 경지를 맛본다. 모든 것을 잊은 자가 '아~ 좋다~' 하는 감탄사를 쏟아낸다. 마음의 문을 열고 온갖 사물을 받아들일 수 있는 자만이 경험할 수 있는 별천지다. 전혀 다른 세상이다. 이성으로는 접할 수 없는 세상이다. 말로 설명할 수 없는 세상이다. "자신의 어리석은 짓도 '끝내버리기'"에 달인이 된 자만이 들어갈 수 있는 세상이다. 그것이 훌륭한 양심이요 아름다운 것이다. 스스로 끝낼 수 있는 자가 아름답다.

스스로 덕스럽다고 말하는 도덕주의자들에게 해줄 수 있는 말이라면 이것뿐이다. "'선한 인간', '선의의 인간'을… 바로 그대 자신을 해부해보라!"는 말. 해부에 대한 발언은 이미 자주 했다. "즉 살아 있는 것이 철저하게 해부되고 고통스럽게 병에 걸려 산다면, 우리가 그것으로 역사적인 해부 연습을 한다면, 그것은 살기를 멈춘다."(반시대Ⅱ, 347쪽) 살아 있던 암덩어리를 제거할 수 있는 해부 연습을 하라는 것이다. 그 암덩어리가 살기를 멈출 수 있는 해부 기술을 습득하라는 것이다. 도대체 무엇이 선이란 말인가? 오히려 그 선을 제거하고 악이 자랄 수 있는 자리를 마련해주라는 얘기다. 그래서 "도덕주의자들은 오늘날 비도덕주의자로 비난받는 것을 감수하지 않으면 안 된다. 그 이유는 그들이 도덕을 해부하기 때문이다."(인간적Ⅱ, 237쪽) 사랑하는 자는 경멸을 감당할 줄 알아야 한다. 도덕주의자들은 비도덕주의자로 지목되는 것을 두려워해서는 안 된다. 그것이 바로 허무주의자가 말하는 '우리의 덕'이다.

철학자들은 "바로 시대의 미덕의 가슴에 해부의 메스를 댐으로써 그들 자신의 비밀이 무엇인지 드러"내는 자들이라고 말했다. 그들이 "이 메스를 댄 목적은 인간의 새로운 위대함을 아는 것이며 인간을 위대하게 하는 새로운 미답의 길을 아는 것"(190쪽)이라고 했다. 내면을 향한 허무주의적 열정은 뜨겁기만 하다. 자기 자신의 환부에 칼을 들이댈 수 있는 것은 보통 일이 아니다. 아무나 할 수 있는 평범한 일이 아니다. 수많은 훈련을 거듭한 자만이 해낼 수 있는 큰일이다.

이제 도덕주의자들의 판단을 관찰할 때가 되었다. 그들의 자부심은 어떻게 형성되는 것일까? 왜 그들은 자신의 행동을 좋게 보고 타인의 행동을 나쁘게 바라보게 되는 것일까? 수술을 하기에 앞서 수술해내야 하는 환부가 어떤 것인지 제대로 알아야 한다. 잘못 땋은 개념의 머리를 알아볼 수 있는 시각이 필요하다. 모든 생각은 말들로 형성된다. 모든 판단도 예외가 아니다. 옳고 그름이 형성되는 그 원인을 들여다보자는 것이다. 도덕이 형성되는 지점에는 어떤 일들이 벌어지고 있는 것일까? 도덕주의자들이 말하는 높은 정신성이란 무엇을 의미하는 것일까? 이런 질문과 함께 다음의 잠언을 읽어보자.

도덕적으로 판단하고 판결을 내린다는 것은 정신적으로 편협한 사람들이 덜 편협한 사람들에게 즐겨 쓰는 복수이고, 또한 그들이 자연에서 재능을 받지 못한 데 대한 일종의 손해배상이며, 결국 정신을 얻어 고상해지는 기회가 되기도 한다: — 악의는 사람들을 정신적으로 만든다. 정신의 자질과 특권이 넘치도록 주어진 사람들도 그들과 동등하게 하는 척도가 있다는 사실이 근본적으로 그들의 마음을 흡족하게 만든다: — 그들은 '신 앞에서 모든 인간의 평등'을 위해 싸우고 거의 이러한 목적을 위해서만 신에 대한 믿음이 필요하다. 그들 가운데는 무신론에 최고로 강한 적대자가 있다. 그들에게 "높은 정신성이란 오로지 도덕적일 뿐인 인간이 가지고 있는 정직함이나 존경받을 만한 것과는 비교가 안 된다"고 말하는 사람이 있다면, 그들을 미친 듯 날뛰게 만들 것이다: — 나라면 그런 것을 말하지 않도록 조심할 것이다. 오히려 나는 다음과 같은 명제를 말함으로써 그들의 환심을 사고자 한다: 즉 높은 정신성 자체는 오로지 도덕적인 특성의 마지막 잘못된 산물로만 이루어지는 것이며, 이 높은 정신성은 모든 상태 하나하나가 오랜 훈육과 연습을 통해 아마 여러 세대를 거치는 전체적인 연속 과정에서 획득된 후에, '단지 도덕적일 뿐'인 인간이라고 주장된 저 모든 상태의 종합이다. 높은 정신성은 정의와 저 관대한 엄격함이 정신화된 것이며, 이 엄격함은 인간 사이에서뿐만 아니라, 사물 그 자체에서도 세계의 위계질서를 올바로 유지하는 것이 자신의 사명임을 알고 있는 것이다. (201쪽)

도덕을 운운하는 도덕주의자는 도덕을 통해 자기 권력을 과시한다. 그리고 그 권력을 즐기려 한다. 쉽게 그 권력을 내놓으려 하지 않는다. 가능하면 오랫동안 그 권력이 유지되도록 안간힘을 쓸 것이다. 게다가 자신의 행동이 고상하다는 인상을 부여하고자 한다. 도덕이 어떤 것인지를 규정함으로써 이미 편협한 생각, 즉 틀에 박힌 생각을 하게 될 뿐이지만, 그것만이 진리라고 말함으로써 스스로 권위를 꿰찬다. 스스로 진리를 말하고 규정하고 소유함으로써만 존재 가치를 획득하려는 이런 도덕주의자의 판단에 니체의 허무주의는 정면으로 충돌한다.

충돌은 하지만 외면적으로는 과격한 언행을 피하려 한다. 그것이 니체 철학의 진솔한 면이다. 쓸데없는 에너지 낭비는 하기 싫다는 것이다. "나라면 그런 것을 말하지 않도록 조심할 것이다. 오히려 나는 다음과 같은 명제를 말함으로써 그들의 환심을 사고자 한다." 이 말을 잘 이해해야 한다. 거기에 허무주의 철학의 전략이 들어 있기 때문이다. '그래, 난 너와 달라! 난 너와 다르게 생각해!' 하고 말함으로써 쓸데없이 적을 만들 필요는 없다. 어느 시대에나 대중은 존재해왔고 앞으로도 존재할 것이다. 이와 마찬가지로 어느 시대에나 그 시대의 도덕이 존재한다. 도덕은 언제나 그 사회를 통제하려는 본성을 지니고 있고, 니체의 자유정신은 그것으로부터 벗어나려는 움직임을 보일 뿐이다.

그러면 어떤 말을 조심하려 했던 것일까? "높은 정신성이란 오로지 도덕적일 뿐인 인간이 가지고 있는 정직함이나 존경받을 만한 것과는 비교가 안 된다"가 그것이다. 이 말은 도덕주의자를 당연히 "미친 듯 날뛰게 만들 것"은 분명하다. 왜냐하면 도덕적 인간은 높은 정신성과는 상관없다는 말이기 때문이다. 도덕적인 인간은 정직과 존경을 말하지만 그것은 높은 정신성이 아니다. 도덕은 늘 통제를 지향한다. 늘 아래를 주시한다는 뜻이기도 하다. 생각이 도덕적일수록 높은 정신성에서는 멀어질 수밖에 없는 것이다.

게다가 니체는 도덕적인 사람들의 환심을 사려고도 한다. "오히려 나는 다음과 같은 명제를 말함으로써 그들의 환심을 사고자 한다." 도덕적인 인간은 기득권이다. 기득권에 속한 자라서 도덕을 운운하는 것이다. 허무주의 철학자는 아무런 문제없이 그들과 함께 어울리고자 한다. 사회의 일원으로서 그들과 함께 지내기를 바라는 것이다. 이것은 영화 〈하버드 대학의 공붓벌레들〉에 나오는 대사를 기억나게 한다. "그냥 받아들이고 네 방식대로 해." 하버드 대학의 공붓벌레들은 일단 받아들이는 것을 스스로 인정한 사람들이다. 하지만 그들이 사는 방식은 공부한 대로 이어지지는 않는다. 공부는 공부일 뿐 현실에 직접적인 영향을 끼치지는 못한다. 성적은 성적일 뿐 성적으로 삶 자체가 결정되는 것은 아니다.

도덕주의자가 듣고 마음에 상처를 받지 않는 말은 이번 잠언의 마지막을 장식한다. "즉 높은 정신성 자체는 오로지 도덕적인 특성의 마지막 잘못된 산물로만 이루어지는 것이며, 이 높은 정신성은 모든 상태 하나하나가 오랜 훈육과 연습을 통해 아마 여러 세대를 거치는 전체적인 연속 과

영화 〈하버드 대학의 공붓벌레들〉(1973)의 한 장면. 공부에 회의를 느끼고 있는 하트에게 조언을 하고 있는 수잔의 모습.

성적표를 종이비행기로 접어 바다로 날려 보내는 하트. 그는 성적에 얽매이지 않는 자유정신의 소유자였다. 일단 낙타의 정신으로 벌레처럼 열심히 공부했을 뿐이다.

정에서 획득된 후에, '단지 도덕적일 뿐'인 인간이라고 주장된 저 모든 상태의 종합이다." 이 말을 듣고 있는 도덕적인 사람의 심경을 생각해보자. 도덕적인 훈육과 연습만이 그 높은 정신성을 실현할 수 있다는 말, 또 그 높은 정신성에는 온갖 잘못된 산물이 가득 차 있다는 말에 얼마나 흡족한 마음을 가지게 될까를 생각해보면 된다.

하지만 니체의 발언 속에는 그것이 또한 그 한계라는 의미도 지니고 있다. '마지막 잘못된 산물로만 이루어지는 것'이라는 소리가 그것이다. 모든 것이 잘못되었다. 이제는 그 잘못을 바로잡을 때가 된 것이다. 도덕적인 인간이 도덕을 운운하는 순간 이미 허무주의 철학은 한계를 인식하게 되는 것이다. 그것을 한계로 인식하지 못하는 도덕적인 인간을 오히려 훈계하고 있는 듯하다. 이후 이어지는 '높은 정신성'에 대한 긍정적인 평가는 그래서 도덕적인 인간을 향한 쓴소리로 들리기도 한다. 즉 "세계의 위계질서를 올바로 유지하는 것이 자신의 사명임"을 높은 정신성은 스스로 알고 있는 것이다. 도덕적인 인간만이 이 사실을 모르고 있는 것이다.

다만 허무주의가 취하는 방식은 듣기 좋은 소리일 뿐이다. "그러나 조롱하는 사람을 자신의 편에 두고자 한다면, 너무 지나치게 올바르면 안 된다. 더욱이 낱알 하나의 부정죠ᅲ을 갖는 것은 좋은 취향에 속하는 것이기도 하다."(204쪽) '물이 너무 깨끗하면 물고기가 살 수 없다'는 말이 있다. 누군가를 험담하는 사람을 자신의 편으로 만드는 지혜는 그의 생각에 약간은 동조하는 태도를 취하는 것이다. 이런 식으로 약간의 부정을 취하는 행위는 좋은 취향의 증거가 되기도 한다.

도덕적인 인간은 진리를 말한다고 했다. 자신의 도덕으로 진리를 규정하고자 하기 때문이다. 하지만 그 진리가 높은 정신성과는 거리가 멀다는 것이 니체의 주장이다. "그래서 여기에서 진리가 대답되지 않으면 안 될 때, 이미 하품을 억누를 필요가 있게 된다. 결국 진리는 여성이다: 우리는 진리에 폭력을 행사해서는 안 된다."(203쪽) 그다음 잠언의 마지막 구절이다. 진리를 말해야 할 때 관심을 써야 한다. 진리를 말해야 할 때 권태는 극복되어야 한다. 통제나 구속에의 의지로는 찾아질 수 없는 것이 진리다.

진리는 여성이다. 신화에서도 그랬고 쇼펜하우어도 그렇게 믿었다. "진리란 자신을 갈망하지 않는 자에게 치근대는 창녀가 아니라, 오히려 자신의 모든 것을 다 바친다 해도 그녀의 호의를 확신할 수 없는 쌀쌀맞은 미인과 같다." 폭력으로 여자의 마음을 얻을 수는 없다. 지금 읽고 있는《선악의 저편》의 서문 첫 대목도 '진리가 여성'이라는 말과 함께 시작을 알렸다. 즉 "여성을 제대로 이해하지 못했다는 혐의"(9쪽)에서부터 문제를 제기했던 것이다. 선악의 저편은 폭력으로 갈 수 있는 나라가 아니다. 여성의 마음에 든다는 것은 전혀 다른 길을 선택해야만 가능한 일이다.

동정의 허영심과 의상에 대한 절망에 저항하는 희망의 메시지

'선악의 저편'은 도덕의 한계를 넘어선 곳이다. 그곳에는 지금까지의 도덕으로는 설명이 되지 않는 것이 있다. 도덕이 한계를 드러냈다면 극복되어야 한다. 새로운 도덕이 등장해주어야 한다. 그것을 허무주의는 바란다. 늘 변화에 직면해 있어야 한다는 것이 이 철학의 기본 성향이다. 변화를 거부하는 사람은 허무주의가 바라는 인간상이 아니다. 이들에게 내면에 숨겨져 있는 '자기 멸시'의 목소리를 듣게 해주고 극복에의 이념을 부여하고자 하는 것이 허무주의 철학의 의도인 것이다.

> 오늘날 동정을 설교하는 곳에서는—그리고 제대로 듣는다면, 이제 더 이상의 다른 종교는 설교하지 않게 된다—심리학자는 자신의 귀를 열어놓는 것이 좋다: (모든 설교자와 마찬가지로) 이러한 설교자의 특유한 모든 허영과 소음을 통과해 그는 목이 쉬고 신음하는 진정한 자기 멸시의 소리를 들

게 될 것이다. 이 자기 멸시는 이제 한 세기 동안 고조되고 있는 유럽의 저 음울화와 추악화 현상에 속한다. […] '현대적 이념'을 지닌 인간, 이 자부심 있는 원숭이는 제어할 수 없을 정도로 자기 자신에게 불만족스러워하고 있다: 이는 틀림없는 사실이다. 그는 괴로워한다: 그래서 그의 허영심은 그가 오직 '함께 괴로워할 것'을 바란다… (204쪽)

니체의 눈에 들어오는 현대인의 모습은 하나같이 위기에 처해 있는 듯하다. 그에게 있어 현대인은 위기의 인간이다. 그들은 '현대적 이념'으로 무장하고는 있지만, 결국에는 '자부심 있는 원숭이'에 불과할 뿐이다. 유니폼을 입고 인간 흉내를 내고 있는 원숭이 꼴과 같다는 얘기다. 아무리 잘하려고 애를 써도 흉내를 내고 있을 뿐 뭔가를 만들어내는 천재는 되지 못한다는 얘기다. 원숭이에게서 생산적인 행위는 꿈도 못 꾼다.

동정이 설교되는 곳에서 귀를 열면 들을 수 있는 소리가 바로 '자기 멸시'의 소리다. 설교자의 허영심은 "오직 '함께 괴로워할 것'을 바란다"지만 그 스스로는 "제어할 수 없을 정도로 자기 자신에게 불만족스러워하고 있다"는 것이 그 진실된 현상이다. 도덕적인 사람에게 "항상 문제가 되는 것은 그가 어떤 사람이며 다른 사람은 어떤 사람인가 하는 것이다." (203쪽) 왜냐하면 도덕은 늘 관계를 중시하기 때문이다. '너에게 나는 어떤 존재이고 또 나는 너에게 어떤 존재다!' 이런 말을 잔소리처럼 하는 자가 도덕적인 인간이다. 스스로는 자기 자신이 무엇을 원하는지 전혀 알지 못한다. 운명적인 소리에 대해서는 귀를 닫고 사는 것이다. 그래서 도덕이 아니면 안 되는 것처럼 생각하는 것이다.

자기 멸시! 이것이야말로 현대인의 문제다. 니체는 이 증상이 유럽 내의 음울한 기운과 함께 뒤섞여 100년 동안이나 고조되어 왔다고 단언한다. "이 자기 멸시는 이제 한 세기 동안 고조되고 있는 유럽의 저 음울화와 추악화 현상에 속한다." 이것은 유럽의 상황에만 제한적으로 나타나는 것이 결코 아니다. 현대는 주입된 지식으로 삶의 현장에 뛰어들어야 하는 것을 당연하게 여기는 시대다. 유행을 좇고 이슈에 휘둘린다. 선전되는 상품을 사는 구매인의 역할을 제대로 해낼 뿐이다. 외모의 변화에서 역사를 찾을 뿐이다.

> 유럽의 잡종인간에게는 — 결국은 어지간히 추한 천민인데 — 오로지 의상이 필요할 뿐이다: 그에게는 의상의 보관실로 역사가 필요하다. 물론 그는 이때 어떤 의상도 몸에 잘 맞지 않다는 것을 알고 있다. — 그는 의상을 바꾸고 또 바꿔본다. 19세기가 여러 스타일의 가장假裝을 성급하게 좋아하다 바꿔버린 사정을, 그리고 우리에게는 맞는 것이 "아무것도 없다"고 절망한 순간을 생각해보는 것이 좋으리라. (205쪽)

19세기의 산물로 인식되는 세기전환기의 모습은 참담했다. 귀족계급은 새로운 것을 받아들일 여력이 없고 시민은 새로운 것에 대해 아직 준비도 안 되어 있었다. 그 어느 곳에서도 자유정신은 보이지 않고 있었다. 현대가 시작되는 지점에서 발견되는 현대인의 모습은 '잡종인간'에 불과해 보였다. 그것은 '추한 천민'에 지나지 않았다. 이것저것 뒤섞어놓은 존재로 살아가고 있을 뿐이다. 외모에만 신경을 쓰고 겉으로 드러내는 데에만 주력한다. 현대인은 온갖 의상을 걸쳐보지만 "어떤 의상도 몸에 잘 맞지 않다는 것을 알고 있다." 다양한 의상으로 가득한 방안에서도 '입을 옷이 없다'고 말한다. 그의 입을 채우는 것은 한탄의 소리, 절망의 소리뿐이다.

동정을 설교하는 자와 의상에 신경을 쓰는 자의 공통점은 자기 자신에 대한 불만의 목소리다. 자기 존재를 외부의 것을 통해 규정하고자 한다. 이미 만들어놓은 의상 조각 하나에서 운명의 의미를 찾고자 한다. '함께 괴로워하자'며 마음을 달래는 것으로 만족해야 한다. 하지만 니체는 반전을 꾀한다. 자기 멸시와 절망의 순간에 빠져 있는 현대인들 속에서 새로운 상황을 마련하고자 한다.

> 그러나 '정신', 특히 '역사적 정신'은 이러한 절망 속에서도 자신에게 이익이 되는 것을 알아차린다: 과거나 외국에서 들어온 새로운 소재가 되풀이해서 시도되고 갈아 입혀지고 벗겨지고 포장되고 무엇보다도 연구된다: ─ 우리는 의상의 개별 항목을 연구한 최초의 시대다. 내가 생각하고 있는 것은 도덕, 신앙 교리, 예술적 취미, 종교 등인데, 이 시대는 그 어느 시대에도 보지 못했던 거대한 양식의 카니발을, 정신적인 사육제의 웃음과 활기를, 최고의 어리석음과 아리스토파네스^{Aristophanes}적인 세계 조소^{嘲笑}의 초월적 높이를 준비한다. 아마도 우리는 여기에서 바로 우리의 발명의 영역, 즉 우리도 세계사를 풍자하는 자나 신의 어릿광대로도 여전히 독창적일 수 있는 그러한 영역을 찾아내게 될 것이다. ─ 아마 오늘날 그 밖의 어느 것에도 미래가 없다고 할지라도, 그래도 우리의 웃음만큼에는 여전히 미래가 있는 것이다!
>
> (205쪽)

니체의 정신은 희망적이다. 그의 허무주의 철학은 희망으로 가득 차 있다. "그래도 우리의 웃음만큼에는 여전히 미래가 있는 것이다!" 미래가 있다는 확신이 그를 붙잡아주고 있다. 현재의 절망이 다가 아니라는 것이 그의 믿음이다. 변하리라는 것이 허무주의적 희망이다. 이대로 머물러 있지 않을 것이다. 어떤 식으로든 변화는 있을 것이다. 하지만 그 변화에 미래가 있다. 불만으로 일관해온 근대인들에게서 축제에 임하는 즐거운 인간들을 만들어보고자 한다.

잡다한 의상들에 불만을 느끼기보다는 거기서 카니발적 요소를 발견하고자 한다. 자기 몸에 맞지 않는다고 실망하기보다는 정신적인 사육제를 위한 웃음과 활기를 찾고자 한다. 가면이 마음에 안 든다고 연극 자체를 망칠 수는 없다. 의상이 마음에 안 든다고 자기 역할까지 내칠 수는 없는 법이다. 오히려 "최고의 어리석음과 아리스토파네스적인 세계 조소의 초월적 높이를 준비한다"면 모든 것은 아무것도 아닌 것이 되고 말 것이다. 그토록 안달하게 만들었던 모든 것이 발아래 놓이게 될 것이다.

미래가 보이지 않는 곳에서 미래를 보는 것, 그것이 허무주의적 시각이다. "내가 아무것도 희망할 수 없는 곳, 모든 것이 너무나 명백하게 종말을 가리키는 곳에서 희망을 걸었다."(비극, 20쪽) 니체가 철학사에 신고식을 하던 처녀작에서도 이미 이런 생각은 틀을 잡고 있었다. 허무주의 철학은 가치가 없는 곳에서 가치를 찾고자 한다. 공간이 보이지 않는 곳에서 공간을 찾고자 한다. "여기에서 바로 우리의 발명의 영역"이 있는 것이다. 거기에서 바로 "독창적일 수 있는 그러한 영역을 찾아내게 될 것"이다. 니체가 말하는 예술적 의미에서의 창조적인 삶은 이런 식으로 구현되는 것이다. 무에서 유를 창조한다는 식의 창조론과는 내용이 사뭇 다르다.

숨 쉴 수 없는 곳에서 숨 쉴 수 있는 여유를 찾아내는 것, 그것이 지혜다. 그것이 창조적인 삶이다. 그것이 예술이라 불릴 수 있는 최고의 기술을 요구하는 것이다. 그 지혜를 얻기 위해 니체는 개별 항목의 의상들을 연구한다. "도덕, 신앙 교리, 예술적 취미, 종교 등"이 바로 그 의상의 이름들이다. 이에 덧붙일 수 있는 개념들이라면 진리, 정답, 정의, 객관, 더 나아가 신神까지도 가능할 것이다. 그런 의상으로 존재의 의미가 구현될까? 아무리 좋은 의상을 입어도 만족할 수 없는 것이 그 안에 있는 실제의 몸이다. 몸이 허약하거나 병들어 있다면 의상이 무슨 소용 있겠는가. 아무리 좋은 생각을 하려 해도 정신 자체가 허약하다면 쓸모가 없다. 이제 그런 의상을 향해 웃을 수 있는 상황을 만들고자 한다. 그런 의상에 삶이 휘청거릴 수는 없는 것이다. 웃을 수만 있다면 옷은 가볍게 벗을 수 있다. 옷은 갈아입으면 그만인 것이다. 하나의 옷에 얽매일 필요는 없다.

인생은 울면서 시작을 고하지만 웃으면서 가치를 찾는다. 비극에서 시작을 했지만 희극에서 꽃을 피우고자 한다. 허무주의 철학은 웃고자 한다. 모든 배움은 오로지 웃기 위한 조건을 충족시켜줄 뿐이다. "마치 장미꽃이 가시덤불에서 피어나는 것처럼."(비극, 42쪽) 배움은 가시밭길을 걷는 것처럼 힘들지 모르지만 그 배움의 끝에는 꽃이라 불리는 성과가 기다리고 있다. 그것이 배움의 묘미다. 니체는 자기 자신에게서 웃는 법을 배우라고 가르쳤다. "그대들 보다 높은 인간들이여, 내게 배워라ー웃음을!"(비극, 23쪽) 승리한 자들, 즉 보다 높은 인간들만이 웃을 수 있다. 웃을 수만 있다면 인생은 축제의 현장이 되어줄 것이다. 그 웃음만이 미래를 보장해줄 것이다.

이것저것이 혼합된 사물들 앞에서 방황을 일삼는 현대인들의 모습에서 니체는 동정심을 느낀다. 니체의 철학도 이런 의미에서는 동정의 철학이다. 인간을 향한 동정심, 그것이 바로 그의 철학을 이루는 기둥이다. 인간에게 운명이 있다면 그것을 인식하는 데만 만족하지 말고 그것을 사랑하자고 가르친다. "인간에게 있는 위대함에 대한 내 정식은 운명애다: 앞으로도, 뒤로도 영원토록 다른 것은 갖기를 원하지 않는다는 것."(이 사람, 373쪽 이후) 니체는 방황하는 현대인들에게 마음의 안정을 주고 싶은 것이다. 이런 의무감이 그를 철학의 길에 머물게 한다. 혼합물 속에서 혼돈만을 경험하고 있는 현대인들에게 미래를 보여주고 싶은 것이다. 니체는 이런 혼합에 대한 인식 자체를 긍정적으로 평가한다.

> 저 혼합 덕분에 우리 '현대의 영혼'으로 들어오는데, 우리의 본능은 이제 사방팔방으로 역류하고, 우리 자신은 일종의 혼돈 상태에 있게 된다—: 결국 이미 말한 것처럼 '정신'은 여기에서 자신에게 유리한 점을 알아채는 것이다. 육체와 욕망에 자리 잡고 있는 반半야만 상태로 인해 우리에게는 고귀한 시대가 결코 갖지 못했던 사방팔방으로 통하는 비밀 통로가, 무엇보다 미완성의 여러 문화의 미궁에 이르는 통로, 단지 과거에만 지상에 존재했던 저 반야만 상태에 이르는 통로가 있다. (206쪽)

바닥을 차면 떠오를 수 있다. 실망하면 돌아설 수 있다. 잊으면 새로운 것이 눈에 들어온다. 비우면 채울 공간이 생긴다. 눈을 감으면 세상이 보인다. 마음의 문을 닫으면 또 다른 문이 열린다. 이것이 허무주의적 발상이다. 얽매이지 않는 정신이 자유를 획득한다. 혼돈 상태에 있으면서도 혼돈으로 인식하지 않는다면 그것은 어떤 느낌을 전할까. 상상만 해도 황홀하다. '저 혼합 덕분에' 경험할 수 있는 것은 말로 형용할 수가 없다. 그것을 '반야만 상태'라고 규정한다고 해도 부정할 그 무엇을 찾을 길 없다.

'혼돈 상태'가 '반야만 상태'다. 하지만 그 상태가 길을 열어주게 될 것이다. 그것은 틀에 박힌 세상에서 볼 수 있는 따분한 길이 아니다. 답이 정해져 있는 상황에서 맞닥뜨리는 그런 길이 아니다. 혼돈 상태가 보여주는 길은 전혀 다른 길이다. 이전에는 볼 수 없었던 길이다. "'정신'은 여기에서 자신에게 유리한 점을 알아채는 것이다." 정신이 번쩍 든다. 나갔던 정신이 되돌아온다. 정신 줄을 놓고 살다가 정신이 삶을 인도하는 역전현상이 벌어진다. 하지만 전혀 불쾌하지 않다. 오히려 긍정적인 기운이 삶을 채운다. 춤을 추고 있는 발걸음을 발견하는 상황이기 때문이다. "너희에게 말하거니와, 춤추는 별 하나를 탄생시키기 위해 사람은 자신들 속에 혼돈을 지니고 있어야 한다. 너희에게 말하거니와, 너희는 아직 그러한 혼돈을 지니고 있다."(차라, 24쪽) 혼돈 속에서 춤추는 별이 탄생한다. 진정한 황홀경은 모든 것을 잊었을 때만 실현된다.

> 거기에서는 갑작스러운 억제와 경직 속에서 아직도 진동하는 지반 위에 확고히 서서 스스로를 확고히 세우며 넘쳐흐르는 미묘한 즐거움을 즐기게 되는 것이다. 절도라는 것은 우리에게 낯선 것이다. 우리는 이것을 시인해야 한다. 우리의 욕망은 바로 무한한 것, 끝이 없는 것을 향한 욕망이다. 우리는 숨 가쁘게 앞으로 달리는 말 위에 탄 기사처럼 무한한 것 앞에서 고삐를 놓아버리자. 우리 현대인들, 우리 반야만인들. ─또한 우리가 가장 심한─위험에 처하게 될 때, 그곳에서 비로소 우리는 우리 자신의 더없는 행복 속에 있게 된다. (208쪽 이후)

지각 변동이 일어나고 있는 와중에도 확고하게 서서 춤을 출 수 있는 자가 초인이다. 흔들리는 곳을 무대 삼아 흥겨운 춤을 출 수 있는 자가 별이 된 초인이다. 모든 범인凡人은 그를 보며 이정표로 삼을 것이다. 그의 존재를 확인하며 위로를 얻을 것이다. 그에게서 "스스로를 확고히 세우며 넘쳐흐르는 미묘한 즐거움을 즐기게 되는 것"을 배우게 될 것이다. 가치가 무너지고 새로운 가치가 세워지는 그곳에 허무주의 사상은 춤을 춘다. 새로운 리듬과 박자로 새로운 춤을 선보인다.

"절도라는 것은 우리에게는 낯선 것이다." 새로운 절도라서 그런 것이다. 새로운 질서가 잡혀간다. 춤이라고 부를 수 없었던 동작이 선보인다. 그 낯섦 앞에서 우리는 감격한다. 허무주의 철학이 보여주는 세상이다. "바로 무한한 것, 끝이 없는 것을 향한 욕망"이 꿈틀대는 세상이다. 말을 타고 질주하는 법을 습득한 자가 마침내 고삐를 놓은 순간이다. 자전거를 타다가 핸들에서 손을 놓고 두 팔 벌려 바람을 느껴보는 순간을 연상하면 된다. 말에서 떨어지는 법도 없다. 질주는 계속된다. 그때 마음은 영원 속에 있다. 그 어떤 불안과 두려움도 느끼지 못한다. 그저 삶 속에 있을 뿐이다. '생의 한가운데서' 느끼는 감정은 단 한 가지뿐이다. "삶은 나를 실망시키지 않았다"(즐거운, 293쪽)는 것.

늘 삶의 주변을 돌고 있을 때 불안이 엄습한다. '내가 도대체 무엇을 하고 있는가?'라는 질문이 삶을 위기로 몰고 가기도 한다. 제대로 살고 있지 않다는 생각을 하기도 한다. 타인의 시선을 주시할 때 삶의 원주는 크게만 돈다. 감당할 수 없는 현실만을 인식할 뿐이다. 삶의 현장이 미궁처럼 느껴진다. 빠져나갈 수 있는 길은 보이지 않는다. 삶이 혼돈 그 자체다. 하지만 니체의 허무주의는 삶의 한가운데를 지향하게 한다. 한가운데서 시작하는 움직임은 릴케의 표범처럼 "한가운데를 맴도는 힘의 춤"[3]을 보여준다. "존재하기를 그만"[4]두면서 새로운 존재상을 만들어내는 주체적인 존재가 된다.

니체가 지향하는 행복은 그래서 혼돈 속에서 탄생할 뿐이다. 혼돈이 와 주어야 한다. 무질서가 제공하는 '무한한 것'과 '끝이 없는 것'만이 행복의 기반이 될 뿐이다. "우리 현대인들, 우리 반야만인들.— 또한 우리가 가장 심한 — 위험에 처하게 될 때, 그곳에서 비로소 우리는 우리 자신의 더없는 행복 속에 있게 된다." 이것이 니체적 행복론이다. 가치가 무너지고 있는 곳에 허무주의적인 춤은 춰진다. 모든 가치가 무너질 때 진정한 웃음이 깃든다. 허무주의자들은 그래서 반야만인들이다. 통제를 벗어나면서 그들만의 통제를 다시 배운다. 사자가 어린아이가 되듯이.

또다시 동정, 고통을 지향하는 허무주의적 동정

동정은 파도처럼 끊임없이 되돌아오는 문제다. 동정에 대한 입장을 제대로 파악할 때에 허무주의 철학이 보일 것이다. 가치를 무너뜨려야 할 때 가장 경계해야 할 대목이 여기에 있기 때문이다. 동정을 느끼게 되면 무너뜨릴 수 없다. 허무주의자들은 고통을 요구한다. 안락을 거부한다. 무너지고 깨져야 새롭게 시작할 수 있기 때문이다. 창조는 고통 없이 이룰 수 없다. 창조적인 삶은 고통이란 씨앗에서만 자라난다.

니체가 말하는 동정은 과연 무엇일까? 그가 지향하는 동정은 어떤 것일까? 끊임없이 물어야 할 대목이다. 반복해서 문제 삼아야 한다는 뜻이기도 하다. 철학자 니체가 정신 줄을 놓을 때도 동정이 문제가 될 것이다.[5] 그때를 위한 사전작업이 요구된다. 광기로 넘어가는 그 경계선에서 우리는 동정에 대한 생각을 확고하게 가지고 있어야 한다. 즉 동정은 허무주의 철학으로 들어가는 문을 열어주는 열쇠와도 같은 것이다. 이성과 비이성의 경계지점에 동정이라는 거대한 문제가 있음을 인정하고 다음의 글을 읽어보자.

그대들에 대한 동정! 이것은 물론 그대들이 생각하고 있는 것과 같은 동정이 아니다: 이것은 사회적 '궁핍'에 대한, '사회'와 그 사회의 병약자나 불행한 사람들에 대한, 우리 주변에 뒹굴고 있는 선천적인 패덕자나 불구자에 대한 동정이 아니다. 이것은 더욱이 지배하려고 열망하는 — 그들은 이것을 '자유'라고 부른다 — 불만스럽게 반란을 일으키는 억압된 노예 계층에 대한 동정은 아니다. 우리의 동정은 더 높고 시야가 넓은 동정이다: — 우리는 인간이 어떻게 스스로 작아졌으며, 그대들이 어떻게 인간을 작게 만들고 있는지 바라본다! — 그리고 우리가 바로 그대들의 동정을 말로는 표현할 수 없는 불안한 마음으로 바라보는 순간이, 이러한 동정에 대한 저항하는 순간이 —, 우리가 그대들의 진지함을 그 어떤 경박함보다도 더 위험하게 느끼는 순간이 있다. 그대들은 가능한 한 — 이것보다 더 미친 듯한 '가능한 한'은 없지만 — 고통을 없애고자 한다. 그런데 우리는? — 우리는 그 고통을 지금까지 있었던 것보다도 오히려 더 높고 힘든 것으로 갖고자 하는 것 같다! 그대들이 이해하고 있는 안락함 — 그것은 목적이 아니라 우리에게는 종말이라는 생각이 든다! 이는 인간을 바로 조소하고 경멸하게 만드는 상태이고, — 인간의 몰락을 원하게 만드는 상태이다! 고통의, 엄청난 고통의 훈련 — 오직 이러한 훈련만이 지금까지 인간의 모든 향상을 이루어왔다는 사실을 그대들은 알지 못하는가? 영혼의 힘을 길러주는 불행에 있는 저 영혼의 긴장, 위대한 몰락을 바라볼 때의 영혼의 전율, 불행을 짊어지고 감내하고 해석하고 이용하는 영혼의 독창성과 용기, 그리고 언젠가 깊이, 비밀, 가면, 정신, 간계, 위대함에서 영혼에 보내진 것: ─ 이것은 고통을 통해, 엄청난 고통의 훈련을 통해 영혼에 보내진 것이 아닌가? 인간 안에는 피조물과 창조자가 일체가 되어 있다: 인간 안에는 소재, 파편, 과잉, 진흙, 오물, 무의미, 혼돈이 있다. 그러나 또한 인간 안에는 창조자, 형성자, 해머의 강인함, 관찰자의 신성함과 제7일도 있다. ─ 그대들은 이러한 대립을 이해하는가? […] 우리의 동정 ─ 모든 유약화와 허약함 가운데 최악의 것인 그대들의 동정에 저항할 때, 우리의 이 반대의 동정이 누구에게 적용되는지 그대들은 이해하지 못하는가? ─ 즉 이것은 동정에 반항하는 동정인 것이다! (209쪽 이후)

"그대들에 대한 동정!" 니체가 느끼는 동정이다. 니체가 품고 있는 동정은 약자를 위한 동정이 아니다. 범인凡人들이 원하는 것은 고통이 없는 것이다. 고통을 받고 있는 자를 향해 동정을 느끼는 것이다. 그것이 일반적이라는 얘기다. 하지만 니체는 자신의 동정을 "더 높고 시야가 넓은 동정이다"라고 정의한다. 그는 자신의 동정에 대한 고찰로 일반적인 동정의 부정적인 측면을 밝혀보겠다고 한다. "우리는 인간이 어떻게 스스로 작아졌으며, 그대들이 어떻게 인간을 작게 만들고 있는지 바라본다!" 인간을 작게 만드는 동정! 그것은 싫다는 것이다. 그런 동정을 니체는 인식하고 있다. 그런 동정에 대한 반동으로 허무주의적인 동정을 얘기하고자 하는 것이다.

고통에 대한 인식은 염세주의와 허무주의에서 공통적으로 나타나는 것이다. 염세주의가 고통을 제거나 잊음의 대상으로 삼으려 했다면 허무주의는 그 고통을 더 증폭시키려 한다. "우리는 그 고통을 지금까지 있었던 것보다도 오히려 더 높고 힘든 것으로 갖고자 하는 것 같다!" 이것이 니체의 입장이다. 힘들다면 더 힘들게 하라는 것이다. 삶이 짐으로 느껴진다면 그 짐을 더 늘리라는 얘기다. 힘을 키우고 싶으면 더 힘든 무게를 감당해내야 한다. 늘 한계를 넘어서는 경험을 해야 한다. 그런 노력 없이는 힘은 키워지지 않는다.

허무주의 철학은 훈련소와 같다. "고통의, 엄청난 고통의 훈련 ― 오직 이러한 훈련만이 지금까지 인간의 모든 향상을 이루어왔다는 사실을 그대들은 알지 못하는가?" 훈련소에서 해야 할 일은 훈련밖에 없다. "삶의 사관학교로부터 ― 나를 죽이지 않는 것은 나를 더욱 강하게 만든다."(우상,77쪽) 사관학교에서 배워야 할 덕목은 살아남는 것이다. 죽지 않고 살아가는 것이다. 사는 것만이 문제인 것이다. 삶만을 주시하는 시각을 배워야 한다. 허무주의 철학은 그래서 생철학인 것이다. 삶을 위한 철학이기 때문이다.

"영혼의 힘을 길러주는 불행"은 긍정적이다. 고통은 긍정적이다. 모든 고통은 영혼의 힘을 길러줄 것이기 때문이다. 누구는 정신력을 운운한다. 근육에만 힘이 요구되는 것이 아니다. 정신에도 힘이 요구된다는 얘기다. 근력이 중요한 만큼 정신력도 중요하다. 삶을 삶답게 해주는 힘은 두 가지가 균형을 잡아주어야 한다. 피곤한 몸에서는 강한 의지를 기대할 수도 없다. 허약한 정신에서 건강한 육체는 꿈도 못 꾼다. 두 가지는 오로지 균형을 잡아주어야 할 뿐이다. 허무주의 철학은 그 균형을 지향한다. 마치 시장광장에서 줄타기하는 광대처럼 그 균형의 달인이 되어야 한다.

삶은 고통에 의해 향상된다. "고통을 통해, 엄청난 고통의 훈련을 통해" 삶은 마침내 진일보하는 것이다. 한 발자국 더 전진하는 것은 엄청난 노력이 요구된다. 누구나 어느 정도까지는 그냥 주어진 삶처럼 살아갈 수 있다. 하지만 자신이 원하는 방향으로 한 발자국 더 나아가고자 할 때는 어마어마한 노력이 필요하다. 거기서부터는 거저 주어지는 것은 하나도 없다. 오로지 노력한 자에게만 주어지는 그 무엇일 뿐이다.

그래서 니체는 인간에 대한 정의를 다음과 같이 말한다. "인간 안에는 피조물과 창조자가 일체가 되어 있다." 이 말은 천천히 읽어야 한다. 인간을 오로지 피조물로만 바라보는 기독교적 시각과는 차이를 보여주는 대목이다. 니체는 인간을 피조물인 동시에 창조자로 간주한다. 인간은 자기 의지와는 상관없이 태어났다. 하지만 태어난 존재는 이제부터 열심히 살아주어야 한다. 자기 의지로 살아가야 한다. 두 주먹 불끈 쥐고 살아가야 한다. 이제부터 삶은 자기 책임일 뿐이다. 그 누구에게도 자기 삶을 떠맡길 수가 없는 것이다.

하루를 살아도 창조적으로 살아야 한다. 하루의 삶이라도 예술작품처럼 만들어내야 한다. 하루가 아름다울 수 있는 삶은 순간을 영원으로 만들 수 있는 삶이다. 삶의 현장은 만만치 않다. 예술이 되기 이전의 삶은 한마디로 엉망진창이다. "인간 안에는 소재, 파편, 과잉, 진흙, 오물, 무의미, 혼돈이 있다." 이런 삶을 예술적으로 만들어내야 한다. 그것이 자기 삶을 살아가는 자의 의무인 것이다. 그것이 자기 삶에 대한 예의인 것이다.

사소한 것에서 중요한 그 무엇을 찾아내야 한다. 조각난 파편들을 모아 멋진 그림을 만들어내야 한다. 쓸모없이 모인 온갖 과잉 속에서 진주를 찾아내야 한다. 진흙 속에 빠진 무거운 발걸음을 춤추게 해야 한다. 오물로 뒤덮인 삶에서 향기를 뿜어내도록 해야 한다. 무의미한 것에서 의미를 창출해내야 한다. 혼돈을 품으며 춤추는 별을 잉태해야 한다. 그것이 허무주의가 원하는 것이다. 삶 자체가 온갖 부정적인 것으로 채워져 있다고 해도 그것을 멋진 작품으로 만드는 것은 자기 책임이다. 공장에서 만들어낸 상품처럼 살지 말고 작품처럼 살라는 것이다. 작품을 만들 듯이 창조적으로 살라는 것이다.

삶의 현장은 둔탁한 화강암 같다. "그러나 또한 인간 안에는 창조자, 형성자, 해머의 강인함, 관찰자의 신성함과 제7일도 있다." 허무주의 철학자는 망치를 들고 작업에 임한다. 깨고 부수며 가치를 창조하고자 한다. 삶에서 무엇인가를 창조하고 형성하고자 하는 자가 진정한 허무주의자인 것이다. 사막에서도 축제를 벌일 수 있는 자가 허무주의자이다. 목숨을 위협하는 바다 한가운데서도 '신성함'과 '제7일'을 깨닫는 자가 진정한 허무주의자인 것이다. 허무주의자 앞에 영원히 허무한 것은 하나도 없다. 모든 것은 창조를 위한 소재가 될 뿐이다. 모든 것은 멋진 삶을 위한 파편일 뿐이다. 이는 삶을 너무 가까이서 바라보지 말아야 하는 이유가 된다. 사소한 것에 너무 얽매이지 말아야 하는 이유가 되기도 한다. 한 발자국만 떨어져서 보면 아름답지 않은 삶의 그림은 없다.

니체가 원하는 동정은 약자를 위한 동정이 아니라 했다. 그의 동정은 강자를 위한 것이다. 강함을 지향하는 자의 것이라는 얘기다. 고통이 없기를 바라는 동정에 저항하는 것이 그의 동정이다. 오히려 고통을 더 증폭시키고자 애를 쓴다. 그래서 니체는 자신의 동정을 이렇게 말하기도 한다. "동정에 반항하는 동정"이라고. 변화에 대한 꿈을 안고 펼쳐진 철학이 허무주의 철학이다. 그런데 평생을 그런 꿈과 희망으로 살아왔건만 도저히 변할 것 같지가 않다. 역사는 늘 제자리걸음만 하는 것 같다. 소크라테스 시절이나 현대나 똑같은 문제를 안고 고심을 하고 있다. 미칠 것만 같다. 채찍질 당하는 말의 목덜미를 붙잡고 오열하는 철학자의 모습이 보인다.

의무라는 그물로 잘 방어된 세계와 비도덕주의자

삶은 세상을 필요로 한다. 생명은 활동할 세상이 필요하다. 니체는 '대지에 충실하라'고 외쳤다. "형제들이여, 너희의 덕의 힘을 기울여 이 대지에 충실하라! 너희의 베푸는 사랑과 너희의 깨침으로 하여금 이 대지의 뜻에 이바지하도록 하라! 나, 이렇게 너희에게 당부하며 간청하노라."(차라, 127쪽) 니체의 허무주의는 오로지 이 대지를 위한 철학이다. 그곳이 바로 삶의 무대이기 때문이다. 니체는 이 대지에서 과제를 찾고 또 그 문제를 해결하고자 하는 의지로 다져진 자들과 함께 견뎌낼 것을 다짐하기도 했다. "이 지상을 고향으로 삼고 살라는 과제가 주어질 경우, 그와 함께라면 나는 견뎌 나갈 것이다."(반시대Ⅲ, 404쪽) 이러한 의지가 허무주의를 의미 있게 해준다.

그런데 세상은 만물의 영장인 인간이 지배하면서 도덕으로 무장하게 되었다. 본말이 전도되고 말았다. 삶이 세상을 필요로 하는 것이 아니라, 세상이 삶을 필요로 하게 되었다. 인간은 세상을 위한 도구로 전락하고만 것이다. 책임감이니 의무감이니 하면서 인간을 사회적 이념에 종속시키는 데 주력해왔던 것이다. 국가의 이념, 법의 정신, 신의 뜻, 하나님의 뜻 등을 운운하면서 양심을 형성하기 시작한 것이다. 그런 뜻을 제시하면서 인간에게 죄의식을 고취했던 것이다. 이런 세상에서 니체는 허무함만을 느낄 뿐이다. 이런 세상이 도덕적이라면 그는 차라리 비도덕적이 되고자 할 뿐이다.

> 비도덕주의자인 우리! — 우리가 관계하며 그 안에서 우리가 두려워하고 사랑하기도 해야 하는 이 세계, 미묘한 명령과 미묘한 복종이 행해지는 거의 볼 수도 없고 들을 수도 없는 이 세계, 모든 점에서 까다롭고 위험하며 비꼬면서도 정겨운, '거의'라고 하는 세계: 물론 이 세계는 우둔한 관람자나 은밀한 호기심 앞에 잘 방어되어 있다! 우리는 의무라는 엄격한 그물과 셔츠에 갇혀 그것에서 벗어날 수 없다 — . 이 점에서 바로 우리는 '의무의 인간'이며, 우리 역시 마찬가지다! 때때로 우리는 자신의 '사슬' 안에서, 우리의 '칼' 사이에서 춤추고 있다는 것도 사실이다. 또 때때로 우리는 그러한 상황 아래 이를 갈며 우리 운명의 모든 비밀스러운 가혹함에 견디기 어려워하는 것도 대단한 사실이다. 그러나 우리는 자신이 원하는 것을 하고 싶어 한다: 우둔한 자나 외관만 보는 자는 우리를 향해 "이는 의무가 없는 인간이다"라고 말한다 — 우리에게는 항상 우둔한 자와 외관만을 보는 자가 우리에게 대항하는 자로서 있는 것이다. (211쪽)

니체는 도덕주의자이면서 동시에 비도덕주의자이다. "절대적 진리가 없는 것과 마찬가지로 영원한 사실도 없다."(인간적 I, 25쪽) 즉 '영원한 도덕은 없다.' 이 말만 이해하면 도덕과 비도덕을 오가는 니체의 발언을 모순으로 받아들이지 않고 이해할 수 있을 것이다. "삶은 결코 도덕에 의해 창안된 것이 아니다."(같은 책, 11쪽) 삶은 도덕에 의해 다듬어질 수는 있어도 그것에 의해 창안될 수는 없는 것이다. 삶은 그 이외의 무엇을 요구한다. 학교에서 아무리 좋은 성적을 받으며 공부를 했어도 삶의 현장에서 그 공부한 내용이 힘을 발휘하지 못하는 이유는 여기에 있다.

"비도덕주의자들 — 도덕주의자들은 오늘날 비도덕주의자로 비난받는 것을 감수하지 않으면 안 된다."(인간적II, 237쪽) 도덕은 형성해야 할 때도 있고 또 버리고 떠나야 할 때도 있는 것이다. 떠나야 할 때 떠남의 대상이 되는 것에 대한 평가는 증오와 혐오로 바뀔 수밖에 없다. 니체는 도덕에 지배를 받는 것이 아니라 그 위에서 놀기를 바란다. "우리는 도덕 위에도 서 있을 줄 알아야 한다. 매 순간 미끄러져 넘어질 것을 두려워하는 경직된 두려움을 가지고 그 위에 서 있는 것이 아니라, 그 위에서 뛰놀 줄 알아야 한다!"(즐거운, 180쪽) 놀 줄만 알면 도덕은 좋은 도구가 될 것이다.

기존의 세계는 과거의 경험을 바탕으로 하여 잘 방어되어 있다. 일종의 '해석된 세계'[6]는 논리라는 그물로 잘 보호되고 있기 때문이다. 기득권은 변화를 원하지 않는다. 자신이 일궈놓은 세상에서 주인 행세를 하기를 바라는 것이다. 가능한 한 오랫동안 그 세계가 유지되기를 바라는 것이다. 하지만 영원한 것은 없다. 변화는 어쩔 수 없이 다가올 것이다. 그 순간을 결정하는 것은 인간의 의지다. 언제 마침내 변할 것인가? 그것이 문제일 뿐이다. 체제가 편하게 느껴지지 않을 때, 그때가 바로 변화해야 할 시점이다.

도덕은 사회 구축을 위해 필연적이다. 도덕이 없는 사회는 없다. 이 세계는 그런 도덕으로 잘 무장되어 있는 것이다. "이 세계는 우둔한 관람자나 은밀한 호기심 앞에 잘 방어되어 있다!" 니체는 이 말에 느낌표를 찍어놓았다. 어떻게 읽어야 할까? 어감은 어떤 것일까? '잘 방어되어 있다!'는 말이 긍정적으로 들리지 않는다. 여기에 니체의 심경이 스며 있는 것이다. 그다음 문장이 이를 반증한다. "우리는 의무라는 엄격한 그물과 셔츠에 갇혀 그것에서 벗어날 수 없다"는 말이 그것이다. '의무라는 엄격한 그물과 셔츠', 그것은 삶을 옥죈다. 그런 옷을 입고 살아야 하는 것이 일상이지만, 그 일상이 삶을 구속하고 있다. 의무의 옷을 입고 있는 한 삶 자체는 감옥으로 변하고 만다. 감옥 안에서 사는 것이다. 갇혀 있는 세상에서 사는 것이다. 하나의 해석에 얽매여 사는 것이다.

유니폼을 입고 아무리 힘차게 활보를 해도 "무리 동물"(191쪽)의 행동밖에는 보여주지 못한다. 그는 자기 자신에게 주어진 운명적 특권을 포기한 상태다. 그는 "홀로 선다는 것, 자신의 힘으로 살아야만 한다는 것"(같은 곳)을 위대하게 바라보지 않는 자이다. 그는 '의무의 인간'이 되어 때때로 춤도 춘다. 하지만 그의 춤은 '힘의 춤'이 아니다. 그의 춤은 일종의 꼭두각시와 같은 움직임만을 보여줄 뿐이다. 사람으로 하여금 이런 춤을 추게 함으로써 세상은 '잘 방어되어' 있을 뿐이다.

하지만 '의무라는 엄격한 그물과 셔츠'를 벗고자 하면 스스로 '의무의 인간'이기를 그만두어야 한다. "자신의 '사슬' 안에서" 갇혀 사는 것을 그만두고자 한다면 허무주의라는 "우리 운명의 모든 비밀스러운 가혹함"을 견뎌내야 한다. 잘 방어된 세계에서 벗어나기란 쉽지 않다. 단단한 알을 깨려면 그에 버금가는 힘이 필요하다. 알이 보호에서 구속의 개념으로 변질되면 답답하게 느껴지게 된다. 그 답답함에 짓눌려 살 것인가? 아니면 그런 알을 깨고 나올 것인가? 그것은 힘의 문제다. 힘에의 의지의 문제다.

"우리는 자신이 원하는 것을 하고 싶어 한다." 이것이 허무주의 철학의 신념이다. 욕망의 불을 끄고자 하는 염세주의의 경향과는 다른 것을 말하고 있다. '원하는 것을 원하지 않을 수 있다'고 말하는 철학이 아니라 원하는 것을 하고 싶다고 말하는 철학이다. 하지만 그게 쉬운 일이 아니다. 헤세Hermann Hesse(1877~1962)도《데미안》(1919)을 시작하면서 이런 말을 모토로 선택했었다. "내 속에서 솟아 나오려는 것, 바로 그것을 나는 살아보려고 했다. 왜 그것이 그토록 어려웠을까."⁷ 누구나 자기가 살고 싶은 대로 살 수만 있다면 문제는 없을 것이다. 그때는 철학도 필요 없다. 하지만 아무도 자기가 살고 싶은 대로 살지 못한다는 것이 문제일 뿐이다.

땅이 생명을 다하면 갈아엎어야 한다고 했다. "악의 쟁기"(즐거운, 74쪽)는 그때 유용하게 쓰일 수 있다. 악의 정신이 쓸모 있을 때도 있다는 얘기다. 무작정 선을 선호하고 악을 거부해서는 안 된다는 뜻이다. 넘어진 정신이 다시 일어날 때는 욕을 입에 담기도 해야 한다. 그런 분노가 쓰러진 삶을 다시 일으켜 세워줄 것이다. 악한 마음도 잘만 다스리면 인생에 도움이 된다. 이때 도덕적인 인간은 비도덕을 운운하게 될 것이다. '너는 도덕적이지 않다'고 삿대질을 할지도 모른다. 그런 때가 되었다면 니체의 말로 위안을 삼도록 하자. "오늘날 비도덕주의자로 비난받는 것을 감수하지 않으면 안 된다"(인간적Ⅱ, 237쪽)는 말로 말이다.

허무주의 철학은 스스로 비도덕주의자이기를 바라는 자에게 쓸모가 있다. 스스로 '의무가 없는 인간'이기를 자처하는 자에게 유용하다. 더 이상 길이 안 보이는 자에게 새로운 눈을 뜨게 하기 때문이다. 그런 의미에서 '성실함'을 터득해야 한다. 니체는 외친다. "우리의 덕 안에서 지치지 않고 우리 자신을 '완성'해보고자 한다"(211쪽)고. 자유정신이 의무라면 그

의무 안에서 자기완성을 일궈보자는 것이다. 그것이 비도덕적이라 불려도 흔들리지 말고 견뎌보자는 것이다. 자기가 완성될 때까지, 끝까지 견뎌보자는 것이다.

"우리는 성실에서 벗어나 마침내 성자나 권태로운 사람이 되지 않도록 주의하자! 인생은 그 속에서 지루해하기에는 수백 배나 너무 짧지 않은가? 그렇게 하기 위해서는 우리는 정말 영원한 삶을 믿어야만 할 것이다…"(212쪽 이후) 자기 삶에 성실함으로 임하자. 이 간단한 요구사항을 지키기가 힘들다. 이성은 늘 외부로 향하게 하고 남의 시선을 의식하게 하고 이것저것을 비교하게 하고 끊임없이 정의와 정답을 추구하게 한다. 1등이 있다는 것을 아는 이상 그 이하의 등수는 무의미하게 생각한다. 그것이 이성이 하는 짓이다. 삶을 무의미하게 만드는 것도 이성의 짓이다.

'성자'는 도덕의 지배를 받는 자를 의미한다. 예를 들어 신을 믿는 자이다. 정답을 알고 그것을 추구하는 자이다. 하지만 니체에게 성자는 자기 삶에서 스스로 주인 행세를 하지 못하는 자일 뿐이다. 또 '권태로운 사람'은 도덕, 정의, 진리, 정답, 신 따위를 믿지 않는 자이다. 그 어디서도 희망적 요소를 발견하지 못하는 자이다. 살아도 사는 게 아니다. 열정이 빠진 삶이기 때문이다. 성자와 권태로운 사람은 인간 형태의 양극단에 서 있는 존재들이다. 니체는 이 극단적인 삶의 방식을 경계한다. "성자와 창녀 사이에서 / 신과 세상 사이에서 춤을 추자!"(즐거운, 417쪽) 그 사이에서 균형을 잡으며 사는 것이 진정한 삶이다. 어디에도 치우치지 않고 사는 것이 긍정적이다.

권태, 지루함은 인생 최대의 적이다. 지루해지면 큰일이다. 삶은 권태가 고개를 들 때 순식간에 지쳐버리기 때문이다. 힘을 빼앗아가는 최고의 질병이 권태다. 니체의 허무주의는 권태와 싸우는 철학이다. 의미가 없는 곳에서 의미를 창출하고자 한다. 절망 속에서 희망을 찾고자 한다. 권태나 지루함으로 인생을 허비하는 것은 너무도 어리석은 짓이다. 바람만 불어도 깔깔댈 수 있는 명랑함이 힘을 불어넣어 줄 것이다. 그런 명랑성을 위해서라면 언제나 마음의 문을 열어놓고 있어야 한다. 명랑함이 구원의 열쇠다. "오로지 명랑함을 통해서만 길은 구원에"(반시대Ⅱ, 369쪽) 이른다. 허무주의 철학이 가르쳐주는 구원에의 길이다.

삶 자체는 축제의 현장이다. 춤을 춰야 의미를 획득하게 되는 것이다. 웃음으로만 가치를 찾게 되는 존재다. 그런데 도덕은 다르다. 도덕은 삶을 구속하려 든다. 얼굴에서 웃음을 앗아간다. 남의 시선을 의식하게 하고 점잖은 척하게 만든다. 도덕은 대지의 뜻 정반대 편에 있다. 그 모습은 고집스럽기만 하다. 신의 뜻처럼 신성시하면서 정신을 구속하려고만 한다. 그것을 믿게 하고 그 믿음이 구원을 가능하게 할 것이라고 가르친다. 도덕적인 인간이 될수록 구원은 가까이 있다고 믿게 하는 것이다. 하지만 거기서 삶에의 의지는 나약해지기만 할 뿐이다. 니체는 도덕의 부정적 의미를 발견한 철학자이다.

지금까지의 모든 도덕철학이 지루한 것이었으며 수면제였다는 내 발견을, 그리고 내가 보기에는 '덕'이 상처 입은 것은 바로 그것을 옹호하는 자들이 지니고 있던 이러한 권태 때문이었다는 내 발견을 용서해주길 바란다. 그렇다고 해서 여전히 내가 덕의 일반적인 효용을 잘못 보았다고는 생각하지 않는다. 중요한 것은 도덕을 숙고하는 사람이 적으면 적을수록 좋다는 것이며, ─ 따라서 아주 중요한 것은 도덕이 언젠가는 관심을 끌지 못한다는 사실이다!

(213쪽)

도덕은 관심을 받지 못하게 될 것이다. 성숙한 사회가 될수록 건강한 개인이 건강한 개인을 만나는 사회가 될 것이다. 개인 대 개인의 만남을 가능하게 해줄 수 있는 사회가 될 것이다. 누군가가 명령하고 누군가가 복종해야 하는 도덕적인 관계가 아니라 대등한 관계에서 대화가 이루어지는 사회가 될 것이다. 믿음에 익숙한 사람은 무엇에든지 믿음으로 관계를 형성하려 한다. 믿는 자들은 어떤 것이 좋다는 소리를 들으면 그것을 무슨 수를 써서라도 쟁취하려는 맹목적인 행동을 보인다. 복종하는 정신으로 사물에 다가서려 한다. 상대방을 믿고 남의 말을 믿으며 한 사회의 이슈를 믿고 한 국가의 이념을 믿으며 결국에 가서는 신의 뜻을 믿게 된다. 그런 뜻이 존재한다고 믿는 것이다. 그런 믿음생활 속에서 자기 자신의 운명적 목소리는 전혀 듣지 못한다. 자기 목소리는 듣고 싶어 하지도 않는다. 그런 공부는 하면 한수록 재미가 없어진다. 그런 공부는 하면 할수록 길이 보이지 않는다.

'공부가 재미없다'고 말하는 사람은 그 배움의 주체가 자기 자신이 아니기 때문이다. 엄마가 원해서 하는 공부라면 탄력을 받을 수가 없다. 사회가 원하는 이슈에 내몰린 공부라면 절박함이나 간절함 따위는 따라주지 못할 것이다. 엄마가 절박하면 자식은 상처를 받게 마련이다. 사회가 간절하면 시민은 주눅이 들게 마련이다. 국가가 희생을 강요하면 국민은 실망을 감추지 못한다. 남의 의지가 자기 의지로 탈바꿈하는 곳에서는 모든 것이 재미없다. 의무감으로 버티는 사회는 늘 파멸의 순간을 곁에 두고 있다.

공부의 의미를 상실하게 되는 것은 공부하는 자들이 지루함을 느끼기 때문이다. 인문학의 위기는 인문학을 하는 사람들이 재미를 느끼지 못하기 때문이다. 인문학의 가치가 아니라 다른 무엇을 주시하기 때문에 발생하는 위기상황이다. 예를 들어 돈이 되지 않는 공부는 쓸모없다는 인식이 위기상황을 부채질한다. 돈을 벌어주지 않는 것은 모두가 지루하다. 관심의 대상이 되지 못한다. 그런 지루함이 돈을 주시하게 한다. 자기 삶은 어떤 지경에 처하게 되었는지 전혀 신경을 쓰지 못한다. 돈, 돈, 돈! 오로지 돈만 주어지면 모든 게 상관없다는 식의 발상이 열정의 탈을 쓰고 삶을 지배한다.

그런데 니체는 도덕에서 오히려 권태를 느끼기 시작한다. 역발상이다. "지금까지의 모든 도덕철학이 지루한 것"이었다는 인식은 니체의 발견이다. 모두가 희망을 걸었던 신의 존재를 허무한 것으로 가르친다. 모두가 정답을 믿고 추종했던 곳에서 그것은 정답이 아니라고 외쳐댄다. 모두가 1등을 바라보고 있던 상황에서 그 1등은 환상임을 증명하려 한다. 인간 피라미드는 그것을 믿는 자들의 구조물일 뿐이다. 부자가 되고 싶은 마음이 사회 양극화를 만들어낸다. 신상(신상품)을 추구하는 마음이 거대기업을 만들어낸다. 여론으로 조작된 희망에 반기를 들고자 하는 것이 허무주의 철학이다. 그런 희망에 권태를 느끼는 것은 긍정적이다. 삶에 권태를 느끼는 것은 부정적이지만 쓸데없는 것에 소중한 인생을 허비하는 것은 어리석은 짓이다.

분명 니체도 도덕의 가치를 알고 있다. 도덕은 춤을 출 수 있는 무대가 되어줄 때 즐거움의 원인이 된다. 긍정적인 희망도 분명 있다. 긍정적인 나르시시즘Narzissmus도 있다. '난 괜찮아!' 하는 생각이 쓰러진 몸을 일으켜

세우기도 한다. 새로운 습관이 난관에 빠진 인생을 역전하게 해주기도 한다. 신에 대한 믿음도 때로는 좋다. 믿음의 힘은 대단하다. 환상이 이끄는 힘은 엄청나다. 첫눈에 반한 사랑은 모든 판단력을 흐려놓는다. 다만 문제가 되는 도덕이 무엇인지를 인지하고 있으면 되는 것이다. 그런 도덕이라면 "중요한 것은 도덕을 숙고하는 사람이 적으면 적을수록 좋다는 것"이다.

즉 니체가 하고 싶은 말은 "도덕과 도덕 사이에도 위계질서가 있다는 것"이다. 도덕의 가치는 유일한 것이 아니라 다양하다는 것을 가르치고자 한다. 이런 도덕이 있는가 하면 또 저런 도덕도 있다. 모든 도덕이 다 평등할 수는 없다. 허무주의 철학은 "어떤 사람에게 정당한 것이 반드시 다른 사람에게도 정당할 수는 없다는 것"(215쪽)을 보여주고자 한다. 자기 자신에게는 어떤 형상이 신의 모습을 띠고 있어도 그것이 다른 이에게는 혐오의 대상이 된다는 사실을 가르쳐주고자 하는 것이다. 누구나 자기만의 시각이 있다. 그것이 인간의 한계다. 하지만 그 한계에서 그 너머를 예상할 수 있는 자는 건강한 자이다. 그 너머는 존재하지 않는다고 믿을 때 독단과 독선, 선입견과 편견이 생겨나는 것이다.

인간의 본성으로서
잔인성의 실재에 대하여

'잔인성'이라는 개념이 있다. '잔인한 사람'이라는 표현이 있다. 우리는 어떤 상황을 두고 '잔인하다'는 말을 한다. 그렇다면 과연 누가 잔인한 인간일까? 어떤 인간이 잔인할까? 사자가 먹잇감을 사냥하고 그것을 먹는 장면을 두고 잔인하다는 생각을 하는 것은 아니다. 그것이 끔찍할 수는 있어도 잔인하다는 인상을 주는 것은 아니다. 그런데 인간은 자신의 쾌감을 위해, 또 승리감을 극단으로 이끌고 가기 위해 잔인한 행동을 일삼는 동물이다. 그 잔인한 경향을 통제하기 위해 경기의 룰을 정하기도 한다.

인간은 잔인한 동물이다. 그 잔인성을 종용하는 것이 도덕적 감각이다. 도덕으로 무장한 자만큼 잔인한 자가 또 있을까? 자신이 옳다고 믿는 일방적인 신앙만큼 잔인한 것이 또 있을까? 십자군 원정을 떠나는 전사가 이교도를 보고 양심의 거리낌 없이 죽일 수 있는 것은 신앙 때문이다. 그런 신앙이 대화를 막는다. 대화할 기회조차 박탈하는 것이 신앙이다. '이것은 이거다'라고 규정하고 그것을 말하는 순간 상대방은 그 정의에 반대되는 것을 생각하고 있어도 쓸데없는 논쟁을 피하기 위해 침묵할 수도 있다. '똥은 무서워서 피하는 게 아니다.' 반대 의견을 듣지 못한다고 해서 그것이 문제없는 의견이 될 수는 없는 법이다. 아무도 조언조차 해주지 않는 상황이라면 스스로 똥이 된 것은 아닌지 심각하게 고민을 해보아야 할 시점이 된 것이다.

인간성을 자랑하게 되는 최근의 시대에도 '사납고 잔인한 동물'에 대한 공포와 공포의 미신이 많이 남아 있어, 그것을 극복하게 되었다는 것이 좀 더 인간적인 시대의 긍지를 이룬다. 그래서 명백한 진리마저도 저 사납지만, 결국 죽어버린 동물을 도와 다시 소생시킬 수도 있다는 추측 때문에, 약속이나 한 것처럼 여러 세기 동안 입에 올리지 않은 채 있다. 나는 아마도 그러한 진리가 나에게서 살그머니 빠져나가게 하는 그러한 일을 감행하고자 한

다: 다른 사람들은 그 진리를 다시 잡아, 그것에 '경건한 사유방식이라는 우유'를 충분히 마시게 하고 마침내 조용히 잊힌 채 그것이 전에 있었던 낡은 구석에 뉘어놓게 할 수도 있을 것이다. ― 우리는 잔인성을 다시 배워야만 하고 눈을 떠야만 한다. (215쪽 이후)

인간은 잔인한 동물이다. 인간성은 잔인성으로 연결된다. '잘하고 싶다'는 마음은 상대방에겐 치명적인 상처를 줄 수 있다는 것이다. 동물성이 생존을 위한 먹이사슬로 엮어져 있다면, 인간성은 거기에 덧붙여 잔인성이 가세해 있다. 그 잔인성을 통제하기 위해 도덕을 필요로 한다. 이런 점에서 도덕은 참으로 유용한 것이다. 하지만 도덕의 시대가 도래하면서 도덕이 너무 성스러워졌고 그 권력이 하늘을 찌를 듯이 솟구치고 말았다. '도덕적'이라는 말 한마디에 주눅이 들어 아무도 저항조차 하지 못하고 있다.

도덕은 본성이 싹도 틔우지 못하게 만들어놓았다. 욕망의 불을 끄는 것을 진리로 만들어놓음으로써 욕망을 갖는 것에 대한 수치심을 느끼게 만들어놓았다. 니체는 이런 진리에 저항하고자 한다. 그는 오히려 '명백한 진리'에 귀를 기울이고자 한다. "나는 아마도 그러한 진리가 나에게서 살그머니 빠져나가게 하는 그러한 일을 감행하고자 한다." 자기 안에 숨어 지내던 진리를 세상에 내놓고자 하는 것이다. 그리고 "다른 사람들은 그 진리를 다시 잡아, 그것에 '경건한 사유방식이라는 우유'를 충분히 마시게 하고 마침내 조용히 잊힌 채 그것이 전에 있었던 낡은 구석에 뉘어놓게 할 수도 있을 것"을 믿는다. 잘 다룰 수 있으면 무기가 될 수도 있는 것이다. 쓸데없는 불안감에 휩싸일 필요는 없다. 그래서 니체는 이렇게 단언한다. "우리는 잔인성을 다시 배워야만 하고 눈을 떠야만 한다"고. 허무주의 철학은 잔인성을 제거하고자 하는 것이 아니라 잔인성을 인정하고 그것을 새롭게 배우고자 하는 것이다.

이 경우 우리는 물론 잔인성이란 타인의 고통을 바라보는 데서 생기는 것이라고 가르칠 수밖에 없었던 과거의 어리석은 심리학을 추방해야만 한다: 자기 자신의 고통, 자기 자신을 스스로 괴롭힌다는 것에도 풍부한, 넘칠 정도의 풍부한 즐거움이 있다. (216쪽 이후)

극복하고자 하는 자는 자기 내면의 잔인함을 이용할 줄 알아야 한다. 니체가 증명하고자 하는 것은 자기 자신에 대한 고통에의 즐거움이다. 자신을 괴롭히지 않고 극복할 수는 없기 때문이다. "이미 모든 인식의 의욕에는 한 방울의 잔인성이 포함되어 있는 것이다."(217쪽) 깨달음은 잔인성의 결과물이다. 치열한 배움의 과정을 전제하기 때문이다. 무엇인가를 배우고자 한다면 자기 자신을 괴롭힐 줄 알아야 한다. "우리가 '더 높은 문화'라고 부르는 거의 모든 것은 잔인함이 정신화되고 심화한 데 바탕을 둔 것이다."(216쪽) 이것이 니체의 명제다. 인간은 비극을 필요로 하는 동물이다. "비극이라는 고통스러운 쾌락을 만드는 것은 잔인함이다."(같은 곳) 이것을 보여주고자 하는 것이 니체의 생철학이다.

인간이 비극적인 장면을 통해 카타르시스를 느끼는 것은 부끄러운 일이 아니다. 잔인성을 극복의 요소로 활용만 할 수 있다면 긍정적이다. 모든 인식은 잔인성에 기인한다는 주장에 귀를 기울여야 한다. 허무주의 철학은 잔인한 철학이다. 대충 봐주고 넘어가려 하지 않는다. 배우고자 하는 자에게 극단의 경험을 하게 한다. 한계를 인식하게 한다. '이제 그만!'이라고 말하는 자에게 채찍을 드는 철학이다. 현실에 안주하지 못하게 한다. 항상 "그 이상"(171쪽)을 요구하는 철학이다. 그 한계를 넘어서는 것은 자신의 권리이며 또 자기 책임임을 가르쳐주는 철학이다.

정신의 근본의지는 잔인함에 근거한다. 그것은 대립적 갈등구조에 있기 때문이다. 자기 삶에 주인이 되고자 하는 자는 잔인함의 달인이 되어야 한다. 남을 괴롭히는 잔인함이 아니라 극복의 이념으로서 그 잔인함의 본성을 잘 다스릴 줄 아는 자가 되어야 한다는 뜻이다. 주인의식은 다양성에서 단순성으로 넘어서는 순간에 생겨난다. 버릴 것이 없을 때 통제가 이루어진다. 자기 삶을 사방팔방으로 나아가게 하지 않으려는 의지가 주인의식을 고취한다. 마음을 다잡고 살아보려는 의지는 긍정적이다.

아마 내가 여기에서 '정신의 근본의지'에 대해 말했던 것을 당장 이해하지 못할 것이다: 이에 대해 내가 설명하는 것을 허용하기 바란다. — 대중들이 '정신'이라 부르는 명령적인 어떤 것은, 자기 내부에서와 자신의 주변에서 지배자가 되고자 하며 스스로 지배자로 느끼고자 한다. 이것은 다양성에서 단순성에 이르고자 하는 의지를 졸라매고 제어하고 지배하고자 하며, 실제로 지배하는 의지를 갖고 있다. 이 경우 그 욕구와 능력은 생리학자들이 살아 있고 성장하며 번식하는 모든 것이 가지고 있다고 가정했던 것과 똑같은 것이다. 이질적인 것을 자신의 것으로 만드는 정신의 힘은 새로운 것을 낡은 것에 동화시키거나 다양한 것을 단순화시키거나 완전히 모순되는 것을 무시하거나 배제하는 강한 경향에서 명백히 드러난다: 이와 마찬가지로 정신은 이질적인 것이거나 '외부 세계'에 속하는 모든 것에서 특정한 특징이나 윤곽선을 제멋대로 더 강하게 강조하거나 드러내거나 자기에게 맞게 왜곡한다. 이 경우 정신이 의도하는 것은 새로운 '경험'을 동화시키고 새로운 사물들을 낡은 계열 속에 편입시키는 데―즉 성장시키는 데 있다. 좀 더 확실하게 말하자면, 성장의 느낌, 힘이 커졌다는 느낌으로 향하고 있는 것이다. (217쪽 이후)

먹고 그 먹은 것을 자기 것으로 소화해낼 때 힘이 생기는 법이다. '성장의 느낌', '힘이 커졌다는 느낌'은 좋은 것이다. '정신의 힘'은 늘 새로운 것을 자기 것으로 만들어내는 힘이다. "이질적인 것을 자신의 것으로 만드는" 것이 정신의 힘이라는 뜻이다. 정신의 힘이 소화해내지 못하는 것은 없다. 어떤 고통도 힘으로 전환할 수 있는 것이 정신이다. 때로 정신은 사물을 '왜곡'하기도 하지만 그것 또한 자기 자신을 위한 것일 뿐이다. 아무것도 아닌 것에서 전의戰意를 끌어내기도 한다. 이때는 그 '왜곡'조차 긍정적이다.

위의 잠언에서 니체는 '정신의 근본의지'를 설명하고자 한다. 정신을 차리고 있는 자는 자기 자신에게 명령할 수 있다. '이때는 이렇게 하라, 저때는 저렇게 하라'는 식으로 명령의지를 발동시키는 것이다. 정신없이 사는 자는 외부의 영향에 휘둘리게 마련이다. 그래서 정신 줄을 꼭 붙잡고 살아야 한다. "대중들이 '정신'이라 부르는 명령적인 어떤 것은, 자기 내부에서와 자신의 주변에서 지배자가 되고자 하며 스스로 지배자로 느끼고자 한다." 이것은 지극히 당연한 소리다. 내부와 외부의 지배자가 되게 하는 것은 그 양면에서 통제의 기술을 터득했다는 것을 전제한다. 감당도 못하면서 지배할 수는 없기 때문이다.

즉 정신의 힘은 동화시키는 힘과 같다. 이해의 지평을 넓혀나갈 때 생각의 지도는 어마어마하게 확장되어 간다. 이것도 이해할 수 있고 저것도 이해할 수 있다. 이때 이것만이 자기 것이라고 외쳐도 그 범위는 일반 대중이 상상도 못하는 넓이, 예를 들어 바다와 같은 넓이에 도달해 있을 수도 있다. "실로, 사람은 더러운 강물이렷다. 몸을 더럽히지 않고 더러운 강물을 모두 받아들이려면 사람은 먼저 바다가 되어야 하리라. / 보라, 나 너희에게 위버멘쉬를 가르치노라. 위버멘쉬야말로 너희의 크나큰 경멸이 가라앉아 사라질 수 있는 그런 바다다."(차라, 18쪽) 온갖 경멸이 가라앉아 버리는 바다! 모든 질투를 끌어안을 수 있는 깊이! 온갖 더러운 것을 다 받아들이고도 스스로는 더럽혀지지 않는 존재! 그것이 바다라는 존재다.

동화시켜나가는 그 자체만 두고 보면 잔인하게 보일 수도 있다. 이 동화에 대한 인식은 이미 쇼펜하우어도 심도 있게 다룬 바 있다. "뱀이 용이 되려면 반드시 어떤 뱀을 집어삼켜야 한다"[8]고. "투쟁 없는 승리는 없다"[9]고. 즉 그의 생각은 다음과 같다. "보다 높은 힘을 지닌 유사물을 자체 내에 받아들임으로써 사실 전혀 새로운 성격을 획득한다. 즉, 의지는 보다 분명한 새로운 방식으로 객관화되는 것이다. 유기체의 체액, 식물, 동물 및 인간은 최초에는 우연 발생에 의해 생기지만, 나중에는 이미 있는 배아에 동화함으로써 생기는 것이다."[10] 너무도 당연한 소리다. 다만 철학적 용어들이 끼어있어서 낯설게 들릴 뿐이다.

우리 인간은 우연히 태어난다. 그런 존재가 세상에 태어나는 순간부터 운명을 벗어날 수 없게 된다. 하지만 인간은 '노력하는 존재'[11]다. 운명을 개척하고자 하는 것이다. 인간은 태어나자마자 울면서 젖을 찾는다. 동화작용이 시작되는 것이다. 인간이 커가는 과정은 모두가 동화작용에 속한다. "실로 '정신'은 위胃와 가장 비슷하다."(218쪽) 입 안으로 들어가는 사물의 입장에서 보면 잔인할 수도 있지만 그것을 맛있게 먹는 자의 입장에서 보면 그 무엇보다도 즐거움의 대상이 된다. 그래서 니체는 튼튼한 이빨과 튼튼한 위장을 요구하기도 하는 것이다.

나의 독자에게

튼튼한 이와 튼튼한 위장 —
이것을 그대에게 바라노라!
내 책을 견뎌낸다면
나와도 친해질 수 있을 것이다. (즐거운, 56쪽 이후)

한 편의 시다. 짧지만 그 안에 니체가 요구하는 사항은 다 들어 있다. 뭐든지 씹어 먹을 수 있는 튼튼한 이빨이 요구된다. 그리고 무엇이 들어와도 다 소화해낼 수 있는 위장도 요구된다. 이런 이빨과 위장이 있다면 무엇이 두려우랴! 무엇을 먹어도 다 소화해낼 수 있다면 말이다. "이것이야말로 지적 양심과 취미를 이루는 일종의 잔인함인데, 용감한 사상가는 모두 그것을 가지고 있음을 스스로 인정하게 될 것이다."(219쪽) '용감한 사상가'는 잔인하다. 뱀을 먹으면서 스스로는 용이 되고자 하는 의지로 충만해 있기 때문이다. 무엇에든지 굴하지 않고 넘어서려는 의지로 일관하기 때문이다. 이런 의미에서는 "내 정신의 성향에는 어떤 잔인한 것이 있다"(219쪽)고 고백하는 것이 가장 진실한 자의 목소리다. 이것을 괴테식으로 표현하자면 '내 안에 두 개의 영혼이 있다'[12]는 것이다. 잔인함과 성스러움, 이 둘은 늘 인간적인 생각 속에 자리 잡고 있다.

여성과
여성성에 대하여

'우리의 덕'을 운운하는 7장의 마지막은 '여성'에 대한 설명으로 가득하다. 그만큼 니체는 여성에 대해서 관심이 많다는 뜻이다. 꼭 여자를 많이 알아야 여자를 이해하는 것은 아니다. 이해의 영역은 그 숫자와 무관하다. 아무리 오랜 세월을 살았어도 유치한 생각의 범주를 벗어나지 못하는 노인도 있듯이 말이다. 여기서 우리는 '니체가 얼마나 많은 여성과 사교를 했었나' 하는 식의 유치한 의혹은 제기하지 않기로 하자. 그가 여성에 대해서 어떤 말을 하는지에만 집중하자. 일단 하나의 잠언을 통째로 인용해보자.

배운다는 것은 우리를 변화시킨다. 이것은 생리학자가 알고 있듯이, 온갖 영양을 섭취하는 것과 같은 것을 하고 있는데, 이는 단순히 '유지'시키는 것만은 아니다. 그러나 우리의 근저에는, 훨씬 '그 밑바닥에는' 물론 가르칠 수 없는 그 무엇이 있으며 정신적 숙명의 화강암이 있고 미리 결정되고 선별된 물음에 대한 미리 결정된 결단과 대답의 화강암이 있다. 중요한 문제가 대두될 때 '나는 이런 사람이다'라는 불변적인 말을 하는 것이다. 예를 들어 남녀 문제에 대해 사상가는 배워서 고칠 수 없고, 단지 끝까지 다 배울 수 있을 뿐이다. ─단지 이러한 남녀의 문제에 대해 자신의 입장에서 '확실한 것'을 마지막으로 발견할 뿐이다. 우리는 때때로 바로 우리에게 강한 믿음을 주는 문제의 해결책을 찾아낸다. 아마 우리는 그것을 앞으로 자신의 '신념'이라고 부를 것이다. 후에 — 우리는 그 신념 안에서 자기 인식에 이르는 발자취를, 우리 자신이기도 한 문제에 이르는 이정표를 보게 될 뿐이며 — 더 적절하게 말하자면, 우리 자신의 모습이기도 한 커다란 어리석음에 이르는, 우리의 정신적인 숙명에 이르는, 가르칠 수 없는 것에 이르는 이정표가 완전히 '밑바닥에 있다'는 것을 보게 될 뿐이다. — 내가 나 자신에 대해 행했던 이러한 대단히 점잖은 태도를 감안해서 아마 내가 '여성 자체'에 대해 몇 가지 진리를 숨김없이 말하는 것을 이미 허락해주었으리라 믿는다: 더욱이 그것이 단지 — 나의 진리일 뿐이라는 것을 처음부터 사람들은 알고 있었겠지만 말이다. — (221쪽 이후)

남자가 아무리 여자에 대해서 말을 해도 그것은 그저 자기 생각일 뿐이다. 그에게만 진리가 되는 '나의 진리'일 뿐이다. 그럼에도 불구하고 우리는 상대편 성性에 대해 말들을 한다. 그 대표적인 것이 여자가 남자에 대해 또 남자가 여자에 대해 말을 하는 것이다. 좀 더 상황을 넓히면 각자가 다른 타인에 대해서 말을 하는 경우로 확장되어 간다. '넌 왜 그러니?' 하고 말을 할 때 우리는 이미 '넌 그래서는 안 된다' 혹은 '넌 이런 사람이다'라는 식의 선입견을 전제하고 있다.

그런데 배움이라는 것은 참으로 묘한 상황을 연출해낸다. 인간은 배우는 존재다. 그 배움을 통해 자기 자신을 변화시켜나갈 수 있는 존재라는 뜻이기도 하다. 앞서 동화작용을 언급하기도 했다. 배움은 바로 그런 동화작용의 일환으로 해석해도 무방하다. 하지만 배움에도 한계가 있다. 아무리 배워도 안 되는 것이 있다. 아무리 공부를 해도 넘지 못할 산이 있다는 얘기다. 모든 인간은 자기 안에 변하지 않는 화강암을 품고 있다. "우리의 근저에는, 훨씬 '그 밑바닥에는' 물론 가르칠 수 없는 그 무엇이 있으며 정신적 숙명의 화강암이 있고 미리 결정되고 선별된 물음에 대한 미리 결정된 결단과 대답의 화강암이 있다." 극복에도 한계가 있다는 이 소리에 왠지 슬픔이 엄습하기도 한다. 자기 안에 화강암을 인식할 때 우리는 변할 수 없음을 고백한다. "중요한 문제가 대두될 때 '나는 이런 사람이다'라는 불변적인 말을 하는 것"처럼 말이다.

아무리 공부해도 공부는 공부다. 공부 자체가 내가 될 수는 없는 법이다. 공부하는 동력을 작동시키는 것은 여성성이다. 모든 것을 품으려 하고 거기서 무엇인가를 도출해내려 한다. 지혜의 신이 여성이듯이 지혜는 잉태의 씨앗을 제공한다. 여성은 진리를 추구하는 것이 아니라 그 자체가 진리일 뿐이다. 어쩌면 여성은 진리를 창조해내는 원리요 그 힘이라 단정한다 해도 더 이상 할 말이 없을 것이다. 괴테가 말하는 두 개의 영혼처럼 남성과 여성은 서로를 추구하면서도 결코 그것과 하나가 될 수 없다. 늘 돌고 도는 음과 양의 태극 문양처럼 경계는 선명하게 드러나 있을 뿐이다.

"여성은 자립을 원한다"(222쪽)지만 남성에 비해 약한 존재다. 그래서 위장을 필요로 한다. "나는 물론 자신을 꾸미는 것이 영원히 여성적인 것에 속한다고 생각한다"(223쪽)는 말은 이래서 납득이 간다. 화장을 하는 것은 여성이다. 보다 아름답게 보이고 싶은 것이다. 벌과 나비를 유혹하는 꽃이 되고자 하는 것이다. 여기서 잊지 말아야 하는 것은 여성은 진리를 추구하거나 바라지 않는다는 것이다. 앞에서도 언급했다시피 여성성 자체가 곧 지혜요 진리일 뿐이다. '여자가 무엇이냐?'라는 질문만큼 어려운 질문이 없다. 왜냐하면 그것은 '진리가 무엇이냐'라는 질문과도 같은 것이기 때문이다.

> 그러나 여성은 진리를 바라지는 않는다: 여성에게 진리가 무슨 중요한 일이란 말인가! 여성에게는 처음부터 진리보다 낯설고 불쾌하고 적대적인 것은 없다. — 여성의 큰 기교는 거짓말이요 그 최고의 관심사는 가상이며 아름다움이다. 우리 남성들은 고백하도록 하자: 우리는 여성의 바로 이러한 기교와 이러한 본능을 존중하고 사랑하는 것이다: 우리는 어려움에 처할 때 우리 스스로의 짐을 가볍게 하기 위해 그 손길, 눈길, 부드러운 어리석음 아래에서 우리의 진지함, 우리의 무게, 깊이는 거의 한낱 어리석음처럼 보이는 존재와 기꺼이 교제하고자 한다. (223쪽)

남자는 여자 없이 살 수 없다. 하나의 성은 다른 하나의 성을 추구하게 마련이다. 동성애를 운운하며 문제를 꼬이게 하지 말자. 이들의 관계 속에서도 누군가는 어떤 역할을 하게 마련이기 때문이다. 인간은 혼자라는 운명을 사랑으로 극복하고자 한다. 그리고 남성이 여성을 추구하는 가장 큰 이유는 잉태의 가능성 때문이다. 남성의 힘이 여성의 힘을 만날 때 기적이 일어난다.

여성은 거짓말의 대가다. 거짓말을 할 줄 아는 능력이야말로 창조의 조건이 된다. "속일 줄 모르는 자는 진리가 무엇인지 알지 못한다."(차라, 476쪽) 어둠을 알아야 빛의 의미를 안다. 창조는 창조 이전을 알아야만 가능한 것이다. 여자를 아는 것은 이미 창조 행위 속에 있는 것이다. 자기 자신을 진정으로 속일 수 있는 여자에게 남자는 반한다. 속이 뻔히 보이는 행위에 감탄하고 감동하는 남자는 드물다. 오히려 그런 여자를 만나면 가지고 놀 생각만 할 뿐이다. 그녀의 마음을 얻고자 하는 도전의식은 저만큼 멀리 달아나 있을 뿐이다. 거짓말과 화장술로 자기 자신을 기만하는 여성에게 남성은 끌린다. 침묵할 줄 아는 프로메테우스적 고집을 포기하지 않는 자가 영웅이다. 그리고 그 침묵의 대가가 또한 여성이다. 계몽을 통해 여성을 밖으로 끄집어내려는 행동에 대해 니체는 오히려 반감을 가지고 있다. 여성은 침묵할 때 더 아름답다고 말한다.

> 우리 남성들은 여성이 계몽에 의해 스스로 웃음거리가 되는 일이 계속되지 않기를 바란다. 교회가 '여성은 교회 안에서 침묵해야만 한다!'고 선언했을 때, 이는 남성이 여성을 배려하고 아끼는 마음이었다. 나폴레옹이 너무 말이 많은 드 스탈 부인에게 "여성은 정치에 대해서는 침묵해야만 한다!"고 시사했을 때, 이는 여성의 이익을 위해 일어난 일이었다. ─ 그리고 오늘날 "여성은 여성에 대해 침묵해야만 한다!"고 여성에게 소리치는 사람이야말로 진정 여성의 친구라고 나는 생각한다. (224쪽)

니체가 말하는 진리는 종교나 도덕에서 말하는 그런 식의 진리가 아니다. '너는 마땅히 ~해야 한다'고 외치는 그런 소리가 아니다. 그가 말하는 진리는 여성성과 맞닿아 있다. 침묵하는 속성이 그것이다. 그 마음을 얻기 위해 남성은 목숨도 바친다. 창조만 해준다면 뭐든지 해줄 수 있다는 것이다. 자기 자식을 낳아줄 수 있는 존재는 오로지 여성뿐이다. 그 여성을 위해 남성은 전쟁도 마다하지 않는다. 그런데 그 여성의 마음은 얻기가 쉽지 않다. 그것이 창조가 어려운 점이다. 어떤 어리석은 남자는 취하지 못하는 여성을 가둬두려고 한다.

> 이제까지 여성들은 남성들에 의해 어떤 높은 곳에서 그들에게 잘못 내려온
> 새처럼 취급되어 왔다: 좀 더 섬세하고 상처받기 쉬우며 거칠고 경이로우며
> 감미롭고 영혼이 넘치는 어떤 것으로, — 그러나 달아나지 않도록 가두어두
> 어야만 하는 어떤 것으로. (227쪽)

여성은 가둬둔다고 가둬지는 게 아니다. 여성이 새와 같은 존재라는 것
은 맞는 말일지도 모른다. 쉽게 상처받는 나약한 존재인 동시에 쉽게 떠
날 수 있는 존재로서 말이다. 가둬둠, 즉 구속 속에서 창조는 기대할 수
없다. 모든 창조는 실러가 말한 것처럼 '자유의 산물'[13]일 뿐이다. 니체는
여성에게서 잉태의 능력을 최고로 꼽는다. "강한 아이를 낳는다는 여성의
최초이자 최후의 천직"(231쪽)이 여성을 여성답게 해줄 뿐이라고 말이다.
현대가 여성성을 상실해가고 있는 듯한 느낌을 받을 때 니체는 한탄의 소
리를 쏟아낸다.

> 뭐라고? 이것으로 이제 끝내려 한다고? 여성의 매력 상실이 일어나려고 한
> 다고? 여성의 무료화가 서서히 다가오고 있다고? 오 유럽이여! 유럽이여!
> (232쪽)

니체의 문장 속에서 니체의 음성을 들으려고 애를 써보자. 니체의 글
속에서 자신의 생각을 확인하고자 하지는 말자. 니체의 문장들은 사실 잘

씹히지 않는 돌덩어리 같다. 문장이라는 현상 너머에 있는 본질을 보려 할 때 그의 음성이 들리게 될 것이다. 니체에게 여성은 분명한 이념으로 자리 잡고 있다. "완전한 여성 — 완전한 여성은 완전한 남성보다 더 높은 인간 유형이다: 또한 훨씬 더 드문 그 무엇이다."(인간적 I, 323쪽) 완전한 여성은 완전한 남성보다 더 높은 인간 유형이다. 이 말을 이해할 때까지 문장이라는 음식을 꼭꼭 씹도록 하자.

07

강한 인간을 위한 민족과 조국

—

커다란 반동이 있어 속도가 지체될 수도 있지만,
아마 바로 이 때문에 격렬함과 깊이를 얻게 되고
이러한 것들은 증대 발전하게 될 것이다.

바그너와의
애증

니체는 바그너를 만나면서 행복을 경험했다. 민족과 국가를 생각하면서 큰 그림을 그리기도 했다. 그런데 그의 기대는 초반부터 흔들리기 시작했다. 첫인상은 강렬했지만 사귀면 사귈수록 점점 더 실망하게 되는 관계라고 할까. 니체와 바그너의 관계가 그랬다. 좋기는 하지만 좋아할 수 없는 애매모호함이 이들 사이에 존재한다. 물론 바그너는 니체에 대해 거의 침묵으로 일관한다. 아버지뻘이었기 때문일까. 그는 니체의 글들에 대해 거의 반응을 보이지 않았다.

그래서 가끔 바그너의 입장에서 생각하면 아쉬운 점도 있다. 우리가 너무 니체의 목소리만 듣고 바그너를 판단하고 있는 게 아닌가 하고 말이다. 한 천재적인 철학자가 이토록 욕을 해댔으니 얼마나 형편없는 음악가였을까 하고 말이다. 하지만 니체의 글들을 읽고 있는 우리는 이런 식으로 독서를 해서는 안 될 것이다. 우리는 니체의 글 속에 담겨 있는 그의 진정한 목소리를 들어보고자 한다. 니체에게 바그너는 도대체 어떤 존재였을까? 철학의 길을 걸어온 지 벌써 14년 차다. 그의 나이 42세가 되는 해다. 아직도 사랑이 남긴 상처를 운운하고 있다. 왜 그러는 것일까? 우리는 이것에 대해 서서히 답을 준비하지 않으면 안 된다.

그리고 니체는 민족과 조국을 이야기하는 자리에 바그너에 대한 글을 첫머리에 자리 잡게 했다. 이건 또 왜 그랬을까? 민족과 조국 그리고 바그너는 늘 함께 다니는 주제라는 뜻이기도 하다. 바그너는 민족부흥을 꿈꿨다. 강한 조국을 원했다. 전설 속에나 등장하는 민족의 영웅들을 무대 위에 올려놓았다. 잊혔던 과거의 역사를 이야기로 엮어냈다. 통일 조국은 신화를 원했다. 민족을 하나로 묶어줄 수 있는 신화가 필요했던 것이다. 국가의 이념과 바그너의 음악극은 천운처럼 맞아떨어졌다.

혁명가 바그너는 죽을 고비를 몇 번씩이나 넘기면서 또 스위스로 망명을 떠나 살면서 고생을 많이 하기도 했지만 그래도 늦게나마 자기 생각이 국가에 의해 받아들여지고 일종의 '성공한 삶'이라는 행복을 누리기도 했다. 바이에른의 작은 도시 바이로이트에서 그는 자신만의 음악극을 위한 극장을 갖기도 했다. 자기 자신을 위한 극장을 가진다는 것은 얼마나 큰 영광인가. 하지만 국가가 지원해주고 국가가 필요로 하는 음악을 만들었다는 점은 두고두고 욕을 먹게 했다.

황제 빌헬름 1세^{Wilhelm I}가 독일을 통일했을 때만 해도 바그너 음악은 국가 이데올로기를 대변하는 음악이었다. 그가 바이로이트의 축제 극장 개관식에 참석했을 때, 그 극장을 지어주었던 바이에른의 왕 루트비히 2세^{Ludwig II}는 모습을 드러내지 않았다. 미묘한 정치적 관계가 느껴지는 부분이다. 어쨌거나 그때 바그너는 국가를 대표하는 인물이었다. 그런데 세월이 흘러 히틀러 ^{Adolf Hitler}(1889~1945) 시절에 바그너 음악은 또다시 정치에 이용되면서 씻을 수 없는 오점을 남기게 된다.[1] 국가와 바그너의 음악은 떼려야 뗄 수 없는 관계였기에 어쩌면 당연한 것이었다. 하지만 이때부터 국가를 위한 음악이 오히려 욕을 먹는 음악으로 변질되고 말았다. 이때 한몫을 했던 것이 바로 니체의 비판적인 글들이었다.

나는 다시 한번 처음으로 리하르트 바그너의 〈마이스터징어 ^{Meistersinger}〉의 서곡을 들었다: 이것은 화려하고 지나치게 무거우며 육중하고 말기적 예술이며, 이것을 이해하기 위해서는 두 세기에 걸친 음악이 아직도 살아 있다고 전제하지 않으면 안 된다는 긍지를 가지고 있다: — 이러한 긍지가 잘못된 것이 아니라는 것은 독일인들에게는 영예가 되는 것이다! 여기에는 어떤 기력과 힘이, 어떤 계절과 지역이 뒤섞여 있는 것이 아닌가! 이것은 우리에게 때로는 고대적인 느낌을, 또 때로는 이국적이고 떫고 너무 젊은 느낌을 불러일으킨다. 또한 이것은 제멋대로인가 하면 화려하고 인습적이기도 하다. 이것은 곧잘 장난기가 서려 있으며 또 종종 거칠고 조잡한 데가 있다. — 이것은 격정과 용기를 지녔는가 하면 동시에 너무 뒤늦게 익어가는 과일의 축 늘어진 누런 피부를 지니고 있다. 그것은 도도하게 흘러가는가 하면, 갑자기 이유를 알 수 없는 머뭇거리는 순간이 있으며 마치 원인과 결과 사이에서 솟구쳐 나온 균열이 있고 우리를 꿈꾸게 만드는 중압, 거의 악몽에 가까운 것이 있다. — 그러나 다시 오래된 유쾌함의 흐름이, 아주 다양한 유쾌함의 흐름이, 오래되었으면서도 새로운 행복의 흐름이 퍼져나간다. 실로 여기에는 예술가가 자기 자신에 대해 가지는 행복이 상당히 포함되어 있으며, 그는 이것을 숨기려고 하지 않는다. 이것에는 그가 여기에서 사용한 방법,

새롭게 얻은 아직 시험해보지 않은 새로운 예술의 방법에 관한 장인적인 능력에 관한 놀랍고도 행복한 지식이 있는데, 그는 이것을 우리에게 드러내는 것처럼 보인다. 전체적으로 보아 이 작품에는 아름다움이 없으며 남국적인 것도 없고 남국 하늘의 섬세한 밝은 빛도 없으며 우아함도 춤도 없고, 논리를 향한 의지도 거의 없다. 마치 예술가가 우리에게 "그것이 내 의도이다"라고 말하려는 듯한 졸렬함마저 있는데, 이것이 여전히 강조되고 있다. 그리고 어떤 둔중한 의상이 있으며 자의적이고 야만적이며 장엄한 것이 있고 유식하고 위엄을 갖게 하는 귀중품과 레이스 장식의 펄럭거림이 있다. 여기에는 어떤 말이 가진 최선의 의미로든 최악의 의미로든 독일적인 것이, 독일식의 다양한 것, 무형식적인 것, 이루 다 펴낼 수 없는 것이 있다. 거기에는 어떤 독일적 영혼의 강력함과 충만이 있는데, 이 영혼은 퇴폐의 세련됨 아래 자신을 감추는 것을 결코 두려워하지 않는다. ─ 이 영혼은 아마 여기에서 비로소 가장 편안한 기분을 느끼게 될 것이다. 여기에는 젊으면서 동시에 늙었고, 너무 무르익었으면서 동시에 아직 미래가 풍부한 독일 영혼을 나타내는 진정한 상징이 있다. 이러한 종류의 음악은 독일인에 대해 내가 생각하고 있는 것을 가장 잘 표현하고 있다: 독일인들은 그제의 인간이면서 모래의 인간이다. ─ 그들에게는 아직 오늘이 없다. (235쪽 이후)

칭찬일까? 비판일까? 일단 그것부터 애매하다. 칭찬하는 듯하면서도 비판하는 어조가 깔려 있다. 비판의 목소리로 들리는 듯하면서도 그냥 비판을 위한 비판도 아니다. 인정할 것은 인정한다. 좋기도 하고 싫기도 하다. 사랑에 빠진 자가 자기감정을 추스르지 못하는 그런 상황 같다. 감정이 요동친다. 좋을 때는 너무 좋고 싫을 때는 너무 싫다. 바그너에 대해 말을 해야만 할 때 니체는 이런 상황에 빠지는 듯하다.

니체는 또다시 바그너를 꺼내 듣고 있다. 하지만 〈마이스터징어〉의 서곡은 처음 듣는 것인가 보다. 이 서곡, 이 음악을 들으면서 생각의 흔적을 남기고 있다. 그의 감상이 역사를 일궈내는 순간이다. '다시 한번'과 '처음으로'는 모순을 일으키고 있지만 전혀 어색하지 않다. 마치 책 속에 들어 있던 옛 애인의 편지를 발견하고 읽어가는 순간 같다. 그 사람은 알고 있었지만 그 편지는 처음 보는 그런 상황이 펼쳐진다.

바그너의 음악을 처음 들었을 때 니체는 한마디로 환장을 했다. 순식간에 그의 추종자가 되었다. 그리고 지금 1868년에 발표되었던 〈마이스터징어〉의 음악을 듣고 있다. 바그너가 사망한 지 3년이 지난 시점이다. 죽도록 사랑했고 동시에 증오했던 바그너의 음악을 다시 듣는 니체의 마음은 어떠했을까? 바그너의 죽음과 함께 휘몰아치는 감정 속에서 《차라투스트라는 이렇게 말했다》를 탄생시켰던 니체였기에 묻는 것이다. 아무리 좋아하고 사랑했어도 쉽게 잊히는 사람이 있는가 하면 잊고 싶어도 잊히지 않는 사람이 있다. 니체에게 바그너는 그런 사람인가 보다. 아니 잊어서는 안 되는 사람일지도 모른다. 시간이 날 때마다 다시 추억을 꺼내 드는 존재가 되어 죽을 때까지 마음의 짐을 지고 가야 하는 그런 사람으로서 말이다.

사랑싸움은 진을 빼놓는다. 칼로 물 베기와 같은 싸움이기 때문이다. 끝나지 않는 싸움, 끝낼 수도 없는 싸움을 해야 한다. 치열하게 싸워져야 사랑에 대한 보답이기도 하다. 무관심한 척 가볍게 돌아서는 것은 사랑의 증거가 아니다. 지지고 볶으면서도 끝까지 간다. 그것이 사랑싸움이다. 1883년 2월 19일, 이탈리아 라팔로에서 바그너의 사망 소식을 전해 들었을 때 니체는 가스트 Peter Gast에게 자신의 마음을 담은 편지 한 통을 보낸다.

이번 겨울은 내 인생에서 가장 나쁜 것이었다네. […] 농담을 용서하게. 자네는 알고 있겠지. 내 머리와 마음속에서 무슨 일이 일어나고 있는지. 나는 며칠 동안 극심하게 앓아누웠다네. 여관주인에게 심려를 끼칠 정도였다네. 하지만 바그너의 죽음은 가장 본질적인 가벼워짐을 의미한다고 나는 믿네. 그것을 지금 나는 몸소 체험하고 있다네. 6년 동안 적대자로 지내야만 했던 것은 정말 힘들었다네. 그것도 사람들이 존경하는 그런 사람과. 그리고 나 또한 충분히 거칠지도 못했고 그렇게 만들어져 있지도 못했다네. 결국 늙어버린 바그너, 그에 대항하여 나는 나 자신을 방어해야만 했다네. 바그너와 관련한 것이라면 (자주 말비다에게 말했던 것처럼) 나는 좋은 부분으로서의 그의 유산이 되고 싶다네.[2]

바그너가 없었으면 니체도 없었다. 니체는 바그너의 유산이 되고자 했다. 그의 고백이었다. 나쁜 부분이 아니라 좋은 부분의 유산이 되고자 했다. 스승에 대한 예의다. 세상에서 가장 사랑했던 사람을 먼저 떠나보내고 남겨진 자로서 살아간다는 것은 천형天刑과도 같다. '살아남은 자의 슬픔'[3]은 살아남은 자만이 알 수 있다. 죽은 자는 말이 없지만 산 자는 말을 해야 한다. 그것이 삶을 힘들게 하는 것이다. 어쩌면 니체의 비판 때문에 바그너가 불멸이 되었는지도 모를 일이다. 바그너는 니체에게 '고맙다'는 말 한마디 남겨놓지 않고 떠났다. 어쩌면 니체는 그 소리를 꿈에서라도 듣고 싶어 했는지도 모른다.

다시 텍스트에 집중해보자. 〈마이스터징어〉의 서곡을 직접 한번 들어

보고 텍스트를 읽는 것은 또 어떨까. 가끔 바그너의 음악을 듣고 있으면 사실 이 듣고 있는 것을 어떻게 말로 표현해내야 할지 암담할 때가 많다. 그때 니체의 글을 읽으면 감탄을 하게 된다. 아하! 혹은 우와! 이런 감탄사를 쏟아내지 않을 수가 없게 되기 때문이다. 이 소리가 그런 소리였네! 이 소리가 그런 의미였네! 이런 말을 하며 동조의 신호를 보낼지도 모른다.

니체는 지속적으로 지시대명사 '이것'을 반복한다. 그 이것은 바로 서곡 자체를 지칭한다. "이것은 화려하고 지나치게 무거우며 육중하고 말기적 예술이며, 이것을 이해하기 위해서는 두 세기에 걸친 음악이 아직도 살아 있다고 전제하지 않으면 안 된다는 긍지를 가지고 있다:— 이러한 긍지가 잘못된 것이 아니라는 것은 독일인들에게는 영예가 되는 것이다!" 극찬이다. 칭찬을 하려면 이렇게 해야 한다. 칭찬의 모범을 읽는 듯하다. 그런데 다시 읽으면 그게 그렇게 간단한 문제는 아니다. 애매모호한 표현들이 난무한다. 칭찬이 칭찬 같지 않게 들려오기 시작한다.

'화려하다.' 후기낭만파의 음악은 너무 비현실적으로 화려하다. '지나치게 무겁다.' 너무 의도적으로 상황을 무겁게 만들고 있다. 의도하는 바가 너무 많다는 뜻이기도 하다. 그리고 '말기적 예술이다.' 뒤늦게 찾아온 예술이라는 뜻이다. 너무 늦었다는 말이기도 하다. 시기를 놓쳤다는 뜻이다. 그것은 험담을 넘어선 최고의 악담처럼 들린다. 시대에 걸맞지 않다는 말로 들리기 때문이다. 이제는 그런 음악이 관심받지 못한다는 주장이 저변에 깔려 있다.

또 바그너의 이 서곡은 "이것을 이해하기 위해서는 두 세기에 걸친 음악이 아직도 살아 있다고 전제하지 않으면 안 된다는 긍지를 가지고 있다." 200년 동안 살아 있는 음악, 그것은 고전이 된 음악을 의미한다. 10

년을 버티기 힘든 게 문화다. 하지만 바그너의 음악은 이미 이전의 200년의 역사를 담고 있다는 긍지로 충만해 있다. 과거의 모든 것을 담고 있는 그 음악은 또다시 200년을 살아남아 인류의 유산이 되어 고전의 반열에 서 있다. 이런 상황을 만들어놓은 것이 또한 니체의 글이고.

그런데 이 또한 복합적인 의미로 읽힌다. 200년이란 세월을 담고 있다보니 이것저것 "뒤섞여 있는 것이 아닌가!" 하고 이질감을 나타내고 있다. "이것은 우리에게 때로는 고대적인 느낌을, 또 때로는 이국적이고 떫고 너무 젊은 느낌을 불러일으킨다." 고대적 느낌, 그것 때문에《비극의 탄생》을 쓸 당시만 해도 니체는 바그너에게 푹 빠져 있었다. 그에게서 큰 희망을 보았던 것이다. 고대 그리스의 비극 문화를 다시 재현할 수 있다는 희망보다 더 중요한 것이 있을까. 니체의 글들을 읽어온 독자라면 이 희망의 의미를 잘 알고 있으리라. 그것은 그리스인들의 명랑성과 전사적인 삶, 즉 건강한 문화 그 자체와 연결된다.

그럼에도 불구하고 자꾸만 부정적인 생각이 꼬리를 문다. "이것은 격정과 용기를 지녔는가 하면 동시에 너무 뒤늦게 익어가는 과일의 축 늘어진 누런 피부를 지니고 있다." 격정과 용기가 있기는 한데 축 늘어진 피부가 보인다. 격정과 용기는 가상한데 그것을 감당이나 할 수 있을까, 그것이 의심되는 것이다. 그래서 자꾸만 막히는 듯한 답답함이 느껴진다. "갑자기 이유를 알 수 없는 머뭇거리는 순간"이 느껴지는 것이다. 나이가 들면 하고 싶은 말도 자꾸만 머뭇거리며 하게 되는 것과 같다. 생각이 많아져서 그런 것이다. 양심이 강해져서 그런 것이기도 하다.

그리고 니체처럼 한 발자국 물러나 서곡을 들어보자. 그러면서 '전체적'인 인상을 가져보자. 삶이나 모자이크 그림은 일정한 거리를 둘수록 아름답게 보인다. 그런데 바그너의 음악은 거리를 가질수록 부정적인 측면이 부각될 뿐이다. 그 느낌을 니체는 이렇게 형용한다. "아름다움이 없으며 남국적인 것도 없고 남국 하늘의 섬세한 밝은 빛도 없으며 우아함도 춤도 없고, 논리를 향한 의지도 거의 없다." 거침이 없다. 쓴소리가 여지없이 쏟아지고 있다. 그런데도 그런 음악을 듣고 이렇게 해석을 해내는 니체는 또 어떤 마음을 가지고 있는 것일까? 물론 대답은 이제 분명하겠지만 그래도 자꾸만 묻게 된다. 도대체 왜 이러느냐고?

비판의 소리를 계속해서 들어보자. "마치 예술가가 우리에게 '그것이 내 의도이다'라고 말하려는 듯한 졸렬함마저 있는데, 이것이 여전히 강조되고 있다. 그리고 어떤 둔중한 의상이 있으며 자의적이고 야만적이며 장엄한 것이 있고 유식하고 위엄을 갖게 하는 귀중품과 레이스 장식의 펄럭거림이 있다." 정말 험담을 가득 담은 비평이다. 이건 이거다 저건 저거다 하고 말하는 예술가만큼 지긋지긋한 게 또 없다. 하나의 작품을 만들었으면 그것을 독자에게, 관중에게, 관객에게 넘겨야 하는 게 예술가의 도리다. 그런데 바그너는 글을 쓰는 음악가였다. 늘 그는 자신의 의도를 설명했다. '이것을 이해하려면 이것을 알아야 한다'고 늘 훈수를 두고 있는 것이다. 니체의 눈에 바그너의 예술은 그저 작가의 의도와 그 정신을 과시하려는 '졸렬함'으로 느껴지고 있을 뿐이다.

그런데 이런 혹독한 비판이 있은 후에 또다시 긍정적 평가가 뒤따른다. 사람을 들었다 놨다 제멋대로다. "거기에는 어떤 독일적 영혼의 강력함과 충만이 있는데, 이 영혼은 퇴폐의 세련됨 아래 자신을 감추는 것을 결코 두려워하지 않는다." 퇴폐주의. 몰락에의 의지. 이것은 허무주의를 이루는 기둥 중 하나다. 비극적 신화를 감당할 수 있는 강력한 민족의 영혼이 바그너의 음악 속에 스며 있다는 것이다. 이보다 더 좋은 말이 또 있을까. 퇴폐했지만 거기에 편안함이 있다. "이 영혼은 아마 여기에서 비로소 가장 편안한 기분을 느끼게 될 것이다." 몰락에의 의지로 충만한 자유정신만이 이해할 수 있는 편안함이다. 추락하면서 편안함을 느끼는 감정을 이해할 수 있는가. 불 속에서 자기 몸을 태우는 불사조의 고통을 이해할 수 있는가. 그 고통을 이해할 수 있다면 니체의 허무주의 사상도 충분히 이해할 수 있으리라.

니체는 바그너의 음악과 함께 현대를 살아가고 있는 독일민족의 영혼을 인식한다. 그 영혼은 지금 변화에 직면해 있다. 그것은 수백 년 과거의 흔적을 담고 있지만 늙어버렸다. 이제 다시 태어나야 하는 임무를 안고 있다. 모든 것을 버리고 다시 취해야 하는 순간이다. 왕조를 바꾸려면 과거에 미련을 떨쳐버려야 하듯이. "독일인들은 그제의 인간이면서 모레의 인간이다. ─ 그들에게는 아직 오늘이 없다." 아직 자기 삶의 주인이 되지 못한 위기의 인간이다. 한쪽 발은 과거에 또 한쪽 발은 미래에 서 있는 위기의 존재다. 오늘을 살지 못하는 불안한 존재다. 그래도 그런 모습을 보게 해준 바그너에게 찬사를 보낸다. "이러한 종류의 음악은 독일인에 대해 내가 생각하고 있는 것을 가장 잘 표현하고 있다"고.

다시 이성으로,
선한 유럽을 위한 선한 유럽인들

결국에는 선이다. 좋은 게 좋은 거다. 다시 이성이다. 틀을 깨기 위해 비이성을 선호했다면 이제는 틀을 형성하기 위해 다시 이성을 동원해야 할 때가 된 것이다. 선악의 저편을 동경하는 이유는 또 다른 선을 쟁취하기 위해서다. 비이성을 동경하는 이유는 또 다른 이성의 도래를 위한 길을 터놓기 위해서다. 혼돈을 품는 이유는 춤추는 별을 탄생시키기 위해서다. 도덕과의 한판 승부를 벌이는 이유는 또 다른 도덕의 우세를 경험하기 위해서다. 신을 죽이는 이유는 또 다른 신의 형상을 보기 위해서다.

'내 안에 너 없다'를 선언할 때 우리는 또 다른 것을 채울 수 있는 마음의 여유를 경험하게 된다. 마음의 평정, 그것은 온갖 구속으로부터 벗어날 때 실현되는 것이다. 자유정신만이 마음을 풀어놓을 수 있게 해준다. 그런 마음의 상태는 좋은 것이다. 선이라는 말로 표현해도 무방하다. 이성적이라고 선언해도 틀린 게 아니다. 모든 것이 정리 정돈되어 깔끔한 체계를 갖춘 상태이기 때문이다.

선악의 저편을 동경하듯이 니체는 하나의 국가에 얽매이려 하지 않는다. 늘 국경을 넘어선 그 어느 곳으로 시선이 향한다. 쇼펜하우어가 그랬던 것처럼 그 또한 국경을 넘어서는 철학을 하고자 했던 것이다. 이것이 그가 자주 '유럽'을 운운하는 이유다. 요즈음 말로 하자면 세계화를 지향했던 것이다. 국경을 넘어서려는 이런 경향 때문에 니체 철학이 세계인들로부터 환영을 받고 있는지도 모른다. 우리가 '한류'를 말할 때 느끼는 긍지를 생각해보면 쉽게 이해할 수 있을 것이다.

우리 '선한 유럽인들', 우리 또한 결연한 조국애에 빠지거나 낡은 애착과 편협함에 떨어지거나 되돌아가도 되는 때가 있고 —나는 바로 전에 이에 대한 증거를 들었다—, 국민적 감정의 흥분이나 애국적 중압감이나, 온갖 종류의 다른 고풍스러운 넘쳐 흐르는 감정에 휩싸이는 때가 있다. 우리보다 더욱 둔중한 정신을 지닌 사람들은 우리의 경우에 몇 시간에 한정되어 몇 시간 안에 끝내게 될 일을 그들이 소화해내고 '신진대사'를 하는 속도와 힘에 따라, 어떤 사람은 반년 만에, 어떤 사람은 반평생에 걸쳐 훨씬 긴 시간을 들임으로써 비로소 끝낼 수 있을 것이다. 사실 내가 생각해볼 수 있는 것은 조국애나 애향심의 그와 같은 격세유전隔世遺傳적인 발작을 극복하고 다시 이성으로, 말하자면 '선한 유럽 세계'로 되돌아가기 위해서는, 급속히 변해가는 우리의 유럽에서도 반세기 정도가 필요할지 모르는 우둔하고 머뭇거리는 인종이다. (236쪽 이후)

변화는 상대적이다. 누구는 10분이면 해낼 수 있는 일을 누구는 반평생을 필요로 하기도 한다. 이 모든 것은 "소화해내고 '신진대사'를 하는 속도와 힘에 따라" 결정되는 것이다. 새로운 세상이 펼쳐지려면 한 세대가 흘러가주어야 한다. 우리는, "사실 내가 생각해볼 수 있는 것은 조국애나 애향심의 그와 같은 격세유전적인 발작을 극복하고 다시 이성으로, 말하자면 '선한 유럽 세계'로 되돌아가기 위해서는, 급속히 변해가는 우리의 유럽에서도 반세기 정도가 필요할지 모르는 우둔하고 머뭇거리는 인종이다." 반공교육을 받은 우리도 새로운 세상을 경험하려면 지금부터 또다시 반세기를 보내야 할지도 모른다.

국가의 변화는 그만큼 느리다. 민족은 "우둔하고 머뭇거리는 인종"이기 때문이다. 독일민족만 그런 것이 아니다. 모든 민족은 변화를 두려워한다. 자유는 투쟁으로만 쟁취된다는 사실을 알면서도 투쟁 그 자체가 너무 힘들어서 무관심한 척 살아가고 있을 뿐이다. 누군가가 희생을 해주기를 바라면서. 그동안 자기 인생 자체가 희생이 되고 있다는 사실도 모르면서. 우둔하기 짝이 없다. 하나의 국가적 차원에서 민족정신을 관찰하면 늘 머뭇거림 속에 있다는 것을 알게 된다. 한쪽이 이런 소리를 내면 다른 쪽에서는 저런 소리를 낸다. 국민은 그런 갈등 속에서도 스스로는 그저 '잘 살기'만을 염원한다.

'선한 유럽인들', 우리식으로 의역하면 '착한 유럽인들'이다. 착한 사람이다. 시키는 대로 하는 사람이다. 나쁜 마음이라고는 가져볼 수 없는 사람이다. 늘 모나지 않고 두루뭉술하게 사는 사람이다. 현실에 안주하려는 의지로 충만한 사람이다. 하지만 니체는 진정으로 선한 유럽으로 되돌아가기 위해서는 지금의 선한 상황을 극복해야 한다는 것을 가르치고자 한다. 지금의 선악 관계를 깨고 나서야 새로운 세상이 펼쳐지기 때문이다. 착함 하나로 세상은 바꿀 수 없다. 때로 악함을 동원해야 할 때도 있는 것이다. 현재의 우둔함을 인식했을 때 비로소 악함에 손을 뻗을 수 있다. 마치 파우스트가 메피스토펠레스Mephistopheles와 피의 서약을 하듯이.

머뭇거림의 가치와 강한 인간을 위하여

머뭇거림에 실망할 필요는 없다. 방황한다고 슬퍼할 일이 아니다. 괴테는 "인간은 노력하는 동안 방황한다"(파우스트, 317행)고 했다. 방황은 노력의 증거라는 얘기다. 방황의 시간이 많을수록, 노력하는 시간이 많을수록, 즉 그렇게 보낸 시간이 많을수록 좋고 훌륭한 인생을 위한 힘은 자꾸만 축적될 것이라는 주장은 상당히 설득력을 얻는다. 그래서 느리다고 한탄할 일이 아니다. 느리면 느릴수록 인식의 깊이는 더 깊어질 것이다. 대기만성大器晩成이라고 했다. 큰 그릇은 완성되기까지 시간이 필요하다. 고난을 달게 받아야 하는 이유가 여기에 있다. 불행이 오면 감사한 마음으로 임해야 하는 이유가 여기에 있다. 인간은 오로지 "고난을 통하여 온전하게"(히브리서 2:10) 될 뿐이다.

강함은 힘의 축적이 관건이다. 힘을 쓸데없이 허비하면서 강함을 원한다면 그것은 결코 이룰 수 없는 허무맹랑한 꿈과 같다. 휴식은 필요하다. 머뭇거림과 지체 상황을 휴식으로 여기는 것도 지혜라면 지혜다. 끝까지 견뎌야 하는 이유는 상상도 못하는 해탈의 맛을 보기 위해서다. 건강한 사람이 황홀경에 빠질 수 있다. 체력이 뒷받침되어야 사랑을 할 수 있다. 건강한 몸이 있어야 오르가슴을 느낄 수 있다. 행복을 지향하는 것이 인간의 본성이라 했다. 그 행복은 하지만 온갖 불행을 끌어안을 수 있을 때 실현될 뿐이다. 비극 공연이 예비해둔 '레타르다치온Retardation',[4] 즉 정체기 혹은 머뭇거림을 견뎌낼 때 카타르시스가 찾아온다. 막힘이 있어야 뻥 뚫림의 쾌감을 맛볼 수 있는 것이다.

오늘날 유럽인들의 특징으로 구하게 되는 것을 이제 '문명', '인간화' 또는 '진보'라고 불러보자. 칭찬하거나 비난하지 말고 정치적 문구를 빌려 이를 간단하게 유럽의 민주화 운동이라고 말해보자: 그리고 문구로 표시되는 모든 도덕적, 정치적 전경의 배후에는 점점 더 도도히 흐르려는 어떤 거대한 생리학적 과정이 진행되고 있다. — 이는 유럽인들이 닮아가는 과정이며, 풍토적으로나 신분상으로 제약된 인종을 발생시키는 여러 조건에서 유럽인이 점차 해방되는 과정이며, 그들이 수 세기 동안 동일한 요구를 심신에 새겨 넣고 싶어 했던 모든 특정 환경에서 점차 독립해간다는 것이다. — 그러므로 생리학적으로 말해, 최대의 적응술과 적응력이 전형적인 특징인 본질적으로 초국가적이고 유목민(노마드)적인 종류의 인간이 서서히 나타나고 있는 것이다. 생성되어가는 유럽인이라는 이 과정은 커다란 반동이 있어 속도가 지체될 수도 있지만, 아마 바로 이 때문에 격렬함과 깊이를 얻게 되고 이러한 것들은 증대 발전하게 될 것이다 — 지금도 여전히 미쳐 날뛰고 있는 '민족 감정'의 질풍노도도, 이와 마찬가지로 이제 막 나타나는 무정부주의도 여기에 속한다: 이 과정은 아마도 '현대적 이념'의 사도인 소박한 후원자나 찬양자가 조금도 예상하지 못한 결과를 초래하게 될 것이다. (239쪽 이후)

민주화 운동! 그것은 구속된 어떤 조건들에서 벗어나는 과정이다. "풍토적으로나 신분상으로 제약된 인종을 발생시키는 여러 조건에서" 해방되어가는 과정이다. "수 세기 동안 동일한 요구를 심신에 새겨 넣고 싶어 했던 모든 특정 환경에서" 독립해가는 과정이다. 니체는 유럽에서 이러한 과정을 목격하고 있다. 이름하여 '유럽의 민주화 운동'이라는 것을 말이다. 이 민주화 운동을 바라보는 니체의 마음은 희망으로 가득 차 있다. 이 운동의 결과로 뭔가 '강한 인간'이 탄생할 것이라고 믿고 있는 것이다.

유럽은 이런 민주화 과정을 통해 서로 닮아가고 있다. 유럽 하면 떠오르게 되는 어떤 양식이 형성되어가고 있다. 바꿔 말하면, 거기에는 "어떤 거대한 생리학적" 변화가 일어나고 있다는 얘기다. 즉 "생리학적으로 말해, 최대의 적응술과 적응력이 전형적인 특징인 본질적으로 초국가적이고 유목민적인 종류의 인간이 서서히 나타나고 있는 것이다." 그 어떤 것에도 제약되지 않는 인간, 그 어떤 상황에서도 특별한 적응 기술을 가지고 살아갈 수 있는 인간, 그 어떤 국가 권력에도 종속되지 않은 초국가적 인간, 즉 세계적인 인간, 유목민처럼 떠돌아다니지만 그가 머무는 모든 곳에서 고향처럼 편안하게 살아갈 수 있는 인간이 서서히 모습을 드러내고 있다. 결국 유럽 전체는 이런 강한 인간들이 모여 사는 곳이 되어갈 것이라는 얘기다.

물론 그 변화의 과정은 쉽게 이루어지지 않을 것이라는 사실을 니체도 잘 알고 있다. 하지만 그 변화의 어려움이 상상도 못했던 결과물을 양산해낼 수도 있음을 예상하기도 한다. 때로는 "커다란 반동이 있어 속도가 지체될 수도 있지만, 아마 바로 이 때문에 격렬함과 깊이를 얻게 되고 이러한 것들은 증대 발전하게 될 것이다." 변화의 속도가 지체될 수도 있다. 하지만 바로 그 지체 때문에 격렬해지고 깊이 있는 어떤 것이 형성되기도 하는 것이다. 강한 인간은 이런 과정 속에서 탄생하는 것이다.

즉 끊임없이 변화하는 조건들을 하나하나 점검하며 세대마다 거의 10년마다 새로운 일을 시작하는 적응력은 강력한 인간 유형을 전혀 만들지 못하게 한다. 그러한 미래의 유럽인에 관한 전체 인상이란 아마 그날그날의 빵이 필요하듯 주인과 명령하는 자가 필요하며, 여러모로 수다스럽고 의지가 박약한 극히 재주 있는 노동자에 관한 인상이 될 것이다. 이와 같이 유럽의 민주화는 가장 미묘한 의미에서 노예근성을 준비하는 인간 유형을 산출하는 데 이르게 된다. 이에 대해 개별적이고 예외적인 경우 강한 인간은 그의 교육이 편견 없이 이루어지고 엄청나게 다양한 훈련, 기술, 가면이 있었기 때문에, 그가 아마 지금까지 이르렀던 것보다 더 강하고 풍부해지지 않을 수 없을 것이다. 나는 다음과 같이 말하고 싶었다: 동시에 유럽의 민주화는 본의 아니게 전제적 지배자를 — 이 용어를 모든 의미에서, 또한 가장 정신적인 의미에서 이해한다면 — 길러내는 것을 준비하는 것이 된다. (240쪽)

자꾸 바뀌는 교육제도로는 강한 인간을 기대할 수가 없다. 힘을 축적할 기회를 주지 않기 때문이다. "거의 10년마다 새로운 일을 시작하는 적응력"은 스스로 "주인과 명령하는 자가 필요"하다는 인식을 갖게 해줄 뿐이다. 다시 말해 그런 제도 속에서는 "노예근성을 준비하는 인간 유형"만이 산출될 뿐이다. '또 뭘 하라는 것일까?' 이런 고민만을 하게 만든다. 명령에 귀를 기울이게 만든다는 얘기다. 노예근성으로 일관하는 인간이 자신의 삶을 주체적으로 살아갈 수 없다는 것은 당연한 소리다. 니체가 우리에게 가르치고자 하는 삶은 그런 삶이 아니다. 노예적인 삶이 아니다.

강한 인간이 탄생할 수 있는 여건과 그런 여건 속에서 탄생한 강한 인간의 속성에 대해 니체는 분명한 인식을 가지고 있다. "개별적이고 예외적인 경우 강한 인간은 그의 교육이 편견 없이 이루어지고 엄청나게 다양한 훈련, 기술, 가면이 있었기 때문에, 그가 아마 지금까지 이르렀던 것보다 더 강하고 풍부해지지 않을 수 없을 것이다." 즉 강한 인간은 '편견 없는 교육'이 만들어낸다. 무엇이 좋다 나쁘다로 평가하는 교육이 아닌 교육이 인간을 강하게 만들어낸다는 얘기다.

또 강한 인간은 '다양한 훈련, 기술, 가면'을 감당할 능력을 갖춘 인간이다. 강한 인간은 하나만 잘하는 "전문가"(171쪽)의 수준을 넘어선 존재다. 다양한 훈련을 통해 다양한 기술을 연마해내고 그 결과 다양한 가면을 자신의 얼굴 위에 자유자재로 씌울 수 있는 능력이 있는 자가 강한 인간이다. 공자의 말로 표현하자면 '화이부동和而不同',[5] 즉 화합하지만 부화뇌동附和雷同하지는 않는다는 뜻이다. 다양한 가면을 쓸 수 있는 것은 좋은 능력이다. 그것은 남을 속이는 것이 목적이기는 하지만 결코 해코지를 하기위함이 아니라, 오히려 화합을 하기 위함이다. 그런 의도로 가면을 쓸 수있는 자는 강한 인간이다.

니체가 말하는 강한 인간은 자신의 강함을 특히 정신적인 측면에서 두각을 나타내는 인간이다. '가장 정신적인 의미에서의 전제적 지배자'가강한 인간이다. 스스로가 자기 정신의 독재자가 된 자이다. 어떤 상황에서도 자기 생각을 포기하지 않는 자이다. 자기 생각에 긍지를 가진 자이다. 그 누구의 명령에도 귀를 기울이지 않고 자기만의 길을 걷는 자이다.자기 인생의 독재자가 되라. 전제적 군주가 되라. 자기 인생을 스스로 책임지라. 이런 요구들이 강한 인간이라는 이념과 연결된다.

니체는 거대한 생리학적 변화의 과정에 확신이 있다. 사람은 변한다.변화하는 것은 허무하지만 그 허무가 의미를 지닐 수만 있다면 변화는 헛된 것이 아니다. 사람은 본질적으로 변할 것이다. 전혀 다른 사람이 될 것이다. 노예근성을 버리고 주인의식으로 무장한 강한 인간이 탄생해줄 것이다. 삶에 대한 열정으로 충만한 인간이 나타나 줄 것이다. 그 희망찬 미래를 위해 니체는 준비하는 마음으로 허무주의라는 집을 짓고 있다. 그미래의 인간이 탄생할 집이다.

나는 우리의 태양이 헤라클레스Heracles 성좌를 향해 급히 움직이고 있다는 말을 듣고 만족한다: 나는 이 지구 상의 인간도 이 점에서 태양과 같이했으면하고 바란다. 그러면 우리는 선두에 설 것이다. 우리 선한 유럽인들이여! —

(240쪽 이후)

태양처럼 몰락하기를 바랐던 차라투스트라, 그의 몰락은 희망에 찬 몰락이었다. 빛이 없던 곳에 빛을 주고자 했던 몰락이었다. 그리고 '아침놀'을 바라보며 전의를 다졌던 철학자 니체, 그는 그 태양의 도움을 받아 도덕적 편견과 싸울 것을 다짐했다. 그는 "도덕에 대한 신뢰를 철회"했다. 왜냐하면 "도덕에 충실하기 위해서!"(아침, 15쪽) 도덕을 죽이고 도덕을 살리고자 한다. 니체의 허무주의는 그런 도덕을 위한 태양이 되어 솟아오른다.

'헤라클레스 성좌'를 향해 급히 움직이고 있는 허무주의의 태양! 인류를 위해 에톤Ethon이라는 독수리를 화살로 쏘아 죽이고 거인 프로메테우스를 끊어지지 않는 쇠사슬로부터 해방시켜주었던 헤라클레스, 그의 힘은 음악의 힘이라 했다. 껍데기를 깨고 밖으로 나오게 하는 힘, 그것이 헤라클레스적인 힘이다. 음악은 이성이 틀을 깨게 하고 개별화의 원리를 극복하게 하며 급기야 "근원적 일자"(비극, 34쪽)에 도달하게 해준다. 그것이 음악의 신비로운 힘이다. 그 힘은 헤라클레스적이다. 허무주의는 바로 이런 힘을 향해 나아간다.

니체는 바란다. 허무주의의 태양이 앞장설 테니 다른 사람들도 그 뒤를 따라줄 것을. "나는 이 지구 상의 인간도 이 점에서 태양과 같이했으면 하고 바란다. 그러면 우리는 선두에 설 것이다." 선구자는 외롭다. 늘 혼자여야 하는 상황을 운명으로 받아들여야 하기 때문이다. 그것도 구속이라면 구속이다. 하지만 헤라클레스적인 힘을 위한 구속일 뿐이다. 그런 구속은 낙타의 정신으로 견뎌내야 한다. "짐깨나 지는 정신"(차라, 38쪽)으로 삶의 짐을 져야 한다. 불굴의 정신으로 버텨내야 한다.

낙타의 정신만 가질 수 있다면 도대체 어떤 짐이 두려우랴. 짐깨나 지는 정신에 더없이 무거운 짐이란 존재하지 않는다. 낙타는 사막을 '자신의 사막'으로 간주한다. 그곳에서 "진리의 물이라면 더러운 물일지라도 마다하지 않고 뛰어"(차라, 39쪽)든다. 거기서 사막의 축제를 만끽한다. 그의 즐거움을 방해할 것은 아무것도 없다. 강한 인간에게 감당하지 못할 무거운 짐은 없다. 인생은 짐을 지는 것이다. 하지만 그 짐은 축제를 위한 것에 불과할 뿐이다. 그래서 니체는 외쳐댄다. '나를 따르라!'고. "우리 선한 유럽인들이여!" 하고.

국어의 한계와 가치 인식

국어가 있는 것도 복이다. 모든 나라가 국어를 가진 게 아니기 때문이다. 하지만 그 국어를 당연한 것으로 받아들이면 안 된다. 이 대목에서 괴테의 말을 다시 떠올려보자. "당신의 조상들로부터 물려받은 것은 빌린 것이다. / 그러므로 그것을 새로이 얻어 진정으로 그것을 소유하라!"[6] 국어도 새로이 얻어 진정으로 그것을 소유해야 할 대상이 아닐까. 새로이 얻으려면 새롭게 배워야 한다. 새롭게 배우려면 한계를 제대로 인식해야 한다. 한계를 모르면 배울 게 없다. 배울 게 없는 자만큼 어리석은 자가 또 없다. 자기 모국어에 대한 니체의 비판의 소리를 한번 들어보자.

제3의 귀를 가진 사람에게 독일어로 쓰인 책들은 얼마나 고문인가! 그는 얼마나 불쾌한 마음으로 독일인들이 '책'이라 부르는 소리 없는 음향의, 춤 없는 리듬의 느리게 굽이치는 늪 언저리에 서 있게 될 것인가! 게다가 책을 읽는 독일인이란 어떤가! 그는 얼마나 굼뜨게 얼마나 마지못해 얼마나 서투르게 읽고 있는가! 좋은 문장에는 모두 기교 — 문장이 이해되기를 바라는 한, 미루어 헤아리기를 바라는 기교 — 가 숨어 있음을 얼마나 많은 독일인이 알고 있으며 또 스스로 알려고 할까! 예를 들어 문장의 템포에 대해 오해가 있다고 하자. 그러면 문장 자체를 오해하고 있는 것이다! 음률로 볼 때 중요한 음절을 의심해서는 안 된다는 것, 너무 엄격한 대칭의 파기를 원하고 매력으로 느끼는 것, 온갖 스타카토^{staccato}(짧게 끊어)나 루바토^{rubato}(자유로운 속도로)에 섬세하고 참을성 있게 귀를 기울이는 것, 모음이나 복모음의 배열 속에서 의미를 헤아리고 그 모음들이 계속되는 동안 얼마나 부드럽고 풍부하게 채색되고 변색될 수 있는지 헤아리는 것: 책을 읽는 독일인들 가운데 그와 같은 의무와 요구를 인정하고, 언어에 숨어 있는 그렇게 많은 기교와 의도에 귀 기울일 만큼 충분히 호의적인 사람이 누가 있겠는가? 결국 사람들에게는 "그것을 들을 만한 귀가 없다": 따라서 문체의 가장 강한 대조는 들리지 않게 되고, 가장 정교한 예술가적 기질도 마치 귀머거리에게 들려주듯 낭비된다. — 이것들은 산문 예술의 두 거장이 얼마나 졸렬하고 무지하게 서로 뒤바뀌는가를 알아차렸을 때 내가 생각한 것이었다. 그중 한 사람의 경우에는 축축한 동굴의 천장에서처럼 말이 주춤대며 차갑게 뚝뚝 떨어지고 있다. — 그는 그 둔중한 음향과 반향을 고려하고 있다. — 그리고 또 다른 한 사람은 자신의 언어를 휘어지는 검처럼 다루면서 찌르고 쉿 소리를 내며 자르려는 너무 예리하게 진동하는 칼날의 위험한 행복을 팔에서 발끝까지 느끼고 있다. — (247쪽 이후)

말을 하는 존재는 들어줄 귀를 찾는다. 니체는 삶의 현장을 무대처럼 내려다보는 "제3의 눈"(아침, 380쪽)을 기대했던 것처럼, '제3의 귀'를 요구하고 있다. 깨달음의 경지에 도달한 해탈의 소리는 우리가 일반적으로 갖고 있는 두 개의 귀로는 들리지 않는다. 제3의 귀가 필요하다. 그렇다면 입장을 바꿔 생각해보자. 제3의 귀를 가진 자라면 어떨까 하고 말이다. 니체는 독일어로 쓰인 텍스트에 대해 비판을 가한다. 한마디로 귀에 거슬리는 말들로 채워진 텍스트라는 얘기다. 그런 글을 읽는다는 것은 '고문'이나 다름없다고 주장한다. "그는 얼마나 불쾌한 마음으로 독일인들이 '책'이라 부르는 소리 없는 음향의, 춤 없는 리듬의 느리게 굽이치는 늪 언저리에 서 있게 될 것인가!" 소리 없는 음향, 춤 없는 리듬, 전혀 감동을 주지 않는 글에 대한 비난이 쏟아진다.

또 독서하는 태도에 대해서도 한마디 한다. "게다가 책을 읽는 독일인이란 어떤가! 그는 얼마나 굼뜨게 얼마나 마지못해 얼마나 서투르게 읽고 있는가!" 시켜서 하는 일은 재미가 없다. 마지못해 해야 하는 행동은 다 그렇다. 스스로 재미를 찾지 못하고 있는 상황에서는 모든 게 굼뜨게 마련이다. 이런 독서를 통해서는 문장 속의 기교를 알아차릴 수가 없다. "좋은 문장에는 모두 기교—문장이 이해되기를 바라는 한, 미루어 헤아리기를 바라는 기교—가 숨어 있음을 얼마나 많은 독일인이 알고 있으며 또 스스로 알려고 할까!" 적어도 독일 독자 중에는 없다는 얘기다.

문장의 기교에 문외한인 독일 독자가 범하는 문장 템포에 대한 오해는 문장 자체에 대한 오해와 같다고 말한다. 니체는 저자가 책을 집필할 때, 즉 문장을 만들어갈 때 어떤 기교를 사용하는지 조목조목 나열하고 있고, 독자는 그것을 읽어내려 해야 한다고 주장한다. 첫째, "음률로 볼 때 중요한 음절을 의심해서는 안 된다는 것", 둘째, "너무 엄격한 대칭의 파기를 원하고 매력으로 느끼는 것", 셋째, "온갖 스타카토나 루바토에 섬세하고 참을성 있게 귀를 기울이는 것", 넷째, "모음이나 복모음의 배열 속에서 의미를 헤아리고 그 모음들이 계속되는 동안 얼마나 부드럽고 풍부하게 채색되고 변색될 수 있는지 헤아리는 것" 등이 그것이다. 분명 니체 스스로도 글을 쓸 때 이런 것들에 대해 신경을 썼을 것이 분명하다. 니체의 독자는 그의 글에서 이것까지 읽어내야 한다. 그의 문체가 전하는 메시지까지 알아들어야 한다는 얘기다.

그런데 니체는 적어도 독일 독자 중에는 이토록 섬세하게 책을 읽어내는 자가 없다고 한탄한다. "책을 읽는 독일인들 가운데 그와 같은 의무와 요구를 인정하고, 언어에 숨어 있는 그렇게 많은 기교와 의도에 귀 기울일 만큼 충분히 호의적인 사람이 누가 있겠는가?" 한마디로 '없다'고 확신한다. 그런 독자가 없다는 것은 또한 그런 글이 전하는 메시지를 들어줄 귀가 전혀 존재하지 않는다는 것이다. "따라서 문체의 가장 강한 대조는 들리지 않게 되고, 가장 정교한 예술가적 기질도 마치 귀머거리에게 들려주듯 낭비된다." 이쯤 되면 우리도 움찔하게 된다. 사실 우리도 니체가 비판하고 있는 독일 독자들 수준에 머물러 있는 게 아닌가 하고 말이다. 한 세기가 훌쩍 넘는 시간이 흘러갔음에도 불구하고 독서하는 능력에는 거의 변화를 보이지 않는 것 같다. 지금까지 니체의 글을 읽어오면서 니체의 정교한 예술가적 기질을 발견해낸 자가 있을까? 가슴에 손을 얹고 반성을 해보아야 할 시점이다.

'국어를 사랑한다'는 말이 있다. 국어를 사랑한다는 것은 국어에 관심을 쏟는다는 것을 의미하고, 더 나아가 국어의 쓰임새를 발전시켜나간다는 것을 뜻한다. 독서에 무능하고 글쓰기에 나태한 자국민을 바라보며 니체는 한없이 쓴소리를 쏟아내고 있다. 제발 정신 좀 차리라고 회초리를 들고 종아리를 따끔하게 때리는 것 같다. 니체가 보기에 현대인은 독서와 글쓰기에 무능하다. 현대는 글쓰기 수업이 절실한 때다. 더 나아가 니체는 고대의 문체를 근거로 하여 독서할 때의 낭독의 의미와 가치를 역설하고 있다.

독일어 문체가 얼마나 음향이나 귀와 별로 관계가 없는지는 바로 우리의 훌륭한 음악가들이 서투른 문장을 쓴다는 사실에서 나타난다. 독일인은 소리 내어 읽지 않고 귀에 들리게 읽지 않고 다만 눈으로 읽을 뿐이다: 그는 글을 읽을 때 자신의 귀를 서랍 속에 처박아둔다. 고대인은 읽을 때—이것은 매우 드문 일이지만—자기 자신에게 실로 큰 소리로 읽어주었다. 어떤 사람이 나지막한 소리로 읽으면 의아해하며 은밀하게 그 이유를 물었다: 큰 소리로 읽는다는 것은 음성의 모든 팽창, 굴절, 전환과 템포의 변화를 가지고 읽는다는 것을 말하며, 고대의 공적인 세계에서는 이러한 것들을 즐거워했다. 그 당시에 문장체의 법칙은 구어체의 법칙과 똑같았다. 그리고 이러한 법칙은 어느 부분에서는 귀와 후두喉頭가 놀라울 정도로 훈련되고 세련되게 요구하는 데서 나온 것이었고, 다른 부분에서는 고대인의 폐부의 강함, 지속과 힘에서 나온 것이었다. 고대인이 말하는 의미의 완전한 문장이란 단숨에 축약되는 한, 무엇보다도 하나의 생리적 전체다. 그러한 완전한 문장이란 데모스테네스Demosthenes나 키케로Cicero에게서 나타나듯이, 두 번 오르는 억양과 두 번 내리는 음조를 포함하면서, 모든 것이 한 호흡 속에 있다: 이것은 고대인들에게는 즐거움이었는데, 그들은 그것에 대한 미덕을, 즉 그러한 완전한 문장으로 연설할 때의 비범함과 어려움을 스스로 훈련함으로써 평가할 줄 알았다: ― 어떤 의미에서 짧게 숨을 쉬고 있는 우리, 우리 현대인에게는 위대한 완전문을 사용할 권리가 없다! 이러한 고대인들은 모두 대화를 할 때는 학문 애호가이기도 하며 따라서 전문가이며 비평가였다. ― 이렇게 해서 그들은 그들의 연설가를 최고의 경지로 끌어올렸다: 그것은 마치 이전 세기에서 이탈리아의 남녀 모두 노래 부를 줄 알았고, 그들에게서 성악의 대가적 재능이 (그와 더불어 또한 선율의 기법이 ―) 절정에 이르렀던 것과 같다. (248쪽 이후)

하나의 문화는 모두가 참여할 때 절정에 달한다. 그런 문화는 대를 이어갈 힘을 가지게 된다. 예를 들어 고대의 문화는 2500년이 지난 지금도 연구의 대상이 되는 것과 같다. 고대인들은 거의 모두 자신들이 사용하는 언어에 대가적인 재능을 발휘했다. 디오니소스 극장에 모인 시민들은 경연대회에 참가한 비극 작품들과 그 공연 수준을 평가할 능력이 있었다. 고대의 공적 언어가 '구어체의 법칙'으로 이루어져 있었던 것을 보면 이러한 상황을 잘 알 수 있다. "이러한 법칙은 어느 부분에서는 귀와 후두가 놀라울 정도로 훈련되고 세련되게 요구하는 데서 나온 것이었고, 다른 부분에서는 고대인의 폐부의 강함, 지속과 힘에서 나온 것이었다." 시민 모두가 비평가 수준에 도달한 상황에서 무대에 오르는 예술가는 최고의 경지를 보여줄 수밖에 없었을 것이다.

공감이 이루어질 때 즐거움이 있다. 누군가 자신을 이해해 줄 때 또는 누군가를 스스로 이해할 때 우리는 즐겁고 기쁘다. 이성을 가진 존재가 지향하는 최고의 상황이다. 이성을 훈련하기 시작하는 어린아이들은 끊임없이 이야기를 들으려 한다. 똑같은 이야기도 반복해서 들으려 한다. 말하는 자의 감정과 듣는 자의 감정이 하나가 될 때 전달되는 즐거움은 이성을 가진 인간만이 알 수 있는 것이다.

고대인들은 모두가 인정하는 '완전한 문장'이 있었다. "그들은 그것에 대한 미덕을, 즉 그러한 완전한 문장으로 연설할 때의 비범함과 어려움을 스스로 훈련함으로써 평가할 줄 알았다." 해본 자만이 안다. 스스로 경험해본 자만이 아는 것이다. 직접 해본 자만이 어떤 자세가 가진 어려움과 완성체를 아는 것이다. 어려움을 아는 자가 그런 완성체를 보게 될 때 감탄을 하게 되는 것이다. 광장을 채운 시민들의 환호와 박수 소리가 들리는 듯하다. 모두가 공감하며 잘했다고 인정하는 모습이 눈앞에 선하다.

그런데 니체는 갑자기 현대인을 바라본다. 그리고 절망의 소리를 내뱉는다. "어떤 의미에서 짧게 숨을 쉬고 있는 우리, 우리 현대인에게는 위대한 완전문을 사용할 권리가 없다!" 훈련이 제대로 되어 있는 않은 자는 그다음 단계의 것에 도전할 권리가 없는 것과 같다. 1단의 경지에 도달한 자는 2단의 경지에 도전할 권리는 있어도 8단의 경지는 넘봐서는 안 된다. 마찬가지로 독서와 글쓰기에 서툴기만 한 현대인이 고대의 문장을 읽으며 낯설어 하는 것은 당연한 상황이다. 고대까지 가지 않아도 된다. 고대를 흉내 내려 했던 르네상스 시대의 문체를 접해도 현대인들은 낯선 감정을 숨길 수가 없다. 예를 들어 셰익스피어의 문체는 이제 현대인에게는 일상어가 아님을 고백할 수밖에 없다. 우리 현대인은 그렇게 시적으로 말을 하지 않기 때문이다.

하지만 니체는 국어가 섬세하게 쓰일 수 있는 상황을 염원한다. 위대한 문화를 꿈꾸기 때문이다. 강력한 국가를 동경하기 때문이다. 그러려면 국어가 발달해야 한다. 온 국민이 섬세한 어감을 가질 수 있도록 훈련을 거듭해야 한다. 고대인들이 대화를 할 때 모두가 "학문 애호가이기도 하며 따라서 전문가이며 비평가"였던 것처럼 독일인도 모두가 그런 훈련되고 준비된 자가 되어주기를 바라는 것이다. 준비된 자가 청중이 되고 관객이 될 때 예술가는 스스로 최고의 경지에 도달할 수밖에 없다. 니체는 그 효과를 노리고 있는 것이다. 고대의 비극 문화를 모범으로 삼았던 이탈리아의 오페라 문화도 준비된 관중이 있었기에 가능했다. 그 당시 모든 이탈리아 시민들은 하나같이 "모두 노래 부를 줄 알았고, 그들에게서 성악의 대가적 재능이 (그와 더불어 또한 선율의 기법이 —) 절정에 이르렀던 것 같다." 위대한 문화와 그 예술가는 대중이 따라줄 때 완성된다. 그것을 알기에 니체는 태양처럼 몰락하기를 바랐던 것이다. 아래로 내려가 눈높이를 맞춘 교육을 하고자 했던 것이다.

천재적인 민족의 두 가지 종류와 유대인에 대한 평가

천재는 인간 유형 중 하나다. 천재는 라틴어 '게니우스genius'가 말해주듯 생산력을 의미한다. 생산할 수 있는 능력을 가진 자가 천재다. 없던 것을 있게 하는 능력을 갖춘 자가 천재다. 니체는 천재에게서도 남성적 천재와 여성적 천재로 구분한다. 즉 잉태시키고 낳도록 도와주는 천재가 있고, 스스로 임신하여 낳는 천재가 있다는 것이다. 마치 인생의 적당한 순간에 만난 스승과 제자와 같다. 누구는 자아를 실현하게 하고 누구는 그의 도움을 받아 스스로 자아를 실현하는 자가 된다. 니체는 이런 천재의 유형을 민족에서도 발견해낸다. 어떤 민족이 어떤 천재의 유형을 갖고 있는지를 구분하고자 한다. 그런 의미에서 니체는 자주 천재에 대해 관심을 갖는다.

> 천재에는 두 가지 종류가 있다: 그중 하나는 무엇보다도 낳게 하고 낳게 만들기를 원하며, 다른 하나는 기꺼이 수태되고 출산하는 것을 좋아한다. 이와 마찬가지로 천재적인 민족 가운데는 임신이라는 여성의 문제나 형성, 성숙, 완성이라는 은밀한 임무가 주어진 민족이 있다. — 예를 들어 그리스인들은 이러한 종류의 민족이며, 프랑스인들도 이와 마찬가지다 — ; 그런데 수태시켜야만 하고 새로운 생명 질서의 원인이 되는 다른 민족도 있다 — 유대인이나 로마인, 그리고 아주 겸손하게 묻는다면, 독일인들도 비슷하지 않을까? — 이러한 민족은 알 수 없는 열병으로 고통스러워하고 황홀해하면서 어쩔 수 없이 내심의 충동에 쫓기면서 연모에 사로잡혀, 다른 낯선 종족('스스로 수태되게 하는' 그러한 종족)을 탐내는데, 그러나 이때 스스로 생산력이 넘치고 있음을, 따라서 '신의 은총으로'라는 것을 알고 있는 모든 사람처럼 지배욕에 차 있다. 이러한 두 가지 종류의 천재는 남성과 여성처럼 서로를 구하고 있다; 그러나 그들은 또한 남성과 여성처럼 — 서로 오해한다. (250쪽 이후)

예를 들어 그리스인, 프랑스인을 니체는 여성적 천재 유형으로 꼽는다. 이들은 "임신이라는 여성의 문제"와 관련한, 즉 "기꺼이 수태되고 출산하는 것을 좋아"하는 민족이라는 것이다. 이에 반해 유대인, 로마인, 독일인들은 남성적 천재 유형으로 구분한다. 왜냐하면 이들은 "무엇보다도 낳게 하고 낮게 만들기를 원하"는 민족이기 때문이라는 것이다. 물론 자기 민족을 이런 천재 유형을 꼽는 것이 마음에 찔렸는지 "아주 겸손하게 묻는다면"이라는 수식어를 추가해놓기도 했다.

겸손했거나 어쨌거나 니체는 자기 민족에게서 희망을 보고 있다. 독일인에게서 천재의 힘을 인식하고 있다. 거만하다고 말해야 할까. 사실 수세기 동안 성장해온 독일의 역사를 공부하다 보면 경탄을 금치 못할 때가 많다. 수많은 고통을 겪으면서 성장해온 독일민족의 치열했던 과거사는 전율을 일으키게 하기도 한다. 늘 변화에 능동적이었다. 이동민족이라는 운명적 태생 때문에 전쟁은 늘 이들의 길목에 있었다. 언제나 다른 민족을 탐하는 속성은 이렇게 형성되었으리라.

낭만주의 시대에 그림 형제 Jakob Grimm, Wilhelm Grimm 가 모아놓은 동화 중에 〈브레멘 음악대〉[7]라는 이야기가 있다. 세월이 흘러 늙고 쓸모없어진 닭, 고양이, 개, 당나귀가 자신의 존재를 알아주지 않는 집을 떠나 브레멘으로 향한다. 그들은 그곳의 음악대에 들어갈 수 있으리라는 막연한 꿈과 희망을 안고 모험여행을 한다. 브레멘으로 가는 길에 그들은 숲속에서 도둑들을 만난다. 도둑들은 맛난 밥상을 차려놓고 식사를 하던 중이었다. 닭, 고양이, 개, 당나귀는 서로를 등에 올라서게 해 키 큰 괴물

동화 〈브레멘 음악대〉의 한 장면을 삽화로 그린 것.

처럼 보이게 하고선 괴성을 질러 도둑들을 쫓아낸다. 이렇게 해서 이들은 도둑들이 남겨놓은 그 집에서 행복하게 살았단다. 참으로 게르만적인 동화다. 이동민족이 가질 법한 이야기다.

남의 것을 취했다고 해서 양심의 가책을 자질 필요도 없다. 원래 상대도 도둑들이었기 때문이다. 그들이 남겨놓은 집과 보물들은 이제 자기 것이 되었다. 부와 함께 주어진 편한 삶은 도둑들을 쫓아내고 쟁취해낸 결과였다. 어쩌면 우리 인생도 이런 것이 아닐까. 원래 자기 것은 없다. 자기 자신이 가진 자가 되었다는 얘기는 다른 누군가는 갖지 못했다는 뜻이기도 하다. 우리 모두는 도둑들인지도 모를 일이다. 독일민족이 믿는 신화의 최고 우두머리 격인 신도 보탄^{Wuotan}이라는 애꾸눈의 전쟁의 신이다. 세계대전을 두 번이나 치른 민족의 신화답다. 이런 면모를 니체는 벌써 간파했던 것 같다.

이런 호전적인 민족으로, 니체는 자신의 민족 독일인과 더불어 유대인과 로마인을 꼽았던 것이다. 기독교를 낳게 한 유대인도 다른 민족을 탐한다. 전도의 사명을 띠고 세상을 바라보기 때문이다. "너희는 온 천하에 다니며 만민에게 복음을 전파하라."(마가복음 16:15) 늘 다른 민족이 목표다. '천국 복음이 온 세상에 전파'될 때 세상은 끝에 도달할 것이고, 그리고 또 그 "끝까지 견디는 자는 구원을 얻으리라"(마태복음 24:13)고 굳게 믿고 있다.

로마인도 호전적이다. 세계 최강의 군사력으로 무장한 나라는 가만 있지 못한다. 늘 국경선을 넘어서고자 했다. "이러한 민족은 알 수 없는 열병으로 고통스러워하고 황홀해하면서 어쩔 수 없이 내심의 충동에 쫓기면서 연모에 사로잡혀, 다른 낯선 종족('스스로 수태되게 하는' 그러한 종족)을 탐내는데, 그러나 이때 스스로 생산력이 넘치고 있음을, 따라서 '신의 은총으로'라는 것을 알고 있는 모든 사람처럼 지배욕에 차 있다."

문제는 남성과 여성의 문제처럼 남성적 천재와 여성적 천재는 서로를 동경하지만 언제나 서로를 오해한다는 데 있다. 이들 사이에 완전한 이해는 있을 수 없다. 모든 인간은 기꺼이 말하고 싶지 않은 비밀을 갖고 있다. 민족 또한 그런 것이 있다. 기꺼이 숨기고자 하는 부분이 있다는 얘기다. 그런 부분을 눈치채지 못하게 하는 기술을 갖고 있다. 민족에게서 발견되는 이런 부분을 니체는 다음과 같이 서술하고 있다.

> 어떤 민족도 고유의 위선을 가지고 있으며, 심지어 이것을 자신의 미덕이라고 부른다. ─ 사람들은 자신의 최선의 것을 알지 못하며 ─ 알 수도 없다. (251쪽)

이 짧은 잠언을 우리는 어떻게 읽어야 할까. 짧을수록 해석을 위한 정보와 재료가 많지 않아 조심스럽기만 하다. 위선이 미덕이다? 이 모순부터 해결해야 한다. 간단히 말하면 자기 자신을 위한 위선은 좋은 것이라는 뜻이다. 자기 자신을 위한 가면, 자기 자신을 위한 거짓말은 미덕이라는 얘기다. 즉 남을 해코지하거나 의도적으로 함정에 빠뜨리고자 하는 악의적인 가면이나 거짓말 내지 위선을 뜻하는 것이 아니다. 니체가 좋은 뜻으로 말하고 있는 위선은 그런 것이 아니다. 긍정적인 의미, 즉 미덕으로서의 위선은 자기 자신을 위한 것이다. 거짓말도 자기 자신을 위한 것이라면 충분히 이해할 수도 있다는 것이다. 그런 거짓말까지 나쁘다고 말한다면 너무도 잔인한 잣대가 될 수밖에 없다. 그것은 마치 종교재판이나 마녀사냥의 현장에서 '솔직하게 말하라'고 윽박지르는 고문관이나 내뱉는 신념에 찬 소리가 아닐 수 없다. 니체는 "신념은 거짓말보다 더 위험한 진리의 적이다"(인간적 I, 391쪽)라고 말하기도 했다.

어쨌든 니체는 민족에게도 어쩔 수 없는 위선이 존재한다고 믿는다. 그리고 민족은 그런 위선을 미덕으로 미화하기도 한다. 하지만 이런 본능적인 위선 때문에 스스로를 알 수가 없기도 하다. "사람들은 자신의 최선의 것을 알지 못하며 ─ 알 수도 없다." 하나의 민족이 무엇을 할 수 있는가? 이 질문에 정해진 답은 없다. 한 인간이 살아생전에 어떤 일을 해낼 수 있을까? 이 질문에 확답을 내놓을 수 없는 것처럼. 위선은 위선을 낳는다. 거짓말은 그것을 정당화해내기 위해 끊임없이 거짓말을 할 수밖에 없기 때문이다. 자기 자신을 미궁 속에 갇히게 하는 것은 스스로가 미덕으로 삼는 위선이다.

학습된 습관 속에서 자기 자신을 찾는 한 인간은 자기 자신을 오해할 수밖에 없다. 부모나 스승 혹은 선배들로부터 전해 들은 것으로 판단된 모든 것은 자신의 꿈과 희망을 오염시켜놓는다. 모든 오염된 꿈과 희망은 자기 자신을 틀에 가둬놓는 결과를 초래할 뿐이다. 더 성장할 수 있는 가능성을 스스로 제거하고 마는 꼴과 같다. 천재는 이러한 위선과 맞선다. 모든 틀을 거부한다. 모든 인간에게는 천재와 위선의 두 측면이 공존한다. 얼마나 천재적인 능력을 계발하는지 혹은 얼마나 위선적인 측면을 극복하는지가 관건일 뿐이다. 민족 또한 이런 관점에서 고찰되어야 한다는 것이 니체의 입장이다. 예를 들어 유대인과 그들의 문화를 바라보는 니체는 긍정과 부정을 동시에 바라보고 있다.

유럽은 유대인에게 어떤 덕을 보고 있는가? — 여러 가지로 좋은 것도 있고 나쁜 것도 있지만, 무엇보다도 최선의 것이자 동시에 최악의 덕이 하나 있다: 즉 도덕에서의 위대한 스타일, 무한한 요구와 무한한 의미가 주는 두려움과 장엄함, 도덕적으로 의심스러운 것이 갖는 모든 낭만성과 숭고함이 그것이다. — 따라서 이것은 바로 삶을 향한 색채 변화 놀이와 유혹의 가장 매력적이고 위험하며 정선된 부분이다. 그것들의 남은 미광微光을 받아 오늘날 우리 유럽 문화의 하늘이, 그 저녁 하늘이 타오르고 — 아마 불타 없어지려는 것 같다. 구경꾼과 철학자 사이에 있는 우리 예술가들은 이 점에서 유대인에게 감사한다. (251쪽 이후)

기독교의 탄생을 유도했던 민족, 유대인에 대한 니체의 평가는 양면적이다. 좋기도 하고 나쁘기도 하다. 좋은 면은 "도덕에서의 위대한 스타일, 무한한 요구와 무한한 의미가 주는 두려움과 장엄함, 도덕적으로 의심스러운 것이 갖는 모든 낭만성과 숭고함이 그것이다." 한마디로 유대인은 도덕이 얼마나 위대해질 수 있는지 그 힘을 보여준 민족이다. 이에 반해 부정적인 측면도 있다. 그것은 너무 위대해져서 이제는 그 끝을 보여주고 있기도 하다. 생명이 다한 것 같다는 뜻이다. 더 이상의 의심을 거부하는 고집이 상황을 퇴폐적으로 만들고 있다는 얘기다.

이제 유럽은 변화를 시도한다. 현대에 접어든 유럽은 새로운 시대를 열고자 한다. 현대 이후라는 시대에 새로운 이름을 구하고자 한다. "구경꾼과 철학자 사이에 있는 우리 예술가들은 이 점에서 유대인에게 감사한다." 니체는 지금 유대인의 업적에 감사를 표하고 있다. 지금까지 우리는 구경꾼이 되어 살아왔다. 거기서 무엇인가 창조하려는 예술가적 기질을 펼쳐보기 위해 철학으로 나아가지 않을 수 없다. 우리를 고민하게 만들어준 진정한 민족이 유대인이다. 그것도 숭고한 도덕과 관련하여 가장 심각한 고민을 하게 해준 데 감사를 표해야 한다는 것이다.

유대인에 대한 이런 긍정적 평가는 자신이 처음이라고 니체 스스로 평가하기도 한다. "나는 유대인을 호의적으로 평가하는 독일인을 아직까지 만난 적이 없다."(252쪽) 니체가 유대인을 높이 평가하는 이유는 그들을 모범으로 삼아 어떤 새로운 계층의 사람들을 육성해낼 수 있으리라는 믿음으로 연결된다. 물론 독일인들에게 유대인은 만만찮은 민족임에는 틀림이 없다. "독일인의 위胃와 독일인의 피는 이 정도의 '유대인'들을 소화하는 데 어려움이 있다(여전히 오랫동안 어려울 것이다)."(253쪽) 하지만 감당하기 어렵다고 해서 거부하고 문을 닫는 것은 스스로 자신의 민족적 성질이 "유약하고 불확실하기 때문"(같은 곳)이라는 것을 고백하는 것이나 다름이 없다. 이에 반해 니체는 유대인들에게서 배울 점은 배우자고 역설한다.

> 그들은 마침내 어떤 곳에 정착하고 용납되고 존중되기를 그리고 '영원한 유대인'이라는 유목생활에 하나의 목적을 세우기를 갈망한다 ─. 우리는 이러한 특성과 충동(이것은 아마도 스스로 이미 유대인의 본능이 약해졌음을 표현하는 것일지도 모른다)을 유의해서 잘 살펴 그것을 호의적으로 받아들여야 할 것이다. 그러기 위해서는 이 나라의 반유대주의 선동가들을 추방하는 것이 아마 유익하고 정당할 것이다. 이것은 대략 영국 귀족이 그렇게 했듯이, 아주 신중하게 선택해서 받아들여야 할 것이다. 분명한 사실은 예를 들어 마르크 브란덴부르크 지역의 귀족 장교처럼 좀 더 강력하고 이미 확

실하게 틀이 잡힌 새로운 독일적 유형의 사람들은 결국 주저하지 않고 그들과 교류할 수 있을 것이다: 명령과 복종이라는 유전적 기술에 — 이 두 가지 점에서 위에 언급된 지방은 오늘날 고전적이다 — 금전과 인내의 천재성이 (그리고 특히 위에 언급된 지역에서는 유난히 결여된 정신과 정신성이) 덧붙여지고, 부가적으로 육성되게 할 수 없을지를 살펴보는 일은 여러 가지로 흥미로울 것이다. 그러나 여기에서는 내 경쾌한 독일주의와 축사를 멈추는 것이 적당하리라: 왜냐하면 나는 이미 내 진의眞意에, 내가 이해하고 있는 '유럽의 문제'에, 유럽을 다스릴 어떤 새로운 계층을 육성하는 데 손을 대고 있기 때문이다. (254쪽 이후)

니체는 유대인에게서 무엇인가를 배울 수 있다고 확신한다. 그들에게서 무엇인가를 배울 수 있기 위해 그들의 특성과 충동을 "유의해서 잘 살펴 그것을 호의적으로 받아들여야 할 것"을 주장한다. 게다가 니체는 자신의 조국에서 "반유대주의 선동가들을 추방하는 것이 아마 유익하고 정당할 것"이라고 입장을 밝히기도 한다. 그는 유대인들에게서 "명령과 복종이라는 유전적 기술"을 인식한다. 또 "금전과 인내의 천재성"도 발견해 낸다. 이런 것들을 제대로 배우게 될 때 새로운 인간 유형이 탄생할 수 있을 것이라 믿고 있다. 니체는 독일주의에 갇힌 철학을 고집하지 않는다. 그는 독毒이라도 충분히 감당할 수 있는 강력한 민족을 염원한다. 그는 유럽의 문제를 해결하기 위해 유대인을 주목한다. 그들에게 문제 해결을 위한 방안이 내재되어 있기 때문이다.

영국인들과
프랑스인들에 대하여

니체는 영국인들에 대해 한없이 부정적인 반면 프랑스인들에 대해서는 지극히 긍정적이다. 영국인들이 부정적인 이유는 그들이 기독교를 필요로 하고 또 기독교에 매달리는 비철학적 민족이기 때문이고, 또 프랑스인들이 긍정적인 이유는 절반의 성공에 불과하긴 하지만 그래도 북방과 남방의 종합을 일궈냈기 때문이라고 주장한다. "지금도 여전히 미쳐 날뛰고 있는 '민족 감정'의 질풍노도"(239쪽)가 진행 중인, 즉 아직도 독불전쟁의 승리가 가져다준 국민적 광기가 이어지고 있는 시점을 감안한다면 지극히 위험한 발언이기도 하다. 우선 영국인들에 대한 니체의 입장이다.

영국인들이란 — 철학적 종족이 아니다: 베이컨Francis Bacon은 철학적 정신 일반에 대한 공격을 의미하며, 홉스Thomas Hobbes, 흄David Hume, 로크John Locke는 한 세기 이상이나 '철학자'라는 개념의 품위를 떨어뜨리고 가치를 약화시킨 것을 의미한다. 칸트는 흄에 반항하여 일어나 스스로 높아졌다. 로크는 셸링 Friedrich Schelling이 "나는 로크를 경멸한다"고 말할 수 있었던 사람이었다. 영국의 기계론적 세계의 우매화와 투쟁하는 가운데 헤겔과 쇼펜하우어는 (괴테와 더불어) 한마음이 되었고, 철학에서 두 적대적인 천재 형제들은 서로 독일 정신의 대립적인 양극을 추구했고, 오직 형제들만이 서로 잘못하듯이, 이때 서로 잘못했던 것이다. [⋯] 굳게 기독교에 매달린다는 것은 이러한 비철학적 민족의 특징이다. 그들에게는 '도덕화'하고 인간화하기 위한 기독교적 훈육이 필요하다. 독일인보다 음울하고 관능적이며 의지가 강하고 잔인한 영국인은 — 바로 그렇기 때문에 두 민족 가운데 더 저속하고, 또한 독일인보다 더 경건하다: 영국인에게는 여전히 기독교가 더욱 필요하다. 좀 더 예민한 콧구멍을 가진 사람이라면 이러한 영국의 기독교 자체에도 변덕과 술로 인한 방탕이라는 실로 영국적인 냄새가 따라다니는 것을 느끼는데, 기독교를 그러한 것에 대한 치유제로 사용하는 데는 충분한 이유가 있다. — 즉 조야한 독에는 정교한 독이 사용된다: 좀 더 정교하게 독에 중독된다는 것은 실로 우둔한 민족에게는 이미 진보요, 정신화되기 위한 한 단계이다. (255쪽 이후)

베이컨, 홉스, 흄, 로크로 이어지는 영국의 철학자들은 "한 세기 이상이나 '철학자'라는 개념의 품위를 떨어뜨리고 가치를 약화시킨 것을 의미한다"고 니체는 꼬집었다. 이들의 철학에 대해 아는 바가 없어서 독서가 힘들다는 말은 하지 않도록 하자. 그저 니체가 하는 말에만 귀를 기울여도 대충 무슨 말을 하는지는 짐작할 수 있기 때문이다. 니체는 앞서 언급한 영국의 철학자들은 모두가 "기계론적 세계의 우매화"에 일조했다고 주장한다. 그들의 세계관 속에는 기독교가 근간을 이루고 있기 때문이라고 본다. 영국적인 냄새의 본질을 이루고 있는 것은 "변덕과 술로 인한 방탕"에 의한 것인데 이것을 치료하기 위해 영국의 철학자들은 기독교를 치유제로 선택했다는 지적이다. "즉 조야한 독에는 정교한 독이 사용된다: 좀 더 정교하게 독에 중독된다는 것은 실로 우둔한 민족에게는 이미 진보요, 정신화되기 위한 한 단계이다." 니체 특유의 비아냥거리는 소리가 들려온다. 진보를 얘기하면서도 좀 더 정교한 독에 중독되어 있는 우둔한 민족을 운운하기 때문이다.

게다가 영국의 철학에는 평범한 진리가 있다고 비아냥거린다. "평범한 머리를 가진 사람들에게 가장 적합하기 때문에 그들이 가장 잘 인식하는 진리가 있다. 그리고 오직 평범한 정신을 가진 사람들에게만 매력과 유혹의 힘을 가진 진리가 있다"(257쪽)고. 즉 영국의 철학에서는 평범한 진리 그 이상을 발견할 수 없다는 것이다. 좀 더 무엇인가를 원한다면 "오늘날 사람들은 아마도 불쾌할 수 있는 이러한 명제에 부딪히게 된다."(같은 곳) 예를 들어 "대단한 능력을 가진 사람이나 창조하는 사람은 가능한 한 무지한 사람이어야 할 것이다."(258쪽) 무지한 사람이 창조한다? 니체의 입장에서 보면 불쾌한 명제가 아닐 수 없다. 결국 니체는 "유럽의 천박함과 현대적 이념의 천민주의 — 이것은 영국의 작품이며 발명이다"(258쪽 이후)라고 주장하기에 이른다.

이번에는 프랑스인들에 대한 평가를 들어보자. 니체는 영국인들을 평범한 철학으로 인한 현대적 이념의 천민주의로의 이행을 도모한 주범으로 바라본 반면, 프랑스인들에 대해서는 자신의 유산이나 소유물을 유지하고 있는 세련되고 수준 높은 민족으로 평가하고 있다. 이러한 평가를 바탕으로 하여 니체는 프랑스 자체를 세련된 문화와 취미를 배울 수 있는 학교로 간주하기에 이른다.

> 오늘날에도 여전히 프랑스는 유럽의 가장 정신적이고 세련된 문화의 중심지이며 취미의 고급 학교이다: 그러나 우리는 이 '취미의 프랑스'를 찾아내는 법을 알아야만 한다. 이에 속하는 사람은 자기 자신을 곧잘 숨기고 있다: — 그 안에서 자신을 구현하며 살고 있는 사람은 매우 적을 것이며, 게다가 아마도 가장 강력하게 자립하지 못하는 사람도 있을 것이고, 부분적으로는 숙

명론자와 우울한 자, 병자들이, 또 부분적으로는 유약한 인간과 가식적인 인간들, 자신을 숨기려는 야심을 가지고 있는 사람들이 있을 수 있으리라. […] 그러나 자의적이거나 의도하지 않은 온갖 취미의 독일화나 천박화에도 불구하고, 오늘날에도 여전히 프랑스인들이 자신의 유산이나 소유물로, 그리고 유럽에 대한 옛 문화적 우월함의 없어지지 않은 증거로 자랑스럽게 제시할 수 있는 것은 세 가지가 있다: 그 하나는 예술가적 정열을 지닐 수 있는 능력과 '형식'에 헌신할 수 있는 능력인데, 그것을 표시하기 위해 예술을 위한 예술이라는 용어를 비롯하여 그 밖에 무수히 많은 다른 용어가 창안되었다: […] 프랑스인들이 유럽에 대한 우월함의 근거로 삼을 수 있는 두 번째 것은 그들의 오래되고 다양한 도덕주의적 문화이다. […] 또한 우월함을 주장하는 세 번째 요구가 있다: 프랑스인들의 본질에는 반쯤 성공한 북방과 남방의 종합이 있어, 이것이 그들에게 영국인들이라면 결코 파악하지 못하는 많은 일을 이해하게 만들며 다른 일들을 행하도록 만든다. (259쪽 이후)

아무리 좋은 학교도 학생이 준비되어 있지 않으면 소용이 없다. 좋은 스승은 좋은 학생이 만든다는 말도 있다. 아니 서로가 적당한 시기에 만나주어야 위대한 사건이 된다. 그런 만남이 위대한 변화의 원인을 제공하게 되는 것이다. 프랑스가 아무리 좋은 학교라 해도 그 의미를 파악할 수 있는 능력이 없다면 아무 쓸모없는 존재가 되고 만다. 니체는 현재 독일이 그런 실수를 범하지 않을 것을 희망한다. 전쟁에서 이겼다고 그들의 문화까지 이긴 것은 아니라고 이미 《반시대적 고찰》 1권 첫 부분부터 주장한 바 있다. "독일의 여론은 전쟁, 특히 승리로 끝난 전쟁의 나쁘고 위험한 결과에 대해 말하는 것을 거의 금하고 있는 것처럼 보인다."(반시대 I, 183쪽) 이 문장과 함께 니체는 4부에 달하는 긴 집필 여정을 시작했다.

물론 프랑스 전체가 다 긍정적인 것은 아니다. 독불전쟁에서 패배한 이후 나타나는 염세주의적 분위기는 경계의 대상으로 지목했다. 특히《선악의 저편》이 발표되기 1년 전에 사망한 빅토르 위고 Victor Marie Hugo(1802~1885)의 정신세계, 예를 들어 작품《레 미제라블 Les Misérables》(1862)의 어두운 분위기는 극복되어야 할 부분으로 보기도 한다. 이 시대의 프랑스인들은 떳떳하지 못하고 "자기 자신을 곧잘 숨기고 있다." 패배의식이 만들어내는 사회적 분위기는 지극히 부정적이다. 자기를 구현하는 사람은 적을뿐더러, 자립도 하지 못하고, 때로는 숙명론자나 우울한 자가 되어 살아가고 있다.

위기의 순간에 헤겔 철학과 같은 낙천주의가 환영을 받았던 것처럼, 또 '독일화', 즉 바그너처럼 "현대 정신의 현실적인 요구에 따라"(260쪽) 움직이는 천박한 예술정신이 나타나기도 하지만, 그럼에도 불구하고 프랑스의 문화는 여전히 우월함을 유지하고 있고 본받을 게 많다고 니체는 평가한다. 그 증거로 니체는 세 가지 측면을 제시한다. 첫째는 "예술가적 정열을 지닐 수 있는 능력과 '형식'에 헌신할 수 있는 능력"을 꼽았다. 니체식으로 표현하자면 낙타의 정신처럼 짐을 질 수 있는 힘과 정열이 있다는 것이다. 자기 자신에게 주어진 짐을 무시하거나 저버리지 않는 능력, 그것이 바로 '형식'에 헌신할 수 있는 능력이 아닐까.

둘째는 "그들의 오래되고 다양한 도덕주의적 문화"를 주목한다. 하나의 사회 안에 다양한 도덕이 있다는 것은 긍정적이다. 다양한 도덕이 서로 경쟁만 할 수 있다면 건강한 사회라고 볼 수 있기 때문이다. 외견상으로는 혼잡하고 소란스러운 것처럼 보일 수는 있어도 그것을 감당해내는 정신은 과거의 것과는 비교될 수 없는 더 위대한 산물을 내놓을 수 있게 되는 것이다. 프랑스인들은 다양한 도덕 중에서 적합하고 유익한 도덕을 끊임없이 추적해왔다. "프랑스는 그것을 찾는 노력을 아낀 적이 없다." (260쪽) 찾는 과정은 고통스러울지 모르지만 그러한 과정이 문화를 더욱 성숙하게 만들어줄 것이다.

셋째는 "반쯤 성공한 북방과 남방의 종합"이 있다는 것을 부각한다. 여기서 '반쯤 성공'했다는 말은 부정적으로 사용되었다기보다는 커다란 성과를 일궈냈다는 식으로 읽히는 것이 더 타당할 듯하다. 절반이나 성공했다는 의미로 말이다. 이런 종합 덕분에 프랑스인들은 영국인들이 결코 파악하지 못하는 많은 일을 이해할 수 있게 되고 또 다른 일들도 행할 수 있게 되는 것이다. 비제^{Georges Bizet(1838~1875)}는 이러한 프랑스인들을 위해 "음악의 남방을 발견했던 것"(262쪽)이라고까지 니체는 주장한다.

선악을 넘어선
남방의 음악에 대한 동경

'민족과 조국'이라는 제목이 붙여진 8장의 마지막 두 잠언은 독일 음악과 바그너를 다루고 있다. 이 장 자체가 바그너와 함께 시작했고 또 바그너와 함께 마감하고 있다는 얘기다. 니체에게 자신의 민족과 조국 독일은 바그너 없이는 생각할 수가 없기 때문일 게다. 바그너는 그 당시 독일 음악을 대표하는 인물이었다. 그만큼 비중이 있는 인물이었다는 얘기다. 프로이센의 황제 빌헬름 1세가 그의 공연을 보기 위해 바이로이트를 찾은 점만 보아도 예삿일이 아니다. 그런데 니체는 독일 음악에서 조심할 게 있다고 가르친다. 왜 그런 것일까? 독일 음악이 어쨌다는 것일까?

독일 음악에는 여러 가지 주의가 필요하다고 나는 생각한다. 내가 남방을 사랑하듯이, 누군가가 남방을 사랑하며, 그것도 가장 정신적인 것과 관능적인 것에서의 치유의 위대한 학교로, 독립적이고 스스로를 신뢰하는 현존재 위로 퍼져나가는 제어할 수 없는 충분한 태양빛과 태양의 정화로 사랑한다고 가정해보자: 그러면 그러한 사람은 독일 음악에 조심해야 할 것이 있음을 알게 될 것이다. 왜냐하면 독일 음악은 그의 취향을 망가뜨림으로써 그의 건강도 함께 망가뜨리기 때문이다. 혈통이 아니라, 믿음에 따르는 이와 같은 남방인은 음악의 미래를 꿈꿀 때, 북방의 음악에서 해방되는 것도 꿈꿔야 하며, 더욱 깊고 힘찬, 아마 더 악의적이고 더 신비에 차 있을 음악의 서곡을 자신의 귀로 들어야만 하는 것이다. 그것은 독일을 넘어서는 음악이며 관능적인 푸른 바다나 지중해의 밝은 하늘빛을 눈앞에 두고도, 모든 독일 음악처럼 그 음향이 멎거나 노랗게 되거나 색이 바래는 일이 없다. 그것은 유럽을 초월한 음악이며 갈색을 띤 사막의 일몰 앞에서도 여전히 의연하게 있으며, 그 영혼이 야자수 같아, 거대하고 아름다우며 고독한 맹수들 사이에서 허물없이 배회할 줄 아는 것이다… 나는 어떤 음악을 생각해보았는데, 그 진귀한 매력은 선과 악을 더 이상 알지 못하는 데서, 아마 어떤 선원의 향수 같은 것, 어떤 황금빛 그림자나 부드럽고 유약한 것이 때때로 그 위를 달리며 떠나가는 데서 이루어지는 음악이다: 그것은 아주 먼 곳에서 몰락해가며, 거의 이해할 수 없게 되어버린 도덕적 세계의 색깔이 자신에게로 도피해오는 것을 보는 듯한 예술이며, 그와 같은 때늦은 도망자를 받아들일 만큼 친절하고 충분히 깊이 있는 예술인 것이다. — (262쪽 이후)

독일 음악에는 여러 가지 주의가 필요하다. 그것이 니체의 생각이다. 한마디로 조심해야 한다는 뜻이다. 왜 독일인은 자신의 음악에 조심해야 할까? "왜냐하면 독일 음악은 그의 취향을 망가뜨림으로써 그의 건강도 함께 망가뜨리기 때문이다." 독일 음악은 취향도 건강도 모두 망가뜨린다는 얘기다. 왜 그럴까? 반대편에 가보면 보인다. 외국에 나가보면 자국에 대한 문제가 보이듯이. 니체는 자신이 남방을 사랑하듯이 남방을 사랑해 보라고 권한다. 그러면 독일 음악이 어떤 음악인지 보일 것이라고 말한다.

남방에 대한 이미지는 좋기만 하다. 남쪽 나라, 빛이 많은 곳, 맑은 하늘이 있는 곳, 신선한 바람이 부는 곳, 따뜻한 지방, 북방은 남쪽을 매우 긍정적으로 묘사한다. "그것도 가장 정신적인 것과 관능적인 것에서의 치유의 위대한 학교로, 독립적이고 스스로를 신뢰하는 현존재 위로 퍼져나가는 제어할 수 없는 충분한 태양빛과 태양의 정화로" 묘사된다. 이성으로 생각하며 살아야 하는 존재는 전혀 다른 곳에 가봄으로써 자기가 살고 있는 곳의 문제를 확인하게 될 때가 많다. 인간이 여행을 하는 혹은 해야 하는 이유가 여기에 있다. 낯선 곳에 가야 정신을 차린다고나 할까.

남방인이 만드는 남방의 음악은 "북방의 음악에서 해방되는 것도 꿈꿔야 하며, 더욱 깊고 힘찬, 아마 더 악의적이고 더 신비에 차 있을 음악의 서곡을 자신의 귀로 들어야만" 한다. 북방의 이성적인 음악에서 해방되는 것이 남방의 꿈이다. 틀에 박힌 논리에서 벗어나는 것이 꿈이다. 그래서 악의적으로 들릴 수도 있다. 익숙하지 않아서 그런 거다. 그런 악의를 향해 마음을 여는 순간 모든 것은 더 깊고 더 힘차며 더 신비롭게 다가온다. 그것은 "독일을 넘어서는 음악"인 동시에 "유럽을 초월한 음악"이다. 하나의 민족에 제한된 음악이 아니며 더 나아가 하나의 대륙에만 국한된 음악이 아니다. 하나의 이데올로기를 지향하는 것이 아닌 남방의 음악은 온 세상을 위해 퍼져나간다.

그런 다음 문학적 비유를 들어가며 남방과 그 음악을 묘사한다. 그것은 "갈색을 띤 사막의 일몰 앞에서도 여전히 의연하게 있으며, 그 영혼이 야자수 같아, 거대하고 아름다우며 고독한 맹수들 사이에서 허물없이 배회할 줄 아는 것이다." 사막의 일몰 앞에서도 의연한 음악, 영혼이 야자수 같은 음악, 거대한 음악, 아름다운 음악, 고독한 맹수들 사이에서 허물없이 배회할 줄 아는 음악, 그것이 남방의 음악에 대한 이미지다.

자연에 가까이 혹은 자연스러운 것이 남방의 음악이다. 인위적이거나 인공적이지 않아 악의가 가득 찬 것처럼 보일 수는 있다. 틀이 보이지 않아 위험하게 보일 수도 있다. 하지만 그런 자연성이 정신적인 측면에서는 가장 좋은 효과를 볼 수 있다. 그런 측면에서는 가장 좋은 "치유의 위대한 학교"가 될 수도 있는 것이다. 이성적 존재인 인간은 자연 속에서 자연에 의해 치유된다. 자연의 품 안에서 위로를 얻는다. 산에서 강에서 한없는 위로의 소리를 듣는 존재라는 뜻이다.

남방의 '진귀한 매력'은 다른 게 아니다. "선과 악을 더 이상 알지 못하는 데서, 아마 어떤 선원의 향수 같은 것, 어떤 황금빛 그림자나 부드럽고 유약한 것이 때때로 그 위를 달리며 떠나가는 데서" 그 매력이 발견될 뿐이다. 선악을 넘어선 곳에서 들리는 음악, 그것이 남방의 음악이다. '이건 이거고 저건 저거다'라는 식의 잔소리가 더 이상 들리지 않는 음악이다. 모든 것이 해방을 맛보고 있는 분위기다. 태양이 충만한 따뜻한 음악이다. 간간이 불어오는 신선한 바람을 느낄 수 있는 음악이다.

이런 '치유의 위대한 학교'에서 배울 수 있는 것은 선악을 넘어선 "도덕적 세계의 색깔"이다. 남방인도 믿음을 갖고 있다. 그는 "혈통이 아니라, 믿음에 따르는" 자이다. 그에게도 신앙이 있다. 이와 마찬가지로 그에게 도덕적인 세계를 염원한다. 니체가 바라는 신앙이며 도덕이다. 북방에서 잔소리처럼 들은 신앙과 도덕이 아니다. 때로는 악의로 들리는 해방된 정신의 신비로움이 깊은 곳까지 파고들어간 신앙과 도덕이다. 황량한 사막에서 맞이하는 일몰 광경에서도 의연함을 잃지 않는 신앙과 도덕이다. 허무주의 철학이 동경하는 신앙과 도덕이다. 남방의 음악은 이런 신앙과 도덕을 품고 있거나 품을 수 있는 그런 "충분히 깊이 있는 예술"이다.

하나의 유럽을 저해하는
민족주의라는 망상

하나의 민족은 망상이다. 민족주의라는 이념 또한 망상이다. 망상은 깨져야 한다. 이성을 가진 존재만이 망상을 가진다. 생각의 방식이 망상을 만들어간다. 생각이 잘못되면 세상이 잘못된다. 싫다는 감정이 싫은 세상을 만들어낸다. 염세적 세계관이 세상을 염세적으로 만들고 마는 것이다. 민족주의에 사로잡힌 민족은 타민족에 대한 관용을 베풀 수가 없다. 하나의 이념에 얽매인 자는 스스로를 비좁은 틀에 가둬놓고 말기 때문이다. 타인을 받아들일 여유가 없다. 마음속에 공간이 부족하다. 자기 스스로 존재하기도 힘든 그런 곳이다. 갑갑하고 답답하다. 대화가 안 된다. 마음을 전할 수 없어 그런 거다. 니체의 허무주의 사상은 이런 민족주의를 넘어서고자 애를 쓴다.

민족주의의 망상이 유럽의 여러 민족 사이에 가져다주었고 아직도 가져다주고 있는 병적인 소외 탓에, 이와 마찬가지로 오늘날 이 망상에 힘입어 기운차고, 그들이 추진하고 있는 상호분리 정책이 필연적으로 과도기적 정책밖에 될 수 없음을 조금도 알아채지 못하고 있는 근시안적이고 성급한 정치가들 탓에, ―오늘날에는 말로는 전혀 표현할 수 없는 모든 수많은 것 탓에, 이제 유럽이 하나가 되기를 원한다는 것을 표현하고 있는 가장 명백한 징조들이 간과되거나 제멋대로 기만적으로 다시 해석되고 있다. 이 세기의 좀 더 깊이 있고 생각이 넓은 모든 인간의 경우에는, 이 새로운 종합에 이르는 길을 준비하고 시험 삼아 미래의 유럽인들을 앞당겨 생각해보는 것은 그들의 영혼의 신비적인 작업에 깃들인 본래의 전체 방향이었다: 그들이 '조국'에 속했던 것은 그들이 전면에 있었을 때, 약해졌을 때, 노령에 있었을 때이다. ―'애국자'가 되었을 때, 그들은 단지 자기 자신에게서 벗어나 휴식을 취했던 것에 불과했다. (263쪽 이후)

민족주의는 "병적인 소외"다. 그것은 한마디로 망상이다. 병적인 망상이다. 민족주의자들이 "'조국'에 속했던 것은 그들이 전면에 있었을 때, 약해졌을 때, 노령에 있었을 때이다." 이보다 더 잘 설명할 수 있을까. 민족과 국가를 위한다는 민족주의자들의 모습을 보면 안타깝기 짝이 없다. 자기 인생에서 자기 자신이 주인 노릇을 하지 못하고 있기 때문이다. 그들이 "'애국자'가 되었을 때, 그들은 단지 자기 자신에게서 벗어나 휴식을 취했던 것에 불과했다." 인생 자체가 자기 자신에게로 가는 길이라 했다. 그렇다면 자기 자신에게서 벗어난 애국자의 삶은 인생이라는 의미로 해석이 되어서는 안 되는 것이다. 하나의 이념에 사로잡힐 때 싸움을 운명처럼 받아들인다. 그것을 군인들은 군인정신軍人精神이라 부른다. 그런 정신을 기반으로 한 힘을 군기軍氣라고 말한다. 명령에만 반응하는 지극히 노예적인 인간이 그때 탄생하는 것이다.

'유럽이 하나가 되기를 원한다'는 말은 나폴레옹 시절부터 이슈가 되어 왔다. 그런데 그것이 하나의 민족주의와 결탁하면서 이상하게 변질되고 말았다. '상호분리 정책'을 필연적인 것으로 주장하는 "근시안적이고 성급한 정치가들"에 의해 전혀 다른 뜻으로 사용되고 있다. 원래의 의도는 "간과되거나 제멋대로 기만적으로 다시 해석되고 있다." 니체도 '유럽이 하나가 되기를 원한다.' 하지만 민족주의적인 입장에서가 아니다. "이 세기의 좀 더 깊이 있고 생각이 넓은 모든 인간의 경우에는" 모조리 민족주의적인 방향으로 나아가고 있다. 독불전쟁에서 승리한 도취감은 몰락할 것 같지 않은 망상에 사로잡히게 하고 있다. 민족주의적인 정치인은 그저 "새로운 종합"을 꿈꾸고 있을 뿐이다.

병적인 망상으로서의 민족주의는 낭만주의 예술에서 절정에 이른다. 비현실적인 이념으로 일관했던 대표적인 예술가로 니체는 바그너를 꼽고 있다. 그가 창조해낸 예술의 경향은 낭만주의, 특히 프랑스의 후기낭만주의를 대표하며 〈민중을 이끄는 자유의 여신〉(1830)이라는 그림으로 유명한 들라크루아Eugène Delacroix(1798~1863)의 그것과 유사하다고 비꼰다. 무대 위에 영웅을 보여주는 듯하면서도 하나의 민족 이념에 얽매여 있는 인물, 즉 깃발을 손에 들고 있는 모습을 벗어나지 못하고 있다는 비판이다. 바그너의 예술 이념은 정치적인 목적에 부합하고 있고, 그것을 위해 격정성은 극단으로 치닫고 있을 뿐이라는 사실을 니체는 간파했던 것이다.

들라크루아의 〈민중을 이끄는 자유의 여신〉. 프랑스의 낭만주의를 대표하는 그림. 파리 루브르 박물관 소장.

그럼에도 불구하고 40년대 프랑스의 후기낭만주의와 리하르트 바그너가 서로 내면적으로 가장 밀접하게 연관되어 있다는 사실은 남아 있다. 이 양자는 그 요구의 높이와 깊이 모두에서 유사하며 근본이 유사하다: 그들의 다양하고 격정적인 예술을 통해 그 영혼이 밖으로 위로 치닫고 이를 열망하는 것이 유럽, 바로 이 하나의 유럽인 것이다. — 그것은 어디로 향하는가? 새로운 광명을 향하고 있는가? 새로운 태양을 열망하는가? 그러나 새로운 언어수단을 가진 이 모든 장인이 명확하게 표현할 수 없었던 것을 누가 정확히 표현할 수 있는 것일까? 확실한 사실은 같은 질풍노도가 그들을 괴롭혔다는 것이고, 이 최후의 위대한 탐구자들인 그들이 동일한 방식으로 탐구했다는 점이다! 이들 모두는 눈과 귀에 이르기까지 문학에 의해 지배되고 있으며 — 세계 문학적 교양을 갖추고 있는 최초의 예술가들이며 — 그들은 대부분 스스로 작가이자 시인이고, 예술과 감각의 매개자이자 교배자이기조차 했다. (바그너는 음악가로서는 화가에 속하며, 시인으로서는 음악가에, 예술가 일반으로서는 배우에 속한다.) 이들 모두는 '어떤 희생도 마다하자 않는' 표현의 광신자들이다 — 내가 강조하는 사람은 바그너와 가까웠던 들라크루아이다 — . (264쪽 이후)

독일을 넘어서고 유럽을 초월하는 영웅이라면 니체도 환영했을 것이다. 니체의 허무주의 사상은 하나의 이념에 얽매이는 것 자체를 지양한다. 그의 철학은 본능적으로 그런 것을 혐오한다. 니체의 시선은 늘 한계를 넘어서려는 의지로 충만해 있다. 그의 사상은 선악의 저편이라는 이상향을 향해 있을 뿐이다. 이런 점을 지적하며 니체 철학도 낭만주의적인 경향을 띠고 있다고 말한다면 할 말이 없다. 하지만 그는 민족주의자들이 원했던 하나의 새로운 종합 따위에는 안중에도 없었다.

이념에 사로잡힌 자들은 늘 격정적이다. "그들의 다양하고 격정적인 예술을 통해 그 영혼이 밖으로 위로 치닫고 이를 열망하는 것이 유럽, 바로 이 하나의 유럽인 것이다." 소리를 지를 수 있다고 다 아름다운 예술이 되는 것은 아니다. 사람을 변화시키는 진정한 감동은 그런 것에 의해 이루어지는 게 결코 아니다. 민족주의를 바탕에 깔고 있는 이념적이고 격정적인 예술은 니체가 염원했던 남방의 예술과는 동떨어져 있다. '치유의 위대한 학교', '충분한 태양빛과 태양의 정화'로 인식되는 예술과는 전혀 상관이 없다는 얘기다.

바그너의 음악을 듣고 나면 잔소리를 잔뜩 듣고 난 후처럼 마음이 무거워진다. 이념이 폭풍 속에서 정신은 인식이 전한 과도한 짐으로 인해 옴짝달싹하지 못할 정도가 된다. 너무 많이 알아도 문제다. "표현의 광신자"들이 쏟아낸 말들의 잔치에서 먹을 수 있는 것은 오로지 민족주의의 이념

뿐이다. 아무리 그런 음식을 배불리 먹어도 정신은 자유로워지지 않는다. 불쾌감이 증폭되어 오히려 부담이 가중될 뿐이다. 바그너는 "대중의 세기"(265쪽)에 걸맞은 스타는 될 수 있을지 모른다. 하지만 니체가 동경하는 선악의 저편에는 미치지 못한다. 그것이 바그너를 반대하는 이유가 된 것이다.

이제 바그너는 노년의 우울한 시기에, 그가 — 그 사이 정책이 된 취향을 선취하면서 — 자신의 고유한 종교적 맹렬함으로 로마로 향하는 길을 비록 가지는 않았지만, 그럼에도 불구하고 설교하기 시작했을 때 이 죄를 충분히 면하게 되었던 것이다. — 이와 같은 마지막 말로 인해 내가 오해받지 않도록 하기 위해, 나는 몇 줄의 힘찬 시구의 도움을 받고자 한다. 또한 이러한 시구는 그다지 예민하지 못한 귀를 가진 사람들에게도 내가 무엇을 원하고 있는지, — 내가 '만년의 바그너'와 그의 파르지팔 음악에 반대하고자 함을 드러내게 될 것이다.

　— 이것은 그래도 독일적인 것인가? —

　이 답답하게 외치는 소리는 독일인의 가슴에서 나온 것인가?

　그리고 이처럼 자신의 살을 떼어내는 것이 독일의 육체가 하는 짓인가?

　목사처럼 손을 벌리는 이 태도가,

　향 피우는 연기와 향내 풍기는 이러한 관능의 자극이 독일적인 것인가?

　그리고 이와 같이 멈추고 넘어지고 비틀거리는 것이,

　이와 같이 불확실하게 땡땡하며 울리는 종소리가 독일적인 것인가?

　이와 같은 수녀들의 추파 아베마리아 기도 시간을 알리는 종소리가,

　이 모든 거짓된 황활에 싸여 있는 천국과 천국 저편이?

— 이것이 그래도 독일적인 것인가? —

생각해보라! 그대는 아직 문가에 서 있구나: —

왜냐하면, 그대가 듣고 있는 것은 로마이며, — 말 없는 로마의 신앙이
기 때문이다! (266쪽 이후)

시의 형식은 수많은 말을 줄여놓은 것을 의미한다. 우리의 언어 습관에
서도 시詩는 말씀 언言 변에 절 사寺, 즉 '절에서 사용하는 언어'로 이해되
고 있다. 한마디로 침묵의 언어다. 종소리 하나로 해탈의 소리를 들려주
는 곳이다. 득도의 길을 걷기 위해 침묵의 수행을 하는 곳이다. 바그너의
예술은 "정책이 된 취향"으로 가득하다. 그 흉측한 몰골을 보여주기 위해
니체는 시의 형식을 빌린다.

고대의 로마는 기독교의 등장과 함께 몰락했다. 노년의 우울한 시기를
보내고 있는 만년의 바그너는 성배를 지키는 파르지팔의 음악으로 충만
해 있다. 몰락의 시대에 꾸는 꿈 같다. 천국과 영생을 향한 마음이 꿈틀댄
다. 온 감각이 기독교의 본고장 로마로 향해 있다. '로마로 향하는 길'에서
바그너의 예술은 '설교'를 하는 듯도 하다. 신 앞에서 무릎을 꿇고 성스러
운 찬양가를 부르는 영웅의 모습에서 니체는 황당한 느낌을 받고 있다.
이래도 되는가? 니체는 끊임없는 질문의 폭풍 속에 들어간다.

"이것은 그래도 독일적인 것인가?" 중요한 질문이다. 진정한 독일은 이
동민족이다. 전쟁을 운명으로 받아들였던 호전적인 민족이다. 알프스 이
남의 입장에서 보면 야만민족에 해당한다. 전쟁의 신을 섬겼던 야만족이
라는 얘기다. 그들은 전쟁터에서 죽어야 '발할Walhall'[8]이라 불리는 이상향
으로 간다고 믿었던 전쟁민족이다. 그들의 구원이론 내지 천국이론은 그

러니까 전쟁과 관련을 맺고 있
다. 전쟁터가 아닌 다른 곳에서
죽으면 천국을 못 간다는 것이
다. 전쟁민족다운 이야기가 아
닐 수 없다.

그런데 '만년의 바그너'가
보여주는 작품, 특히 〈파르지
팔Parsifal〉(1882)은 기독교의 예
배를 극장으로 옮겨놓은 기분
까지 든다. 바그너는 이 작품
의 부제를 '뷰넨바이페스트슈
필Bühnenweihfestspiel', 즉 '무대봉헌
극' 혹은 '무대 봉헌축제극'이

1882년 7월 26일 바이로이트에서 이루어진 〈파르지팔〉의 초
연 장면.

라고 붙여놓았다. 극장의 무대가 설교가 이루어지는 제단이 된 셈이다. 무
대 위에서 찬송가가 불리는 상황이 벌어진 셈이다. 게다가 파르지팔은 예
수의 피를 담았다는 성배를 지키는 기사다. 신의 존재를 인정하는 기독교
의 이야기다. '신은 죽었다'는 복음으로 철학의 길을 걸어왔던 허무주의 철
학자 니체에게는 받아들일 수 없는 것이 되고 만 것이다.

노년의 우울한 예술가가 들려주는 그의 마지막 작품을 대하면서 니체는
진심으로 묻고 있다. 이게 진정 독일적인가 하고 말이다. "목사처럼 손을
벌리는 이 태도"에서 니체는 기독교의 교리에 얽매인 신앙인의 모습을 발
견한다. 바그너 스스로도 왕에게 보낸 편지글에서 "충실한 종 리하르트 바
그너"[9]라는 말을 남겼다. 이중적인 의미의 표현이다. 왕의 종이면서 동시

에 신의 종이라는 말이 될 수 있기 때문이다. 이 표현을 물론 니체는 알지 못했지만 그래도 무대 상황만으로도 충분히 그의 심경을 읽을 수 있었을 것이다. 종이 되어버린 예술가의 정신을 말이다. 정책이 되어버린 예술가의 취향을 말이다.

08

생명을 위한 빛과 어둠의 결혼식

—
적절한 때 친구가 보이나니, / 이는 정오의 친구로다 —
아니다! 그가 누구인지 묻지 말라 — / 정오에 하나는 둘이 되었다… //
빛과 어둠을 위한 결혼식이 다가왔다…

인간이라는 유형을
향상시키는 거리의 파토스

《선악의 저편》을 마감하는 마지막 9장의 제목은 '고귀함이란 무엇인 가?'이다. 의문문 자체가 제목으로 선택되었다. 고귀함에 대한 문제로 이 책을 마감하고자 하는 것이다. 이 세상에서 무엇이 고귀하다는 소리를 들을 자격이 있는 것일까? 이 질문은 또한 니체의 철학 자체가 고귀함을 추구한다는 뜻이기도 하다. 역으로 이렇게 생각할 수도 있다. 고귀함은 고귀하지 않은 상태를 전제하는 개념이다. 인간이 사는 이 세상에서 고귀하지 않은 것은 또 무엇인가?

물론 지금까지 니체의 글들을 꾸준히 읽어온 독자라면 스스로 답을 알고 있을 것이다. 극복하는 자가 고귀하며 살고자 애를 쓰는 그자가 고귀하다. 생명을 위한 힘을 추구하는 자가 고귀하며 자기 삶의 주인이 되고자 하는 의지를 불태우는 자가 고귀하다. 자기 자신을 향한 고독은 피난처라고 했다. 그런 고독 속에서 인간은 다시 자기 자신이 되는 것이다. 이런 것 외에 가르치고자 하는 것은 없다. 이런 것을 가르치기 위해 수많은 다른 길을 보여주기는 했다. 경계하라는 의미에서. 그리고 '고귀함이란 무엇인가?'라는 질문하에 내놓은 첫 번째 잠언은 인간 향상에 대한 내용을 담고 있다.

'인간'이라는 유형을 향상시키는 모든 일은 지금까지 귀족적인 사회의 일이었다. 그리고 앞으로도 항상 그렇게 반복될 것이다: 이와 같은 사회는 인간과 인간 사이의 위계질서나 가치 차이의 긴 단계를 믿어왔고 어떤 의미에서 노예제도를 필요로 했다. 마치 혈육화된 신분 차이에서, 지배계급이 예속자나 도구를 끊임없이 바라다보고 내려다보는 데서, 그리고 복종과 명령, 억압과 거리의 끊임없는 연습에서 생겨나는 거리의 파토스das Pathos der Distanz가 없다면, 저 다른 더욱 신비한 파토스, 즉 영혼 자체의 내부에서 점점 더 새로운 거리를 확대하고자 하는 요구는 전혀 생겨나지 못했을 것이다. 그것은 점점 더 높고 점점 드물고 좀 더 멀리 좀 더 폭넓게 긴장시키는 좀 더 광범위한 상태를 만들어내는 것이며, 간단히 말해 '인간'이라는 유형의 향상이자 도덕적 형식을 초도덕적인 의미로 말한다면, 지속적인 '인간의 자기 극복'에 지나지 않을 것이다. 물론 귀족적 사회의 (즉 '인간'이라는 유형을 향상시키는 조건의 —) 발생사에 대해서는 어떤 인도주의적 미혹에 빠져서는 안 된다. 진리는 냉혹하다. (271쪽)

'진리는 냉혹하다.' 그럼에도 불구하고 인간은 진리를 추구한다. 냉혹해도 괜찮다는 얘기다. 왜 그럴까? 왜 냉혹한 진리를 알고자 하는 것일까? 냉혹한 진리를 감당할 수 있을 때 인간은 한 단계 더 나아갈 수 있기 때문이다. "절대적 진리가 없는 것과 마찬가지로 영원한 사실도 없다"(인간적 I, 25쪽)는 것이 니체의 기본 입장이었다. 하나의 진리를 알게 되면 그 흉측한 몰골까지 확인해야 한다. 그것이 상황을 냉혹하게 만드는 것이다. 아무리 사랑하는 사람이라 해도 생로병사의 진행을 거스르는 자는 아니라는 진리를 깨닫게 해줄 것이다. 누구나 늙어갈 것이고 누구나 병이 들 것이며 또 누구나 죽음이라는 마지막을 경험하게 될 것이다. 그것이 진리다. 이것을 깨닫기 위해 싯다르타는 6년이란 고행의 시간을 필요로 했다. 쉽게 깨달아지는 것이 아니라는 뜻이기도 하다.

향상된 인간은 어떤 존재일까? 니체가 "'인간'이라는 유형을 향상시키는 모든 일"에 대해 말을 꺼내고 있기에 묻는 것이다. 누가 과연 향상된 인간일까? 과거부터 근대까지 이어져 온 것은 귀족적인 것이 향상된 것이라는 판단이었다. 귀족적인 것은 노예제도를 필요로 했다. 귀족이 존재하는 사회는 "인간과 인간 사이의 위계질서나 가치 차이의 긴 단계를 믿어"왔다. 이런 의미에서는 니체의 철학도 노예제도를 인정하는 철학이기도 하다. 향상을 믿는 사상이라면 어쩌면 당연한 것인지도 모른다. 향상된 존재와 향상되지 못한 존재는 분명 차이가 있을 것이기 때문이다. 또 그 차이에 대한 믿음이 사회의 위계질서를 만들어줄 것이기 때문이다.

차별화, 차별의식은 존재하고 또 존재해야 한다. 그것이 인간을 노력하는 존재로 만들어 줄 것이다. 이것을 니체식으로 표현하자면 '거리의 파토스'이다. 거리감을 가져야 한다는 뜻이기도 하다. '나는 너와 다르다'는 의식이 존재한다는 뜻이다. 이성적 존재인 인간은 이런 생각을 가질 수밖에 없다. 이성은 늘 자기 자신과 타인을 구별하게 만들기 때문이다. '나는 나이고 너는 너이다.' 이보다 더 확실한 명제가 또 어디 있을까. 나는 너가 될 수 없고 너 또한 내가 될 수 없다. 여기서 인간은 외로움이라는 근원적 문제를 인식하게 되기도 한다. 이런 인간에게 신으로 형상화될 수 있는 것은 '영원히 함께해준다'는 그런 것이 아닐까. '사랑'보다 더 좋은 신적인 형상이 또 있을까.

"새로운 거리를 확대하고자 하는 요구"가 사람을 끊임없는 훈련 상황에 있게 해준다. 공부도 마찬가지다. 공부하는 이유는 남들과 다른 삶을 원하기 때문이다. 열심히 사는 이유도 그와 다를 바가 없다. 왜 열심히 살고자 하는가? 인류의 평화를 위해서? 제발 좀 솔직해지자. 그런 말은 미인대회에서나 들을 수 있는 가식적인 말일 뿐이다. 하지만 가장 개인적인 인간이 가장 보편적인 이념에 도달한다는 주장에도 귀를 기울여야 한다. 칸트로 대표되는 계몽주의 철학도 개인의 의지가 사회 입법의 원리와 맞닿을 수 있다는 대전제하에서 이루어졌었다. 괴테의 파우스트라는 인물도 지극히 개인적인 욕망에 충실함으로써 신이 인정하는 삶, 즉 구원이라는 대열에 낄 수 있었던 것이다. 니체가 자기 자신으로 되돌아가는 길을 역설하는 이유도 여기에 있다. 진정으로 자기 자신이 된 자만이 타인의 삶에 긍정적인 영향을 끼칠 수 있다. 건강한 두 사람만 모이면 사랑이라는 기적이 일어난다. 신을 체험하는 그런 상황이 벌어진다는 얘기다.

인간은 거리의 파토스를 지속시켜야 한다. "그것은 점점 더 높고 점점 드물고 좀 더 멀리 좀 더 폭넓게 긴장시키는 좀 더 광범위한 상태를 만들어내는 것이며, 간단히 말해 '인간'이라는 유형의 향상이자 도덕적 형식을 초도덕적인 의미로 말한다면, 지속적인 '인간의 자기 극복'에 지나지 않을 것이다." 말이 복잡해졌다. 그냥 거리의 파토스는 인간의 자기 극복을 지속시켜준다고 말하면 된다. 그렇게 이해하면 되는 것이다. 거리의 파토스는 자기 극복을 위한 방법 중의 하나다.

거리의 파토스를 이야기할 때 조심해야 하는 것은 평화에 대한 유혹이다. "어떤 인도주의적 미혹에 빠져서는 안 된다"는 얘기다. 세상은 그렇게 호락호락하지 않다. 기회만 주어지면 인간은 재미난 삶을 살고자 한다. 즐거운 삶을 만끽하고자 한다. 재미나고 즐거운 삶은 타인의 희생 없이는 불가능하다. 자기가 잘 살고 싶다면 잘 살지 못하는 타인이 있다는 사실을 인정해야 한다. 성공한 삶을 지향한다면 성공하지 못한 삶도 존재한다는 사실을 받아들여야 한다. 그런 것을 외면한 채 잘 사는 삶과 성공적인 삶을 운운한다면 그것은 모순이다. 그것은 알량한 자기 합리화에 지나지 않는다.

성공을 주장하는 시대보다 귀족적인 삶을 지향하는 시대가 또 없다. 귀족이라는 계층에 대한 개념만 사용하지 않을 뿐 그 이념은 귀족주의를 표방하고 있다는 데는 의심의 여지가 없다. 성공시대에는 누구나 그 사회의 최고로 인정되는 직업을 꿈과 희망으로 꼽는다. 직업이 꿈과 희망의 내용이 된다. 그런 사람이 되고자 애를 쓴다. 요즈음 같으면 꿈과 희망이 의사요 변호사다. 돈을 잘 벌어다 주는 직업이기 때문이다. 돈을 잘 벌면 행복하다는 공식이 적용되고 있는 시대다. 돈이 있어야 한다는 의식만큼 위험한 것이 또 있을까? 그런 의식이 돈의 노예를 만들고 있다는 인식이 오기만 하면 모든 것은 상품으로 치장한 탈을 벗고 허무한 본모습을 드러내게 될 것이다. 잘 살려고 발버둥 친 일평생이 허무하게 느껴지게 될 것이다. 자기 자신을 챙겨주지 못한 것에 대해 상상도 못할 후회가 덮쳐올 것이다.

하지만 니체의 허무주의 철학은 자기 자신을 변호하고자 한다. "대중의 세기"(265쪽)에 살면서 대중의 이데올로기에 휘둘리지 않는 삶을 살아갈 수 있는 방법을 가르쳐주고자 한다. 허무주의 철학은 자기 자신 이외에는 모든 것이 허무함을 주장한다. 아니 자기 자신조차도 극복의 대상으로 바라보는 철학이다. "진리는 냉혹하다." 극복만이 진리를 진리답게 해준다. 늘 향상을 향하여! 이것만이 허무주의 철학이 지향하는 삶의 방식이다. 하루를 살아도 좀 더 나은 삶을 지향하라는 뜻이다. 늘 야만성을 전제로 하여 고귀함으로 나아가야 한다. 늘 파괴의 정신으로 창조의 삶을 살아가야 한다. 삶 속에서의 창의성은 극복이 전제될 때만 실현된다.

부패는 생명을
위협하는 것

허무주의 철학을 대표하는 문구가 '신은 죽었다'라는 것이다. 이 말이 지향하는 바는 다른 것이 아니다. 영원한 진리 따위는 존재하지 않는다는 것뿐이다. 영원성, 불변성, 그런 것은 현실적인 영역에서는 그저 꿈과 같은 환상에 지나지 않는다. 현실에서 한 발자국만 떨어져서 제3의 눈과 귀로 삶의 현장을 내려다보고 거기서 들려오는 소리를 들어보면 전혀 다른 그 무엇을 인식하게 될 것이다. 삶의 소리를 제대로 듣게 될 때 우리는 니체의 음성을 들을 수도 있을 것이다. "삶은 나를 실망시키지 않았다."(즐거운, 293쪽) 삶은 결코 실망시킨 적이 없다. 삶에서 실망하는 것은 오로지 우리 자신뿐이다. 허무주의 철학은 신으로부터 삶을 보호하고자 한다. 영생으로부터 죽어야 할 운명적 존재를 변호하고자 한다. 자기 삶에 실망하지 말라고 가르치고자 한다.

인간의 삶은 시간과 공간이라는 현상의 원리에서 벗어날 수가 없다. 그것이 이성을 가지고 살아야 하는 인간의 운명이다. 모든 개체는 지금 여기 살고 있을 뿐이다. 지금과 여기가 존재를 위해 가장 기초가 되는 조건이라는 얘기다. 그런데 그 지금과 여기를 썩게 하는 것이 있다. 거리의 파토스가 부정적으로 진행될 때, 즉 '나는 너와 다르다'는 인식이 부정적으로 진행될 때 나의 존재는 무한정 극대화되고 너의 존재는 한도 끝도 없이 부정되는 기형적인 제도가 탄생하게 된다. 니체식으로 표현하자면 그것은 부패한 제도다. 혁명이라는 위협을 받을 수밖에 없는 병든 제도다.

부패란 본능의 내부가 무정부 상태로 위협받으며, '생명'이라 불리는 정동의 기초가 흔들리는 것을 표현하는 것이다. 부패는 그것이 나타나는 생명의 형태에 따라 근본적으로 다른 것이 된다. 예를 들어 어떤 귀족체제가 혁명 초기의 프랑스처럼 숭고한 구토와 함께 그 특권을 던져버리고, 스스로를 그 과도한 도덕적 감정의 희생양으로 바친다면, 이것이 부패다. — 이것은 본래 저 몇 세기에 걸쳐 지속된 부패의 종막일 따름이며, 그러한 부패 때문에 프랑스 귀족체제는 서서히 자신의 지배 자격을 포기하고 스스로 왕권의 기능으로 (결국 완전히 장식물이나 구경거리로) 전락했다. 그러나 훌륭하고 건강한 귀족체제의 본질을 이루는 것은, 귀족체제가 (왕권이든, 공동체든) 스스로 그 기능으로서가 아니라, 오히려 왕권이나 공동체의 의미나 최고의 변명으로 느낀다는 것이며, — 그렇기 때문에 그 스스로를 위해 불완전한 인간이나 노예, 도구로까지 억압당하고 약해져야만 하는 무수히 많은 인간의 희생을, 양심의 가책 없이 받아들인다는 것이다. 이 제도의 근본 신념은 사회가 사회를 위해 존재해서는 안 되며, 선택된 종류의 인간 존재를 좀 더 차원이 높은 과제로, 대체로 보다 높은 존재로 고양될 수 있는 토대나 발판이어야만 한다는 것이다. 이러한 인간은 그 덩굴로 참나무를 오랫동안 자주 휘감으면서 마침내 그것에 의지하지만, 그것을 넘어서서 자유로운 햇빛 속에 그 화관을 펼치고 자신의 행복을 드러내 보일 수 있는 자바 섬에 있는 저 햇빛을 갈구하는 덩굴식물 — 이것은 시포 마타도르^{Sipo Matador}라 불린다 — 과 비교할 수 있다. (272쪽 이후)

진정한 귀족은 "그 스스로를 위해 불완전한 인간이나 노예, 도구로까지 억압당하고 약해져야만 하는 무수히 많은 인간의 희생을, 양심의 가책 없이 받아들인다"는 데 특징이 있다. 일반 대중들로부터 독립된 공간을 형성하고자 하는 의도는 진정한 귀족의식이 아니다. 그런 의식은 가지지 못한 자를 마치 노예처럼 부려먹는 못된 인간, 즉 양심이 없는 인간만을 양산해낼 뿐이다.

부패한 귀족은 다른 게 아니다. 정신이 썩어빠진 귀족을 두고 하는 말이다. 니체의 사상은 귀족제도를 옹호하지만 이런 썩어빠진, 즉 부패한 귀족제도를 두고 한 말이 아니다. 자기들은 궁전 안에서 특별한 삶을 즐기면서 시민들의 영역에 대해서는 혐오감을 표시한다든가 혹은 시민들의 삶에 대해서는 관심조차 쓰지 않는 이기적인 삶은 혁명의 위협을 받을 수밖에 없다.

예를 들어 프랑스 대혁명은 "몇 세기에 걸쳐 지속된 부패의 종막일 따름이며, 그러한 부패 때문에 프랑스 귀족체제는 서서히 자신의 지배 자격을 포기하고 스스로 왕권의 기능으로 (결국 완전히 장식물이나 구경거리로) 전락했다." 프랑스 귀족은 스스로 부패하고 몰락했다. 그 과정은 수백 년 동안 진행되어온 부패의 결과일 따름이다. "'생명'이라 불리는 정동의 기초가 흔들리"면 혁명은 피할 수 없게 된다. 사회주의적으로 표현하자면 부의 분배는 다시 재편되어야 한다. 왕조가 바뀌는 것도 부패한 지배권력 때문이다.

하지만 니체는 "훌륭하고 건강한 귀족체제의 본질을 이루는 것"을 추궁한다. 바로 그것이 니체가 꿈꾸는 이상향을 실현해줄 것이기 때문이다. 훌륭할 뿐만 아니라 건강한 귀족의 탄생은 다름 아닌 건강한 개인의 출현과 맞물린다. 이러한 개인들이 모여들 때 사회는 축제의 현장으로 바뀔 수 있다. 《비극의 탄생》에서 꿈꿨던 "근원적 일자"(비극, 34쪽)를 경험하게 되는 신비로운 축제 말이다.

훌륭하고 건강한 귀족체제의 본질을 이루는 것은 "기능으로서가 아니라, 오히려 왕권이나 공동체의 의미나 최고의 변명으로 느낀다는 것"이다. 줄여 말하자면 스스로를 기능으로서가 아니라 의미로 느낀다는 것이다. '왕권이나 공동체의 의미나 최고의 변명'을 우리는 어떻게 해석해야 할까? 건강한 귀족체제에서 왕권과 사회 공동체는 서로가 서로를 필요로 하는 존재다. 이런 관계를 니체는 덩굴식물과 참나무라는 비유로 설명하고 있다. "이러한 인간은 그 덩굴로 참나무를 오랫동안 자주 휘감으면서 마침내 그것에 의지하지만, 그것을 넘어서서 자유로운 햇빛 속에 그 화관을 펼치고 자신의 행복을 드러내 보일 수 있는 자바 섬에 있는 저 햇빛을 갈구하는 덩굴식물과 비교할 수 있다." 참나무는 건강한 공동체의 의미로, 또 덩굴식물은 참나무에 의지해 살아가야만 하는 귀족으로 비유되고 있다. 덩굴식물이 참나무를 필요로 하는 이유는 '자바 섬에 있는 저 햇빛을 갈구'하기 때문이다. 빛을 보고 싶은 그 욕망이 튼튼한 나무를 필요로 하는 것이다.

건강한 귀족체제에서 사회는 빛을 보고 싶은 욕망이 실현되는 터전이다. "이 제도의 근본 신념은 사회가 사회를 위해 존재해서는 안 되며, 선택된 종류의 인간 존재를 좀 더 차원이 높은 과제로, 대체로 보다 높은 존재로 고양될 수 있는 토대나 발판이어야만 한다는 것이다." 인간은 극복되어야 할 그 무엇이다. 그 극복의 단계는 상대적이다. 절대적인 기준은 없다. 그래서 다양한 인간이 존재할 수밖에 없고, 더 많이 극복한 인간은 보다 덜 극복한 인간 위에 존재하는 것은 당연한 것이다. 이것을 기분 나쁘게 생각할 필요는 없다. 누군가의 지배하에 들어간다는 것이 기분을 상하게 할 수는 있어도, 또 누군가의 희생을 통해 '자바 섬의 햇빛'을 보게 되는 행운을 가질 수도 있다는 점에서는 희망적이지 않을 수 없다. 이것이 보장될 때 인간은 극복하려고 애를 쓰는, 즉 자발적으로 노력하는 인생에 돌입하게 될 것이다.

생명력의 입장에서 바라본 착취에 대한 해석

착취는 나쁘다. 해서는 안 되는 행위다. 분명 어감이 나쁜 개념이다. 일한 만큼 보수를 주지 않고 잉여 가치를 독점하는 일이기 때문이다. 그래서 인간은 착취해서는 안 된다고 배웠다. 사회는 일한 만큼 그에 해당하는 보수를 보장해주어야 한다. 하지만 그런 개념이 존재하는 이유는 착취가 만연하기 때문이다. '거짓말하지 말라'라는 말이 미덕으로 받아들여지는 이유는 거짓말이 일반적이고 보편적이기 때문이다. 니체는 이러한 착취 개념을 어떻게 도출해내고 또 해석해내는지 관찰해보자.

> 침해, 폭력, 착취를 서로 억제하고 자신의 의지를 다른 사람의 의지와 동일시하는 것: 이것은 만일 그 조건이 주어진다면(말하자면 각 개인의 역량과 가치 척도가 실제로 유사하고, 그들이 같은 조직체에 소속되어 있다면), 어떤 개략적인 의미에서 각 개인 간의 선량한 풍습이 될 수 있다. 그러나 이러한 원리를 폭넓게 받아들여 혹시 사회의 근본 원리로까지 만들려고 하자마자, 바로 이것은 삶을 부정하는 의지로, 해체와 타락의 원리로 정체를 드러내게 될 것이다. 여기에서 우리는 철저하게 그 근거를 생각해서 감상적인 허약함을 배격해야만 한다: 생명 그 자체는 본질적으로 이질적인 것과 좀 더 약한 것을 자신의 것으로 만드는 것이며, 침해하고 제압하고 억압하는 것이며 냉혹한 것이고, 자기 자신의 형식을 강요하며 동화시키는 것이며, 가장 부드럽게 말한다 해도 적어도 착취이다. (273쪽)

각 개인의 능력과 힘이 다 똑같다고 가정할 때, 아니 최소한 '실제로 유사'하다고 가정할 때 "자신의 의지를 다른 사람의 의지와 동일시하는 것"은 정말 "선량한 풍습이 될 수 있다." 칸트의 정언명법이 바로 이런 것이었다. "너의 의지의 준칙이 항상 동시에 보편적 입법의 원리로 타당할 수 있도록 행위하라."[1] 개인의 의지가 법의 의지가 되도록 행동하라는 뜻이다. 간단히 말해, 법에 따라 행동하라는 것이다. 하지만 이런 철학을 공부하다 보면 의문이 생겨나곤 한다. 정말 인간이 그렇게 행동할까? 자기 의지가 법의 의지와 같아질 수 있을까? 좀 더 노골적으로 표현하면, 자신의 욕망이 법의 욕망과 일치될 수 있을까? 그것은 니체가 말하고 있듯이 그저 "감상적인 허약함"을 드러내는 것이 아닐까.

'내가 이러니 너도 이래야 한다'는 식으로 행동의 범주를 정해놓으면 어떤 일이 벌어질까? 칸트의 정언명법을 법의 원리로 받아들이게 될 경우 어떤 상황이 펼쳐질까? 니체는 이렇게 대답한다. "이러한 원리를 폭넓게 받아들여 혹시 사회의 근본 원리로까지 만들려고 하자마자, 바로 이것은 삶을 부정하는 의지로, 해체와 타락의 원리로 정체를 드러내게 될 것이다." 법이 사람을 지배하는 역전현상이 일어난다는 것이다. 법은 사회를 위해, 즉 인간을 위해 존재하는 것이지, 통제와 구속의 원리로 존재하는 것은 결코 아니다. 사람을 마음대로 벌주기 위해 법조인이 되고자 한다면 잘못된 직업관이 형성된 것이리라. 칸트의 정언명법은 일반 입법의 원리를 개인 의지보다 우선시한다는 데 맹점이 있다. 개인 의지는 일반 입법의 원리를 따라야 한다는 식으로 읽히기 때문이다.

니체는 인간보다 더 높은 원리는 없다고 생각한다. 인간 위에 존재하는 진리는 없다는 뜻이기도 하다. 그래서 그는 '선량한 풍습' 따위는 믿지도 않는다. 그런 것은 망상에 지나지 않는다는 것이다. 도대체 무엇이 선량하다는 말인가? 어느 하나를 선량하다고 말하는 순간 수많은 다른 것은 선량하지 못하다는 판단을 받아야 하는 지경에 이르게 된다. 니체는 그런 꼴을 보고 싶지 않은 것이다. '왼손잡이'가 나쁜 것일까? 왜 그 반대편 손을 '오른손'이라고 말해야 할까? 그 손이 옳은 것이라고 판단함으로써 그 반대편 손은 자동적으로 틀린 것이 되고 만다. 다 같은 손인데.

무엇이 진리다, 무엇이 사실이다, 적어도 무엇이 옳다고 판단하는 순간, 이것은 이미 "삶을 부정하는 의지로, 해체와 타락의 원리로 정체를 드러내게 될 것이다." 정말 그렇다. 니체는 허무주의로 극복해나가기를 바랄 뿐이다. 하나의 생각에 정체되는 현상은 부정적이다. 극복의 철학에서 받아들이기 힘든 부분이 바로 이 점이다. 너무 냉혹하다는 것이다. 극복하기 싫다는 것은 동정의 이유가 되지 못한다. 극복할 수 없다는 것은 용서의 이유가 되지 못한다. 생명이 있는 곳에는 늘 "이질적인 것과 좀 더 약한 것을 자신의 것으로 만드는 것"이 존재한다. 이것을 부정하고자 한다면 손바닥으로 하늘을 가리고자 하는 것과 같다. 지극히 당연하다는 뜻이다.

누구나 살고 싶다. 살고 싶은 데는 이유가 없다. 삶에 이유가 있다면 그것 자체가 이상하다. 사람에게 삶은 그 자체가 이미 존재의 의미인 동시에 가치이다. 왜 살아야 하는가? 이 질문은 생명을 얻은 자가 내뱉을 수 있는 가장 어리석은 질문인 동시에 가장 근원적인 질문이기도 하다. 사람이 사는 것은 당연한데 그 삶에 의문이 생긴 것이기 때문이다. 니체는 이 질문에 발목 잡히려 하지 않는다. 그는 그다음을 내다본다. 삶이 진행되는 곳, 즉 생명이 있는 곳에 어떤 일들이 벌어지고 있는가를 주목한다. 거기서 니체는 동화작용을 발견하고 있는 것이다.

생명에 대한 니체의 생각을 다시 한번 요약해보자. 생명 그 자체는 본질적으로 첫째, "이질적인 것과 좀 더 약한 것을 자신의 것으로 만드는 것"이고, 둘째, "침해하고 제압하고 억압하는 것"이며, 셋째, "냉혹한 것"이고, 넷째, "자기 자신의 형식을 강요하며 동화시키는 것"이며, 다섯째, "착취"하는 것이다. 생명이 있는 곳은 힘에의 의지가 지배원리로 작용하고 있을 뿐이다. "실로 '정신'은 위胃와 가장 비슷하다."(218쪽) 니체에게 정신은 다양한 사고방식을 섭렵하는 위장과 같다. 정신이 강한 자에게 생각하지 못할 예상 밖의 상황은 존재하지 않는다. 정신이 강한 자에게는 무엇이 되었든 간에 도전의 대상이 될 뿐이다. 이런 의미에서 정신력을 운운하기도 한다. 근육에만 힘이 필요한 것이 결코 아니라는 뜻이다.

시대마다 시대정신이 있다. 그것이 다른 정신을 잡아먹은 꼴이다. 하나의 정신이 대세를 이룬다는 얘기는 그 정신 속으로 다른 정신들이 빨려 들어간 상황을 설명하고 있을 뿐이다. 정답으로 인정받는 정신은 위세 등등하여 한 시대를 지배하는 원리로 작용한다. 다른 정신들은 눈치를 보며 그저 눈치껏 살아야 한다. 이런 것이 눈칫밥을 먹고 사는 소시민의 모습이다. 아니면 사회저항 세력이 되어 아무도 알아주지 않는 곳에서 조용히 홀로 싸워야 한다. 이들이 선구자가 되어 조금씩 사회는 변해가는 것이다. 다시 니체의 텍스트로 가보자. 그는 인간사회에서 '착취'는 본질적인 것으로 보고 있다.

'착취'란 부패한 사회나 불완전한 원시적인 사회에 속하는 것이 아니다: 이것은 유기체의 근본 기능으로 살아 있는 것의 본질에 속한다. 이것은 생명의지이기도 한 본래의 힘에의 의지의 결과다. — 이것이 이론으로는 혁신이라 할지라도 — 현실로는 모든 역사의 근원적 사실이다: 그러나 이것을 인정할 정도로 우리는 자신에게 정직해야 할 것이다! — (274쪽)

착취는 본질에 속한다. 착취는 살아 있는 존재에게는 본질적이다. 생명이라는 입장에서 보면 당연하다고 보는 것이다. 착취는 생명을 가능하게 하는 동화작용의 일부분일 뿐이다. 살고자 하는 자는, 그것도 잘 살고자 하는 자는 모든 것을 자기 것으로 만들어내는 힘과 능력 그리고 지혜를 구비하려고 노력할 것이다. 모두가 절망하는 순간에서도 불굴의 의지로 기어코 길을 찾아내고야 말 것이다. 그것이 생명의 힘이다. 생명은 살고자 하는 의지의 결과물이다. 생명에게 '착취'란 "생명 의지이기도 한 본래의 힘에의 의지의 결과다." 이것을 인정하기 위해서 "우리는 자신에게 정직해야 할 것이다!" 니체는 이 문장에 느낌표를 붙여놓았다. 그 어감은 강렬하기만 하다.

생명을 가진 자의 살고자 하는 노력 자체를 차단하는 입법의 원리는 거부의 대상이 되어야 한다. 니체의 입장은 단호하다. '감상적인 허약함'으로 일관하는 입법의 원리는 한마디로 싫다는 것이다. 약자를 챙겨주는 원리보다 강자를 독려하는 체제를 동경하는 철학이 허무주의 철학이다. 꿈이 있고 희망이 있는 자에게 니체의 음성은 가까이 들릴 것이다. 자기 자신에게 혐오를 느끼고 극복하고자 하는 의지를 불태우는 자에게 니체는 친숙한 옆집 아저씨처럼 여겨질 수도 있을 것이다.

주인도덕과
노예도덕

《선악의 저편》의 잠언 260번은 매우 유명하고 또 그만큼 중요한 텍스트이다. 왜냐하면 여기에 니체의 도덕철학에서 기둥이 되는 두 개념이 등장하기 때문이다. 그것은 바로 '주인도덕'과 '노예도덕'이라는 것이다. 물론 니체의 도덕이론은 이렇게 단순히 이분법적으로 설명되지 않는다. 어떻게 보면 사분법적으로 보이기도 한다. 어쨌거나 도덕은 하나의 기준에 의해 형성되는 것이 아니라 두 가지 서로 다른 입장에서 형성된다는 이론이 특별하다. 예를 들어 가진 자에게 미덕은 가진 것을 보존하고 유지해주는 것을 뜻한다. 못 가진 자에게 미덕은 못 가진 상태에서 가진 상태로 인생 업그레이드를 가능하게 해주는 것이다. 가진 자는 가능하면 세금을 덜 내려고 온갖 지혜를 낼 것이고, 못 가진 자는 가능하면 복지혜택을 많이 누리려고 안간힘을 쏟을 것이다. 인간의 한계는 늘 자신의 입장에서 세상을 바라본다는 데 있다. 어떤 도덕이 더 마음에 드는지를 관찰하면 자신의 위치를 확인하는 계기가 될 것이다. 니체는 어떤 도덕을 지향하는지 꼼꼼하게 읽어보자.

지금까지 지상을 지배해왔고 또 여전히 지배하고 있는 좀 더 세련되지만 거친 많은 도덕을 편력하면서, 나는 어떤 특질이 규칙적으로 서로 반복되거나 연결되어 있다는 것을 알았다: 결국 나는 두 가지 기본 유형이 드러났고, 하나의 근본적인 차이가 나타났음을 알았다. 즉 주인도덕과 노예도덕이 있다. ─내가 여기에 바로 덧붙이려는 것은, 고도로 혼합된 모든 문화에서는 모두 이 두 가지 도덕을 조정하려는 시도도 나타나고 있으며, 또 종종 그 두 가지가 뒤섞이거나 서로 오해하는 것도 보이며, 때로는 ─심지어는 같은 인간 안에서나, 하나의 영혼 안에서조차─ 그것들이 굳게 병존한다는 사실이다. 도덕적인 가치 차별은, 피지배 종족과 다르다는 것을 쾌감으로 의식하게 된 어떤 지배 종족 사이에서 생겨나거나, 아니면 여러 등급의 피지배자들, 노예들, 예속자들 사이에서 발생했다. 첫 번째의 경우 '좋음gut'의 개념을 결정하는 것이 지배자들일 때, 탁월함과 위계질서를 결정하는 것으로 느끼게 되는 것은 영혼의 고양되고 자부심 있는 여러 상태다. 고귀한 인간은 그와 같이 고양되고 자부심 있는 상태의 반대를 나타내는 인간들을 자신에게

432

서 분리한다. 그는 그러한 사람을 경멸한다. 사람들은 이러한 첫 번째 종류의 도덕에서 '좋음'과 '나쁨schlecht'의 대립은 '고귀한'과 '경멸할 만한'의 대립과 같은 의미라는 것을 바로 알아차릴 것이다: — '선gut'과 '악böse'의 대립의 유래는 다르다. 겁쟁이, 불안해하는 자, 소심한 자, 편협한 이익만을 생각하는 자는 경멸당한다. 마찬가지로 자유롭지 못한 시선으로 의심하는 자, 스스로를 비하하는 자, 학대할 수 있는 개 같은 인간, 구걸하는 아첨꾼, 그리고 무엇보다 거짓말쟁이도 경멸당한다. — 비천한 서민들이 거짓말쟁이라는 것은 모든 귀족의 근본 신념이다. '우리 진실한 자들' — 고대 그리스에서 귀족들은 스스로를 그렇게 불렀다. 도덕적 가치 표시가 어디에서나 먼저 인간에게 붙여지고 그리고 비로소 파생되어서 후에 행위에 붙여졌다는 사실은 명백하다: 그 때문에 만일 도덕의 역사가가 "왜 동정하는 행위는 칭찬받았는가?"와 같은 물음에서 출발한다면, 이는 큰 잘못이다. 고귀한 부류의 인간은 스스로를 가치를 결정하는 자라고 느낀다. 그에게는 타인에게 인정받는 것이 필요하지 않다. 그는 "나에게 해로운 것은 그 자체로 해로운 것이다"라고 판단한다. 그는 대체로 자신을 사물에 처음으로 영예를 부여하는 사람으로 알고 있다. 그는 가치를 창조하는 자이다. 그는 자신의 입장에서 알고 있는 모든 것을 존중한다: 이러한 도덕은 자기 예찬이다. 그 전경에는 충만한 감정과 넘쳐 흐르고자 하는 힘의 느낌, 고도로 긴장된 행복과 베풀어주고 싶어 하는 부유함의 의식이 있다: — 고귀한 인간 역시 불행한 사람을 돕지만, 그러나 거의 동정에서가 아니라, 오히려 넘치는 힘이 낳은 충동에서 돕는다. 고귀한 인간은 자기 안에 있는 강자를 존경하며, 또한 자기 자신을 지배할 힘이 있는 자, 말하고 침묵하는 법을 아는 자, 기꺼이 자신에 대해 준엄하고 엄격하며 모든 준엄하고 엄격한 것에 경의를 표하는 자를 존경한다. (275쪽 이후)

도덕에는 주인도덕과 노예도덕이 있다. 이것이 니체의 도덕철학에서 내놓는 대전제다. 주인도덕과 노예도덕, 이것의 발견에 대해 니체는 긍지를 가지고 있다. 물론 이 도덕 원리 중에서 어느 하나가 절대적인 위치를 점유하는 일은 절대 없다. "고도로 혼합된 모든 문화에서는 모두 이 두 가지 도덕을 조정하려는 시도"가 나타났음을 니체도 확인했고 또 인정한다. 어느 시대에는 보수가 집권당이 되기도 하고 또 어느 시대에는 진보가 집권당이 되기도 한다. 그때마다 정책이 바뀌는 것은 당연한 처사다.

게다가 두 가지 도덕은 언제나 무난하게 조정되는 일은 드물다. "종종 그 두 가지가 뒤섞이거나 서로 오해하는 것"도 보인다. "심지어는 같은 인간 안에서나, 하나의 영혼 안에서조차 — 그것들이 굳게 병존한다는 사실이다." 두 가지 도덕이 뒤섞이고 오해되고 병존하는 것은 부정적이라는 얘기다. 이 세상의 어떤 나라에서는 돈이 한 시대의 이슈가 되면서 한 회사의 CEO를 대통령으로 뽑고 또 한 나라를 하나의 회사로 만들기도 했지만, 그 결과는 가진 자들의 축제를 거든 꼴이 되었다. 그 나라의 역사에서는 오해를 인식하지 못했기 때문에 발생한 가슴 아픈 사건으로 기억될 것이다.

도덕적인 감각에도 '쾌감'이 따른다. 도덕적인 감정이 즐거움을 가져다준다는 뜻이다. 분명 도덕적인 기준에 따른 행동은 마음의 안정을 가져다준다. 하지만 그 도덕적 가치 기준을 만드는 것은, 지극히 당연한 소리겠지만 그것을 만드는 자의 몫이다. 누가 도덕을 말하느냐가 중요하다는 뜻이다. 가진 자들이 돈을 대세로 만들 때는 누구나 돈을 벌 수 있다고, 또 누구나 돈 대박을 맞을 수 있다고 말을 할 때는 돈을 지향하는 그 마음으로 또 다른 돈벌이를 꾸미고 있을 뿐이다. 가진 자들은 아무 이유 없이 자신이 가진 것을 내놓으려 하지 않는다. 그것은 지극히 당연한 소리다. 돈을 가진 자에게 돈이 도덕이 된 상황이라면 얼마나 즐거운 일인가. 자기 자신이 도덕군자이기 때문이다.

다시 니체의 말을 읽어보자. "도덕적인 가치 차별은, 피지배 종족과 다르다는 것을 쾌감으로 의식하게 된 어떤 지배 종족 사이에서 생겨나거나, 아니면 여러 등급의 피지배자들, 노예들, 예속자들 사이에서 발생했다." 니체의 문장은 단정적이다. 그 외의 다른 가능성은 없다는 뜻이다. 도덕적 가치는 지배 종족이 만들거나 피지배자들에 의해 만들어진다는 말보다 더 확실한 것이 또 있을까. 지배 종족은 예를 들어 기득권을 의미한다. 이들은 자기 권력을 유지하는 것을 도덕으로 삼을 게 분명하다. 그리고 피지배자들, 예를 들어 노예들이나 예속자들에게 도덕은 체제 전복 같은 것이 꿈일 것이다. 현실에서 가능하지 않다면 천국이라도 만들어 위로를 얻으려 할 것이다. 천국에서의 영생을 꿈꾸면 쾌감이 느껴질 것이다.

분명 도덕은 좋은 감정에 의해서 만들어진다. 좋은 것을 규정하면서 생겨나는 것이다. 지배 종족에 의해서 만들어진 '좋음'과 '나쁨'의 기준은 '고귀한'과 '경멸할 만한'의 대립에 의해 형성된다. 좋은 것은 자기들의 존재를 고귀하게 만들어주는 것이고, 나쁜 것은 자기 존재를 위협하는, 즉 경멸스러운 것이다. 좋아할 수가 없는 것이 나쁜 것이다. 누군가가 상대를 향해 '나쁜 놈'이라고 말할 때의 심정을 이해하면 된다. 자신의 고귀한 존재 가치를 알아주지 않고 또 그것이 인정되지 않을 때 그 상대는 나쁜 놈이 된다. 나쁜 놈이 나쁜 이유는 좋은 감정을 해치고 있기 때문이다.

그런데 '쾌감'에서 비롯되는 이런 '좋음'과 '나쁨'의 대립과는 달리 '선'과 '악'의 대립은 그 유래가 다르다. 선악이 비롯되는 것은 전혀 다르다는 얘기다. 선악은 "먼저 인간에게 붙여지고 그리고 비로소 파생되어서 후에 행위에 붙여졌다는 사실은 명백하다." 선악을 말하는 자는 스스로를 고귀한 자로 여긴다. 그는 귀족의식을 본능으로 가진 자이다. "비천한 서민들이 거짓말쟁이라는 것은 모든 귀족의 근본 신념이다." 스스로를 고귀하게 여기는 자는 비천한 서민들 모두가 적이다. 좋고 나쁨을 얘기할 때와는 전혀 다른 감정이 발견되고 있다. 선악을 얘기할 때는 이런 사람은 선하고 저런 사람은 악하다는 인식이 저변에 깔려 있다. 일종의 신분의식이라고 할까 혹은 선민의식이라고 할까. 니체의 표현으로 말하자면 "거리의 파토스"(271쪽)가 이에 해당한다. 이런 의식이 양심의 거리낌 없이 선악을 입에 담게 해준다.

그런데 재밌는 것은 스스로를 고귀하다고 여기는 이러한 고귀한 부류의 인간을 니체는 매우 긍정적으로 평가하고 있다는 사실이다. 이들은 자기를 위한 도덕을 형성할 줄 아는 지혜를 가지고 있기 때문이다. 일종의 주인도덕에서 말하는 미덕을 배우고자 한다는 것이다. 허무주의 철학은 노예도덕이 아니라 주인도덕을 지향한다. 자기 삶의 주인이 되는 것을 미덕으로 삼을 줄 아는 도덕을 동경한다는 얘기다.

앞선 장에서 읽은 대목을 다시 한번 읽어보자. "선악의 저편에 있는 인간, 자신의 덕의 주인, 의지가 넘쳐나는 자가 될 수 있는 자가 가장 위대한 인간이 될 수 있을 것이다."(191쪽) 니체의 철학은 대충 사는 것을 원하지 않는다. 살고 싶다면 가장 위대한 인간을 지향할 줄 알아야 한다. 살고 싶다면 상품처럼 흉내 내며 살지 말고 작품처럼 아름답게 살라는 것이다. "생명체를 발견하면서 나 힘에의 의지도 함께 발견했다. 심지어 누군가를 모시고 있는 자의 의지에서조차 나는 주인이 되고자 하는 의지를 발견할 수 있었다."(차라, 192쪽) 허무주의 철학은 주인의식을 지향한다. "너는 너의 주인이며 동시에 네 자신의 미덕의 주인이 되어야만 했다."(인간적 I, 17쪽) "나 자신의 주인이 되려하자."(아침, 229쪽) 이런 주인의식과 함께 도덕과의 한판 승부를 시도했다. 이것이 니체 철학의 진정한 목소리다. 자기 삶의 주인이 되라고 외쳐대고 있는 것이다.

지피지기면 백전백승知彼知己百戰百勝이라 했던가. 주인도덕을 지향한다고 해도 노예도덕을 무시해서는 안 된다. 어떤 도덕이 노예적인 것인지도 알아야 한다. 삶을 내려다보지 못하고 올려다보는 시각에서는 어떤 일들이 벌어지는지도 잘 알고 있어야 한다. 도덕과의 전쟁에서 이기고 싶으면, 그리고 이겨서 스스로 고귀한 자가 되고 싶다면 노예 반란에 대비할 줄도 알아야 한다. 스스로 "해체와 타락의 원리"(273쪽)가 되어서는 안 된다. 스스로 부패의 원리가 되어서는 절대로 안 된다. 이런 경계의 의미에서 다음의 텍스트를 읽어보자.

도덕의 두 번째 유형인 노예도덕은 사정이 다르다. 만일 박해받은 자, 억압받은 자, 고통받은 자, 자유롭지 못한 자, 스스로에 대해 확신이 없는 자, 피로에 지친 자들이 도덕을 말한다고 가정한다면, 그들의 도덕적 가치 평가의 공통점은 무엇이 될 것인가? 아마 인간의 전체 상황에 대한 염세주의적 의혹이 표출될 것이며 인간과 그의 상황에 유죄가 선고될 것이다. 노예의 시선은 강한 자의 덕에 증오를 품는다: 그는 회의하고 불신하며, 거기서 존중되는 모든 '선'을 정교하게 불신한다. — 그는 행복 자체란 거기서는 참된 것이 아니라고 스스로를 설득하고 싶어 한다. 그와 반대로 고통받은 자들의 생존을 쉽게 하는 데 쓸모있는 특성들이 이끌려 나와 조명받게 된다: 여기에는 동정, 도움을 주는 호의적인 손, 따뜻한 마음, 인내, 근면, 겸손, 친절이 칭송된다. — 왜냐하면 이것들은 여기에서 생존의 압력을 견디기에 가장 유용한 특성이며 거의 유일한 수단이기 때문이다. 노예도덕은 본질적으로 유용성의 도덕이다. 여기에는 '선'과 '악'의 저 유명한 대립을 발생시키는 발생지가 있다:—즉 힘과 위험, 경멸을 일으키지 않는 일종의 공포, 정교함, 강함이 악에 포함된 것이라고 느끼게 된다. 따라서 노예도덕에 따르면 '악인'이란 공포를 불러일으킨다. (278쪽)

노예는 주인을 전제로 해서만 인정되는 자들이다. 명령하는 자가 없으면 존재 가치를 찾지 못하는 자들이다. 명령이 있어야 열정을 불태우는 자들이다. '내가 헤맬 때 이런 말만 해줬으면~', '내가 방황할 때 충고 한마디만 해줬으면~' 등과 같은 후회와 원망은 모두가 노예적 발상이다. 이런 소리를 들으면 니체는 어떤 말을 하게 될까? 왜 자기 인생을 남에게 의존해서 판단하느냐고 혼쭐이 나지나 않을까.

노예들은 무엇을 도덕적으로 판단할까? 그들에게 도덕적 기준은 무엇일까? "아마 인간의 전체 상황에 대한 염세주의적 의혹이 표출될 것이며 인간과 그의 상황에 유죄가 선고될 것이다." 패배의식이 기조를 이루고 있을 것이다. 질투와 원망이 색안경을 쓰게 해줄 것이다. "노예의 시선은 강한 자의 덕에 증오를 품는다." 그들의 시야에 들어오는 모든 것은 그저 복종해야만 하는 그 무엇으로 비치게 될 뿐이기 때문이다.

도덕이 노예적 성향을 띠게 될 때, 미덕이 되는 것은 "동정, 도움을 주는 호의적인 손, 따뜻한 마음, 인내, 근면, 겸손, 친절" 등이다. '한 푼만 줍쇼~' 하고 빈손을 내밀 때의 심정을 읽어보자. 그는 어김없이 동정과 호의를 기대한다. 그런 기대가 없었다면 낯선 자에게 빈손을 내밀지는 않았을 것이다. 노예가 살아가기에 '가장 유용한 특성'과 '거의 유일한 수단'은 동정과 호의라는 이념으로 연결될 수밖에 없다. 즉 노예에게 악한 것은 오로지 "힘과 위험, 경멸을 일으키지 않는 일종의 공포, 정교함, 강함" 등이다. 강함 자체가 노예에게는 악이라는 얘기다. "노예의 사유방식에서 선인이란 어느 경우에도 위험하지 않은 인간이어야"(279쪽) 한다. 자기를 해치지 않을 인간만을 선하다고 평가한다는 것이다. 빈손에 동냥을 주는 자를 선량한 사람이라고 판단한다는 얘기다.

노예가 노예이기를 인정하는 한 모든 것은 변화를 거부한다. 습관의 힘은 대단하다. 익숙한 삶의 틀 속에 갇혀 있으면서도 불편함을 못 느낀다. 그때 모든 것은 안주를 지향한다. 그때 불신은 안주를 선택하게 하는 원인으로 작용할 뿐이다. "그는 회의하고 불신하며, 거기서 존중되는 모든 '선'을 정교하게 불신한다. — 그는 행복 자체란 거기서는 참된 것이 아니라고 스스로를 설득하고 싶어 한다." 노예에게 행복한 삶이란 망상에 불과하다. 노예에게 행복은 있을 수 없는 사건일 뿐이다. 그는 오로지 '악'만을 주시하며 모든 '선'을 불신한다.

물론 노예가 노예이기를 거부한다면 상황은 달라진다. 복종이냐 혁명이냐! 이것이 그들의 문제로 제시될 것이다. 말을 들을 것인가 안 들을 것인가? 이것이 그들의 삶이 직면한 상황으로 등장할 것이다. 이때 '불신'은 긍정적 힘으로 전환하게 될 것이다. 니체가 노예도덕을 공부하는 이유가 여기에 있다. "더러운 물로도 씻을 줄 알아야 한다"(인간적Ⅱ, 59쪽)고 했다. "더러운 강물이 더러운 존재로 머물고 싶지 않다면 먼저 바다가 되어야 한다"(차라, 18쪽)고 했다.

주인도덕에도 또 노예도덕에도 모두 장단점이 존재한다. 모든 도덕에는 한계가 있다는 얘기다. 도덕이 도덕으로 인정받게 되는 순간 이미 "삶을 부정하는 의지로, 해체와 타락의 원리로"(273쪽) 전락하고 만다는 것을 알고 있어야 한다. 장점은 장점대로 또 단점은 단점대로 허무주의 철학은 그것을 잘 이용할 것을 요구하고 있을 뿐이다.

나약한 현대인의 도덕을 위한
거창한 허영심

니체가 말하는 현대인은 복합적인 의미를 지닌다. 때로는 희망의 대상으로 때로는 절망의 원인이 되는 흉물로 묘사된다. 때로는 주인으로 때로는 노예로 평가된다. 텍스트를 읽을 때마다 그 가치 평가에 신경을 쓰고 읽어야 한다. 이것이 니체를 공부하는 데 가장 어려운 부분이다. 긍정적으로 말하고 있는 것인지 아니면 부정적으로 말하고 있는 것인지 그것을 제대로 읽어내야 하기 때문이다. 때로는 반어법까지 동원하면서 자기 자신의 견해를 비아냥거리는 음성 뒤에 교묘히 숨겨놓기도 한다. 이런 치밀한 문체 때문에 물론 니체의 글을 읽으면서 '도대체 무슨 소리를 하고 있는지 전혀 모르겠다'는 사람도 있다. 그는 아직 니체의 문체 속에서 그와 대화할 수 없는 사람일 뿐이다. 그는 니체의 문체에서 낯섦을 느끼고 있는 것이다. 좀 더 말귀를 알아들을 때까지, 즉 그의 말이 친숙하게 들릴 때까지 독서를 견뎌내야 할 뿐이다.

말이 잠시 옆으로 빠졌다. 다시 니체에 집중해보자. 니체는 현대철학의 선구자로 꼽힌다. 그의 철학은 현대철학의 효시로 평가된다. 근대와 현대의 차이점이 무엇일까? 그것은 니체를 알게 되면 분명하게 보인다. 니체의 잠언들은 현대를 보여주면서도 그 한계를 지적한다. 니체는 현대 이후에 대한 희망으로 철학의 길을 걷고 있다. 극복하려면 혐오 감정이 생겨나 주어야 한다. 싫다는 감정 없이 극복을 시도할 수는 없다. 현대! 니체는 그 현대를 보여준다. 그것도 혐오스러운 부분을 보여줄 때가 많다. 그 이유는 극복을 꿈꾸기 때문이다.

물론 긍정적인 현대인도 있다. 이때 현대인은 한계를 인식한 인간의 모습을 보여준다. 미래를 준비하는 단계에 와 있는 인간이다. 하지만 현재에 대한 인식은 위기에 처해 있다. 불안하기만 하다. 무엇도 붙잡을 수 없는 것이 되고만 상황이다. 확실한 것은 하나도 없다. 모든 사물 속에서 홀로 남겨진 듯한 느낌이 존재의 분위기를 지배한다. 그중에서도 자신의 허영심이 가장 이해하기 힘든 것으로 다가온다.

고귀한 인간이 아마 가장 이해할 수 없는 것 중 하나가 허영심일 것이다: 다른 부류의 인간이 그것을 명료하게 파악할 수 있다고 생각하는 경우에도, 그는 그것을 부인하고자 할 것이다. 그에게서 문제는 자신도 가지고 있지 않은—그리고 또한 '그럴 만한 자격이' 없는—자신에 대한 좋은 평판을 불러일으키려는 인간을, 그럼에도 불구하고 후에 이러한 좋은 평판을 스스로 믿는 인간을 생각해보는 일이다. […] 고귀한 인간은, 특히 역사의 도움을 빌려, 즉 상상할 수도 없는 시대부터 어떤 식으로든 종속적인 모든 하층계급에서의 평범한 인간이란 세상에서 통용된 바로 그 사람이었을 뿐임을 어쩔 수 없이 스스로에게 물어보아야 한다:—그는 가치를 스스로 설정하는 데 전혀 익숙하지 못하며, 그들의 주인이 그에게 부여한 것 이상의 어떤 다른 가치도 스스로에게 부여하지 못했다(가치를 창조하는 것은 본래 주인의 권리다). 평범한 인간이 오늘날에도 여전히 자기 자신에 대한 세상의 평판을 기대하고, 그러고 나서 그와 같은 것에 본능적으로 굴복하는 것은 엄청난 격세유전의 결과로 파악할 수 있을 것이다: 그러나 그는 완전히 '좋은' 평판만이 아니라, 나쁘고 부당한 평판에도 굴복하게 된다(예를 들어 신앙심 깊은 부인들이 그들의 고해신부에게서 배운, 그리고 일반적으로 독실한 기독교인이 교회에서 배운 대부분의 자기 평가와 자기 멸시를 생각해보라). 사실 이제, 사물(그리고 그 원인이 되는 주인과 노예의 피 섞임)의 민주적 질서가 서서히 나타남에 따라 스스로 자기 자신에게 가치가 있다고 여기며 자신을 '좋게 생각하는' 본래 고귀하고 희귀한 충동은 점점 더 고무되고 확대될 것이다: 그러나 이 충동은 언제나 자기 자신에 반反하는 더 오래되고 좀 더 넓고 철저하게 동화되는 경향을 지니고 있다. (279쪽 이후)

현대인은 허영심에 차 있다. '긍정적 허영심'으로 자신의 삶을 치장한다. 자신이 좋은 사람이라고 믿고 있는 허영심으로 스스로를 무장한다. 마음에 허영심밖에 없는 인간의 삶은 마치 현대라는 상점에 진열된 상품처럼 천편일률적이다. 모두가 똑같은 모습을 하고 있으면서도 스스로는 당당한 척한다. 어깨에는 힘이 들어가 있고 가슴에는 공기를 가득 채워놓은 상태다. 얼굴에는 미소가 가득하지만 그것 또한 너무나도 가식적이다. 수술받은 흔적이나 적어도 훈련된 근육의 움직임만이 보일 뿐이다.

이런 식으로 현대인은 마치 격세유전으로 나타나는 허영심에 가득 차 있다. 과거와 전통 속에서 '배운' 대로 생각하고 행동하면서 긍지를 갖는 인간이 되어 있으면서도 자신의 한계를 전혀 인식하지 못하고 있다. '좋은 게 좋은 거'라며 긍정적인 세계관을 보여주는 듯하면서도 실상을 들여다보면 결코 좋은 게 하나도 없는 인간이다. 현대인의 특성은 자신이 '배운 것'에 대한 맹신이 너무 커 그것이 위기에 처하는 순간 거의 발광 수준의 흥분을 드러내고 만다는 데 있다. 현대인은 거의 모두 반쯤은 미친 존재들이다.

스스로 잘 '배운 사람'이라고 생각하는 현대인은 위기의 인간이다. 자신의 허영심을 보면서도 그것을 인식하지 못한다. 마치 나르시스^{Narziss}가 거울 앞에 있는 듯하다. 허상을 보면서도 그것이 허상임을 알지 못하는 꼴이다. 현대인의 나르시시즘은 극에 달한 듯하다. 그는 모든 것을 명료하게 파악한다고 간주한다. 그 어떤 반대의 견해에 부딪히면 '아니야~ 절대로 아닐 거야~ 그럴 수 없지~' 하면서 자신을 변호한다. 자기 생각을 변호하기에 급급하다. 생각의 변화를 원치 않는다. 그에게 변화는 결국 스스로 배우며 일궈낸 기득권을 포기하고 내놓아야 하는 것을 의미하는 것이기에.

현대인은 "자신에 대한 좋은 평판을 불러일으키려는 인간을" 믿는 신앙에 사로잡혀 있다. 아니 "이러한 좋은 평판을 스스로 믿는 인간"이다. 하지만 '고귀한 인간'은 다르다. 그는 자신의 '허영심'을 "가장 이해할 수 없는 것 중 하나"로 간주한다. 자신의 "허영심을 기꺼이 예외로 인식하고자"(280쪽) 하는 인간은 고귀한 인간이다. 예외를 제거하고 나면 남는 것이 무엇일까? 예외가 아닌 것만 남을 때 인간은 어떤 모습을 하고 있을까? 허영심에 대한 고민은 자기 존재와 자기 삶의 본질에 대한 의혹으로 이어질 수밖에 없다.

"고귀한 인간은, 특히 역사의 도움을 빌려, 즉 상상할 수도 없는 시대부터 어떤 식으로든 종속적인 모든 하층계급에서의 평범한 인간이란 세상에서 통용된 바로 그 사람이었을 뿐임을 어쩔 수 없이 스스로에게 물어보아야만 한다." 니체가 말하는 고귀한 인간은 그러니까 스스로 물어보는 인간이다. 스스로에 대해 의혹을 제기하는 인간이다. 그러면서 '내가 평범한 인간이었구나!' 혹은 '내가 세상에서 통용된 바로 그 사람이었을 뿐이었구나!' 하고 자기 자신에 대해 환멸을 느끼는 인간이다. 이는 분명 허영심으로 가득 찬 인간과는 전혀 다른 태도다. 능력도 없으면서 능력이 있는 체하는 그런 인간과는 전혀 다른 모습이다.

평범한 인간은 또 누굴까? 그런 인간을 이해하기 위해 평범하다는 기준부터 생각해보아야 한다. 무엇을 두고 평범하다는 말을 하게 되는 것일까? 보통일 경우가 평범한 것이다. 특별한 게 하나도 없는 게 평범한 것이다. 너도나도 다 똑같을 때 평범한 것이다. 평범한 인간은 분명 일상계日常界에서 인정을 받는 사람일 것이다. 사회가 인정한다는 얘기다. 또 사회가 인정한다는 얘기는 사회의 이데올로기에 잘 맞는 인간이라는 뜻이 되기도 한다. 수십 개의 훈장을 가슴에 붙이고 그것에 대해 긍지를 가지는 인간이 많을수록 그 사회는 폐쇄적이고 통제와 규칙이 철두철미할 것이다. 그렇지 않고서야 어찌 그리 허영심이 많은 인간이 존재할 수 있을까. 한마디로 평범한 인간은 "가치를 스스로 설정하는 데 전혀 익숙하지 못하며, 그들의 주인이 그에게 부여한 것 이상의 어떤 다른 가치도 스스로에게 부여하지 못했다." 평범한 인간은 길이 나 있는 곳을 걸어가면서도 모험여행을 하는 중이라고 생각한다. 만들어놓은 게임의 룰 속에 갇혀 있으면서도 말초신경까지 동원하여 즐거움을 느끼는 그런 존재에 불과하다.

하지만 고귀한 인간은 평범하기를 거부한다. 일상이 만들어놓은 보이지 않는 바벨탑을 거부한다. 모두가 염원하는 것에 꿈과 희망의 씨앗을 뿌리지 않는다. 모두가 한 방향으로 절하는 곳에 존경심을 품지 않는다. 우리의 지성인 중에도 평범하기보다는 차라리 죽음을 선택한 문인이 있다. 그는 바로 "나는 평범한 것을 증오한다"[2]고 외쳤던 작가 전혜린田惠麟(1934~1965)이다. 그의 글에는 '친숙한 것'에 대한 증오가 곳곳에서 발견

31살에 요절한 전혜린의 모습.

된다. "나는 모든 피상적인 것을 증오한다. / 나는 모든 경박한 것을 증오한다. / 성숙을 나는 동경한다. 과일의 무거운 황금빛 성숙을…"[3] 그의 문체는 니체와 그를 뒤따르는 릴케, 헤세, 린저 Luise Rinser 등이 한데 어우러진 느낌이다.

허영심으로 채워진 인간은 "모든 좋은 평판에 기뻐하며" "모든 나쁜 평판에 대해 괴로워한다."(281쪽) 아무리 하찮은 칭찬이라 해도 무대 위에 올라 멋진 춤을 춰댄다. 반면에 아무리 하찮은 소리라 해도 상처를 받으면 온 세상을 잃은 듯이 울어댄다. 허영심이 있는 인간은 그러니까 좋은 평판과 나쁜 평판 모두에 얽매인 존재다. 그 어느 하나에도 이미 노예근성을 보이는 그런 존재다.

왜냐하면 그는 이 두 평판에 예속되어 있으며, 자기에게서 나타나는 가장 오래된 복종이라고 하는 본능에 예속되어 있다고 느끼기 때문이다. 그것은

허영심 있는 사람의 피 속에 있는 '노예'이며, 자기 자신에 대해 좋은 평판을 유도하려는 노예의 교활함의 잔재다. ─ 예를 들어 얼마나 많은 노예가 오늘날에도 여성 안에 남아 있단 말인가! ─ 나중에 이러한 세평世評 앞에서, 마치 그것을 불러낸 것은 자신이 아닌 것처럼, 즉시 스스로 무릎을 꿇는 사람은 마찬가지로 노예다. ─ 다시 한번 말하자면, 허영심은 격세유전이다. (281쪽)

잘난 척하는 것도 격세유전이다. 한 세대 건너서 나타난다. 그것이 시대를 만들어낸다. 좌절하고 포기하는 세대가 있는가 하면 그런 세대가 지나가고 나면 정반대의 세대가 모습을 드러내기도 한다. 그러면서 변화가 일어나는 것이다. 모두가 성적에 얽매인 대학생활을 할 때 어떤 시대에는 쌍권총(F학점 두 개)을 긍지로 여기는 세대도 나타나게 되는 법이다. "쌍권총은 물론이고, 연발총에 기관총까지도 등장"[4]했던 시절도 있다. 취업을 목전에 두고 있는 요즈음 세대에게서는 꿈도 못 꿀 현상이다.

노예의 탄생은 딴 게 아니다. 남들이 하는 것을 추종할 때 탄생하는 것이다. 타인의 의지를 자기 의지로 착각할 때 생겨나는 것이다. 노예는 칭찬에 행복감을 느끼고 비판에 절망감을 느낀다. 노예는 복종이라는 예속 감정에서 마음의 평온을 찾고자 하는 존재다. 소위 '말 잘 듣는 것'을 행복의 지름길이라고 믿는다. 모든 허영심은 이런 복종 감정에서 솟아난다. 남들이 보고 싶은 것을 보여주는 감정 말이다. 명품으로 외면을 치장하면서 행복감을 느끼는 것이다. 명품에 자기 양심을 파는 것이나 다름없지만 그것을 인식도 하지 못한다.

그리고 노예를 생각할 때마다 니체는 여성이 눈에 밟힌다. 왜냐하면 그의 눈은 여성 안에 노예근성이 남아 있음을 확인하고 있기 때문이다. 예를 들어 남성에게 예쁘다는 말은 안 어울린다. 예뻐지고 싶은 마음은 여성에게나 어울리기 때문이다. 남성은 예쁘다는 말을 들으면 오히려 기분이 나쁘다. 하지만 여성은 예쁘다는 말에 춤이라도 추고 싶어 한다. 아무리 나이 든 여성이라 해도 예쁘다는 말에는 환한 미소를 내비친다. 그것이 여성의 한계다. 남의 눈을 의식하는 노예근성에서 해방되지 못한 증상이다. "얼마나 많은 노예가 오늘날에도 여성 안에 남아 있단 말인가!" 한탄의 소리가 들리지 않는가.

하지만 노예에 대한 니체의 정의를 들으면 양심이 찔리기도 한다. '세상의 평가 앞에 스스로 무릎을 꿇는 자는 모두 노예다.' 의사가 되려고 하고 변호사가 되려고 하는 순간 이미 마음은 세상의 평가 앞에 무릎을 꿇고 있는 것이다. 돈을 많이 벌고 싶다는 마음을 가지는 순간 이미 시대의 이데올로기에 편승하고 있는 것이다. '여러분~ 부자되세요~'라는 말에 훈훈한 감정을 느낀다면 스스로 이미 부자 이데올로기에 젖어 있다는 증거다. 명품 핸드폰이 출시되는 순간 그곳으로 향하는 시선을 통제하지 못할 때 노예근성은 고개를 들고 있는 것이다. 그것을 가져야 한다는 욕망을 자기 것으로 착각하고 있기 때문이다. 그것을 손에 들고 있어야 직성이 풀린다면 스스로 노예임을 증명하는 셈이다.

평범한 인간들의 대표가 교양인들이다. 니체는《반시대적 고찰》에서 "여론에 맞춰 생각하는 모든 사람"(반시대 I, 183쪽)을 교양인으로 규정한 바 있다. 그들의 손에는 사회가 요구하는 물건들로 가득하다. 니체의 글들 속에서 교양인들에 대한 반감은 지극히 노골적이다. 여론에 귀를 기울이는 정신 자체를 혐오한다. 현대적 이념이 요구하는 바를 자신의 의지로 해석해내는 그 교활함과 염치없음에 혀를 내두른다.

　　이른바 교양인, '현대적 이념'을 믿는 신봉자들에게는 아마 그들에게 수치
　　심이 결여되었다는 것보다, 모든 것을 만져보고 핥아보고 쓰다듬는 그들의
　　눈과 손의 안일한 후안무치厚顔無恥보다도 역겨움을 일으키는 것은 없으리
　　라. 오늘날 민중 속에서, 하층 민중 속에서, 무엇보다 농민들 사이에서, 신문
　　을 읽는 정신의 창녀 같은 인간, 즉 교양인의 경우보다 더욱 상대적으로 취
　　미의 고귀함이나 외경의 조심스러움을 발견할 수도 있다는 것은 가능한 일
　　이다. (286쪽)

　　노예이면서 노예임을 인식하지 못하는 자만큼 역겨운 게 또 있으랴. 남
의 생각으로 생각하면서 스스로 생각하고 있다고 생각하는 사람보다 혐
오스러운 게 또 있으랴. 네이버 지식세대 앞에서 느끼는 감정은 오묘하
다. 모든 것을 알고 있으면서도 아무것도 아는 게 없는 기묘한 세대이기
때문이다. 신문 속에서 미래를 찾고자 하는 정신은 노예정신이다. "신문
을 읽는 정신의 창녀 같은 인간"이 평범한 인간들이다. 여론을 돈 주고 사
는 순간 이미 정신은 창녀가 되어버린 것이다.

　　물론 상대적이긴 하지만 "취미의 고귀함이나 외경의 조심스러움을 발견
할 수도 있다"는 것은 확실하다. 즉 긍정적 의미의 "평범한 인간들"(284쪽)
도 있다는 얘기다. 니체의 문체는 일방통행로가 아니다. 그의 생각은 늘
이랬다 저랬다를 반복한다. 그것을 눈여겨보아야 한다. 언제 밀물이 되고
있는지 또 언제 썰물이 되고 있는지, 그것을 잘 알고 있어야 한다. 온갖
변화에도 살아남는 자는 오로지 평범한 인간들뿐이다. "오직 평범한 인간

들만이 존속하고 번식할 전망을 갖게 된다. ─ 그들은 미래의 인간들이며 유일하게 살아남는 자들이다: 이제 '그들처럼 되어라! 평범하게 되어라!'라고 말하는 것이 아직도 의미를 가지고 있고 아직도 들을 귀를 찾고 있는 유일한 도덕이다."(같은 곳) 지금 말하는 평범한 인간들은 가장 인간적인 인간들이다. 니체가 희망을 거는 미래의 인간형이다. 그들은 "낡은 도덕을 초월하여 살아간다고 하는 위험하고 섬뜩한 시점"(같은 곳)에 이르렀으면서도 자기 개인의 입지를 기꺼이 고수하고자 한다. 가장 인간적인 것이 가장 평범한 것이다.

부모님을 이해하며
자기 자신을 이해하기

인생을 회고하고자 할 때 대부분 인간은 자신의 부모를 떠올리게 된다. 자기 인생의 시작지점이 바로 그곳에 있기 때문이다. 이런 의미에서 니체는 《인간적인 너무나 인간적인》에서 이런 잠언을 남겨놓기도 했다. "부모의 존속 ─ 부모의 성격과 성향에 관련된 해결되지 않은 불협화음은 어린 아이의 본질 속에서 계속 울리게 되고 그의 내면적인 고뇌의 역사를 형성한다."(인간적 I, 323쪽) 살아생전 느꼈던 부모의 불협화음은 자식의 내면에서 고뇌의 역사로 이어진다. 독일 속담에 '사과는 뿌리에서 멀리 않은 곳에 떨어진다'[5]는 말이 있다. 자식은 부모를 닮을 수밖에 없다. 가장 닮은 꼴에서 자기 인생의 문제를 추궁해보는 것도 지혜라면 지혜다.

한 인간의 영혼에서 그의 선조들이 가장 애정을 들여 쉬지 않고 행해왔던 것을 완전히 씻어버릴 수는 없다: […] 한 인간이 자신의 부모와 조상의 특성이나 편애를 몸 안에 지니고 있지 않다는 것은 있을 수 없는 일이다: 설령 그 겉모습이 반대를 말한다고 해도 말이다. 이것은 종족의 문제다. 만일 부모에 대해 몇 가지를 안다고 하면, 자식에 대해 어떤 결론을 내릴 수 있을 것이다: 어떤 장애가 되는 무절제와 음험한 질투, 볼품없는 자기 정당화—이러한 세 가지 요소가 함께 어느 시대에나 본래의 천민 유형을 이루어왔던 것처럼—이와 같은 것들은 썩은 피처럼 자식에게 확실히 옮아가는 것이 틀림없다. 사람들이 최상의 교육과 교양의 도움을 받아 성취한 것은 단지 이러한 유전을 속일 뿐이다. 그러나 오늘날 교육과 교양이 다른 것을 바라고 있단 말인가! 우리의 매우 민중적인, 즉 천민적이라고 말할 수 있는 시대에 '교육'과 '교양'은 본질적으로 속이기 위한—혈통이나, 육체와 정신에 유전된 천민을 속이기 위한 기술이 될 수밖에 없다. 오늘날 무엇보다도 성실함을 설교하고 자신의 제자들에게 끊임없이 "진실하라! 자연스러워라! 있는 그대로 자신을 드러내라!"고 외치는 교육자가 있다면,—그러한 유덕하고 순진한 멍청이도 시간이 지나면 본성을 몰아내기 위해 호라티우스Horatius의 갈퀴를 잡는 법을 배우게 될 것이다: 그러나 어떤 효과가 있겠는가? '천민'은 언제나 되돌아온다. — (286쪽 이후)

"'천민'은 언제나 되돌아온다." 허무주의적 발언이다. 하지만 진실이다. 천민은 어느 시대에나 존재했었다. 정신적 천민은 늘 존재해왔다. 고대에도 중세에도 근대에도 또 현대에도 천민은 그저 다른 이름으로 불리고 있을 뿐 늘 존재하고 있다. 그것이 교양인이라고 불릴 때도 있고 대중, 민중 혹은 군중이라고 불릴 때도 있다. 늘 무리에 휩쓸리는 정신들이다. 무리 속에서 자신의 개인성을 추구하는 존재들이다. 무리에게 아무리 개인의 속성을 가르쳐도 '무리의, 무리에 의한, 무리를 위한 생각'만 해낼 뿐이다. 그것이 무리의 한계다. '네 삶의 주인이 되어 네 삶을 살라'고 가르치는 어떤 지식인의 머리끄덩이를 잡을 수는 있을지 몰라도 그의 진정한 속뜻에 대해서는 감도 못 잡을 것이다.

진정한 극복을 원한다면 자기 내면을 들여다볼 줄 알아야 하고, 진정으로 자기 자신을 들여다보고 또 자기 자신을 알고자 한다면 우선 자기 부모를 연구할 필요가 있다. 부모도 모르면서 자기 자신을 알고자 하는 것은 어리석음의 극치를 보여줄 뿐이다. 진정한 불효는 그때 일어나는 것이다. 제삿날을 챙긴다고 효자가 되는 것은 결코 아니다. 늘 부모가 한 말씀을 잊지 않고 가슴에 담아두어 되뇌면서 그 의미를 추적하는 자만이 효자가 될 자격이 있는 것이다. 그자가 부모가 멈춘 그 지점에서 한 발자국 더 내디딜 가능성을 찾게 될 것이기 때문이다.

부모가 멈춘 지점에 도달하기란 쉽지가 않다. 그들이 걸어간 지점을 다 지나쳐보아야 하기 때문이다. 뭔가 넘지 못할 그 벽을 인식한다는 것은 얼마나 아픈 현실 인식일까. 한계에 직면한다는 것은 얼마나 깊은 상처를 경험하게 할까. 죽음을 앞에 두고서 먼 곳을 응시하는 시선이 전하는 애절함은 어떤 것일까. 그런 지점에 도달해야 마침내 부모를 이해했다고 감히 말을 할 수 있으리라.

니체가 가르치고자 하는 인간적인 삶은 정말 인간적이다. 그가 가르쳐준 길을 걷다 보면 수많은 인간적인 이야기를 만나게 된다. 신적神的인 것과는 달리 인간적人間的인 것들에 대한 이야기는 늘 복잡하기만 하다. 카논이라 불리는 모범이 될 만한 교과서도 없고 또 확신을 가질 만한 정답도 없기 때문이다. 이럴 때는 좋기만 하던 것이 저럴 때는 한도 끝도 없이 역겨운 것이 되고 마는 게 인간적인 것이다. 예를 들어 하나의 인간을 천민 유형에 갇히게 하는 것은 다음과 같은 것들이다. "어떤 장애가 되는 무질서와 음험한 질투, 볼품없는 자기 정당화", 이러한 세 가지 요소가 천민 유형을 이루어왔던 것이라고 말한다. 뭐가 뭔지 전혀 감을 잡을 수 없는 것, 사물들 속에서 무질서만 경험하는 것, 그것이 천민의 특성이다. 또 끝도 없이 발목을 잡는 질투심, 그것이 극복을 저해한다. 높은 것을 자기 수준으로 끌고 내려와야 직성이 풀리는 마음으로는 디딤돌을 찾기가 힘들다. 또 악순환처럼 반복되는 자기 정당화, 이것이야말로 진실을 거부하는 어리석은 짓이다.

모든 것을 자기 자신에게로 향하게 하는 긍정적 이기주의

천민 유형이 어떤 것인지 알게 되었다면 그것을 극복하는 일만 남았다. 부모님이 멈춰버린 그 지점이 발견되었다면 이제는 더 나아가야 할 길을 찾는 것이 새로운 과제일 뿐이다. 이때 도움이 되는 것은 이기주의라는 사고방식이다. 니체의 허무주의 철학은 이기주의의 의미와 가치를 인정하는 철학이다. 이것을 현대철학의 특성으로 보아도 무방하다. 허무주의는 개인을 변호하고 개인의 삶을 옹호한다. 이런 의미에서 이기주의는 지극히 당연한 것이며 더 나아가 삶의 방식으로 인정받아야 할 것으로 판단되어야 한다.

　　순진한 사람의 귀를 불쾌하게 만들지도 모를 위험을 무릅쓰고, 이기주의
란 고귀한 영혼의 본질에 속한다고 나는 주장한다. 내가 말하는 이기주의란
"우리는 존재한다"처럼 존재에 대해서 다른 존재는 자연히 종속되지 않으
면 안 되고 희생되어야 한다는 저 확고한 신념이다. 고귀한 영혼은 자신의
이기주의라는 이 사실을 어떤 의문도 없이, 거기에 가혹함이나 강제와 자의
의 감정도 없이, 오히려 사물의 근본 법칙에 바탕을 두고 있을지도 모르는
어떤 것처럼 받아들인다: ─ 그것에 대한 이름을 찾는다면, 이 영혼은 "그것
은 정의 그 자체다"라고 말할 것이다. […] 모든 별은 이러한 이기주의자인
것이다 ─ : 이 영혼은 이러한 사람들과 스스로 그와 같은 사람들에게 주는
권리 속에서 스스로를 존경하는 것이다. 이는 존경과 권리를 교환하는 것이
모든 교류의 본질이며, 그와 마찬가지로 사물의 자연스러운 상태에 속한다
는 것을 의심하지 않는다. 고귀한 영혼은 그 근저에 놓인 열정적이고 민감
한 보복의 본능에서, 그가 취한 만큼 주게 된다. '은혜'라는 개념은 동등한
사람들 사이에서는 어떤 의미도 향기도 갖지 못한다. 위에서 내려오는 선물
을 거의 견디어 받아들이고 빗방울처럼 갈증 내면서 마셔버리는 고상한 방
법도 있을 것이다: 그러나 고귀한 영혼은 이러한 기교나 몸짓에는 능숙하지
못하다. 여기에서 그의 이기주의가 그를 방해한다: 이는 대체로 '위'를 보는
것을 좋아하지 않으며, 수평으로 천천히 자기 앞을 보거나 아니면 내려다본
다: ─ 그는 자신이 높은 곳에 있음을 알고 있다. ─ (288쪽 이후)

　　이기적인 인간은 흔히 '은혜를 모른다'는 소리를 잘 듣는다. 누구는 이

세상에 낳아준 것만으로도 은혜를 알라고 말한다. 그런 소리로 엄청난 양심의 가책을 느끼게 한다. '태어난 게 죄'[6]라는 소리도 이때 납득이 가게 된다. 누구는 자기 권력으로는 너무도 당연하고 쉬운 일을 했음에도 불구하고 그런 권력에 있지 않은 자에게는 불가능한 일을 해줬음을 강조하며 은혜를 알라고 강요하기도 한다. 은혜를 말하는 자의 논리는 이런 식으로 늘 일방적이다. 대부분 권좌에 오른 자들은 이런 논리로 즐거움을 느낀다.

하지만 동등한 생각을 하는 자에게 '은혜'라는 단어는 아무런 맛을 내지 못하는 개념에 불과하다. "'은혜'라는 개념은 동등한 사람들 사이에서는 어떤 의미도 향기도 갖지 못한다." 소위 니체는 은혜를 모르는 사람이다. 은혜라는 양심의 벽을 모르는 사람이다. 그는 "위에서 내려오는 선물"이란 것을 믿지 않는다. 괜한 선물 따위는 믿지 않는다. 인간이라면 준 만큼 받으려 할 것이 분명하기 때문이다. 인간은 모두가 "그가 취한 만큼 주게 된다." 사랑에 빠진 인간은 상대에게 늘 '자기를 사랑하느냐?'고 묻는다. 자기가 준 사랑만큼 사랑해주기를 바라며 던지는 질문에 불과하다. 이런 질문을 해보지 않았다면 그는 아직 진정으로 사랑에 빠져본 적이 없는 사람임을 고백하는 것이나 다름이 없다.

니체의 주장은 간단명료하다. "이기주의란 고귀한 영혼의 본질에 속한다고 나는 주장한다." 어떤 기교도 없이 거침없이 말한 거다. 다만 듣는 사람이 어떻게 받아들일지 몰라 살짝 첨언을 했을 뿐이다. "순진한 사람의 귀를 불쾌하게 만들지도 모를 위험을 무릅쓰고" 말한다고. 순진한 사람은 은혜를 아는 자이다. 순진한 사람은 신의 은총 따위를 믿는 자이다. 더 노골적으로 말하면 순진한 사람은 신의 존재를 믿는 자이다. 그런 순진한 자의 귀에는 이기주의가 거슬릴 것이 분명하다. 자기 안에 신을 채워야지 자기 안에 자기만 존재한다면 그것은 그에게 부도덕의 소치로 받아들여질 뿐이다.

하지만 허무주의 철학은 은혜로 충만한 그런 도덕을 가르치고자 하는 것이 아니다. 자기 자신에게로 향하는 길을 가르쳐주고자 할 뿐이다. 천국으로 향한다는 길을 열어준다는 "좁은 문"(마태복음 7:13) 따위에는 관심도 없다. 자기 자신에게로 향하는 길을 찾는 것도 쉽지 않은 일이다. 그 길을 찾기 위해서 철학이라는 학문이 동원되어야 하기도 하다. 누구는 '스승 없이 깨닫기는 석가모니가 아니면 불가능하다'고 주장하기도 했다. 깨닫고 싶으면 석가모니가 아닌 이상 일단 배워야 한다.

니체 철학은 춤추는 별을 낳고자 하는 철학이다. "너희에게 말하거니와, 춤추는 별 하나를 탄생시키기 위해 사람은 자신들 속에 혼돈을 지니고 있어야 한다. 너희에게 말하거니와, 너희는 아직 그러한 혼돈을 지니고 있다."(차라, 24쪽) 니체의 눈에 별은 춤추는 존재다. 그렇다면 이미 하늘에 떠 있는 별들은 모두가 춤추는 존재라는 뜻이기도 하다. 그렇다면 이 말을 한번 읽어보자. "모든 별은 이러한 이기주의자인 것이다." 진정한 이기주의자는 별이 될 자격이 있다는 얘기다. 니체가 "나는 춤을 출 줄 아는 신만을 믿으리라"(차라, 65쪽)고 말할 때 그는 어쩌면 이기주의자의 전형을 신의 형상으로 간주했는지도 모를 일이다. 아니 그랬을 것이라고 확신한다.

정신이 고귀한 자는 은혜를 모른다. "그는 자신이 높은 곳에 있음을 알고 있다." 그는 "위에서 내려오는 선물을 거의 견디어 받아들이고 빗방울처럼 갈증 내면서 마셔버리는 고상한 방법" 따위는 모른다. 인생에 공짜는 없다. 공짜가 인생을 망친다. 인생은 공짜가 아니다. 인생은 온갖 모순을 포함한다. "사람은 더러운 강물이렷다."(차라, 18쪽) 온갖 더러운 것을 다

가진 자가 인간이라는 말이다. 인간은 아픈 존재다. 그래서 건강을 최고로 꼽는 존재이기도 하다. 하지만 모든 아픔, 상처, 고통, 질병은 그 최고의 단계에 도달하기 위한 조건이 될 뿐이다. 모든 "질병은 인식의 수단" (인간적Ⅰ, 14쪽)일 뿐이다. 이런 생각으로 다음의 짧은 잠언을 읽어보자. 스스로 이해를 하고 있는지 검증을 하면서.

> "자기 자신을 구하지 않는 사람만을 진정으로 존경할 수 있다."—괴테가 고문관 슐로서^{Schlosser}에게 한 말. (289쪽)

이 잠언을 어떻게 해석해야 할까? 긍정적으로 한 말인가? 부정적으로 한 말인가? 존경할 수 있다. 그런데 누구를 존경할 수 있다는 말인가? 자기 자신을 구하지 않는 사람만을? 그게 니체다운 소린가? 니체는 이 말이 자기 자신의 철학과 어울리지 않아서 괴테가 고문관에게 한 말이라는 수식어를 달아놓았을 것이다. 그런 의미가 아니라면 누가 누구에게 한 말이라는 정보를 굳이 필요로 하지 않았을 것이다. 그래서 또한 니체는 이 문장은 따옴표 안에 담아놓았다. 권력을 쥔 자는 늘 희생정신을 요구할 뿐이다. 그것만이 도덕적이라는 신앙을 강요하는 것이다. 위의 잠언은 괴테가 그의 고문관에게 한 말임을 잊지 말자. 또 중국인들, 즉 동양적 사고방식과 관련한 다음의 잠언도 읽어보자.

> 중국인에게는 어머니들이 미리 자식들에게 가르치는 격언이 있다: 즉 소심 小心, siao-sin, "네 마음을 작게 가져라"이다. 이것은 말기 문명에 나타나는 고유한 근본 경향이다: 나는 고대 그리스인 역시 오늘날의 우리 유럽인들에게

서 제일 먼저 자기 왜소화를 식별해내리라는 것을 의심하지 않는다. — 이것만으로도 이미 우리는 그리스인의 '취미에 반하는' 것이다. — (289쪽)

작은 마음은 일종의 겸손에 대한 미덕이다. 속된 말로 '까불지 말라'는 말이다. 하지만 이런 말이 미덕처럼 사용되는 시기는 언제일까? 어린아이가 어른에게 사용하는 말은 분명 아니다. 한 사회의 발전단계를 고찰해보아도 그것은 분명하게 인식될 수 있다. 즉 "이것은 말기 문명에 나타나는 고유한 근본 경향"이라는 얘기다. 그리스인들의 취미는 자기 왜소화에 반反한다. 고대인들은 신들의 이야기를 좋아했다. 그들의 삶을 경합을 통해서까지 무대 위에 올려놓기를 원했다.

그리스 비극 속에 등장하는 인물들은 모두 자기 운명이 전하는 고통과 직면해 있다. 그것이 영웅의 비극적인 삶이었다. 하늘을 향해서도 자기 자신을 물었다. 자기 운명을 인식하지 못한 것을 '휘브리스Hybris',[7] 즉 오만함의 극치로 보았던 것이다. 그것이 바로 부족함, 결핍 내지 결여 등을 뜻하는 '하마르티아'와 함께 수많은 영웅이 몰락해가는 비극의 원인으로 이해되었던 것이다. 그리스인들의 취향은 자기 극대화와 맞물린다. 동양적인 자기 왜소화는 그들의 취향이 아니라는 얘기다. 니체가 '비극의 탄생'을 염원하는 이유도 여기에 있다. 위대한 인간의 탄생을 기원하는 마음에서 그는 허무주의 철학이라는 길을 선택하고 있을 뿐이다.

동정하는 심리학자가
필요로 하는 것들

니체의 허무주의 철학은 늘 동정이라는 문제를 싸고돈다. 왜냐하면 인간을 사랑하기 때문이다. 그냥 있는 그대로 사랑하자니 '넌 할 수 있는데~' 하는 마음이 그것을 방해하고, 한계를 넘어서도록 다그치자니 마음이 너무 아프다. 그래서 동정의 문제를 다룰 때 니체의 심경은 복잡해지기만 한다. 동정은 비판의 대상이 되기도 하고 변호의 대상이 되기도 한다. 부정적 동정이 있는가 하면 또 긍정적 동정도 있다는 얘기다. 텍스트가 변할 때마다 그 의미를 주시하며 독서에 임해야 한다. 부정적으로 말하고 있는 것인지 긍정적으로 말하고 있는 것인지, 그것에 귀를 기울여야 한다는 뜻이다. 동정을 부정할 때는 이유가 무엇이고, 또 동정을 긍정할 때는 왜 그러는지에 대해 주목을 해야 한다.

어떤 심리학자 — 타고난, 피할 수 없는 심리학자이면서 영혼을 해명하는 자 — 가 공들여 골라낸 경우나 인간에게로 방향을 돌리게 되면 될수록, 그만큼 동정 때문에 질식하는 위험은 더 커지게 된다: 그에게는 다른 인간 이상의 냉혹함과 명랑함이 필요하다. 보다 높은 인간이나 이상한 기질을 가진 영혼이 타락하고 몰락하는 것은 말하자면 일반적인 일이다: 항상 이러한 일반적인 일을 주시한다는 것은 무서운 일이다. 이 몰락하는 과정을 발견했고, 보다 높은 인간의 이러한 내적인 '치유 불능' 전체, 모든 의미에서 이와 같이 영원한 '너무 늦었다!'는 말을 전 역사를 통해 우선 한 번 발견하고, 거의 언제나 되풀이해 발견하고 있는 심리학자가 당하는 갖가지 고문의 고통은 —

아마 언젠가는 그가 분격하여 자신의 운명에 대항하며 자기 파괴를 시도하는, 그가 스스로를 '파멸시키는' 원인이 될 수 있다. 거의 모든 심리학자의 경우에, 평범하며 잘 정돈된 사람들과 교제하는 데는 배신의 경향과 쾌락이 있음을 알게 된다: 이 점에서 그에게는 항상 치료가 필요하며, 자신의 통찰과 절개切開가, 자신의 작업이 양심에 부과한 것에서 벗어나기 위해 일종의 도피와 망각이 필요하다는 것이 드러난다. 자신의 기억에 대한 두려움은 그에게 고유한 것이다. 그는 다른 사람의 평가 앞에서 쉽게 침묵하게 된다: 그는 자기가 보아왔던 곳에서 존경받고 찬미되고 사랑받고 미화되는 대로 무표정한 얼굴로 귀를 기울이고 있다. ― 또는 그는 앞에 드러나는 어떤 견해에 명확히 동의를 나타냄으로써 자신의 침묵을 숨기기도 한다. (291쪽 이후)

인간에게 다가서면 설수록 "그만큼 동정 때문에 질식하는 위험은 더 커지게 된다." 누가? 심리학자가! 인간의 심리를 연구하는 자가 인간을 알면 알수록 동정하는 마음은 점점 더 커지게 된다는 말이다. 인간에 대한 동정심이 인간을 알면 알수록 커진다는 이 말의 의미는 도대체 무엇일까? 니체 철학의 어떤 딜레마 상황이 느껴진다. 인간을 사랑하면 사랑할수록 질식할 것만 같은, 즉 가슴이 답답한 증상이 커져만 간다는 모순 말이다. 그렇다고 돌아설 수도 없다. 사랑해야 할 대상이기 때문이다. 그런데 다가서면 다가설수록 미칠 것만 같다. 이것이 니체의 솔직한 심정이다. 이것은 또한 10년이 넘는 세월 동안 진행되었던 광기 속에서 이력을 마감하는 철학자의 인생을 고려할 때 매우 중요한 정보가 되기도 한다.

니체는 심리학자를 '영혼을 해명하는 자'로 정의한다. 영혼의 소리를 듣기 위해 "심리학자는 자신의 귀를 열어놓는 것이 좋다"(204쪽)고 했다.

내면의 소리를 위해 필요했던 것이 또한 "제3의 귀"(247쪽)가 아니었을까. 전혀 다른 귀가 필요하다는 얘기다. 전혀 다른 방식으로 들을 줄 아는 귀가 말이다. 니체는 심리학적으로 철학을 한다. 철학의 영역에 심리학적인 방법을 동원한다. 이런 시도의 의미는 이미《인간적인 너무나 인간적인》에서 심도 있게 다루어졌었다. 니체는 여기서 "인간적인, 너무나 인간적인 것에 대하여 숙고하는 것"을 "심리학적 관찰"(인간적Ⅰ, 63쪽)로 규정하기도 했었다. 너무나 인간적인 철학은 다름 아니라 심리학적인 철학인 셈이다.

그리고 인간의 내면을 고찰하면서 니체는 동정의 문제를 발견하게 된다. 영혼이니 내면이니 하는 개념을 마음으로 읽어도 무방하다. 그러니까 니체는 인간의 마음은 동정으로부터 자유로울 수가 없다는 것을 인식한 것이다. 동정은 허무주의라는 개념과 마찬가지로 양면적 의미를 지닌다. 동정은 필요하며 동시에 극복의 대상이다. 동정하지 못하는 인간은 인간적인 인간이 못 된다. 또 "동정은 병일 뿐"(인간적Ⅰ, 76쪽)이라는 사실을 인정할 수 없는 자 또한 인간적이지 못하다. 동정은 회복되어야 하는 병이다. 동정은 건강을 회복해야 하는 질병이다.

동정이 회복되고 극복되기 위해서는 무엇이 필요할까? 니체의 대답은 이렇다. "그에게는 다른 인간 이상의 냉혹함과 명랑함이 필요하다." 일단 냉혹해야 한다는 것이다. 원어가 '헤르테Härte'니까 완고함, 엄격함, 무정함 등으로 번역해도 무방하다. 단단하다는 것이 원래의 뜻이다. 마음이 단단한 사람이어야 한다는 것이다. 동정을 극복하려면 마음이 단단해야 한다. 동정이 마음을 점령하면 마음이 약해진다는 뜻이기도 하다.

아니 이렇게 물으면 또 어떨까. 마음이 단단한 사람은 어떤 사람일까 하고. 누굴 두고 마음이 단단한 사람이라고 우리는 말을 하는 것일까? 또 마음이 단단하면 어떤 일들이 벌어지게 되는 것일까? 대답은 물론 간단하다. 싸워야 할 전의를 상실할 수도 있다. 동정심 때문에 죽고 싶지 않다면 마음이 단단해야 한다. 무정해야 한다. 죽고 싶지 않아 무정해지는 사람을 두고 비양심적이니 비인간적이니 하는 말을 하면 안 된다.

그리고 동정을 극복하기 위해 우리는 명랑함을 필요로 한다. 니체는 《비극의 탄생》에서 이미 명랑성의 힘을 서술한 바 있다. "그리스적 명랑성"(비극, 10쪽)은 삶의 무게에 짓눌린 비극적인 상황을 극복할 수 있게 해주는 지혜로운 기술에 해당한다. 또 니체는 "오로지 명랑함을 통해서만 길은 구원에"(반시대Ⅱ, 369쪽) 이를 수 있다고 주장하기도 했다. 명랑함만이 자기 삶을 천국에 있게 해준다는 얘기다. "낮 동안 너는 열 번 웃어야 하며 열 번 유쾌해 있어야 한다."(차라, 43쪽) 이것이 니체가 바라는 삶이다. 어떤 상황에 처한다 해도 웃을 수만 있다면 극복할 수 없는 일이란 없다.

결국 니체는 냉혹함과 명랑함을 지닌 자만이 "보다 높은 인간"이 될 수 있다는 결론에 이른다. 그자가 바로 고귀한 인간이라는 뜻이다. 그런데 인간의 삶이 비극적으로 인식되는 순간을 피할 수 없다는 것이 문제다. 보다 높은 인간, 즉 고귀한 인간이 "타락하고 몰락하는 것"이 바로 "일반적인 일"로 보일 때 우리는 비극을 경험하게 된다. "내적인 '치유 불능'" 혹은 "영원한 '너무 늦었다!'"는 인식이 "심리학자가 당하는 갖가지 고문의 고통"이라는 얘기다. 이런 인식이 바로 인간을 알면 알수록 "동정 때문에 질식하는 위험"에 노출되게 한다는 것이다. 그 고문의 고통이 "자기 파괴를 시도하는, 그가 스스로를 '파멸시키는' 원인"으로 작용하기 때문이다.

인간은 모두 한편으로는 "자신의 기억에 대한 두려움"을 느끼는 존재다. 특정 기억의 내용에 대해 두려움을 느끼게 될 때 나타나는 현상은 '침묵'이다. 때로는 "무표정한 얼굴"을 보이기도 한다. 때로는 "어떤 견해에 명확히 동의를 나타냄으로써 자신의 침묵을 숨기기도 한다." 바로 이런 의미에서 니체는 "'가면'에 경외심"(296쪽)을 갖기도 한다. 하지만 그것으로 충분하지 않다. 그래서 심리학자는 자기 치료에도 일가견이 있어야 한다. "이 점에서 그에게는 항상 치료가 필요하며, 자신의 통찰과 절개가, 자신의 작업이 양심에 부과한 것에서 벗어나기 위해 일종의 도피와 망각이 필요하다는 것"이다.

도피와 망각의 기술은 이성을 가진 존재가 반드시 터득해야 하는 것이다. 잊어야 할 것을 제때 잊지 못할 때 삶은 위기에 처하게 된다. 그래서 "우리가 제때에 기억하는 것처럼 제때에 잊을 줄 아느냐"(반시대적Ⅱ, 294쪽)가 관건이다. 이성을 가지고 살아가야 하는 우리 모두는 잊으려는 마음 없이 잊을 수 있는 기술을 터득해야 한다. 왜냐하면 "잊으려 하면 잊지 못"(아침, 186쪽)하기 때문이다. 진정으로 잊음의 경지에 도달하게 될 때 우리는 마음을 풀어놓게 된다. 그때 마음의 평정을 경험하게 된다.

자기 시간을 위한 기다림, 그리고 빛과 어둠의 결혼식

타인을 위해 희생하는 하는 삶은 니체의 철학인 허무주의적인 삶이 아니다. '누구 때문에'라는 말도 그에게는 그저 핑계일 뿐이다. 주어진 시간이 다하는 날 자신의 인생을 되돌아보며 스스로 평가해야 할 때는 그 어떤 것도 가산점으로 작용해주지 않을 것이다. 오로지 원하는 대로 살았는가? 후회 없이 최선을 다했는가? 그때 느끼는 한계는 운명으로 인식될 것이다. 그런 운명이라면 물론 사랑해야 한다. 그것이 니체가 말하는 운명애다. 어쩔 수 없이 끌어안고 사랑해주어야 할 그 운명은 분명 울게도 또 웃게도 할 것이다. 우리는 그 마지막을 위해 마음의 준비를 단단히 해야 할 것이다.

그런데 누구나 다 원하는 대로 살지 못한다. 그것이 문제다. 모두가 자기 인생에 대해 평생 고민하고 제대로 살아보려 하지만 아무도 온전히 자기 인생을 살아보지 못한다. 도대체 왜 그런 것일까? 왜 인간은 사는 게 이토록 어려운 것일까? 인간의 삶이란 도대체 무엇이란 말인가? 사는 것은 어렵다. 어려워서 공부를 하는 것이다. 그런데 모든 공부는 기다리는 과정이 아닐까. 모든 기다리는 자는 때를 기다리고 있다. '내일은 나아지겠지' 하는 마음으로 끊임없는 내일을 기다린다. 하지만 모든 기다림이 때를 만나게 되는 것은 아니다. 때를 아는 것이 인생의 지혜다. 니체는 기다림의 문제를 삶의 범주에서 보고자 한다.

기다리는 자의 문제. ─ 어떤 문제의 해결점이 그 안에서 잠자고 있는 보다 높은 인간이 그래도 적절한 시간에 행동에 옮기기 위해서는 ─ 말하자면 '분출하기 위해서는' 행운과 헤아릴 수 없이 많은 것이 필요하다. 이것은 보통은 일어나지 않는다. 그리고 지상의 모든 구석에는 앉아 기다리고 있는 사람들이 있는데, 그들은 어느 정도까지 기다리는지 알지 못하며, 그러나 기다려도 헛되다는 사실을 더욱 알지 못하고 있다. 때로는 또한 그들을 깨우는 고함 소리가, 행동하는 것을 허용하는 저 우연이 너무 늦게 다가온다. ─

그때는 조용히 앉아 있었기 때문에 행동하기 위한 최상의 청춘과 힘을 이미 다 써버렸던 것이다. 그리고 얼마나 많은 사람이, 그와 '벌떡 일어섰을' 때, 사지가 마비되고 정신이 이미 너무 무거워졌다는 것을 알아채고 놀랐던 것일까! "너무 늦었다"—라고 그는 스스로에게 말했지만, 그는 자신을 믿지 않게 되었고 이제 영원히 쓸모없게 되어버린 것이다. — 천재의 영역에서는 '손 없는 라파엘'이라는 말이, 이 용어를 가진 폭넓은 의미로 이해하는 한, 예외가 아니라 통례가 되어야 하지 않을까? — 천재란 아마 결코 그렇게 드문 것은 아니리라: 그러나 드문 것은 '적절한 때'—를 마음대로 지배하기 위해, 우연의 앞 머리털을 잡기 위해, 필요로 하는 500개의 손이다! (298쪽)

니체에게 기다림은 일상이다. "지상의 모든 구석에는 앉아 기다리고 있는 사람들이" 있다. 어딜 가나 사람들이 기다리고 있다. 누구는 기차 시간을 기다리고 있고, 누구는 주문한 식사를 기다리고 있고, 누구는 시험을 기다리고 있고, 누구는 출산을 기다리고 있고, 또 누구는 죽음을 기다리고 있다. 기다림으로부터 자유로운 영혼은 없는 듯하다. 니체도 기다리다가 차라투스트라에 대한 영감을 받았다. 그것도 선악의 저편에서 무無를 기다리다가 "차라투스트라가 내 곁을 지나갔다"(즐거운, 415쪽)는 것이다.

그리고 《차라투스트라는 이렇게 말했다》에서 니체는 이런 말을 남겼다. "나 여기 앉아 기다리고 있노라, 낡아 부서진 서판과 새롭게 반쯤 쓰인 서판을 곁에 둔 채. 나의 시간은 언제 오지?"(차라, 324쪽) 차라투스트라는 여전히 기다리고 있다. 자기 자신의 시간을. 차라투스트라는 미래의 인간이다. 허무주의 철학은 미래를 준비하는 철학이다. 그 준비를 위해 니체는 "행운과 헤아릴 수 없는 많은 것이 필요하다"고 말한다.

누구에게나 때는 찾아온다. 그러나 "적절한 시간"이 적절한 때 와주는 것이 관건이다. 준비되지 않은 자에게는 모든 것이 헛되고 헛되다. 아무리 훌륭한 고전이라 해도 준비되지 않은 자에게는 하찮은 종잇조각에 불과하다. 그 안에 담겨 있는 지혜는 인식의 그물에 걸려들지 못한다. 그래도 때는 누구에게나 찾아온다고 했다. "때로는 또한 그들을 깨우는 고함소리가, 행동하는 것을 허용하는 저 우연이 너무 늦게 다가온다." 너무 늦게! 앞서 살펴보았듯이 "영원한 '너무 늦었다!'는 말"은 "무서운 일"(292쪽)이다. 끔찍한 일이다. 비극적인 일이다. 운명이 가르쳐주는 비극이다.

너무 늦은 때에 기다리고 있던 때가 찾아온다. "그때는 조용히 앉아 있었기 때문에 행동하기 위한 최상의 청춘과 힘을 이미 다 써버렸던 것이다. 그리고 얼마나 많은 사람이, 그가 '벌떡 일어섰을' 때, 사지가 마비되고 정신이 이미 너무 무거워졌다는 것을 알아채고 놀랐던 것일까!" 힘이 없어 쓰러질 것만 같은 느낌, 청춘이 다 지나간 느낌, 몸이 무거워졌다는 느낌, "손 없는 라파엘"이 된 느낌, 이빨 빠진 호랑이가 된 느낌, 이런 느낌이 들면 우리는 얼마나 놀라게 될까. 너무 기가 차서 할 말을 잊어버릴까. 후회할 힘도 없을 때 우리는 어떤 마음으로 허공을 바라보게 될까. 반응할 힘조차 없다면 너무 허탈할 것이다.

누구나 다 자신의 운명을 알게 되는 그런 죽음의 순간까지 기다려서는 안 된다. 그래서 이렇게 독서를 하고 있는 것이다. 뭔가 묻기 위해서 책을 읽는다. 천재는 드물지 않다. 하지만 인생에 필요한 그 '적절한 시간', '적절한 때'를 마음대로 지배할 수 있는 자는 드물다. "우연의 앞 머리털을 잡기 위해, 필요로 하는 500개의 손"을 가진 자는 드물다. 우연을 필연으로 바꿀 줄 아는 행운을 가진 자는 드물다. 이것이 인생의 문제다. 이것이

'기다리는 자의 문제'다.

자기 시간을 위한 기다림은 적절한 시기에 완료되어야 한다. "영원히 불쾌한 '너무 늦었다!'는 탄식! ─ 끝나버린 모든 것에 대한 우울!"(299쪽)로 눈물을 흘려서는 안 된다. 이런 우울을 미연에 방지하는 법을 가르쳐 주기 위해 니체는 한평생 철학의 길을 걸어왔다. 니체 철학은 현대철학이 지만 현대인 스스로는 아직 니체 철학을 들을 만한 귀가 없나 보다. 그가 말한 제3의 귀가 없나 보다. 왜냐하면 현대 이후에 대한 이름을 아직 찾지 못하고 있기 때문이다. 허무주의 철학은 아직 때가 이른가 보다. "가장 위대한 사건과 사상은 ─ 그러나 가장 위대한 사상이 가장 위대한 사건이 다 ─ 가장 늦게 이해된다. 동시대의 세대는 그러한 사건을 경험하지 못한다."(304쪽) 많은 동지를 찾지 못했던 니체는 이런 말로 스스로를 위로한다. "가장 멀리 떨어진 별빛이 인간에게 가장 늦게 이른다."(같은 곳) 어쩌면 허무주의 철학은 인류가 존재하는 동안 줄곧 기다림의 족쇄를 벗지 못할지도 모른다. 너무도 멀리 떨어진 별빛이라서.

《선악의 저편》 마지막에는 〈높은 산에서〉라는 후곡後曲이 부록으로 붙여져 있다. 여기서 니체는 시의 형식을 빌려 여운이 가득한 마무리를 한다. "나의 왕국 ─ 이보다 멀리 뻗어 나간 왕국이 어디 있단 말인가? / 그리고 나의 꿀을 ─ 그 누가 그것을 맛본 적이 있단 말인가?"(318쪽) 우리가 그 맛을 봤던가? 확신이 서지 않는다. 그래도 이 말은 이해할 것 같다. "나는 사는 법을 배웠다."(같은 곳) 허무주의 철학이 줄곧 가르치려 했던 것이다. 사는 법! 그것을 우리에게 전수하려 했던 것이다. "우리는 친구였지?" 또다시 확신이 서지 않는다. 그래도 이 말은 이해할 것 같다. "오직 변하는 자만이, 나와 인연이 있다."(320쪽) 허무주의 철학은 극복의 철학이다.

극복하는 자만이 니체와 동행하는 자이다.

그리고 니체는 친구가 누군지도 묻지 말라고 한다. "적절한 때 친구가 보이나니, / 이는 정오의 친구로다 — 아니다! 그가 누구인지 묻지 말라 — / 정오에 하나는 둘이 되었다…"(321쪽) 정오는 신성한 시간이라 했다. 위대한 시간이라 했다. 지금 이 정오는 결혼식을 위한 시간이 된다. "빛과 어둠을 위한 결혼식이 다가왔다…"(같은 곳)《선악의 저편》마지막 문장이다. '결혼식이 다가왔다…' 서로 상이한 두 개의 충동이 결합하고자 한다. 이는 마치 "아폴론적인 것과 디오니소스적인 것의 이중성과 결합" 혹은 "이 짝짓기를 통해 마침내 디오니소스적이기도 하고 아폴론적이기도 한 아티케 비극을 산출한다"(비극, 29쪽)는 말처럼 들리기도 한다.

짝짓기라 일컫든 결혼식이라 일컫든 이제 '선악의 저편'에 당도한 느낌이다. 이제 사랑의 결실이 맺어질 때다. 이제 우리는 결혼식을 구경할 때다. 아니 친구를 찾았다면 스스로 그 친구와 결혼을 하는 순간이 된 것이다. 그러니까 수수께끼 같던 〈질스마리아〉의 마지막 두 개의 행도 여기서 풀린다. "그때 갑자기, 나의 여인이여, 하나가 둘이 되었다 — / — 그리고 차라투스트라가 내 곁을 지나갔다…"(즐거운, 415쪽) 이 여인은 하나에서 둘이 된 정오의 친구였고 결혼을 통해 평생에 동반자가 된 자였던 것이다. 그의 이름은 차라투스트라였다.

니체는 여기서 차라투스트라를 이렇게 정의한다. "손님들 가운데 손님"(321쪽)이라고. 손님이라는 존칭을 사용할 수 있는 대상은 소중한 사람이다. 귀중한 손님이라고 형용사를 덧붙여 말하기도 한다. 소중하고 귀중한 사람 중의 최고라고 말할 수 있는 사람, 그 사람이 차라투스트라이다. 그는 '나'이면서 동시에 낯선 '나'이다. 하나가 둘이 된 존재다. 그를 만나는 순간은 "축제 가운데 축제"(같은 곳)를 경험하는 순간이다. '내 안에 너 있다'가 실현되는 순간이다. 너로 화한 나의 모습이 기존의 나와 화합하며 결혼식을 올린다. 잊고 살았던 존재를 확인하면서 완성된 자아를 인식한다. 승리를 축하하는 노랫소리가 가득하다. 진정한 축제가 벌어지고 있는 것이다. 구원의 순간, 해탈의 순간, 승전가가 들려오는 순간, 기다리고 기다리던 친구가 인식된다. 차라투스트라가 내 곁을 지나간다. 임마누엘Immanuel의 신성神性으로.

극복과 운명애의 모순과 조화

허무주의 철학은 극복의 이념으로 시작한다. 한계를 인식하는 데서 그 시작지점을 찾는다. 원숭이는 인간이 되려고 노력해야 하고, 또 인간은 초인이 되려고 애를 써야 한다. 모든 존재는 자신의 현재 상황에 만족하거나 안위해서는 안 된다. 그것은 소중하게 주어진 인생에 대한 예의가 아니다. 늘 한계를 넘어서려는 의지로 살아야 한다. 그런데 언제까지 극복을 해야 한단 말인가? 무작정 끊임없이 극복을 해댈 수는 없다. 힘에는 한계가 있기 때문이다. 모든 인생은 운명이란 것에 부딪힐 수밖에 없다. 운명이 보이면 어떻게 해야 할까? 니체는 여기서 진지하게 말한다. 그때는 사랑을 하라고. 그때는 모든 것을 인정하고 받아들이는 자세로 임하라고.

저편은 사랑이 이루어지는 곳이다. 저편은 축제의 현장이다. 클럽 안으로 발을 들여놓을 때처럼 설레기만 하다. 입구부터 쿵쿵거리는 소리가 발끝으로부터 전해온다. '선악의 저편'은 이런 분위기다. 거기서는 선과 악이 특별히 구별도 없다. 선이 악이 될 수도 있고 또 악이 선이 될 수도 있는 곳이다. 거기엔 오로지 자유정신만이 존재할 뿐이다. 진정한 자유는 선할 수도 또 악할 수도 있다고 했다. 창조를 하려면 망치와 정을 들고 멀

쩡한 돌도 깰 수 있어야 한다. 파괴할 줄도 알아야 한다. 그것을 굳이 악이라 한다면 기꺼이 악해질 수도 있어야 한다. 착해 빠져서는 창조는 꿈도 못 꾼다. 그런 것은 그저 남의 일이 될 수밖에 없다.

때로는 쓴소리도 약이 된다. 엄마 아빠도 누구는 선한 역할을 또 누구는 악한 역할을 해낼 수 있어야 한다. 선은 선이고 악은 악이라고 말하는 순간 모든 것은 경직되고 만다. 변하지 않는 돌멩이로 탑을 쌓으면 쉽게 무너지고 만다. 가끔은 경계를 무의미하게 하는 진흙이 요구될 때도 있는 법이다. 고집이 득이 될 때도 있다. 그때 우리는 집념이라고 부른다. 하지만 그것이 해가 될 때 집착이 되기도 한다. 집착하면 서로가 힘들다. 상처를 주고 상처를 받는다. 단단한 마음으로는 아무것도 할 수가 없다. 그것은 인간적이지 않아서다.

니체의 허무주의 철학은 인간적인 이념으로 충만하다. 인간적이지 않은 것은 발을 들여놓을 틈이 없다. 진리조차 인간 밑에 두려는 의지가 허무주의다. 인간이 있고 진리가 있는 것이지 진리가 있고 인간이 있는 것은 아니기 때문이다. 이성을 너무 높이 평가하다 보면 창조의 원리로서 어떤 신의 뜻 같은 것을 상상해낼 수도 있다. 하지만 이 모든 것을 니체는 거부한다. 그것은 인간적이지 않기 때문이다. 그것은 현실적이지 않다는 말로 이해해도 된다. 모든 진리는 시간과 공간을 달리하면 달라진다. 어제의 진리가 오늘도 통용되리라고 생각한다면 그것은 오산이다. 저곳에서 통용되었던 진리가 이곳에서도 통하리라고 생각하면 그것은 실수다. 사람 사는 곳에서는 모든 것이 가능하다. 삶은 불법이 될 수 없다.

'선악의 저편', 그곳은 니체가 꿈꾸는 이상향이다. 축제가 벌어지는 곳이다. 노래하고 춤추는 곳이다. 모두가 건강한 춤을 춰댄다. 건강한 개인들이 축제를 벌인다. 누가 누구 위에서 군림하는 곳이 결코 아니다. 어떤 진리가 절대강자로 나서지도 않는다. 그런 진리가 있는 곳에서는 축제가 벌어질 수가 없다. 허무주의 철학은 축제를 위한 철학이다. 니체의 생철학은 사랑을 동경한다. 사람은 사랑 없이는 못 산다. 살아도 사는 게 아니다. 허무주의가 원하는 사랑은 신에 대한 사랑이 아니라 인간에 대한 사랑이며 때로 운명애라고 불리기도 한다. 선과 악을 넘어선 곳에서 사랑이 춤을 춘다. 사랑이라는 기적이 이루어진다. 모두 이 황홀한 축제에 동참하고 있기를 빈다.

01 | 미래를 위한 철학의 서곡

1 독단론으로 번역된 원어는 도그마틱(Dogmatik)이다. 이 개념은 교조주의로 번역되기도 한다. 특히 칸트 (Immanuel Kant, 1724~1804)는 《순수이성비판》 서문에서 다음과 같은 주장을 펼친다. "그러나 비판은 교조주의, 곧 개념에 의한 순수 인식(즉 철학적 인식)만을 가지고서 이성이 이미 오래전부터 그가 거기에 이르렀던 방식이나 권리에 관해서는 아무것도 캐물어 보지 않은 채 사용하고 있는 원리들에 따라서 전제 해 가는 월권을 반대한다."(칸트, 《순수이성비판 1》, 백종현 옮김, 아카넷, 16쇄, 2014, 194쪽) 칸트의 철학 역시 인간의 이성적 활동에 문제가 있음을 인식하고 거기서부터 철학적 사고가 시작되고 있음을 알 수 있다.

2 쇼펜하우어, 《의지와 표상으로서의 세계》, 홍성광 옮김, 을유문화사, 개정증보판, 2015, 23쪽.

3 칸트, 《순수이성비판 1》, 백종현 옮김, 아카넷, 16쇄, 2014, 161쪽.

4 재인용; 이동용, 《지극히 인간적인 삶에 대하여》, 동녘, 2015, 274쪽 이후.

5 쇼펜하우어, 《의지와 표상으로서의 세계》, 위의 책, 105쪽.

6 참고; 에피쿠로스, 《쾌락》, 오유석 옮김, 문학과지성사, 9쇄, 2013, 145쪽.

7 참고; 셰익스피어, 《한여름 밤의 꿈》, 최종철 옮김, 민음사, 24쇄, 2015; "그들이 다음에 깨어나면 이 모든 웃음거리 / 꿈이나 무익한 환영처럼 보일 거고 / 연인들은 죽음까지 절대 아니 끝나게 될 / 결연 맺고 아 테네로 되돌아갈 것이다."(73쪽) "그래서 다른 사람 깨어날 때 깨어나 / 다 함께 아테네로 돌아가고 이 밤 의 일들은 / 심하게 뒤숭숭한 꿈으로만 생각도록."(81쪽)

8 같은 책, 87쪽.

9 https://de.wikipedia.org/wiki/Stoa; 'universelles Prinzip'

10 https://de.wikipedia.org/wiki/Epikur; 에피쿠로스 학파는 케포스(Kepos)라고도 한다. 그 뜻은 정원이다.

11 참고; 이동용, 《니체와 함께 춤을》, 이파르, 2015, 46쪽 이후.

12 https://de.wikipedia.org/wiki/Stoa

13 이동용, 《내 안에 코끼리》, 이파르, 2016, 123쪽.

14 참고; Gottfried Martin, 《Platon》, Reinbek bei Hamburg, Issue 19, 1995, p.19; 399년, 스승 소크라테스가 아제비(Asebie) 재판에 의해 사형당했을 때 플라톤은 아테네와 인연을 끊고 말았다.

15 재인용; 이동용, 《쇼펜하우어, 돌이 별이 되는 철학》, 동녘, 2쇄, 2015, 24쪽.

16 같은 곳.

17 이동용, 《내 안에 코끼리》, 위의 책, 142쪽.

02 | 성스럽고 단순한 자유정신

1 이동용, 《나르시스, 그리고 나르시시즘》, 책읽는사람들, 2001, 139쪽.

2 https://de.wikipedia.org/wiki/Mittelalter; 비교, '암흑시대'(이동용, 《망각교실》, 이파르, 2016, 271쪽)

3 https://de.wikipedia.org/wiki/Philosophia_ancilla_theologiae

4 Goethe, 《Faust: Erster und zweiter Teil》, München, Issue 13, 1992, p.17; "Habe nun, ach! Philosophie, / Juristerei und Medizin / Und leider auch Theologie / Durchaus studiert, mit heißem Bemühn. / Da steh ich nun, ich armer Tor, / Und bin so klug als wie zuvor!"

5 https://de.wikipedia.org/wiki/Deus_lo_vult

6 쇼펜하우어, 《의지와 표상으로서의 세계》, 홍성광 옮김, 을유문화사, 개정증보판, 2015, 129쪽.

7 쇼펜하우어, 《의지와 표상으로서의 세계》, 위의 책, 445쪽.

8 재인용; 카뮈, 〈시지프 신화〉 in: 《이방인/페스트/시지프 신화》, 동서문화사, 4쇄, 2014, 388쪽.

9 Platon, 《Apologie des Sokrates / Kriton》, Stuttgart, 1994, p.12.

10 릴케, 〈완성시〉, 《릴케전집 3》, 고원 옮김, 책세상, 2001, 229쪽.

11 트리나 폴러스, 《꽃들에게 희망을》, 시공주니어, 개정2판 44쇄, 2013, 16쪽.

12 쇼펜하우어, 《의지와 표상으로서의 세계》, 위의 책, 161쪽.

13 https://de.wikipedia.org/wiki/Sturm_und_Drang; 물론 이 개념은 클링어(Klinger, 1752~1831)의 희극 《슈투름 운트 드랑(Sturm und Drang)》(1777)이란 제목에서 처음 사용되었지만, 괴테에 의해 마침내 한 시대를 특징짓는 개념으로 유명해졌다.

14 괴테의 편지소설 《젊은 베르테르의 슬픔》(1774)의 주인공 이름. 베르테르는 다른 남자와 약혼한 롯테(Lotte)와 사랑에 빠진다. 하지만 그 사랑이 방해를 받자 자살을 하게 되는 불행한 인물이다.

15 Rüdiger Safranski, 《Nietzsche: Biographie seines Denkens》, Frankfurt am Main, Issue 5, 2010, p.185.

16 만다라는 본질은 다양한 원인에 의해 변한다는 뜻이다. 힌두교와 불교에서는 그 어떤 것에도 집착할 것을 금기시한다. 만들 때는 온 정성을 다하되 그만두어야 할 때가 되면 미련 없이 쓸어 담을 수도 있어야 한다.

17 http://www.gutzitiert.de/zitat_autor_pablo_picasso_thema_kunst_zitat_12872.html; "Kunst wäscht den Staub des Alltags von der Seele."

18 재인용; 이동용, 《바그너의 혁명과 사랑》, 이파르, 개정증보판, 2012, 31쪽.

19 https://de.wikipedia.org/wiki/Französische_Revolution; "Motto der Französischen Revolution: Freiheit,Gleichheit, Brüderlichkeit"

20 참고; 쇼펜하우어, 《의지와 표상으로서의 세계》, 위의 책, 493쪽; "우리는 사로잡힌 코끼리가 여러 날 동안 무섭게 미쳐 날뛰고 몸부림을 치다가 그래 봤자 아무 소용없음을 알고는, 갑자기 다소곳이 목덜미에 멍에를 매게 하고 이후부터는 쭉 길들여진 상태로 있는 신세와 같다." 이에 대한 해석은 이동용, 《쇼펜하우어, 돌이 별이 되는 철학》, 동녘, 2쇄, 225쪽 참고.

21 릴케, 〈두이노의 비가〉, 《릴케전집 2》, 김재혁 옮김, 책세상, 초판3쇄, 2011, 443쪽.

22 이동용, 《나르시스, 그리고 나르시시즘》, 위의 책, 309쪽 이후.

23 생텍쥐페리, 《어린 왕자》, 더클래식, 2012, 11쪽.

24 이동용, 《망각 교실》, 이파르, 2016, 193쪽.

25 이동용, 〈18세기 독일문학에 나타난 경쟁윤리-《현자 나탄》과 《파우스트》를 중심으로〉, 《인문과학논총》, 건국대학교 인문과학연구소, 제36집, 2001, 152쪽.

26 https://de.wikipedia.org/wiki/Aletheia_(Mythologie)

03 | 내적 체험을 위한 종교적인 것

1 https://de.wikipedia.org/wiki/Große_Sphinx_von_Gizeh

2 https://de.wikipedia.org/wiki/Das_Rätsel_der_Sphinx; "Es ist am Morgen vierfüßig, am Mittag zweifüßig, am Abend dreifüßig."

3 https://de.wikipedia.org/wiki/Mittelalter

4 https://de.wikipedia.org/wiki/Neurose

5 https://de.wikipedia.org/wiki/Zölibat

6 https://de.wikipedia.org/wiki/Kloster; "verschlossener Ort"

7 참고; https://de.wikipedia.org/wiki/Friedrich_Nietzsche

8 참고; https://de.wikipedia.org/wiki/Martin_Luther; "Luther glaubte, wie damals üblich, an die Existenz von Hexen."

9 참고; https://de.wikipedia.org/wiki/Sola_fide

10 김덕수, 《이순신의 진실》, 플래닛미디어, 2016, 118쪽; 물론 어떻게 큰 칼 옆에 차고도 앉아 있을 수 있냐고 말꼬리를 물고 번역을 문제 삼을 수도 있겠지만 여기서는 그런 논쟁은 무시하기로 한다.

11 https://de.wikipedia.org/wiki/Mystische_Hochzeit; "Die religiöse Vorstellung einer Vereinigung von Gott und Mensch (unio mystica) wird unter dem Bild der Verlobung und Vermählung gedacht und dargestellt."

12 https://de.wikipedia.org/wiki/Verzückung_der_Heiligen_Theresa; 〈성 테레사의 법열〉은 1645년부터 1652년 사이에 만들어졌다. 하얀색의 화강암으로 만들어진 이 조각상의 높이는 350cm에 달한다. 현재 이 조

각상은 로마의 산타 마리아 델라 비토리아 성당에 있다.

13 https://de.wikipedia.org/wiki/Solus_Christus

14 쇼펜하우어, 《의지와 표상으로서의 세계》, 홍성광 옮김, 을유문화사, 개정증보판, 2015, 608쪽.

15 https://de.wikipedia.org/wiki/Weltreligion; 위키피디아의 통계자료에 따르면 세상에 존재하는 5대 종교로 1. 기독교, 2. 이슬람교, 3. 힌두교, 4. 불교, 5. 유대교를 꼽는다. 그중 기독교는 신도 수가 23억에 달함으로써 최고의 자리를 점유하고 있다. 세계 인구의 30% 이상이 자신의 종교로 기독교를 꼽는다는 얘기다.

16 이에 대한 목록은 https://de.wikipedia.org/wiki/Dritte_Synode_von_Karthago 참고.

17 참고; https://de.wikipedia.org/wiki/Bibelkanon

18 https://de.wikipedia.org/wiki/Dritte_Synode_von_Karthago

19 일반적으로 모세가 집필했다고 간주되는 5권의 책; 1. 창세기, 2. 출애굽기, 3. 레위기, 4. 민수기, 5. 신명기.

20 로코코는 바로크에 반(反)하여 등장한 문화적 경향이다. 바로크 양식이 대칭을 지향했다면 로코코 양식은 선배들이 규칙으로 삼았던 모든 것을 거부하고 더 나아가 '비대칭(Asymmetrie)'(https://de.wikipedia.org/wiki/Rokoko)을 지향했다는 것이 가장 큰 차이점이다.

21 https://de.wikipedia.org/wiki/Mensch

22 공자, 《공자의 논어》, 이준구 옮김, 스마트북, 재판, 2013, 127쪽; "3년간은 아버지가 걷던 길을 바꾸지 않아야 효라 말할 수 있느니라."

23 https://de.wikipedia.org/wiki/Heureka

24 재인용; 이동용, 《쇼펜하우어, 돌이 별이 되는 철학》, 동녘, 2쇄, 2015, 434쪽 이후.

25 공자, 《공자의 논어》, 위의 책, 118쪽; "아침에 도를 들어 안다면 저녁에 죽어도 좋으니라."

26 쇼펜하우어, 《의지와 표상으로서의 세계》, 위의 책, 115쪽.

27 재인용; 이동용, 《쇼펜하우어, 돌이 별이 되는 철학》, 위의 책, 31쪽.

04 | 인간과 세계를 긍정하는 지혜

1 https://de.wikiquote.org/wiki/Friedrich_Schiller; "Die Kunst ist eine Tochter der Freiheit."

2 Lessing, 《Nathan der Weise》, Ein dramatisches Gedicht in fünf Aufzügen, Stuttgart, 1992, p.69; "Von diesen drei / Religionen kann doch eine nur / Die wahre sein."

3 https://de.wikipedia.org/wiki/Tat_Tvam_Asi; 이에 대한 해석은 이동용, 《쇼펜하우어, 돌이 별이 되는 철학》, 동녘, 2쇄, 2015, 27쪽 이후 참고.

4 https://de.wikipedia.org/wiki/Kategorischer_Imperativ; "Handle nur nach derjenigen Maxime, durch die du zugleich wollen kannst, dass sie ein allgemeines Gesetz werde."

5 https://de.wikipedia.org/wiki/Umwertung_aller_Werte; "Umwertung aller Werte"

6 특히 아곤은 디오니소스 축제의 본질로 간주되었다. 참고; Manfred Brauneck, 《Die Welt als Bühne》,

Geschichte des europäischen Theaters, Band 1, Stuttgart, 1993, p.28; "Zum Wesen der Theateraufführungen im Rahmen der Dionysosfeste gehörte der Agon: der Wettkampf der konkurrirenden Chöre, der Wettkampf der Dichter, die in der Regel die Chöre einstudierten und auch die Regisseure der Aufführungen waren, später auch der Wettkampf der Schauspieler."

7   참고; 이동용, 《쇼펜하우어, 돌이 별이 되는 철학》, 위의 책, 22쪽 이후; "원하는 것을 원하지 않을 수 있다."

8   Gottfried Martin, 《Platon》, Reinbek bei Hamburg, Issue 19, 1995, p.16.

9   Gottfried Martin, 《Platon》, Reinbek bei Hamburg, Issue 19, 1995, p.11; "Platon stammt väterlicher-wie mütterlicherseits aus berühmten und wohlhabenden Familien der athenischen Aristokratie."

10 독배를 들기 전 감옥에서 이루어진 마지막 수업 때 소크라테스가 왜 플라톤이 안 보이느냐고 묻자 파이돈이 대답한다. "플라톤은 아픈 것 같습니다."(Gottfried Martin, 《Platon》, 위의 책, p.12.)

11 https://de.wikipedia.org/wiki/Chimära

12 쇼펜하우어, 《의지와 표상으로서의 세계》, 홍성광 옮김, 을유문화사, 개정증보판, 2015, 115쪽.

13 김춘수, 《그는 나에게로 와서 꽃이 되었다》, 시인생각, 2쇄, 2014, 14쪽; 김춘수의 시 〈꽃〉의 1~2연.

14 https://de.wikipedia.org/wiki/Johann_Tetzel; "Sobald das Geld im Kasten klingt, die Seele in den Himmel springt!"

15 재인용; 이동용, 《쇼펜하우어, 돌이 별이 되는 철학》, 동녘, 2쇄, 64쪽.

16 릴케, 〈말테의 수기〉, 《릴케전집 12》, 김용민 옮김, 책세상, 4쇄, 2012, 11쪽.

05 | 가치를 창조하는 학자들

1   재인용; 이동용, 《지극히 인간적인 삶에 대하여》, 동녘, 2쇄, 2016, 163쪽.

2   https://de.wikipedia.org/wiki/Liste_der_Homo-Epitheta

3   셰익스피어, 《베니스의 상인》, 최종철 옮김, 민음사, 6쇄, 2013, 32쪽.

4   재인용; 이동용, 《망각교실》, 이파르, 2016, 416쪽.

5   쇼펜하우어, 《의지와 표상으로서의 세계》, 홍성광 옮김, 을유문화사, 개정증보판, 2015, 33쪽.

6   재인용; 이동용, 《쇼펜하우어, 돌이 별이 되는 철학》, 동녘, 2쇄, 2015, 68쪽.

7   재인용, 이동용, 《나르시스, 그리고 나르시시즘》, 책읽는사람들, 2001, 328쪽.

8   https://de.wikipedia.org/wiki/Hamartie; 'Hamartia'는 그리스어로 '적중하지 못하다', '그르치다/잘못하다', '목적에서 벗어나다' 등의 의미를 지니고 있다.

9   쇼펜하우어, 《의지와 표상으로서의 세계》, 위의 책, 84쪽.

10 쇼펜하우어, 《의지와 표상으로서의 세계》, 위의 책, 46쪽.

11 쇼펜하우어, 《의지와 표상으로서의 세계》, 위의 책, 44쪽.

12 쇼펜하우어, 《의지와 표상으로서의 세계》, 위의 책, 462쪽.

13 쇼펜하우어,《의지와 표상으로서의 세계》, 위의 책, 461쪽.

06 | 자기 자신을 사랑하는 도덕

1   윤동주, 〈쉽게 씌여진 시〉,《죽는 날까지 하늘을 우러러》, 시인생각, 2쇄, 2013, 58쪽; 마지막 두 개의 연, "등불을 밝혀 어둠을 조금 내몰로, / 시대처럼 올 아침을 기다리는 최후의 나, // 나는 나에게 작은 손을 내밀어 / 눈물과 위안으로 잡는 최초의 악수"

2   https://de.wikipedia.org/wiki/Lethe_(Mythologie)

3   재인용; 이동용,《쇼펜하우어, 돌이 별이 되는 철학》, 동녘, 2쇄, 2015, 54쪽.

4   같은 곳.

5   https://de.wikipedia.org/wiki/Friedrich_Nietzsche; 특히 참고, 미주 11번 "이와 관련한 일화, 즉 니체가 거리에서 마부에 의해 채찍질 당하는 말의 목덜미를 붙들며 동정의 눈물을 흘렸다는 일화는 그저 훗날 입에서 입으로 전해진 소문일 뿐 믿을 만한 것은 못 된다(Die in diesem Zusammenhang oft kolportierte Anekdote, Nietzsche habe sich auf offener Straße, weinend vor Mitleid, an den Hals eines Droschkenpferdes gehängt, weil das Tier vom Kutscher misshandelt worden sei, beruht nur auf späterer mündlicher Überlieferung und gilt heute als wenig glaubwürdig)." 그 외 참고; 이동용,《망각교실》, 이파르, 2016, 250쪽 이후.

6   재인용; 이동용,《망각교실》, 위의 책, 272쪽.

7   헤세,《데미안》, 전영애 옮김, 민음사, 2판67쇄, 2012, 7쪽.

8   쇼펜하우어,《의지와 표상으로서의 세계》, 홍성광 옮김, 을유문화사, 개정증보판, 2015, 254쪽.

9   같은 곳.

10 같은 곳.

11 참고; 이동용, 〈노력하는 인간〉,《삐뚤빼뚤 질문해도 괜찮아》, 동녘, 2016, 97쪽 이후.

12 참고; Goethe,《Faust: Erster und zweiter Teil》, München, Issue 13, 1992, p.37; "아아, 내 가슴속에는 두 개의 영이 도사리고 있는데, / 그 하나는 다른 하나와 떨어지려고 한다. / 그중 하나는 격렬한 정욕에 사로잡혀 / 헌세에 매달려 악착같은 관능으로 육체적인 만족을 얻으려 하고 / 다른 하나는 억지로 이 속세를 벗어나, / 숭고한 선인들의 세계로 오르려 한다(Zwei Seelen wohnen, ach! in meiner Brust, / Die eine will sich von der andern trennen: / Die eine hält in derber Liebeslust / Sich an die Welt mit klammernden Organen; / Die andre hebt gewaltsam sich vom Dust / Zu den Gefilden hoher Ahnen)."(1112~1117행)

13 참고, https://de.wikiquote.org/wiki/Friedrich_Schiller; "예술은 자유의 딸이다(Die Kunst ist eine Tochter der Freiheit)."

07 | 강한 인간을 위한 민족과 조국

1   참고; 이동용, 《바그너의 혁명과 사랑》, 이파르, 개정증보판, 2012, 48쪽 이후.

2   Nietzsche, 《Briefe, ausgewählt von Richard Oehler》, Frankfurt am Main, 1993, p.263~.

3   Brecht, 《Gesammelte Werke 10: Gedichte 3》, Frankfurt am Main 1982, p.882; 브레히트의 시 제목을 의역한 것. 원래 시 제목은 〈나, 살아남은 자(Ich, der Überlebende)〉이다. 시 전문은 다음과 같다. "소리가 들려왔다 / 오직 운이 좋았던 덕택에 / 나는 그 많은 친구들보다 오래 / 살아 남았다. // 그러나 지난밤 꿈속에서 / 친구들이 나에 대하여 이야기하는 / 소리가 들려왔다 // '강한 자는 살아남는다.' / 그러자 나는 내 자신이 미워졌다."

4   https://de.wikipedia.org/wiki/Retardierung

5   공자, 《공자의 논어》, 이준구 옮김, 스마트북, 재판, 2013, 398쪽; "군자는 사람들과 화합하지만 부화뇌동하지 않고 소인은 부화뇌동하지만 사람들과 화합하지 못한다."

6   쇼펜하우어, 《쇼펜하우어 인생론》, 김재혁 옮김, 육문사, 개정판, 2012, 197쪽/ 재인용; 이동용, 《쇼펜하우어, 돌이 별이 되는 철학》, 동녘, 2쇄, 2015, 69쪽.

7   그림 형제, 《그림동화전집》, 금은숲 옮김, 동서문화사, 3쇄, 2010, 190쪽 이후.

8   https://de.wikipedia.org/wiki/Walhall

9   Hans Mayer, 《Wagner》, Hamburg, Issue 29,2002, p.163.

08 | 생명을 위한 빛과 어둠의 결혼식

1   https://de.wikipedia.org/wiki/Kategorischer_Imperativ; "Handle nur nach derjenigen Maxime, durch die du zugleich wollen kannst, dass sie ein allgemeines Gesetz werde."

2   전혜린, 《목마른 계절》, 범우사, 3판1쇄, 1994, 121쪽.

3   같은 책, 120쪽.

4   우석훈 · 박일권, 《88만원세대: 절망의 시대에 쓰는 희망의 경제학》, 레디앙미디어, 13쇄, 2008, 16쪽.

5   Karl Simrock(gesammelt), 《Die deutschen Sprichwörter》, Stuttgart 2000, p.42; "Der Apfel fällt nicht weit vom Stamm."

6   재인용; 쇼펜하우어, 《의지와 표상으로서의 세계》, 홍성광 옮김, 을유문화사, 개정증보판, 2015, 418쪽; "인간의 가장 커다란 죄는 / 그가 태어났다는 것이기에"

7   https://de.wikipedia.org/wiki/Hybris